明朝简史

全编本

吴晗 著

人民文学出版社

图书在版编目（CIP）数据

明朝简史：全编本/吴晗著．—北京：人民文学出版社，2023（2023.7重印）
ISBN 978-7-02-017824-7

Ⅰ．①明… Ⅱ．①吴… Ⅲ．①中国历史—明代 Ⅳ．①K248

中国国家版本馆CIP数据核字（2023）第036384号

责任编辑　陈彦瑾
装帧设计　刘　远
责任校对　杨益民
责任印制　张　娜

出版发行　人民文学出版社
社　　址　北京市朝内大街166号
邮政编码　100705

印　　刷　三河市延风印装有限公司
经　　销　全国新华书店等

字　　数　488千字
开　　本　680毫米×960毫米　1/16
印　　张　37.25　插页3
印　　数　5001—8000
版　　次　2023年4月北京第1版
印　　次　2023年7月第2次印刷

书　　号　978-7-02-017824-7
定　　价　69.00元

如有印装质量问题，请与本社图书销售中心调换。电话：010－65233595

选 编 说 明

吴晗写过两部明史稿:《明史》(未完稿)和《明史简述》。

《明史》(未完稿)20世纪40年代写于昆明,原有四章,现在只留存下来《元帝国之崩溃与明太祖之建国》《靖难之役与迁都北京》《南洋之拓殖》三章,缺少第四章《军与兵》。本书上编在原有三章基础上,增补了五章:《朱元璋的统治术》(第二章)、《明初的恐怖政治》(第四章)、《明代的军兵》(第六章)、《明代的新仕宦阶级》(第七章)、《明代的社会经济》(第八章),以及《胡惟庸党案考》(第四章附录),较完整呈现了明代历史全貌及其重要历史特点。

编入本书下编的《明史简述》是1962年吴晗在中共中央党校讲授明史的记录稿,当时讲座名称叫"明史讲座"。后来,这部记录稿经吴晗校阅和他的学生谢承仁、张海瀛帮助整理成完整书稿后,1979年由《北京师范学院学报》发表,1980年改名为《明史简述》出版单行本。

吴晗的两部明史稿行文都有鲜明的时代烙印。本书尊重原作,尽量保留了原文风格。

编 者

目　录

上编　明　史

下编　明史简述

上编　明史

第一章　元帝国之崩溃与明太祖之建国

一、从政治革命转变到民族革命

14 世纪中叶勃发的民族革命，经过了二十年（1348—1368）的长期战争，方才结束。战争所波及的地带，北至和林，东至高丽，南至两广，西至陕甘，无一地不受蹂躏。战争的主角最初是被统治的南人、汉人向统治者的蒙古人、色目人进攻，夺取当地的政权，形成群雄割据的局面。后来这些割据者的向外发展，引起各个军事集团利益的冲突，陷于混乱的互相残杀的吞并战中；同时元的统治阶层也发生内部的政变，也同样地互相吞并，发生内战。这样，一方面是统治者和被统治者不断地在苦战，另一方面统治者因内部分化而发生内战，被统治者也因个别发展而互相吞并，结果，双方的实力俱因内战、外战而削弱，许多有势力的军事领袖都自然地被淘汰，被吞并，形成一个混乱的分裂的局面。最后，元统治者因内讧而失去抵抗的能力，被统治者的无数军事集团则为一后起的有力的革命领袖所吞并，一蹴而将盘踞中国百余年的外族逐出塞外，建立了一个统一的汉族自治的大帝国。这一次大混战的原因是人民大众不堪经济的、政治的压迫而要求政权的让与，最后才一转而喊出民族革命的口号。在革命开始时，外表上蒙着极浓厚的宗教的迷信的外衣，绝大多数的革命领袖和群众都是白莲教和弥勒教的信徒，举行种种仪式，宣传弥勒下世救民疾苦的口号。一方面又假托是宋的后人，把这次革命解释为宋的复国运动。直到朱元璋出来，他本人及其军队虽然曾隶属于上述的团体，可是到了能独立行动的时候，他便决然地舍弃这多重的矛盾的策略——肤浅的欺骗的神话宣传和已经失去时效的冒牌的复宋掩护旗帜，进一步赤裸裸地提出这一次革命的目标是民族的解放，汉族应由汉人治理。这一鲜明的转变，更掀起了过去一百多年被剥削被压迫的民族仇恨，得到知识分子和一般民众的深切同情，像地主们也因利益的保全而加入合作，十年中便完成了他们的使命，把整个汉族从蒙古族铁蹄之下解放出来。可是从另一方面看，二十年混战的结果虽然完成了民族革命的伟业，而在实质上，分析双方的阶级成分，官吏、地主、商人完全拥护旧势力，和蒙古皇室及贵族站在同一战线。在反面，革命的领袖及其群众却完全是另一阶级，主要是以贫农、佃户、流民为基础组成了以推翻统治者为共同目标的革命势力。阶级意识的对立性划分了双方的群众，农民和地主冲突的尖锐化导致了这一次战争。统治者是代表地主利益的，革命集团所代表的却是农民的利益，所以在表面上，尽管是揭示出政治的、民族的解放口号，而在实质上，却完全是农民和地主的斗争。到后期民族意识的被特别提出强调，使革命集团的口号从政治经济的被压迫，转而侧重于民族地位的歧视方面去，这种转变，曾使民族革命取得成功，但是，胜利以后，这一群领导者却已忘记了当初起事时的动机和目标，外族的压迫虽已解除，同族同种间的不合理的经济社会组织，却并未因之而有所改变。并且，这一群成功的领袖，都因他们的劳绩从下层爬到最上层，从平民变成新贵族，从农民变成大地主，代替被他们所打倒的蒙古人、色目人的贵族地主的地位，以暴易暴，农民所受的剥削，日累月积，愈来愈厉害；统治者的榨取技术，经过长时期的训练，却愈来愈高明。因此，从历史发展来看，这一口号的转变，虽然在当时是革命成功的主要手段，可是，同时也因为这转变，忽略了革命之所以发生的背景和最初所指出的社会不合理现象，不可能对最切要的土地问题加以彻底地解决，这是一个重要的失败。

二、元帝国的崩溃

元朝覆灭，被逐出中国，是被汉族用武力推翻的结果，是元帝国的自然崩溃的必然结局。

元代的社会组织，是不合理的，不健全的。在文化方面，蒙古族比汉族落后，落后的控制先进的；在人口方面，蒙古族人数很少，汉族却人口众多，以少数统治多数。元的皇室、贵族、僧侣、官吏、商人、地主所组成的统治阶级，和用以维持政权的庞大军队，一切的费用均由被征服的汉人、南人负担。汉人、南人的生命、财产由统治者任意处分，在政治上享受差别待遇，在同为被征服者的色目人之下。汉人、南人的一部分被强迫做奴隶，世世子孙都为政府及其主人服役。统治阶级一方面是大地主，拥有全国最大部分的土地；汉人、南人除一小部分外，大多被迫失去土地降为贫农及佃户。国内最大的商业经营操纵在回鹘人手中，他们还替蒙古贵族经营惊人的高利贷，挤取汉人、南人的血汗。元政府并下令没收汉人、南人的军器马匹，不许汉人、南人集党结会，各地遍驻戍军，武装弹压，用以防止汉人、南人的叛乱。①

---

① 详见拙著《元代之社会》，载清华大学《社会科学》第一卷第三期。

对汉人、南人实行军事统治的后果，一方面不待说种下民族间的深刻仇恨，同时统治者也因之松懈了警备征服地的情绪，耽溺于生活服用之享受，日渐腐化，替自己掘下待终的坟墓。

元世祖（1260—1294）继承成吉思汗的事业，继续用武力征服南宋国，建立元帝国。这个帝国的规模是由他开始奠定的。他在位的几十年是元代的极盛时代，同时也由他的登基而种下元帝国崩溃和覆亡的因素。

按蒙古族的习惯，合罕（即皇帝）的产生须由库利尔台（Khu-riltai）选举。库利尔台在蒙古语中为聚会之义，凡国家有重大事件，须召集贵族大臣开库利尔台决定之。除选举合罕外，凡出征外国、颁布法令均有召集库利尔台之举。据可信记载，蒙古族自俺巴孩（Ambakhai）合罕以来即用选举制度。前合罕对其后继者有指名之惯例，但无左右库利尔台之权力。合罕之位，不但非父子世袭，即前合罕发表其所希望之后继者时，亦不必由己子中选之，而由其他皇族选出的。1189年铁木真（Temudjin）由库利尔台选举为蒙古合罕，始称成吉思合罕（Chingis Khaghan）。1206年统一北方民族，敖嫩河源地所开之库利尔台，同样尊号，举行第二次即位礼。成吉思合罕生前，指定第三子斡哥歹（Ogede）为后继人。成吉思合罕死后，1229年秋于怯绿涟河曲雕阿拉（即Kerülen河之Kodeghü–aral，Kodeghü为荒野草原之意，aral为岛之意）召开库利尔台，推戴斡哥歹为合罕。斡哥歹合罕（即太宗）初指定其子曲出（Guchu）为后继人，曲出死，更指定曲出之子失烈门（Shiramun）。但斡哥歹合罕死后，皇后朵咧格捏（Döregene）称制，召开库利尔台，不依指定，改选己子贵由即定宗为合罕。不为皇族中最有势力之拔都大王所赞同。定宗死，拔都以与太宗后人不合之故，拥立成吉思合罕第四子拖雷（Tului）之子蒙哥（Müngge），虽经成吉思合罕儿子察阿歹（Changhadai）系及太宗后人之反对，卒召开库利尔台立为合罕，是为宪宗。即位后对反对派大加屠杀，由此察阿歹汗国及斡哥歹汗国始不附。宪宗崩时，末弟阿里不哥（Arigu Bukha）居守和林，中弟忽必烈（Khubilai）率师征宋，得宪宗死的消息，即回军在开平开库利尔台，即蒙古合罕之位。阿里不哥亦于漠北开库利尔台自立，内乱以起。宪宗诸子及察阿歹系诸王均附阿里不哥，太宗孙合失大王子海都（Khaitu）亦起兵助之，阿里不哥虽于至元元年（1264）势蹙来降，但海都仍拥兵与察阿歹后王笃哇联合抗中央。至元二十四年（1287）诸王乃颜叛于辽东，诸王哈丹等应之。由此钦察汗国、斡哥歹汗国、察阿歹汗国联为一系以与中央作战，数十年中兵祸相仍，蒙古大帝国在事实上已经瓦解了，忽必烈合罕（世祖）及其子孙所领有的只是东方一部分的土地而已。[①]

世祖即位以后，库利尔台的形式虽然保存，但在实质上则已完全废弃，改选举制为世袭，采用汉人制度预立太子。至元十年（1273）二月立嫡长子真金（Chinkin）为皇太子，在册命中指明过去的内乱的原因是库利尔台制度的失败，他说：

> 仰惟太祖皇帝遗训，嫡子中有克嗣服继统，预选定之，是用立太宗英文皇帝，以绍隆丕构。自时厥后，为不显立冢嫡，遂启争端。[②]

制度虽然改变，但贵族大臣的势力仍足以左右帝室，成宗以后诸帝全由大臣拥立，再照例由库利尔台通过。世祖太子真金早薨，未及即位，真金子成宗（铁穆耳）方抚军北边，玉昔帖木儿拥之即位。成宗崩，丞相哈剌哈孙拥真金孙武宗、仁宗相继即位。仁宗立英宗为皇太子，英宗后为铁

---

① 参见箭内亘：《蒙古库利尔台之研究》；《元史纪事本末》二，北边诸王之乱；赵翼：《廿二史劄记》卷二九，《元代叛王》。

② 《元史》卷一一五，《裕宗传》。

失所弑，拥立世祖长孙晋王甘麻剌子也孙铁木儿为泰定帝。泰定帝崩于上都，丞相倒剌沙立其皇太子阿剌吉八为皇帝，枢密使燕铁木儿则立武宗子文宗，力战破上都军。文宗后让位其兄明宗，燕铁木儿弑明宗，仍立文宗。后文宗、宁宗相继死，皇后卜答失里已遣人迎明宗长子妥懽帖睦尔入京，欲付以位，而燕铁木儿不愿，遂不得立，燕铁木儿死，元顺帝始立。[1] 政变内乱，相继不已，帝位的继承，全由权臣操纵，引起帝国的分裂和统治权之动摇，元统治集团核心的内部矛盾日益尖锐，终至崩溃而不可收拾。

世祖自平宋后，即从事于海外之侵略。至元十九年（1282）命阿塔海、范文虎、忻都、洪茶丘等率兵十万出海征日本，遇飓风破舟，丧师而还。帝大怒，欲再征日本，遣王积翁往招谕，为舟人杀于途，始终不得要领乃止。又兴安南之役、占城之役、缅甸之役、爪哇之役。安南用兵三次（1284—1294）最后师还，几为所邀截，从间道始得归。出兵缅甸两次（1282—1287）丧失了七千军队。打占城（1282—1284）时舟为风涛所碎者十之七八，深入为所截，力战始得归。打爪哇（1292）也占不到便宜。统计数十年中，无岁不用兵。用兵的军费无从设法，就从百姓头上打主意，任用善于剥削的商人做财政官，中统三年（1262）即以财赋之任委阿合马，典铁冶，增盐税，小有成效，拜平章中书政事。又立制国用使司，以阿合马领使事。已复罢制国用使司，立尚书省，以阿合马平章尚书省事。奏括天下户口，下至药材榷茶，亦纤屑不遗，其所设施，专以掊克敛财为事。逋赋不蠲，征敛愈急，天下之人，无不思食其肉。阿合马死，又用卢世荣，亦以增多岁入为能，盐铁、榷酤、商税、田课凡可以弄到钱的都千方百计搜括。世荣诛死后，又用桑哥，再立尚书省，改行中书省为行尚书省，六部为尚书六部，以丞相领尚书兼统制使，奏遣忻都、阿散等十二人理算六

----

① 《廿二史劄记》卷二九，《元诸帝多由大臣拥立》；《元史纪事本末》卷一九至二二。

省钱谷，以刑爵为贩卖，天下骚然，至元二十八年（1291）始伏诛。总之，世祖在位的三十几年，几乎和这三位财政家相终始。[①] 因侵略海外而极力搜括民财，任用以理财见长的官吏，造成一种贪污刻薄的吏治空气。

除用兵外，对于诸王和僧侣的负担，也对促进元统治集团的崩溃起了作用。

上文曾说过合罕之举出须经库利尔台的同意，而库利尔台之最主要人物即为帝室同族的诸王及贵族重臣。诸王贵族例有岁赐，如察阿歹大王位岁赐银一百锭（锭五十两），缎三百匹，绵六百二十五斤，常课金六锭六两。斡真那颜位岁赐银一百锭，绢五千九十八匹，绵五千九十八斤，缎三百匹，诸物折中统钞一百二十锭，羊皮五百张，金一十六锭四十五两，又有岁例外之赐予，如中统四年（1263）赐公主巴古银五万两。至元二年（1265）赐诸王只必帖木儿银二万五千两，钞千锭。至元四年（1267）赐诸王玉龙答失银五千两，币三百，岁以为常。其非时之赐予，如武宗以金二千七百五十两，银十二万九千二百两，钞万锭，币帛二万二千二百八十匹奉兴圣宫，赐皇太子（弟仁宗）亦如之。又有朝会之赐予，元贞二年（1296）定太祖位下金千两，银七万五千两；世祖位下金各五百两，银二万五千两，余各有差。成吉思合罕的宗族后人遍布欧亚，这几笔开支的数目是无法计算的。单就库利尔台会后一项赐予算，如武宗至大元年（1308）中书省臣言朝会应赐予者为钞总三百五十万锭，已给者百七十万，未给者犹百八十余万，两都所储已罄。至大四年（1311）仁宗即位时的赐予总数是金三万九千六百五十两，银百八十四万九千五十两，钞二十二万三千二百七十九锭，币帛四十七万二千四百八十八匹。[②] 这一

---

① 参见《廿二史劄记》卷三〇，《元世祖嗜利黩武》；《元史纪事本末》卷七，《阿合马、桑、卢之奸》；《元史》卷二〇五，《奸臣传》。

② 参见《新元史》卷七八，《食货志·赐赉下》。

年的额外赏赐是钞三百余万锭。①僧侣的费用也占国家支出之大部。赵翼记：

> 古来佛事之盛，未有如元朝者。邵戒三谓元起朔方，本尚佛教，及得西域，世祖欲因其俗以柔其人，乃即其地设官分职，尽领之帝师。初立宣政院，正使而下，必以僧为副，帅臣而下亦必僧俗并用。于是帝师授玉印，国师授金印，其宣命所至，与朝廷诏敕并行，自西土延及中夏，务屈法以顺其意，延及数世，浸以成俗，至于积重而不可挽……帝师体制之僭，虽亲王太子不及也……仗卫之侈，虽郊坛卤簿不过也……土木之费，虽离宫别馆不过也……供养之费，虽官俸兵饷不及也……财产之富，虽藩王国戚不及也……威势之横，虽强藩悍相不过也。②

并且时代愈后，僧侣势力愈大，费用也愈多。至大三年（1310）张养浩上疏言僧侣之病国云：

> 古者十农夫而闲民或一，今也十闲民而农夫仅一焉。欲民无饥寒之道邈矣。今释老二氏之徒，畜妻育子，饮醇啖腴，萃逋逃游惰之民，为暖衣饱食之计，使吾民日赢月瘠，曾不得糠秕蓝缕以实腹盖体焉。今日诵藏经，明日排好事，今日造某殿，明日构某宫，凡天下人迹所到，精蓝胜观，栋宇相望，使吾民穴居露处，曾不得茎茅撮土以覆顶托足焉……谬论生死，簧鼓流俗，聚徒结党，使人施五谷以为之食，奉丝枲以为之衣，纳子弟以为之童仆，构木石以为庐室，而人见其不蚕不稼，不赋不征，声色自如，而又为世所钦，为国家所重，则莫不望风

---

① 参见《元史》卷二四，《仁宗本纪》。
② 《陔余丛考》卷一九，《元时崇奉释教之滥》。

奔效，髡首漫游，所以奸民日繁，实本于此。臣尝略会国家经费三分为率，僧居二焉。以之犒军则卒有余粮，以之赈民则民有余粟，以之裕国则国有余资。①

僧侣的耗费竟占国家经费的三分之二，可能夸大了一些，但毕竟是一个很大的支出。试以具体的事实作证，以内廷佛事一项而论，至元中内廷佛事之目每岁仅百有二，大德七年（1303）再立功德司，其目增至五百有余。十年中增至五倍。以内廷佛事的费用一项而论，据延祐四年（1317）宣徽院会计，岁贡以斤计者面四十三万九千五百，油七万九千，酥二万一千八百七十，蜜二万七千三百，他物称是。延祐五年（1318）前各寺做佛事，日用羊至万头。②元代的国家财政岁出岁入总数，据至大四年（1311）的报告，每岁支出钞六百余万锭，土木营缮百余处计钞数百万锭，北边军需又六七百万锭，又加上内降旨赏赐三百余万锭，总计约需钞二千万锭。岁入常赋则仅钞四百万锭，其中京师者又只二百八十万锭。而且同年十一月份国库所存只十一万锭。③岁出竟超过岁入十分之八，这个国家是维持不了的。当时弥补的办法之一是饮鸩止渴，预卖盐引和动支钞本，例如至大元年（1308）的办法：

> 二月乙未，中书省臣言，陛下登极以来，锡赏诸王，恤军力，赈百姓，及殊恩泛赐，帑藏空竭，豫卖盐引。今和林、甘肃、大同、隆兴、两都军粮，诸所营缮及一切供亿，合用钞八百二十余万锭。往者或遇匮急，奏支钞本。臣等固知钞法非轻，曷敢动，然计无所出，今乞权

---

① 《归田类稿》卷二，《时政书》。
② 参见《陔余丛考》卷一九，《元时崇奉释教之滥》。
③ 参见《元史》卷二四，《仁宗本纪》。

支钞本七百一十余万锭以周急用，不急之费姑后之。[1]

结果是阻滞盐法和钞法，扰乱金融，国家和人民都受其弊。另一办法是加税，延祐元年（1314）的课额已比元初时增五十倍。[2] 中叶以后，课税较世祖时代亦增二十余倍，即色银之赋亦增至二十余倍。[3] 可是国家财政仍不免入不敷出，陷于破产的地位。《元史》陈思谦传记：

> 至顺二年(1331)九月上言，户部赐田诸怯薛支请，海青狮豹肉食，及局院工粮，好事布施，一切泛支，以至元三十年以前较之，动增数十倍。至顺经费，缺二百三十九万余锭。[4]

柯劭忞论元代财政，以为"夫承平无事之日而出入之悬绝若此，若饥馑洊臻盗贼猝发，何以应之。是故元之亡亡于饥馑盗贼。盖民穷财尽，公私困竭，未有不危且乱者也"[5]，是说得很中肯的。

三、元帝国政治和军队的腐化

元代中叶的政治情形，武宗至大三年（1310）有一概括的报告。在这文件中已经很感慨地说一代不如一代，世祖时代的搜括政治，已成为后人咏叹的资料了。这文件的开头就说：

---

[1] 《元史》卷二二，《武宗本纪》。

[2] 《元史》卷二〇五，《铁木迭儿传》。

[3] 《新元史》卷六八，《食货志序》。

[4] 《元史》卷一八四。

[5] 《新元史》卷六八，《食货志序》。

近年以来，稽厥庙谟，无一不与世祖皇帝时异者……世祖皇帝时官外者有田，今乃假禄米以夺之。世祖皇帝时江南无质子，今乃入泉谷以诱之。世祖皇帝时用人必循格，今则破宪法以爵之。世祖皇帝时守令三载一迁，今则限九年以困之。世祖皇帝时楮币有常数，今则随所费以造之。世祖皇帝时省路异选，今则侵其官而代之。世祖皇帝时墨敕在所禁，今则开幸门以纳之。世祖皇帝时课额未尝添，今则设苛禁以括之。世祖皇帝时言事者无罪，今则务锻炼以杀之。

以下列举当时政治腐败的情形，最值得注意的几点。

第一是名爵太轻：

陛下于左右之人，往往爵之太高，禄之太重，微至优怜屠沽僧道，有授左丞平章参政者。其他因修造而进秩，以技艺而得官者曰国公、曰司徒、曰丞相者相望于朝。自有国以来，名器之轻，无至今日。今朝廷诸大臣不知有何勋何戚，无一不开府仪同三司者。[1]

左右近侍因之恃恩徇法，紊乱官政，《元史》记：

至大二年正月乙巳塔思不花、乞台普济言：诸人恃恩径奏，玺书不由中书直下翰林院给与者，今核其数，自大德六年至至大元年所出凡六千三百余道，皆由于田土、户口、金银铁冶、增余课程、进贡奇货、钱谷、选法、词讼、造作等事，害及于民。[2]

---

① 《归田类稿》卷二，《时政书》。
② 《元史》卷二三，《武宗本纪》。

更互相援引，以中旨授官，破坏铨法：

> 时承平日久，风俗侈靡，车服僭拟，上下无章，近臣特恩请求无厌，时宰不为裁制，乃更相汲引，望引恩赐，耗竭公储，以为私惠。①

英宗时近臣传旨，以姓名赴中书铨注者六七百员，选曹为之壅滞。②此种由嬖幸得官之内外官吏，其对于人民及政府之恶影响，当可想见。

第二是贵族擅政：

> 今国家为制宽大，所有诸王家室皆有生死人进退人之权……天下淫僧邪巫庸医谬卜游食末作及因事亡命无赖之徒，往往依庇诸侯王驸马，为其腹心羽翼。无罪者以之而求进，有罪者以之而求免。出则假其势以凌人，更因其众而结党。入则离间宗戚，构造事端，唱以甘言，中以诡计，中材以下鲜不为其所惑。③

第三是刑禁太疏，纪纲破坏。僧侣和嬖幸的恣肆，使法律成为具文，如秃鲁麻：

> 西僧作佛事请释罪人祈福，谓之秃鲁麻。豪民犯法者皆贿赂之以求免。有杀主杀夫者，西僧请被以帝后御服，乘黄犊出宫门释之，云可得福。不忽木曰："人伦者王政之本，风化之基，岂可容其乱法为是！"帝责丞相曰："朕戒汝无使不忽木知，今闻其言，朕甚愧之。"使人谓

---

① 《元史》卷一七五，《李孟传》。
② 参见《元史》卷一三六，《拜住传》。
③ 《归田类稿》卷二，《时政书》。

不忽木曰："卿且休矣！朕今从卿言。"然自是以为故事。①

如大赦之频数，张养浩说：

近年臣有赃败，多以左右贿赂而免。民有贼杀，多以好事赦宥而原。加以三年之中未尝一年无赦，杀人者固已幸矣，其无辜而死者冤孰伸耶？臣尝官县，见诏赦之后，罪囚之出，大或仇害事主，小或抢夺编氓，有朝蒙恩而夕被执，旦出禁而暮杀人，数四发之，未尝一正厥罪者。又有始焉鼠偷，终成恶狼之噬者。问之则曰赦令之频故耳。意者以为先犯幸而不死，今犯则前日应死之罪，两御人货而止坐一罪，于我已多，况今犯未必死，我因而远引虚攀，根连株逮，故蔓其狱，未及期岁，又复宥之。岂人性固恶，防范不能制哉！诚以在上者开其为盗之涂故也。②

奖励官吏及人民之犯罪。政事混乱如此，在荒旱交逼的时候，统治者独自大兴土木，极宫室犬马之娱：

累年山东、河南诸郡旱蝗洊臻，沴疫暴作，郊关之外，十室九空。民之扶老携幼，累累焉鹄形菜色，就食他所者络绎道路。其他父子兄弟夫妇至相与鬻为食者在在皆是……今闻创城中都，崇建南寺，外则有五台增修之役，内则有养老宫殿营造之劳。括匠调军，旁午州郡，或度辽伐木，或济江取材，或陶壁攻石，督责百出。蒙犯毒瘴，崩沦压溺而死者无日无之。粮不实腹，衣不覆体，万目睊睊，无所控告，

---

① 《元史》卷一三〇，《不忽木传》。
② 《归田类稿》卷二，《时政书》。

以致道上物故者在所不免。①

政治腐化到了这个地步，更严重的是元统治者以征服者的地位，抱着极端褊隘的种族的成见，内外官之长必以蒙古人为之，以汉人、南人为贰，色目人则与汉人、南人处于互相钳制的地位。②南北的区分，种族的畛域，分别极严，歧视极甚，使当时人极感愤恨，叶子奇说：

元朝自混一以来，大抵皆内北国而外中国，内北人而外南人，以至深闭固拒，曲为防护，自以为得亲疏之道。是以王泽之施，少及于南，渗漉之恩，悉归于北。③

蒙古人、色目人不了解中国情势，不懂政治，甚至不识中国文字：

国朝以蒙古、色目不谙政事，必以汉人佐之，官府色目居长，次设判署正官，谓其识治体练时务也。近年以来，正官多不识字。④

叶子奇记：

北人不识字，使之为长官。或缺正官，要题判署事，及写日子，“七”字钩不从右“七”转而从左“乚”转，见者为笑。⑤

① 《归田类稿》卷二，《时政书》。

② 参见箭内亘：《蒙汉色目待遇考》；吴晗：《元代之社会》。

③ 叶子奇：《草木子》卷三上，《克谨篇》。

④ 李翀：《日闻录》。

⑤ 叶子奇：《草木子》卷四下，《杂俎篇》。

其主要的使命即为牵制汉官，事事掣肘：

> 国朝之制，州府司县各置监临官谓之达鲁花赤，州府官往往不能相下。[1]

蒙古官之作威作福肆恶，固不待说，即和蒙古官有关系之汉官亦倚以肆虐，此种关系，当时称为“蒙古根脚”：

> 新昌州有人命狱，府委公（刘基）复检，按核得其故杀状。初检官得罢职罪。其家众倚蒙古根脚欲害公以复仇。[2]

色目官吏则更豪横，殴詈汉官，一无忌惮，如宋濂所记邵武路长官事：

> 郡长官乃西域人，恃与宪部有连，其猛若鬼，与守议稍不合，遽引杖击之，守俯首遁去。[3]

上下相蒙，唯以贪污相尚，卖官鬻爵，贿赂公行：

> 元初法度犹明，尚有所惮，未至于泛滥。自秦王伯颜专政，台宪官皆谐价而得，往往至数千缗。及其分巡，竟以事势相渔猎而偿其值，如唐债帅之比。于是有司承风，上下贿赂，公行如市，荡然无复纪纲矣。肃政廉访司官所至州县，各带库子，检钞秤银，殆同市道矣。[4]

---

① 《元文类》卷五八，王磐：《中书右丞相史公神道碑》。

② 《诚意伯文集》卷首，黄伯生：《诚意伯刘公行状》。

③ 《宋学士文集》卷三，《元故翰林待制朝散大夫致仕雷府君墓志铭》。

④ 叶子奇：《草木子》卷四下，《杂俎篇》。

各项勒索及贿赂均有名色：

> 元朝末年，官贪吏污，始因蒙古、色目人罔然不知廉耻之为何物。其问人讨钱，各有名目，所属始参曰拜见钱，无事白要曰撒花钱，逢节日曰追节钱，生辰曰生日钱，管事而索曰常例钱，送迎曰人情钱，勾追曰赍发钱，论诉曰公事钱，觅得钱多曰得手，除得州美曰好地分，补得职近曰好窠窟，漫不知忠君爱国之为何事也。①

当时最高的监察机关为御史台，末期的御史大夫几乎成为丞相亲属的专官。如太平王燕铁木儿为相，即用其弟买里古思为御史大夫。秦王伯颜为相，即用其兄子脱脱为御史大夫。脱脱为相，亦用其弟野先不花为御史大夫。答麻为相，御史大夫又是其弟雪雪。②行政权和监察权同属一家人，监察机关的作用便完全丧失了。

任用官吏除种族的差别外，又有地域上的差别，两广和江淮是两个截然不同的政治区域，被任为两广的官吏便一生无升调之望，只好向百姓剥削，作发财之计：

> 五岭之南，列郡数十，县百有十，统于广、桂、雷三大府。自令至簿尉，庙堂岁遣郎官御史与行省考其岁月，第其高下而迁之，谓选。仕于是者政甚善不得迁中州、江淮，而中州、江淮士夫一或贪纵则左迁而归之。是选焉，终身不得与朝士齿。虽良心善性油然复生，悔艾

---

① 叶子奇：《草木子》卷四下，《杂俎篇》。
② 参见叶子奇：《草木子》卷三下，《杂制篇》。

自新，不可得已。夫如是则孜孜为利，旦旦而求仇贼其民而鱼肉之……地益远而吏益暴，法益隳而民益偷。①

政治的情形如此，在军队方面，也是一样。蒙古军、色目军世驻中原的结果，将领荒于酒色，失去作战能力：

> 元朝自平南宋之后，太平日久，民不知兵，将家之子累世承袭，骄奢淫佚，自奉而已。至于武事，略不之讲。但以飞觞为飞炮，酒令为军令，肉阵为军阵，讴歌为凯歌，兵政于是不修也久矣。②

在平时除耗费国家俸饷外，只会向百姓敲诈勒索。在战时则但知劫掠，见敌即溃：

> 朝廷闻红军起，令枢密院同知赫厮领阿速军六千并各支汉军讨颍上红军。阿速者，绿睛回回也，素号精悍，善骑射。与河南行省徐左丞俱进军，二将沉湎酒色，军士但以剽掠为务。赫厮军马望见红军阵大，扬鞭曰阿卜。阿卜者，走也。于是所部皆走，至今淮人传以为笑。③

当时名相脱脱弟野先不花率重兵南下，也遇敌即逃：

> 汝宁余寇尚炽，丞相脱脱命其弟中台御史大夫野先不花董师三十万讨之。至城下，与贼未交锋即跃马先遁。汝宁守官某执马不听

---

① 朱思本：《贞一斋杂著》卷一，《广海选论》。
② 叶子奇：《草木子》卷三上，《克谨篇》。
③ 权衡：《庚申外史》。

其行，即拔佩刀欲斫之曰：我的不是性命。遂逸，师遂大溃。汝宁不守，委积军资如山，率为盗有。脱脱匿其败，反以捷闻。①

蒙古军、色目军既不能用，只得调湖广的苗军，苗军是以犷悍著名的士兵，无军纪可言，淫掠更甚：

> 杨完者凶肆，掠人货钱，至贵家命妇室女，见之必围宅勒取淫污，信宿始得径还。少与相拒，则指以通贼，纵兵屠害。由是部曲骄横。凡屯壁之所，家户无得免焉。民间谣曰：死不怨泰州张（士诚），生不谢宝庆杨。②

就元军和起义军的军纪比较，恰好相反，有这样一个典型例子：

> 至正十二年（1352）七月，蕲黄徐寿辉贼党入杭州城。其贼不淫不杀，招民投附者注姓名于簿籍，府库金帛悉辇以去。二十六日浙西廉访使自绍兴率盐场灶丁过江，同罗木营官军克复城池，贼遂溃散……四平章教化自湖州统军归，举火焚城，残伤殆尽。③

蒙古兵、汉兵都不能用，于是只好用募兵和义兵了。募兵是用钱雇人为兵：

> 江州已陷，贼据池阳。太平官军止三百人，贼号百万。乃贷富人

---

① 叶子奇：《草木子》卷三上，《克谨篇》。
② 姚桐寿：《乐郊私语》。
③ 钱谦益：《国初群雄事略》卷三。

钱募人为兵。先是行台募兵，人给百五十千无应者。至是星吉募兵，人五十千，众争赴之，一日得三千人。[①]

义兵则为地主及官吏所组织的地方私军。这两种军队的领袖大体都是汉人在元帝国将亡的前夕，蒙古人种族之见仍未消泯，汉人有功亦不蒙赏，而对于叛军领袖则一抚再抚，縻以好爵，结果义兵也只好掉过头来起义加入起义军队伍中去。叶子奇记：

> 天下治平之时，台省要官皆北人为之，汉人、南人万中无一二，其得为者不过州县卑秩，盖亦仅有而绝无者也。后有纳粟、获功二途，富者往往以此求进。令之初行，尚犹与之，及后求之者众，亦绝不与。南人在都求仕者北人目为腊鸡，至以相訾诟，盖腊鸡为南方馈北人之物也，故云。及方寇起，濒海豪杰如蒲圻赵家、戴纲司家、陈子游等倾家募士，为官收捕，至兄弟子侄皆歼于盗手，而卒不沾一命之及，屯膏吝赏至于此。其大盗一招再招，官已至极品矣。于是上下解体，人不向功，甘心为盗矣。又获功之官，于法非得风宪体复牒文，不辄命官。宪使招揽非得数千缗不与行遣，故有功无钱者往往事从中辍，皆抱怨望。其后盗塞寰宇，空名宣敕，遇微功即填给，人已不荣之矣。[②]

反之，无功而有钱的富商大贾，则乘机用贿拜官：

> 庐州开义兵三品衙门，而使者悉以富商大贾为之。有一巨商五兄

---

① 《元史》卷一四四，《星吉传》。
② 叶子奇：《草木子》卷三上，《克谨篇》。

弟受宣者，此岂尝有寸箭之功！而有功者皆不受赏。故寇至之日，得赏者皆以城降，而未赏者皆去为贼。①

在这局面下，当时比较有眼光的学者的看法，一派人以为是纪纲败坏的结果，应由中央负责：

承平以来，百年于兹。礼乐教化，日益不明，纲纪法度，日益废弛，上下之间，玩岁愒日，率以为常，恬不为怪。一旦盗贼猝起，茫然无措，总兵者唯事虚声，秉钧者务存姑息，其失律丧师者未闻显戮一人，玩兵养寇者未闻明诛一将。是以不数年间，使中原云扰，海内鼎沸，山东、河北，莽为丘墟，千里王畿，举皆骚动，而终未见尺寸之效者，此无他，赏罚不明而是非不公故也。②

另一派人以为是吏治腐败的缘故，应由地方负责：

国家承平百年，武备浸弛，方面多贵游子弟，贪鄙庸才，漫不省君臣大义，草芥吾民，虚张战功，肆意罔上，诛求冤滥，惨酷百端。重以吏习舞文，旁罗鹰犬，意所欲陷，则诬与盗贼通，其弊有不忍言者。间存一二廉介，则又矜独断，昧远图，坐失机会，民日益弊，盗日益滋。③

可以说是都说中了，但都只说到了一面。

---

① 余阙：《青阳集》卷五，《再上贺丞相书》。
② 李士瞻：《经济文集》卷一，《上中书丞相书》。
③ 周霆震：《石初集》卷二，《古金城谣序》。

四、元帝国的土地和农民问题

元代的土地大部分属于蒙古人、色目人的贵族及僧侣，一部分集中于汉人、南人的大地主手中。占极大多数的农民只耕种着最小部分的土地，却负担着国家赋役的绝大部分，除掉他们自己应尽的义务和应纳的赋税以外，他们还应当替贵族和地主们尽一部分对国家的责任。[①]

世祖平江南后，于各地遍驻戍军，实行军事镇压，官吏和军帅的苛扰，逼使农民到处举行武装起义。内中一部分假宋后为名，如至元二十年（1283）建宁路总管黄华第二次起义时称宋祥兴年号。至元二十三年（1286）西川赵和尚自称宋福王子广王起事。一部分不立名号或者自立名号，如至元十七年（1280）漳州陈桂龙、建宁黄华的起义；至元二十年（1283）广州新会林桂芳、赵良钤等拥众万余，号罗平国，称延康年号。至元二十一年（1284）漳、邕、宾、梧、韶、衡诸州农民的起义。至元二十三年（1286）婺州永康县民陈巽四起义。至元二十五年（1288）广东民董贤举，浙江民杨镇龙、柳世英，循州民钟明亮相继起兵，皆称大老。至元二十七年（1290）江西华大老、黄大老等掠乐昌诸郡。成宗元贞二年（1296）赣州民刘六十聚众至万余，建立名号。二十年中蒙古人所称为南人的地带，不断发生军事反抗行为。[②]《元史》记福建人民起义系由戍军扰民所致：

> 至元十六年左丞唆都行省福建。中书言唆都在福建麾下扰民，致南剑等路往往杀长吏叛。[③]

---

① 参见《元代之社会》。
② 参见《元史纪事本末》卷一，《江南群盗之平》。
③ 《元史》卷一三一，《忙兀台传》。

再次，起义则由长吏贪酷之故：

> 至元二十六年授（王恽）少中大夫、福建闽海道提刑按案使。乃进言于朝曰：福建所辖郡县五十余，连山距海，实为边徼重地，而民情轻诡，由平定以来官吏贪残，故山寇往往啸聚，愚民因而蚁附，剽掠村落，官兵致讨，复蹂践之。①

农民是最能忍耐、最驯顺的，可是到了山穷水尽无可容受时，也会突变为最勇敢的斗士，奋臂一呼，立刻成为一支不可侮的革命势力。元军平江南后，蒙古军队的压迫和官吏的剥削逼得农民非进行武装反抗不可，接连不断的起义，使元军疲于奔命。后来，一个起义接着一个起义，元朝政府改变办法，用政治解决，除去害民的官吏：

> 赣州盗刘六十伪立名号，聚众至万余。朝廷遣兵讨之，主将观望退缩不肯战，守吏又因以扰良民，贼势益盛。（董）士选请自往，众欣然托之，即日就道，不求益兵，但率掾吏李霆镇、元明善二人持文书以去，众莫测其所为。至赣境，捕官吏害民者治之，民相告语曰：不知有官法如此！进至兴国县，去贼巢不百里，命择将校分兵守地待命。察知激乱之人悉寘于法，复诛奸民之为囊橐者，于是民争出请自效，不数日遂擒贼魁，散余众归农。②

农民除受地方军政长官之压迫及剥削外，最使农民陷于绝境的是元政

---

① 《元史》卷一六七，《王恽传》。
② 《元史》卷一五六，《董士选传》。

府的搜括和过重的负担。因赋税无法完纳，不得不舍弃乡里而度逃亡生活的农民大流动，在元代是常见的现象。在未统一前，刘秉忠上书太宗说：

> 天下户过百万，自忽都那演断事之后，差徭甚大。加以军马调度，使臣烦扰，官吏乞取，民不能当，是以逃窜。宜比旧减半或三分之一，就见在之民以定差税，招逃者复业，再行定夺。①

这文件指明当时流人逃亡的情况。嘉熙二年（1238）的报告说，农民因灾逃亡者竟占十分之四五：

> 太宗戊戌，天下大旱蝗。初籍天下户得一百四万，至是逃亡者十四五，而赋仍旧，天下病之。（耶律楚材）奏除逃户三十五万，民赖以安。②

统一后仍有此种情形，北人多流徙江南。至元二十年（1283）崔斌言：

> 内地百姓流移江南避役者已十五万户。去家就旅，岂人之情，赋重政繁，驱之致此。

至元二十三年（1286）又奏：

> 军站诸户，每岁官吏非名取索，赋税倍蓰，民多流移。③

---

① 《元史》卷一五七，《刘秉忠传》。
② 《元文类》卷五七，宋子贞：《中书令耶律公神道碑》。
③ 《元史》卷一七三，《崔斌传》。

在江南，元政府为了增加税收，理算天下钱粮，农民被逼逃亡，政府仍不放松，发兵搜捕：

先是，桑哥遣忻都王巨济等理算天下钱粮，已征入数百万，未征入者尚数千万。民不聊生，自杀者相属。逃山林者则发兵捕之，皆莫敢沮其事。[①]

农民只好以武力保卫自己，团结抵抗。欧阳玄《魏国赵文敏公神道碑记》：

（此役）名曰理算，其实暴敛无艺，州县置狱诛逮，故家破产十九，逃亡入山，发兵蒐捕，因相挺拒命，两河间盗有众数万。[②]

延祐元年（1314）又从章闾之议，经理钱粮，括江南民田，作增税之计，限期猝迫，贪刻并用，官府震动，人不聊生，富民黠吏，并缘为奸，盗贼并起，田莱荒芜。[③]《元史》记：

延祐元年，（铁木迭儿）奏江南钱粮往岁虽尝经理，多未核实，可始自江浙以及江东、西，宜先事严格信罪赏，令田主实顷亩状入官，诸王、驸马、学校、寺观亦令如之。仍禁私匿民田，贵戚势家毋得阻挠。请敕台臣协力以成，则国用足矣。仁宗从之，遣使者分行各省，括田

---

① 《元史》卷一七二，《赵孟頫传》。
② 《圭斋文集》卷九。
③ 参见《元文类》卷四〇，《经世大典序录·经理》。

增税，苛急烦扰，江右为甚。致赣民蔡五九作乱宁都，南方骚动，远近惊惧，乃罢其事。①

当时经理情形，地方官务以增多为功：

延祐二年吴元珪奏曰：今经理江淮田土，第以增多为能，有司头会箕敛，俾元元之民，困苦日甚。②

农民无法，也只好虚报塞责：

朝廷令民自实田土，有司强以峻法，民多虚报以塞命。其后差税无所于征，民多逃窜流移者。③

剥削过甚，于是延祐二年（1315）有蔡五九之变：

八月丙戌赣州贼蔡五九陷汀州宁化县，僭称王号。诏遣江浙行省平章张驴率兵讨之。乙未台臣言：蔡五九之变，皆由昵匝马丁经理钱粮，与郡县横加酷暴，逼抑至此。新丰一县撤民庐千九百区，夷墓扬骨，虚张顷亩，流毒居民。乞罢经理冒括田租。制曰可。④

昵匝马丁因括田激起民变，遣张驴率兵平定，元政府并即下令罢冒括

---

① 《元史》卷二〇五，《铁木迭儿传》。
② 《元史》卷一七七，《吴元珪传》。
③ 《元史》卷一二二，《塔海传》。
④ 《元史》卷二五，《仁宗本纪》。

田租，这事似已告一结束了。但这只是书面上的报告，括田的举动并不因民变而暂停，因为蔡五九起事于延祐二年（1315）八月，同年九月又有负责平变的张驴以括田逼死九人的记载。[①] 并且括田所得的新租，还是照样征收，三年后在同一地点又引起第二次民变：

> 五年十月癸丑，赣州路雩都县里胥刘景周以有司征括田新租，聚众作乱，敕免增新租，招谕之。

同年七月亦因同样原因罢河南省左丞陈英等所括民田，只如旧例输税。[②] 可是两年后又改变了策略，江南田地一律增加田赋：

> 七年四月己巳增两淮、荆湖、江南东西道田赋，斗加二升。[③]

同时凡括田地带还没有引起农民武装反抗的仍照新加赋额征收：

> 泰定元年（1324）（张珪）奏：国家经费皆取于民，世祖时淮北内地惟输丁税。铁木迭儿为相，专务聚敛，遣使括勘两淮、河南田土，重并科粮，又以两淮、荆襄沙碛作熟征收，微名具利，农民流徙。臣等议宜如旧制，止征丁税，其括勘重并之粮及沙碛不可田亩之悉除之。帝不能从。[④]

除田赋外，又对日常生活必需品茶、盐、酒、醋之类课以重税，一增再增，

---

① 参见《元史》卷二五，《仁宗本纪》。
② 参见《元史》卷二六，《仁宗本纪》。
③ 《元史》卷二七，《仁宗本纪》。
④ 《元史》卷一七五，《张珪传》。

后来竟超过原额数十倍，这也是农民的直接负担，元顺帝时姚桐寿记：

> 近来盗贼四起，在在用兵，课赋无艺，即税额一节，往往增加无
> 算，市中不堪其扰。当延祐间程文宪条言江南茶、盐、酒、醋等课税，
> 近来节次增添，比初时十倍。今又逐季增添，正缘管课程官虚添课额
> 以谄上司，其利则归己，虚额则张挂欠籍云云。奉仁宗皇帝圣旨，诸
> 色课程，特与查照，并从蠲减，从实恢办。明旨凛然，今但挂壁而已。①

农民在生活方面已经苦到无可再苦，一遇荒年，除忍饿外，还须应付
催租吏的勒索。诗人耶律铸、张养浩的诗章中充满了同情农民疾苦的呼声。②
元政府在名义上虽有劝农使的设置，却不过问农民所遭遇的困难。③一方
面徭役繁重，农民只能忍痛卖去田产以求免役。④有些地区的壮丁被征发
充军，田地即随之而荒芜，无论年岁丰歉，均不免于饿寒。⑤农民困于赋

---

① 姚桐寿：《乐郊私语》。

② 耶律铸《双溪醉隐集》卷二《苦旱叹》："六月亢旱田苗枯，自嗟自叹耕田夫。差官咫尺
征秋税，今岁田家一粒无。饥民日夜望霖雨，意欲成云云散去。天公胡不用老龙，年年
只被蛟螭误。"张养浩《归田类稿》卷一六《闵农》："父子传衣出，夫妻趁晓分。未言
先欲泣，乍见内如焚。征负敲门急，充饥饮水勤。何当天雨粟，四海共欢欣。"

③ 陈泰《所安遗集·苗青青》："苗青青，东阡西陌苗如云，经年不雨过秋半，苗穗不实空轮囷。
田家留苗见霜雪，免使枭岁劳耕耘，县官催租吏胥急，粜粟输官莫论直，劝农使，不汝恤。"

④ 元淮《金囮集·农家》："田夫有话向谁言，麦饮依稀野菜羹。半顷薄田尤户役，近来贱
卖与人耕。"

⑤ 童冀《尚纲斋集》卷三《荒田行》："永州荒田多宿草，永州田多人苦少。南村田荒无人耕，
北村草深人不行。往年峒瑶据城壁，驱迫编户充军役。十户殆今无一存，当时宁望长
儿孙。壮者随军入军伍，老者尽作泉下土。少者仅存虽长成，十家九户惟单丁。应当
门户倦奔走，岂有余力到农亩！荒田积草如人长，熟田近年亦抛荒。男啼女号饭不足，
草根木实常充腹。荒田幸免官征科，熟田征科真奈何？永民自叹生来苦，不信人间有
乐土。"

役和荒旱，在本土不能生活，只好相率逃亡，成为流民。^①可是其他地区也同样是蒙古人在统治着，同样不能生活，结果人自相食，弱肉强食，演成人类史上的悲剧。如大德十一年（1307）两浙饥，浙东为甚，越民死者殆尽，人相食以图苟存。^②甚至沟中死尸也不免为饥民所食。^③这是至正十八年（1358）的事。元政府对于这种情形的处置，我们可以举一个可信的记载来做代表。余阙《书合鲁易之作颍川老翁歌后》：

> 至正四年（1344）河南北大饥，明年又疫，民之死者半。朝廷尝议鬻爵以赈之，江淮富民应命者甚众，凡得钞十余万锭，粟称是。会夏小稔，赈事遂已。然民罹此大困，田莱尽荒，蒿藜没人，狐兔之迹满道。时予为御史，行河南北，请以富民所入钱粟贷民具牛种以耕，丰年则收其本，不报。^④

元政府不但不肯负责救济，并且连赈款也整个吞没。《元史·顺帝本纪》

---

① 张养浩《归田类稿》卷一二《哀流民操》："哀哀流民，为鬼非鬼，为人非人。哀哀流民，男子无褌袍，女子无完裙。哀哀流民，剥树食其皮，掘草食其根。哀哀流民，昼行绝烟火，夜行依星辰。哀哀流民，父不子厥子，亲不亲厥亲。哀哀流民，言辞不忍听，号泣不忍闻。哀哀流民，朝不敢保夕，暮不敢保晨。哀哀流民，死者已满路，生者与鬼邻。哀哀流民，一女易斗粟，一男钱数文。哀哀流民，甚至不得将，割爱委路尘。哀哀流民，何时天雨粟？使汝俱生存。哀哉流民！"

② 参见吾衍：《闲居录》。

③ 张翥《蜕庵诗集》卷一《书所见》："沟中人唼尸，道上母抛儿。有眼不曾见，无方能疗饥。干戈未解日，风雪正寒时。归与妻孥说，毋嫌朝食糜。"周霆震《石初集》卷三《人食人》："髑髅夜哭天难补，旷劫生人半为虎。味甘同类日磨牙，肠腹深于北邙土。郊关之外衢路旁，旦暮反接如驱羊。喧呼朵颐择肥藏，快刀一落争攕将。凭陵大嚼剟心燎，竞赌儿觥夸饮醻。不知剑吼已相随，后日还赔髑髅笑。阴风腐余犬鼠争，白昼鬼语偕人行。衔冤抱恨连死骨，著地春草无由生。"

④ 《青阳集》卷八。

记陈思谦事可以作这一记述的旁证：

> 至正五年三月以陈思谦参议中书省事。先是思谦建言所在盗起，盖由岁饥民贫，宜大发仓廪赈之，以收人心，仍分布重兵镇守中夏。不听。①

农民左右是死路一条。再加上地方官吏的不顾死活的剥削，农民只好揭竿而起，参加起义的洪流了。永嘉的农民暴动可以代表这一时期的情形。②朱德润替当时的农民起义下一正确的解释。他说：

> 今太平日久，民不知兵，经费所入，江浙独多。（岁给馈饷二百五十余万）而比岁以来，水旱濒仍，田畴湮没，昔日膏土，今为陂湖者有之。而亲民之官不识大体，重赋横敛，务求羡余，致有激变。所得有限，所费不赀。且以州县税粮言之，有额无田、有田无收者一例闭纳。科征之际，枷系满屋，鞭笞盈道，直致民生困苦，饥寒迫身，此其为盗之本情也。至于酒课盐课比之国初，增至十倍。征需之际，民间破家荡产，不安其生，改作贩夫入海者有之。目今沿海贫民食糠秕不足，老弱冻饿，而强壮者入海为盗者有之。一夫首唱，众皆胁从，此其为盗之本情也。其言谓与其死于饥寒，孰若死于饱暖，因是啸聚

---

① 《元史》卷四一。

② 《诚意伯文集》卷一三《赠周宗道六十四韵》："永嘉浙名郡，有州曰平阳。面海负山林，实维瓯闽疆。闽寇不到瓯，倚兹为保障。官司职防虞，当念怀善良。用民作手足，抚爱勿害伤。所以获众心，即此是刉墙。奈何纵滔毒，反肆其贪攘。破廪取菽粟，夷垣劫牛羊。朝出系空橐，暮归荷丰囊。丁男跳上山，妻女不得将。稍或违所求，便以贼见戕。负屈无处诉，哀号动穹苍。斩木为戈矛，染红作巾裳。鸣锣撼岩谷，聚众守村乡。官司大惊怕，弃鼓撇旗枪。窜伏草莽间，股栗面玄黄。窥伺不见人，喘汗走怅怅。可中得火伴，结伴归营场。顺途劫寡弱，又各夸身强。将吏悉有献，欢喜赐酒觞。杀贼不计数，纵横书荐章。民情大不甘，怨气结肾肠。遂令父子恩，化作虿与蝗。恨不斩官头，剔骨取肉尝。"

群起，劫掠官粮，杀伤军民。[1]

在未起义地区，官军所至，鸡犬皆空。[2]犒赏饮食，都强迫农民负担。[3]征敛税粮，较平时更形苛急。[4]结果是已起义区域的军力日益壮大，未起义的区域也因不堪压迫而被逼起义，革命的条件成熟了，革命的队伍发展了，革命的地区也日益扩大了。

五、红军之起与元之内讧

至正十一年（1351）五月民军刘福通陷颍州，奉韩林儿诈称宋徽宗后

---

① 《存复斋续集·平江路问弭盗策》。

② 舒頔《贞素家藏集》卷三《感时歌》："移曳元帅为总制，病民本甚，邑中添设闉计数，无非苛政，姑计之：郡邑自从乱离后，官设总制因防寇，奉公守法能几人，窃禄贪婪来贸贸。大府日夜催军需，和籴草料无时无，富家卖田为供给，贫者缚窘充寨夫。老幼不得息，抱恨向天泣，元戎贪利病民力，盐半斤，斗米入……道路多白骨，髑髅带绛抹，道旁遇行人，一半是兵卒。荒田弥望无人耕，深夜时见鬼火明，居无室庐隐无所，排列县官不识名。"

③ 周霆震《石初集》卷二《农谣》："万田草生农务忙，饭牛夜半饥且僵。侵晨荷耒散阡陌，和买犒军官取将。高堂大嚼饮继烛，持遗妻子丰括囊（官吏饱足之后，复以大囊满贮，送至其家）。苍头庐儿饱欲死，义丁畴敢染指尝。锄耰漫劳犊方稚，十步九顿空彷徨。将军大笑不负腹，东皋南亩从渠荒。"

④ 袁彦章《书林外集》卷一《征粮叹》："至正十七载，丁酉夏六月。江淮尚兵戈，岁久未休息。捍敌百万兵，甲胄生虮虱。有司供馈饷，费冗每匮乏。上官急诛求，僚属走折屐。嗟此穷海邦，田赋岁不给。巨室能几家，何如有蓄积。况罹去年秋，农苗半无买。民生正艰危，朝来不谋夕。未秋先借粮，粮米从何出？吏曹幸此灾，公檄出如蝶。皂隶且欣然，纷纷入村落。喧呼夜打门，鸡犬尽惊怛。恣取无不为，孰忍受驱迫。顾兹田野间，青黄曾未接。米缸久无来，楮币不堪籴。一升百青蚨，杖头何处觅？督责严限程，十室九逃匿。田莱尚多荒，讵暇顾耕织。隔篱有邻翁，头颅白如雪。七十苦膺门，一日两遭责。日暮寄衣归，斑斑血犹湿。相看重叹伤，家赀复谁惜。负郭数亩田，出鬻不论值。求售卒亦难，搔首了无策。新谷从沫升，粜一折从十。肯为身后思，且济目前急。养兵固自壮，剥民无乃瘵。寄言吾父母，夫何至此极。"

人颁发诏书,略曰:

> 蕴玉玺于海东,取精兵于日本,贫极江南,富称塞北。

前两句指宋广王走崖山,丞相陈宜中走倭。后两句指出蒙古人统治下
的掠夺结果,说明起义的动机。前两句是政治的宣传,后两句则为经济的
解剖。"时天下承平已久,法度宽纵,贫富不均,多乐从乱,不旬月众殆
数万人。"①

韩山童生于白莲教世家,倡弥勒佛下生之说,《元史·顺帝本纪》:

> 初滦城人韩山童祖父以白莲会烧香惑众,谪徙广平永平县。至山
> 童倡言天下大乱,弥勒佛下生,河南及江淮愚民皆翕然信之。刘福通
> 与杜遵道、罗文素、盛文郁、王显忠、韩咬儿等复鼓妖言,谓山童实
> 宋徽宗八世孙,当为中国主,福通等杀白马黑牛誓告天地,欲同起兵
> 为乱,事觉,县官捕之急,福通遂反,山童就擒。其妻杨氏其子韩林
> 儿逃之武安。②

起义时以红巾为号,故号红军。以烧香礼弥勒佛,又号香军。③同年
八月萧县李二及老彭、赵君用攻陷徐州。李二号芝麻李,亦以烧香聚众起
义。蕲州罗田县徐真一(寿辉)与麻城人邹普胜等起义,亦以红巾为号。④
又有北琐红军,南琐红军:

---

① 参见叶子奇:《草木子》卷三上,《克谨篇》。
② 《元史》卷四二。
③ 参见权衡:《庚申外史》。
④ 参见《元史》卷四二,《顺帝本纪》。

（刘福通起兵）河、淮、襄、陕之民翕然从之。故荆、汉、许、汝、山东、丰、沛以及两淮红军皆起应之。起颍上者推杜遵道为首，陷朱皋，据仓粟，从者数十万，陷汝宁、光、息、信阳。起蕲黄者彭莹玉和尚推徐真逸为首，陷德安、沔阳、安阳、武昌、江陵、江西诸郡。起湘、汉者推布三王、孟海马为首，布三王号北琐红军，奄有唐、邓、南阳、嵩、汝、河南府。孟海马号南琐红军，奄有均、房、襄阳、荆门、归、峡。起丰、沛者推芝麻李为首。①

在几个月内，湖南、湖北、河南、安徽、江苏、山东诸地纷纷起事，不约而同地都称红军，把元帝国拦腰而断，南北不通。元人记红军起后，"当时贫者从乱为归"②。可见这是一种贫农的结合。再看前后红军和非红军的起事领袖的身份，如方国珍和张士诚是贩私盐的；陈友定是农人，曾为佣于富家；韩林儿的祖父被罪迁谪；陈友谅为渔家子；徐寿辉（真一）是贩布的；明玉珍家世代务农；朱元璋是游方穷和尚；没有一个是出身于有产阶级的。③

应该指出，至正十一年（1351）红军的大起义，只是最后一次的大爆发，事实上在元代前期已有此种秘密组织，并曾陆续发生过几次暴动。红军是白莲教徒的武装团体，所崇拜的偶像是弥勒佛。元崇信宗教，白莲教也被准许公开传教，成宗时（1295—1307）曾特降圣旨受政府的保护。并建有寺院，有报恩堂、复一堂、清应堂诸祠宇。以都掌教为首领。④ 武宗

---

① 权衡：《庚申外史》。

② 叶子奇：《草木子》卷三上，《克谨篇》。

③ 参见钱谦益：《国初群雄事略》。

④ 参见《元典章》卷三三，《礼部六·白莲教》。

至大元年（1308）五月丙子禁白莲社，毁其祠宇，以其人还隶民籍。[①] 至治二年（1322）五月癸卯又下诏禁白莲佛事。[②] 从此白莲教便成秘密团体，不能公开活动。弥勒佛下生当有天下的预言，也早在泰定二年（1325）便已流行。《元史》记：

> 泰定二年六月，息州民赵丑厮、郭菩萨妖言弥勒佛当有天下，有司以闻。命宗正府、刑部、枢密院、御史台及河南行省官杂鞫之。[③]

后被杀。[④] 至元三年（1337）弥勒教徒起事河南：

> 二月棒胡反于汝宁信阳州。棒胡本陈州人，名闰见。以烧香惑众，妄造妖言作乱，破归德府鹿邑，焚陈州，屯营于杏冈。命河南行省左丞庆童领兵讨之。己丑，汝宁献所获棒胡弥勒佛、伪宣敕、紫金印、量天尺。[⑤]

同年朱光卿等起兵于广东，自拜其徒为定光佛：

> 正月癸卯广州增城县民朱光卿反，其党石昆山、钟大明率众从之，伪称大金国，改元赤符。命指挥狗札里、江西行省左丞沙的讨之。四月己亥惠州归善县民聂秀卿、谭景山等造军器，拜戴甲为定光佛，与

---

① 参见《元史》卷二二，《武宗本纪》。
② 参见《元史》卷二八，《英宗本纪》。
③ 《元史》卷一九，《泰定帝本纪》。
④ 参见《新元史》卷一九，《泰定帝本纪》。
⑤ 《元史》卷三九，《顺帝本纪》。

朱光卿相结为乱，命江西行省左丞沙的捕之。[①]

据至正二十六年（1366）朱元璋讨张士诚檄所数元廷罪状：

> 近睹有元之末，王居深宫，臣操威福，官以贿成，罪以情免。宪台举亲而劾仇，有司差贫而优富。庙堂不以为忧，方添冗官，又改钞法，役数十万民，湮塞黄河，死者枕藉于道，哀苦声闻于天，致使愚民误中妖术，不解偈言之妄诞，酷信弥勒之真有，冀其治世，以苏其苦。聚为烧香之党，根据汝、颍，蔓滋河、洛，妖言既行，凶谋遂逞。焚荡城郭，杀戮士夫，荼毒生灵，无端万状。[②]

按此檄文中所指弥勒为一事，烧香又为一事，弥勒为佛教中之重要人物，相传"弥勒菩萨应三十劫，当成无上正真等正觉"[③]。应入世三十次，佛薄伽梵灭度后八百年，胜军王都有阿罗汉名难提蜜多罗在般涅槃前预言人寿七万岁时，十六阿罗汉既护法藏毕，造窣堵波赞叹已，至窣堵波金地之中，入般涅槃，释迦牟尼正法遂灭：

> 次后弥勒如来应正等觉出现世间时，瞻部州广博严净，无诸荆棘，谿谷堆阜，平正润泽，金沙覆地，处处皆有清池茂林，名华瑞阜，及众宝聚，更相辉映，甚可爱乐。人皆慈心修行十善，以修善故，寿命长远，丰乐安稳。士女殷稠，城邑邻次，鸡飞相及，所营农稼，一营

---

① 《元史》卷三九，《顺帝本纪》。

② 祝允明：《九朝野记》。

③ 《增一阿含》第四二品，《八难品》《八大人念经》。

七获，自然成实，不须耘耨。①

这是佛教徒所幻想的极乐园，也是农民所最渴望的理想世界。烧香则为白莲教徒必须举行的仪式。白莲教徒有政治的目的，可是缺少一个组织和吸引农民参加起义的终极目标。弥勒佛下生的预言已经流传了快一千年，为农民所熟知，其意义即等于救世主。白莲教徒就利用这传说，宣传弥勒已经降生为尘世主宰，其使命即为解除现在农民身受之一切疾苦。农民久困于异族统治下之苛征重敛，一听有能使他们"所营农稼，一营七获"并且"自然成实，不须耘耨"的救世主出来，自然死心塌地信仰，一致加入去追求这理想的乐园了。

红军中势力最大的是韩林儿、芝麻李、徐寿辉三支，韩林儿最先起，兵力最强。芝麻李不久即为元所灭。徐寿辉的势力后分二系，一为陈友谅，一为明玉珍。非红军中最强的是张士诚、方国珍、陈友定三支。红军的目的是推翻元政府的政权，从异族压迫之下解放自己，和元政府完全处于敌对的不两立的地位。非红军则无一定宗旨，起事的目的只是为自己个人的生命安全，割据一隅，恣意于生活的享受。和元政府的关系也以利害为转移，时降时叛，时合时离。和红军则处于敌对地位，互相攻击。

在元政府方面，贵族和官吏为保持自己的地位和身家，当然竭力拥护政府坚决抗拒红军，但是，正如上文所说，腐化了的军队和官吏，大部分失去作战能力和意志，事实上和红军作战的是各地的地主，他们出私财，募"义"军，用全力保卫自己的家族和家产，间接地也替元政府支持了十几年。各地的"义"军倏起倏灭的不可胜计，如东莞李氏、凌氏：

---

① 《大阿罗汉难提蜜多罗所说法住记》。

东莞李氏尤豪于诸族。朝政不行，盗贼蜂起，富民各专武断，聚兵自卫。既而各据乡土，争为长雄，或更相攻掠，井邑萧然。凌氏亦结民为保，内援官军，外击强盗，里人赖之以安。[1]

龙泉胡氏：

至元壬辰，江、淮俶扰，盗贼蔓延闽、浙，由建之浦城、松溪入龙泉。公（胡深）叹曰：浙水东地气白矣，生民无所赖，祸将及矣。乃集乡民共为守御计而结寨于湖山。[2]

京山刘氏：

至正辛卯两河乱。（京山人刘则礼）割财募兵，隶四川平章乂著麾下，攻安陆、襄、樊、唐、邓，悉讨平之。兄弟子侄多死于兵。[3]

临川陈氏：

元至正十二年壬辰大盗起江、汉间，郡县相继陷，聚落民争揭竿为旗以应寇。（陈）天锡顿足曰：事急矣，可奈何！即跃马入郡城白监郡完者帖木儿曰：天锡家世以义声著吴越间，今天下大乱，贼以红巾帕首，呼啸成群，所蹴蹋处绝无一人御者。天锡虽不才，愿竭忠以报国家。自度乡里健儿，一呼之间，可得千人，甲胄糗粮，当一一自

---

① 王叔英：《静学文集》卷二，《凌府君行状》。
② 王袆：《王忠文公集》卷二二，《故参军缙云郡伯胡公行述》。
③ 李继本：《一山文集》卷六，《刘则礼传》。

给，不以烦县官。教以坐作击刺进退之法可用，或攻或守，惟明公所命。即从所请，奖励者甚力。天锡还，朝夕聚兵训练如前谋。[①]

江阴许氏：

至正十二年十月红巾陷江阴州。州大姓许普字德昭与其子如章聚无赖恶少，资以饮食。贼四散抄掠，诱使深入，歼而埋之。战于城北之祥符寺，父子皆死。[②]

其他地方官吏所率之军队，亦多由地主私军改编。如王宣之黄军：

淮东豪民王宣请募城墅趫勇惯捷者，可以攻城，前后得三万人，皆黄衣黄帽，号曰黄军。脱脱用以攻徐州，一鼓克之。[③]

答失八都鲁所统之义丁：

至正十二年五月用宋廷杰计，召募襄阳官吏及土豪避兵者，得义丁二万，编排部伍，败贼于蛮河。[④]

各地地主不约而同地组织私军，抵抗农民起义军攻击，形式上是红军和元政府作战，而本质上则为农民和地主的战争。内中势力最大，和红军

---

① 宋濂：《翰苑别集》卷九，《元赠进义副尉金溪县尉陈府君墓铭》。
② 陶宗仪：《辍耕录》。
③ 权衡：《庚申外史》。
④ 《元史》卷一四二，《答失八都鲁传》。

相持最久的是起自沈丘的察罕帖木儿父子。《元史·察罕帖木儿传》：

> 察罕帖木儿字廷瑞，系出北廷。幼笃学，尝应进士举，有时名，居常慨然有当世之志。至正十一年盗发汝、颍，焚城邑，杀长吏，所遇残破，不数月，江淮诸郡皆陷。朝廷征兵致讨，卒无成功。十二年察罕帖木儿奋义起兵，沈丘之子弟从者数百人。与信阳之罗山人李思齐合兵，同设奇计袭破罗山。事闻，朝廷授察罕帖木儿中顺大夫、汝宁府达鲁花赤。于是所在义士俱将兵来会，得万人，自成一军，屯沈丘，数与贼战，辄克捷。

察罕帖木儿以至正十五年（1355）定河北，十七年（1357）定关陕，十九年（1359）复汴梁，定河南，韩林儿遁走，檄书始能达江浙。以兵分镇关陕、荆襄、河洛、江淮，而重兵屯太行……营垒旌旗所望数千里，谋大举以复山东。正在准备东征的时候，和另一支抵抗红军的有力军队孛罗帖木儿发生地盘的冲突。内战以起。[①]

孛罗帖木儿为答失八都鲁之子，答失八都鲁是元政府的世将，红军起后，率义丁复襄阳。至正十五年（1355）攻克亳州，韩林儿遁走。数和刘福通作战，均有功。[②]死后子孛罗帖木儿领其众，移镇大同。晋冀之地皆察罕帖木儿所平定，孛罗帖木儿欲据晋冀，两军交战数年，元政府几次派人为之讲和，至正二十一年（1361）冬兵始解。时察罕帖木儿已进占山东大部，至正二十二年（1362）围攻益都，为降人田丰、王士诚所刺死，子扩廓帖木儿代领其兵，攻克益都，山东悉平。而孛罗帖木儿复以兵来争晋冀，

---

① 参见《元史》卷一四一，《察罕帖木儿传》。
② 参见《元史》卷一四二，《答失八都鲁传》。

内战又起。①

　　这时候元政府和宫廷内也发生重大的政变，丞相脱脱于至正十二年（1352）出兵攻徐州，擒芝麻李后，威名大震。与幸臣哈麻交恶，至正十四年（1354）脱脱率大兵征张士诚，围高邮，城垂破，为哈麻所谮贬死，士诚势复振。②哈麻为相后，谋废元顺帝立皇太子爱育失里达腊，事发诛死。③太子母高丽奇皇后和皇太子仍图废立，遣宦者朴不花喻意于丞相太平，太平不肯，为皇太子所恶，谮杀之。④时扩廓帖木儿正和孛罗帖木儿相持，于是皇太子的亲信丞相搠思监及朴不花倚扩廓帖木儿为外援，皇帝的亲信贵臣老的沙为皇太子所怒，逃奔孛罗帖木儿军中。皇太子怨孛罗帖木儿匿老的沙，搠思监、朴不花等遂诬孛罗帖木儿与老的沙等图谋造反，至正二十四年（1364）四月下诏扩廓帖木儿举兵讨伐。孛罗帖木儿知道不是元顺帝的主张，采取主动，先举兵进攻大都，元顺帝杀搠思监、朴不花，孛罗帖木儿始还大同。皇太子出走，再征扩廓帖木儿兵讨孛罗帖木儿，攻大同，孛罗帖木儿又率兵向大都，皇太子战败逃太原，孛罗帖木儿入京师，拜中书右丞相。至正二十五年（1365）皇太子调扩廓帖木儿及诸路兵进讨，孛罗帖木儿战败，被刺死于宫中。⑤太子奔太原时，欲用唐肃宗灵武故事自立，扩廓帖木儿不赞成，及孛罗帖木儿死，扩廓帖木儿还京师，奇皇后谕旨令以重兵拥太子入城，胁元顺帝禅位，扩廓帖木儿又不肯。因此扩廓帖木儿为太子所恨。⑥至正二十六年（1366）扩廓帖木儿奉命总天下兵出平江、淮，檄关中四将军会师大举。李思齐以与察罕帖木儿同起义兵，得檄大怒，

①　《元史》卷一四一，《察罕帖木儿传》；卷二〇七，《孛罗帖木儿传》。

②　参见《元史》卷一三八，《脱脱传》；卷二〇五，《哈麻传》。

③　参见《元史》卷二〇五，《哈麻传》。

④　参见《元史》卷一四〇，《太平传》；卷二〇四，《朴不花传》。

⑤　参见《元史》卷二〇七，《孛罗帖木儿传》；卷二〇四，《朴不花传》。

⑥　参见《明史》卷一二四，《扩廓帖木儿传》。

不肯受命，下令一甲不得出武关。张思道、孔兴、脱列伯三军亦不受节制，连兵力拒扩廓帖木儿。相持经年数百战不分胜负。元顺帝谕扩廓帖木儿罢兵，专力南征，扩廓帖木儿不听。其部下骁将貊高、关保叛归元政府，和李思齐等合。元顺帝乃尽削扩廓帖木儿官，分其兵隶诸将，并令关保戍太原。扩廓帖木儿怒，尽杀元政府所置官吏，元顺帝令诸将四面讨之。时朱元璋兵已下山东，收大梁，元兵方忙于内战，列城望风降遁。兵逼潼关，李思齐等仓皇解兵西归，而貊高、关保亦皆为扩廓帖木儿所擒杀。元顺帝大恐，又复扩廓帖木儿官，令与李思齐等分道南征，一个月后，朱元璋兵已逼大都，元帝北走。扩廓帖木儿仍拥兵西北，图谋恢复，洪武元年（1368）败明将汤和于韩店，北出雁门欲攻北平，明将徐达、常遇春乘虚攻太原，扩廓帖木儿还救大败，以十八骑遁去。明兵遂西入关，李思齐以临洮降，张思道、张良臣败死。洪武三年（1370）明徐达大败扩廓帖木儿于沈儿峪，扩廓帖木儿奔和林，时元顺帝已死，皇太子继位，复任以国事。洪武四年（1371）明复遣大将徐达、李文忠、冯胜将十五万人出塞攻扩廓帖木儿，至岭北与扩廓帖木儿遇，明兵大败，死者数万人。明年扩廓帖木儿复攻雁门，以明兵严备不得入。后随宣光帝徙金山，洪武八年（1375）卒。①

元顺帝北走后，他的子孙虽失去在中原的政权，可是在漠北却仍是合罕。明前期国力强时，数出兵北讨，蒙古族逐渐北徙。自明成祖五次北征以后，明兵力渐衰，国防线渐由开平内移，三卫弃而辽东和宣、大的声援隔绝，东胜、兴和徙而边防虚，蒙古族又渐南移，至入居河套，边墙之外，即为敌国。三百年中汉人和蒙古人的战争迄未停止。"北虏"的威胁致使明用全力防御北边，遍设戍兵，置九边要塞，国力为之疲敝，为明一代的大患。

---

① 《元史》卷一四一，《察罕帖木儿传》；《明史》卷一二四，《扩廓帖木儿传》。

六、明太祖之起事与削平群雄

元政府的政变和内战，给红军以发展的好机会。红军的内讧和与非红军的混战，又给后起的红军领袖朱元璋以发展的好机会。朱元璋在称帝后三年发表一道文件，说明他取天下于群雄之手，而不是从元取得的。他说：

> 当元之季，君晏安于上，臣跋扈于下，国用不经，征敛日促，水旱灾荒，频年不绝，天怒人怨，盗贼蜂起，群雄角逐，窃据州郡。朕不得已，起兵欲图自全。及兵力日盛，乃东征西讨，削除渠魁，开拓疆宇。当是时，天下已非元氏有矣。向使元君克畏天命，不自逸豫；其臣克尽乃职，罔敢骄横，天下豪杰曷得乘隙而起。朕取天下于群雄之手，不在元氏之手。[①]

他是起义于濠州的红军领袖郭子兴的部下，郭子兴死后，代为领袖，直隶于韩林儿，受宋的官爵，用龙凤年号，是红军中后起的一支有力的部队。可是一到红军领袖因内讧而军力锐减，韩林儿失去根据地来投奔以后，就立刻抛去红军的宗教意味的宣传，严厉地加以指示。在至正二十六年(1366)讨张士诚的檄文中，公开地抨击红军：

> 致使愚民误中妖术，不解偈言之妄诞，酷信弥勒之真有，冀其治世，以苏其苦，聚为烧香之党，根据汝、颍，蔓延河、洛。妖言既行，

---

① 《明太祖实录》卷五三。

凶谋遂逞，焚荡城郭，杀戮士夫，荼毒生灵，无端万状。①

前一部分斥红军为妖言为妖术，后一部分以采恐怖手段，屠杀地主——有产阶级为红军的罪状。接着他说：

> 元以天下钱粮兵马大势而讨之，略无功效，愈见猖獗，终不能济世安民。是以有志之士，旁观熟宪，乘势而起。或假元氏为名，或托香军为号，或以孤军独立，皆欲自为，由是天下土崩瓦解。余本濠县之民，初列行伍，渐至提兵，灼见妖言不能成事，又度胡运难与立功，遂引兵渡江。

指斥元政府无力济世安民，最后把自己的立场和红军分开，不愿分担红军所负的责任。可是这时候在名义上他还是韩林儿的臣下，在这文件的开首还不能不用"皇帝圣旨，吴王令旨"，末后也不能不用龙凤十二年（1366）的年号。同年十二月他采取更进一步的手段，彻底消灭了红军的残余势力，授意部下大将廖永忠沉韩林儿于瓜步。② 宋亡后，他听取了幕中儒生的劝告，把这次革命解释为民族解放运动，喊出驱逐蒙古人的口号。原来韩林儿在起事时虽假托宋后，国号也用宋的旧称，以图收拾民心，可是这时离南宋亡国已久，实际作用不大。后来就索性不提宋后的话，专意于弥勒救世的宣传，虽然吸引了大量穷苦农民，对地主阶级和知识分子来说，不但没有作用还招致强烈的抗拒。为了发展和扩大革命力量，这时候就不得不放弃宗教性的弥勒佛出世的口号，代替以能为农民和地主阶级都能接受的新口号，鲜明地指出

① 祝允明：《九朝野记》。
② 参见钱谦益：《太祖实录辨证》。

这次革命是被压迫民族争取解放的战争，集合汉族和各族人民的力量，同时也给予知识分子及旧地主官吏以安全的保障，取得他们的合作。至元二十七年（1367）十月丙寅檄谕齐、鲁、河、洛、燕、苏、秦、晋之人以北伐之意曰：

> 自古帝王临御天下，中国居内以制夷狄，夷狄居外以奉中国，未闻以夷狄居中国治天下者也……当此之时，天运循环，中原气盛，亿兆之中，当降生圣人，驱逐胡虏，恢复中华，立纲陈纪，救济斯民……方今河、洛、关、陕虽有数雄，忘中国祖宗之姓，反就胡虏禽兽之名，以为美称，假元号以济私，恃有众以要君，阻兵据陕，互相吞噬，反为生民之巨害，皆非华夏之主也……予恭天承命，罔敢自安，方欲遣兵北逐胡虏，拯生民于涂炭，复汉官之威仪……归我者永安于中华，背我者自窜于塞外。盖我中国之民，天必命中国之人以安之，夷狄何得而治哉？①

这是一个创时代的转变，是朱元璋之所以成功的条件之一。

红军诸领袖之所以失败，第一是地主阶级的顽强抵抗，第二是红军内部的分裂。红军之发动地为河南、湖北一带，起事后诸领袖人自为战，不相统属，并各自称帝称王，互相攻略。至正十五年（1355）刘福通等立韩林儿为帝，国号宋，年号龙凤（1355—1366），建都于亳。至正十八年（1358）迁都汴梁。至正十九年（1359）察罕帖木儿破汴梁，韩林儿退据安丰。至正二十三年（1363）吴张士诚将吕珍破安丰，韩林儿奔滁州依朱元璋。宋势力最盛时，四出略地，所至无不摧破，至正十七年（1357）分兵三道，关先生、破头潘、冯长舅、沙刘二、王士诚趋晋、冀，白不信、大刀敖、

---

① 《明太祖实录》卷二六；王世贞：《诏令杂考》一。

李喜喜趋关中，毛贵出山东，刘福通则率众出没河南北。白不信一支被察罕帖木儿、李思齐所破，走入蜀。毛贵一支则陷济南、蓟州，略柳林，直逼大都，元政府至议迁都以避之。关先生一支则分军为二，一出绛州，一出沁州，逾太行，破辽、潞，陷冀宁，掠大同、兴和塞外诸郡，至陷上都，毁诸宫殿，转掠辽阳，抵高丽，复折回陷大宁，犯上都。李喜喜余部则陷宁夏，掠灵武诸边地。红军出没于黄河以北，东至高丽，北至和林，西至宁夏的广大地区。可是初建国时，红军上层领袖就争权夺利，互相残杀，丞相杜遵道用事，平章政事刘福通阴令甲士擒杀之，自为丞相，国事均决于刘福通，其他诸将俱与刘福通同起事，率不肯遵约束，刘福通不能制，兵虽盛，威令不行。所攻城邑，亦不能守，随得随失。接着在山东最得民心的毛贵为赵均用所杀，赵均用又被续继祖所杀，所部自相攻击。远征诸大将李喜喜、关先生等转战万里，亦多走死。于是在北为蒙古军队所围剿，在南又受张士诚的攻击，安丰破后，势力就完全消灭。[①]

起自湖北的徐寿辉于至正十一年（1351）称帝，国号天完，建元治平（1351—1360），都蕲水。后迁都汉阳。分兵四出，陷饶、信，连陷湖、广、江西诸郡，东南发展至杭州、太平诸路。天完和宋一样，同样地陷于内讧的局面。至正十七年（1357）丞相倪文俊谋杀徐寿辉自立，不克，奔黄州。其将陈友谅杀倪文俊代其位。至正二十年（1360）弑徐寿辉自立为帝，国号汉，改元大义（1360—1363），尽有江西、湖、广之地。[②]徐寿辉别部明玉珍略地四川，闻徐寿辉被杀，自立为陇蜀王，以兵塞瞿塘，绝不与陈友谅通。至正二十三年（1363）即皇帝位于重庆，国号夏，建元天统（1362—1366）。[③]

---

① 参见《明史》卷一二二，《韩林儿传》；《国初群雄事略》卷一，《韩林儿》。

② 参见《明史》卷一二三，《陈友谅传》；《国初群雄事略》卷三，《天完徐寿辉》。

③ 参见《明史》卷一二三，《明玉珍传》；《国初群雄事略》卷五，《夏明玉珍》。

陈友谅势力方盛时，朱元璋起兵据集庆路，取太平，和陈友谅接界。陈友谅陷池州，朱元璋遣将击取之，由是结仇，连兵不解。陈友谅大将赵普胜守安庆，最骁勇，为朱元璋所间，陈友谅杀普胜，并其军。恃其兵强，欲东取应天，约张士诚从东面夹攻，朱元璋惧两面受敌，以计促陈友谅先发兵，大败之于龙湾。陈友谅部下诸将因赵普胜被杀，多不安，于光、欧普祥、吴宏、王溥、胡廷瑞等纷纷以所守地来降，陈友谅疆土日蹙。至正二十三年（1363）大发兵来围洪都，与朱元璋军遇于鄱阳湖，大战三日，陈友谅兵败中矢死，大将张定边挟其次子陈理奔还武昌，立为帝。至正二十四年（1364）二月朱元璋亲督师围武昌，陈理出降，汉亡。[①]明玉珍在位五年死，子明昇嗣位方十岁。诸大臣皆粗暴不肯相下，大将万胜以私憾杀知院张文炳，内府舍人明昭复矫皇后旨杀万胜。胜为玉珍开国大将，功最高，人心多不平，保宁镇守平章吴友仁举兵杀明昭，入执国政，朝事大坏。洪武四年（1371）明将汤和、廖永忠、傅友德等伐蜀，昇出降，夏亡。[②]

在非红军的集团中，张士诚以被地主凌侮起事：

> 以操舟运盐为业，缘私作奸利。常鬻盐诸富家，富家多凌侮之，或负其值不酬。而弓手丘义尤窘辱士诚甚。士诚愤，即帅诸弟及壮士李伯升等十八人杀义，并灭诸富家，纵火焚其居。入旁郡场招少年起兵，盐丁方苦重役，遂共推为主。[③]

陷泰州、高邮。至正十四年（1354）自称诚王，国号大周，建元天祐。至正十六年（1356）陷平江、湖州、松江、常州诸路，改平江为隆平府，

---

① 参见《明史》卷一二三，《陈友谅传》；《国初群雄事略》卷四，《汉陈友谅》。
② 参见《明史》卷一二三，《明玉珍传》。
③ 《明史》卷一二三，《张士诚传》。

自高邮来都之。时朱元璋亦下集庆，境遂相接。士诚遣将攻镇江，徐达败之于龙潭。朱元璋亦遣将来攻常州，士诚大败，由此交兵不已。士诚所据要塞长兴、常州、江阳相继失，兵不得四出，不得已请降于元。乘间袭取杭州，所据地南抵绍兴，北逾徐州，达于济宁之金沟，西距汝、颍、濠、泗，东至海二千余里，带甲数十万。至正二十三年（1363）九月复自立为吴王。士诚无远图，自据吴后，渐奢纵怠于政事，诸将帅日夜歌舞自娱，偃塞不用命，不以军务为意，及丧师失地还，亦概置不问，已复用为将。陈友谅约士诚夹攻应天，士诚欲守境观变，虽许而兵不出。及陈友谅既平，朱元璋遂大发兵取吴，至正二十七年（1367）九月破平江，擒张士诚，吴亡。[①]

浙东的方国珍的起事，和张士诚很相像，其对元政府的态度，也和张士诚同样的反复不定。《明史》记：

元至正八年，有蔡乱头者行摽海上，有司发兵捕之。国珍怨家告其通寇，国珍杀怨家，遂与兄国璋，弟国瑛、国珉亡入海，聚众数千人，劫运艘，梗海道。

地方官往讨为所败，胁使请于朝，授定海尉。未几复叛，再又降元为海道漕运万户，进行省参政，据有温、台、庆元之地。以兵和张士诚相攻，至士诚亦降元，始罢兵。朱元璋取婺州，与国珍接境，国珍惧不敌，自请纳土，未几又反复不受命。张士诚被擒后，朱元璋将朱亮祖、汤和取浙东，国珍不能抗，奉表降。[②]

非红军领袖中始终效忠于元政府的是陈友定。友定以乡农立功为黄土

---

① 参见《明史》卷一二三，《张士诚传》；《国初群雄事略》卷七，《周张士诚》。
② 参见《明史》卷一二三，《方国珍传》；《国初群雄事略》卷八，《方谷真》。

寨巡检，十年中以军力镇压农民起义，扩充地盘，西拒陈友谅，北拒朱元璋，累官至平章，尽有福建八郡之地。方国珍败降后，朱元璋即发兵由海陆两道入闽，洪武元年（1368）明兵取建宁、延平二路，友定被执死。①

在这样一个混战局面之下，红军出身的朱元璋竟能推翻元政府，统一全国，解放汉人、南人和各族人民，建立大明帝国。成功的基本原因是及时提出民族革命的口号，取得全民支持。他出自于贫农之家，很懂得农民的心理。青年时代过的是漂流乞食的生活：

> 年十七父、母、兄相继殁，贫不克葬，里人刘继祖与之地乃克葬，即凤阳陵也。太祖孤无所依，乃入皇觉寺为僧。逾月游食合肥，凡历光、固、汝、颍诸州，三年复还寺。

起兵后极力团结知识分子，学习过去历史经验和儒家的政治理论。至正十三年（1353）破滁州后即得名儒范常，留置幕下。范常首先劝他整饬兵纪：

> 诸将克和州，兵不戢。常言于太祖曰：得一城而使人肝脑涂地，何以成大事？太祖乃切责诸将，搜军中所掠妇女还其家，民大悦。②

至正十五年（1355）渡江取太平后，又得耆儒李习、陶安。陶安批评当时诸领袖的行为，独推重他的不乱杀人：

---

① 参见《明史》卷一二四，《陈友定传》；《国初群雄事略》卷一二，《陈友定》。

② 《明史》卷一三五，《范常传》。

海内鼎沸，豪杰并争，然其意在子女玉帛，非有拨乱救民安天下心。明公渡江，神武不杀，人心悦服，应天顺人，以行吊伐，天下不足平也。①

至正十六年（1356）克集庆，立即宣布政纲，他说：

元政渎扰，干戈蜂起，我来为民除乱耳。其各安堵如故。贤士吾礼用之，旧政不便者除之，吏毋贪暴殃吾民。②

这正是农民所渴望的政治。地主阶级因为地方治安得以保持，也对新政权表示好感。至正十七年（1357）克徽州后，耆儒朱升劝他"高筑墙，广积粮，缓称王"③。至正十八年（1358）克婺州后，得学者范祖干、叶仪、许元等十三人，至正二十年（1360）复征学者刘基、宋濂、叶琛、章溢，为其定策安民，及取天下大计。农民、地主和知识分子参加了起义，并且拥护这个政权，是他之所以成功的最大原因。其次，不乱杀人，节俭朴素，和军事指挥上争取主动。在天下平定后，他曾自述成功的原因：

朕遭时丧乱，初起乡土，本图自全。及渡江以来，观群雄所为，徒为生民之患，而张士诚、陈友谅尤为巨蠹，士诚恃富，友谅恃强，朕独无所恃，惟不嗜杀人，布信义，行节俭，与卿等同心共济。初与二寇相持，士诚尤逼近，或谓宜先击之，朕以友谅志骄，士诚器小，志骄则好生事，器小则无远图。故先攻友谅。鄱阳之役，士诚卒不能出姑苏一步，以为之援。向使先攻士诚，浙西负固坚守，友谅必空国

---

① 《明史》卷一三六，《陶安传》。
② 《明史》卷一，《太祖本纪》。
③ 《明史》卷一三六，《朱升传》。

而来，吾腹背受敌矣。二寇既除，北定中原。所以先山东，次河洛，
止潼关之兵，不遽取秦陇者，盖扩廓帖木儿、李思齐、张思道皆百战
之余，未肯遽下，急之则并力一隅，猝未易定。故出其不意，反旆而北。
燕都既举，然后西征，张、李望绝气穷，不战而克，然扩廓犹力战不屈，
向令未下燕都，骤与角力，胜负未可知也。[①]

这是一个公正的自白。

至正二十七年（1367）冬天的时候，红军势力除僻处四川的夏国以外，
已全部消灭，非红军方面，张士诚已被扑灭，方国珍来降。北面则已派徐
达、常遇春乘元军内战北伐，南面则汤和、廖永忠已逼福州，两路大军均
势如破竹，天下指日可定。朱元璋遂以至正二十八年为洪武元年（1368），
即皇帝位，定有天下之号曰明，是为明太祖（1368—1398）。

洪武元年（1368）陈友定平后，即命廖永忠率舟师取广东，广东行省左
丞何真迎降。广西亦继定。北征军方面以次定山东、河南，八月入大都，元
帝北走。十二月扩廓帖木儿走甘肃，山西平。洪武二年（1369）八月徐达克庆阳，
斩张良臣，陕西平。洪武四年（1371）元平章刘益以辽东降。明昇降，四川平。
时元后梁王把匝剌瓦尔密犹据云南，纳哈出据辽东。洪武十四年（1381）遣
傅友德、沐英定云南。洪武二十年（1387）复大举讨纳哈出，时大宁已为明
所取，纳哈出和蒙古政府的呼应断绝，势竭来降，始成大一统之业。

七、明太祖之建国与开国规模

蒙古人终于被逐回蒙古去。这教训，明太祖是很记得的。他北征时的

---

① 《明史》卷三，《太祖本纪》。

口号虽然是"驱逐胡虏"，但其意义只限于推翻异族的统治权，对蒙古人、色目人并不采歧视的态度。在北征檄文中并特别提出这一点说：

> 如蒙古、色目虽非华夏族类，然同生天地之间，有能知礼义，愿为臣民者，与中国之人抚养无异。[1]

即位以后，蒙古、色目的官吏和汉人同样登用，中央官如以鞑靼指挥安童为刑部尚书，以咬住为副都御史，以忽哥赤为工部右侍郎[2]，以高昌安为吏部侍郎[3]。外官如以高昌安为河东盐运司同知，以脱因为廉州知府，以道同为番禺知县。[4]军官如以鞑靼酋长孛罗帖木儿为庐州卫指挥佥事，仍领所部鞑官二百五十人。[5]即亲军中亦有蒙古军队，如洪武五年（1372）之置蒙古卫亲军指挥使司，以答失里为佥事。[6]洪武二十二年（1389）特设泰宁、朵颜、福余三卫于兀良哈之地，以居降胡。[7]时蒙古人、色目人多改为汉姓，与汉人无异，有求仕入官者，有登显要者，有为富商大贾者。[8]洪武三年（1370）曾一度下诏禁止擅改汉姓：

> 四月甲子禁蒙古、色目人更易姓氏，诏曰：朕尝诏告天下，蒙古诸色人等皆吾赤子，果有材能，一体擢用。比闻入仕之后，或多更姓

---

① 王世贞：《弇山堂别集》卷八五。

② 参见《明太祖实录》卷一九九。

③ 参见《明太祖实录》卷二〇二。

④ 参见《明史》卷一三八，《周祯传》；卷一四〇，《道同传》。

⑤ 参见《明太祖实录》卷一九〇。

⑥ 参见《明太祖实录》卷七一。

⑦ 参见《明太祖实录》卷一九六。

⑧ 参见《明太祖实录》卷一〇九。

名。朕虑岁久，其子孙相传，昧其本源，诚非先王致谨氏族之道。中书省其告谕之，如已更易者听其改正。[①]

但此项法令不久即自动取消：

> 永乐元年九月庚子，上谓兵部尚书刘俊曰："各卫鞑靼人多同名，无姓以别之，并宜赐姓。"于是兵部请如洪武中故事，编置勘合，给赐姓名，从之。[②]

可知在洪武时代已有编置勘合、给赐姓名之举。其唯一的限制为特立一条蒙古人、色目人的婚姻法：

> 凡蒙古、色目人听其与中国人为婚姻，务要两相情愿。不许本类自相嫁娶，违者杖八十，男女入官为奴。其中国人不愿与回回、钦察为婚姻者，听从本类自相嫁娶，不在禁例。[③]

法令虽然颁布，可是实行的程度，也许和禁改汉姓一样，实际上并不发生效力。在生活习俗方面，太祖登基后立刻下令将衣冠恢复如唐制，并禁止生活习惯之蒙古化：

> 洪武元年二月壬子，诏复衣冠如唐制。其辫发、椎髻、胡服（男袴褶窄袖及辫线腰褶，妇女衣窄袖短衣，下服裙裳）、胡语、胡姓，

---

① 《明太祖实录》卷五〇。
② 《明成祖实录》卷三三。
③ 《明律》卷六，《户律》。

一切禁止。①

元制尚右，吴元年（1367）十月令百官礼仪尚左。②元人轻儒，至有九儒十丐之谣，谢枋得记：

> 滑稽之雄以儒为戏者曰：我大元制典，人有十等，一官二吏，先之者贵之也，贵之者，谓有益于国也。七匠八娼九儒十丐，后之者贱之也，贱之者，谓无益于国也。嗟乎卑哉！介乎娼之下丐之上者今儒也。③

郑思肖说：

> 鞑法：一官二吏三僧四道五医六工七猎八民九儒十丐。④

这虽都是宋末遗老的话，但元人也有同样记载，余阙《贡泰父文集序》：

> 至元初奸回执政，乃大恶儒者，因说当国者罢科举，摈儒士。其后公卿相师，皆以为当然，而小夫贱隶亦以儒为嗤诋。当是时士大夫有欲进取立功名者，皆强颜色，昏旦往候于门，媚说以妾婢，始得尺寸。⑤

---

① 《明太祖实录》卷三〇。
② 参见《明史》卷一，《太祖本纪》。
③ 《叠山集》卷六，《送方伯载归三山序》。
④ 《心史》卷下，《大义略》。
⑤ 《青阳文集》卷四。

可见儒者在元代之被摈斥。而明则在太祖初起时已重儒者，建国以后，大臣多用儒生，后来流弊至以科举为入官之唯一途径。反之，元人重吏：

> 国初有金、宋，天下之人，惟才是用，无所专主，然用儒者为居多也。自至元以下始浸用吏，虽执政大臣亦以吏为之。自是中州小民，粗识字能治文书者，得入台阁供笔札，累日积月皆可以致通显。[①]

方孝孺《林君墓表》也说：

> 元之有天下，尚吏治而右文法。凡以吏仕者捷出取大官，过儒生远甚。[②]

因法令极繁，案牍冗泛，故吏得恣为奸利，为弊最甚。明典即革此弊，从简、严法令下手：

> 吴元年十一月壬寅，上谓台省官曰：近代法令极繁，其弊滋甚。今之法令正欲得中，毋袭其弊。如元时条格极繁冗，吏得夤缘出入为奸，所以其害不胜。今立法正欲矫其旧弊，大概不过简、严下手，简则无出入之弊，严则民知畏而不敢轻犯。[③]

洪武十二年（1379）又立案牍减繁式颁示诸司：

---

① 《青阳文集》卷四，《杨君显民诗集序》。
② 《逊志斋集》卷二二。
③ 《明太祖实录》卷二七。

　　初元末官府文移案牍最为繁冗，吏非积岁莫能通晓，欲习其业，必以故吏为师。凡案牍出入，惟故吏之言是听。每曹自正吏外，主之者曰主文，附之者曰帖书曰小书生，猾文繁词，多为奸利。国初犹未尽革。至是吏有以成案进者，上览而厌之曰：繁冗如此，吏焉得不为奸弊而害吾民也。命廷臣议减其繁文，著为定式，镂版颁之，俾诸司遵守。①

　　自后吏员遂为杂流，其入仕之途惟外府、外卫、盐运司首领官，中外杂职、入流未入流官，由吏员、承差等选。② 这是一个大变化，一面用严法重刑来肃清元代所遗留的政治污点，《明史》说：

　　　　太祖惩元纵弛之后，刑用重典。凡官吏人等犯枉法赃者不分南北，俱发北方边卫充军。

　　采辑官民过犯，条为《大诰》《续诰》，后又增为《三编》，诸司敢不急公而务私者，必穷搜其原而罪之。凡所列凌迟、枭示、种诛者无虑千百，弃市以下万数。《三编》稍宽容，然所记进士、监生罪名自一犯至四犯者犹三百六十四人，幸不死还职，率戴斩罪治事。郭桓之狱，直省诸官吏系死者数万人：

　　　　郭桓者户部侍郎也。帝疑北平二司官吏李彧、赵全德等与桓为奸利，自六部左、右侍郎下皆死，赃七百万，词连直省诸官吏，系死者

---

① 《明太祖实录》卷一二六。
② 参见《明史》卷七一，《选举志》。

数万人。核赃所寄借遍天下，民中人之家，大抵皆破。

空印之狱，也施行了一次官吏的大屠杀：

十五年，空印事发。每岁布政司、府州县吏诣户部核钱粮、军需诸事，以道远，预持空印文书，遇部驳即改，以为常。及是，帝疑有奸，大怒，论诸长吏死，佐贰榜百戍边。①

由此中外官吏均重足凛息以"不保首领"为惧，以生还田里为大幸。②
元的统治虽然被推翻，但是元统治机构的组织方式却大部分被保存下来，这是因为元的统治机构组织方式基本上因袭唐、宋，便于镇压人民。最明显的是官制和教育制度，一直沿用到朱元璋统治集团内部发生矛盾，展开剧烈的斗争以后才放弃了旧的机构，建立新的统治机构。

中央的官制，在洪武十三年（1380）以前，大抵依据元制，行政最高机关为中书省，置左、右丞相，平章政事，左、右丞，参知政事等官，下设吏、礼、户、兵、刑、工六部为执行机关。监察最高机关则为御史台，置御史大夫、御史中丞等官。军政最高机关改元之枢密院为大都督府，置左、右都督，同知都督等官。洪武十三年（1380）胡惟庸党案发生后，更改官制，提高皇权，集中军政庶务一切权力在皇帝个人手中。废中书省不设，提高六部地位，使得单独执行政务，改御史台为都察院，分大督府为五军都督府，均直隶于皇帝。地方行政则置行中书省，设行省平章政事等官，改路为府，设知府，州设知州，县设知县。洪武九年（1376）改浙江、江西、福建、

①　《明史》卷九四，《刑法志》。
②　参见《明史》卷一三八，《杨靖传》附《严德珉传》。

北平、广西、四川、山东、河南、陕西、湖广、山西诸行省俱为承宣布政使司，后增设云南、贵州为十三布政使司（北平后改为京师，与南京称为两京，直隶中央），置布政使参政、参议诸官；司法则仍元制，置各道提刑按察司，设按察使及副使、佥事领之。军政则置都指挥使司十三（北平、陕西、山西、浙江、江西、山东、四川、福建、湖广、广东、广西、辽东、河南），行都指挥使司三（陕西、山西、福建），后增都司三（云南、贵州、万全，北平改为大宁），行都司二（四川、湖广），置都指挥使领之，掌一方军政。①

在兵制方面，元代内廷设左、右、前、后、中五卫，卫设都指挥使，下设镇抚所、千户所、百户所，以总宿卫诸军。又因各族兵设阿速、唐兀、贵赤、蒙古、西域、钦察诸卫亲军都指挥使司。外则万户之下置总管，千户之下置总把，百户之下置弹压，立枢密院以总之。军士则蒙古壮丁无众寡尽签为兵，汉人则以户出军，定入尺籍伍符，不可更易，死则役次丁，户绝别以民补之。②明兴后，中外皆用卫所制，亲军都尉府（后改为锦衣卫）统左、右、前、后、中五卫，其下有南、北镇抚司。又别置金吾前、后，羽林左、右，虎贲左、右，府军左、右、前、后十卫，以时番上，号亲军。外则革诸将，袭元旧制枢密、平章、元帅、总管、万户诸官号，度要害地，系一郡者设所，连郡者设卫，大率五千六百人为卫，千一百二十人为千户所，百有十二人为百户所。所设总旗二，小旗十，大小联比以成军。卫以指挥使领之，外统之都指挥使司，内则统于五军都督府。这是依元亲军制扩充的。征伐则命将充总兵官，调卫所军领之。既旋则将上所佩印，官军各回卫所，将无专兵，兵无私将。这又是模仿唐代的府兵制度。③其内军之分配训练

---

① 参见《明史》卷七六，《职官志》。

② 参见《元史》卷九八，《兵志》；卷八六，《百官志》。

③ 参见《明史》卷八九，《兵志》。

则又略近汉制，刘献廷说：

> 明初军制仿佛汉之南、北军。锦衣等十二卫卫宫禁者，南军也。京营等四十八卫巡徼京师者，北军也。而所谓春秋班换，独取山东、河南、中都、大宁者，则又汉调三辅之意也。[①]

军士则行垛集令，民出一丁为军。三丁以上，垛正军一，别有贴户，正军死，贴户丁补。外又有从征，有归附，有谪发。从征者，诸将所部兵，既定其地，因为留戍。归附则是元和陈友谅、方国珍、张士诚的降兵。谪发以罪迁隶为兵者。其军皆世籍。[②]

在教育制度方面，元制于京师立国子学、蒙古国子学、回回国子监，教授汉、蒙、回学术。监设祭酒、监丞、博士、助教，教授生徒。地方则诸路、府、州、县皆置学，其他先儒过化之地，名贤经行之所，与好事之家出钱粟赡学者并立为书院。凡师儒之命于朝廷者曰教授，路府上中州置之。命于礼部及行省、宣慰司者曰学正、山长、学录、教谕，路州县及书院置之。又有医学及阴阳学教授专门人才。生徒皆廪饩于官，诸学皆有学田。各行省设儒学提举司，提举凡学校之事。[③]明代完全接受这制度，于京师设国子监，府、州、县、卫、所皆建儒学，生员各地皆有定额。生员考试初由地方官吏主持，后特设提举学政官以领之。士子未入学者通谓之童生，入学者谓之诸生（有廪膳生、增广生、附学生之别），三年一次考试，以诸生试之直省曰乡试，中试者为举人。次年以举人试之京师曰会试，中试者再经皇帝亲自考试曰殿试，分三甲，一甲只三人，曰状元、榜眼、

---

①　《广阳杂记》卷一。

②　参见《明史》卷九〇，《兵志》。

③　参见《元史》卷八一，《选举志·学校》。

探花，赐进士及第；二甲若干人，赐进士出身；三甲若干人，赐同进士出身。状元授修撰，榜眼、探花授编修，二、三甲考选庶吉士者皆为翰林官。其他或授给事、御史、主事、中书、行人、评事、太常、国子博士，或授府推官、知州、知县等官。举人、贡生不第、入监而选者，或授小京职，或授府佐及州县正官，或授教职。由此入仕必由科举，而科举则必由学校，《明史》说：

> 盖无地而不设之学，无人而不纳之教，庠声序音，重规叠矩，无间于下邑荒徼，山陬海涯，此明代学校之盛，唐、宋以来所不及也。[1]

学校的教育和科举的范围，元初许衡即提议罢诗赋，重经学。皇庆二年（1313）中书省臣言：

> 夫取士之法，经学实修己治人之道，词赋乃摛章绘句之学。自隋、唐以来，取人专尚词赋，故士习浮华。今臣等所拟，将律赋省题诗小义皆不用，专立德行明经科，以此取士，庶可得人。帝然之。[2]

由此专重经学，"四书""五经"成为学者的宝典，入仕的津梁。至明更变本加厉，专取"四书""五经"命题取士，又特定一种文体，略仿宋经义，然代古人语气为之，体用排偶，通谓之制义。[3] 解述指定限于几家的疏义，不许发挥自己见解。文章有一定的格式，思想又不许自由，这是明代科举制度的特色。学校和科举打成一片，官吏的登用必由科举，而

---

① 《明史》卷六九，《选举志》。

② 《元史》卷八一，《选举志·科目》。

③ 参见《明史》卷七〇，《选举志》。

科举则必由学校，政治上一切人物均由学校产生，而训练这些未来政治人物的工具，却是过去几千年前的古老经典，这些经典又不许用自己的见解去解释去研究。选用这一些政治人物的方法，却是一种替古代人说话，替古代人设想，依样画葫芦的八股文。这个办法从元传到明，明传到清，束缚了多少人的聪明才智，造成了无量数的八股政治家，是一个消磨民族精力的最大损失。

红军之起，是要求经济的、政治的、民族的地位之平等，就政治的和民族的要求来说，目的是达到了。在经济方面，虽已推翻了蒙古人、色目人对汉族的控制特权，但就汉族和各族人民而说，地主对农民的剥削压迫却完全没有改变。

在上文曾经说元末的地主是拥护旧政权的，在混乱的局面之下，他们要保存自己的地位，便用尽可能的力量组织私军来抵抗农民的袭击。等到新政权建立，事实证明能够保持地方秩序的时候，他们便毫不犹疑地参加了新政权，竭力拥护。同时一大批新兴的贵族、大臣、官吏获得了大量的田地，成为新的地主。新兴的政权和旧政权一样是为地主服务的。虽然在表面上不能不对农民做了一些让步，以便恢复和发展生产，巩固自己的统治。但在实质上，依然骑在农民的头上，吮吸农民的血汗。但是在革命的过程中，他们又不得不靠地主的财力和他们合作。在这矛盾的关系之下，产生了对地主的双重矛盾政策。他们一面仍旧和地主合作，让地主参加政治，如登用富户，《明史·选举志》：

> 俾富户耆民皆得进见，奏对称旨，辄予美官。[1]

---

[1]　《明史》卷七一，《选举志》。

洪武八年(1375)特下诏举富民素行端洁达时务者。① 如用地主为粮长：

> 洪武四年九月丁丑，上以郡县吏每遇征收赋税，辄侵渔于民。乃命户部令有司科民田土，以万石为率。其中田土多者为粮长，督其乡之赋税。且谓廷臣曰：此以良民治良民，必无侵渔之患矣。②

《明史》记：

> 粮长者，太祖时令田多者为之，督其乡赋税。岁七月州县委官偕诣京师勘合以行。粮万石长、副各一人，输以时至，召见语合，辄蒙擢用。③

但在另一方面，则又极力排除地主势力。排除的方法第一是迁徙，如初年之徙地主于濠州：

> 吴元年十月乙巳，徙苏州富民实濠州。④

建国后徙地主实京师，《明史》记：

> 太祖惩元末豪强侮贫弱，立法多右贫抑富。尝命户部籍浙江等九布政司、应天十八府州富民万四千三百余户，以次召见，徙其家以实

---

① 参见《明史》卷二，《太祖本纪》。
② 《明太祖实录》卷六八。
③ 《明史》卷七八，《食货志·赋役》。
④ 《明太祖实录》卷二六。

京师，谓之富户。①

第二是用苛刑诛灭，方孝孺《采苓子郑处士墓碣》：

> 妄人诬其家与权臣（胡惟庸）通财。时严党与之诛，犯者不问实不实，必死而覆其家。当是时浙东西巨室故家多以罪倾其宗。②

不问实不实，必诛而覆其家，这是消灭地主的另一手段。

对农民方面，在开国时为了应付农民过去的要求和谋赋税之整顿，曾大规模地举行土地丈量：

> 元季丧乱，版籍多亡，田赋无准。明太祖即帝位，遣周铸等百六十四人复浙西田亩，定其赋税。复命户部核实天下土田。③

以后每平定一地后，即派人丈量土地，如：

> 洪武五年六月乙巳，命户部遣使度四川田，以蜀始平故也。④

洪武十九年（1386），又再丈量一次，方孝孺《贞义处士郑君墓表》：

> 洪武十九年，诏天下度田，绘疆畛为图，命太学生莅其役。⑤

———————

① 《明史》卷七七，《食货志》。
② 《逊志斋集》卷二二。
③ 《明史》卷七七，《食货志》。
④ 《明太祖实录》卷七四。
⑤ 《逊志斋集》卷二二。

量度田亩方圆，次以字号，悉书主名及田之丈尺，编类为册，状如鱼鳞，号曰鱼鳞图册。另一方面则调查人口，编定黄册：

> 洪武十四年诏天下编赋役黄册。以一百一十户为一里，推丁粮多者十户为长，余百户为十甲，甲凡十人。岁役里长十人，甲首一人，董一里一甲之事，先后以丁粮多寡为序。

黄册以户为主，详具旧管、新收、开除、实在之数为四柱式。而鱼鳞图册以土田为主，诸原阪、坟衍、下隰、沃瘠、沙卤之别毕具。以鱼鳞图册为经，土田之讼质焉；黄册为纬，赋役之法定焉。凡买卖田土，备书税粮科则，官为籍记之，毋令产去税存，以为民害。[①] 这法度虽然精密，可是地主舞弊的方法也随之而进步，农民仍然和过去一样，要负几重义务，生活之困苦，并不因政权之转换而稍减。[②]

最后，元代滥发交钞的结果，财政破产，民生困瘁。《元史》记：

> 至正十一年置宝钞提举司，掌鼓铸至正通宝钱，印造交钞，令民间通用。行之未久，物价腾踊，价逾十倍。又值海内大乱，军储供给，赏赐犒劳，每日印造，不可数计。舟车装运，轴轳相接，交钞之散满人间者无处无之。昏软者不复行用，京师料钞十锭易斗粟不可得。既而所在郡县皆以物货相贸易，公私所积之钞，遂俱不行，人视之若弊楮，而国用由是遂乏矣。[③]

---

① 参见《明史》卷七七，《食货志》；梁方仲：《明代鱼鳞图册考》，载《地政月刊》，第八期。

② 参见吴晗：《明代之农民》，载《益世报·史学》，第十二、十三期。

③ 《元史》卷九七，《食货志·钞法》。

　　原来在初行钞法时，钞本和钞相权印造，钞本或为丝，或为银，分存在中央和地方，所以钞和物货能维持稳定的比率，流通无阻。到末年钞本移用一空，却一味印发，用多少就印多少，自然物价愈高，钞价愈跌，导致不能行使市面了。明兴以后，仍沿其弊。洪武初年铸大中通宝钱，商贾用钞惯了，都不愿用钱。洪武七年（1374）设宝钞提举司，造大明宝钞，命民间通行，分六等，曰一贯，曰五百文，四百文，三百文，二百文，一百文。每钞一贯，准钱千文，银一两，四贯准黄金一两。禁民间不得以金银物货交易，违者罪之。可是并无钞本，政府唯一的准备是允许用钞交纳赋税，初期凭政治的威力，虽然滥发，钞法尚通，后来钞价渐跌，钱重钞轻，一贯只值钱一百六十文，物价愈贵，政府虽屡次想法改进钞的价值，严禁其他货币行使，可是仍不相干。宣德初年米一石至用钞五十贯，成化时钞一贯至不值钱一文。这是蒙古人传给明代的一个最大祸害。

　　在这样一个局面之下，农民并没有从革命中得到什么好处，也许比从前还更糟，可是新的统治权并不因此而发生动摇。这有两个原因可以解释，第一是已经经过几十年的战争，农民已经厌倦了，不能再忍受那样的生活了，暂时能够苟安一下，虽然还是吃苦，也比在兵火之下转侧强一点。并且壮丁多已死亡，新统治者的军力超过旧政府远甚，农民只好屈服。第二是战争的结果，天然地淘汰了无数千万的人口，空出了大量无人耕种的土地，人口比过去少，土地却比过去多，农民生活暂时得到一个解决。元末残破的情形试举一例：

　　　　丁酉（1357）十一月甲申，元帅缪大亨取扬州克之。青军元帅张明鉴降。明鉴日屠城中居民以为食，至是按籍，城中居民仅余十八家。知府李德林以旧城虚旷难守，乃截城西南隅而守之。①

这是至正十七年（1357）的事，扬州是江南最繁富的地方，几年的战争，便残破如此，其他各地的情形可想而知。土地空旷的情形也举一例：

> 洪武三年（1370）六月丁丑，济南府知府陈修及司农官上言：北方郡县近城之地多荒芜，宜召乡民无田者垦辟，户率十五亩，又给地二亩，与之种蔬。有余力者不限顷亩，皆免三年租税。其马驿、巡检司、急递铺应役者各于本处开垦，无牛者官给之。守御军在远者亦移近城。若王国所在，近城存留五里以备练兵牧马，余处悉令开耕。从之。②

可是一过几十年，休养生息，人口又飞快地增加，土地又不够分配，同时政府的军力也逐渐衰敝，政治的腐化，政府和地主的苛索，又引起了接连不断的农民革命。③

---

① 《明太祖实录》卷五。
② 《明太祖实录》卷五三。
③ 参见吴晗：《明代之农民》。

第二章　朱元璋的统治术[①]

一、大明帝国和明教

　　吴元年（1367，元至正二十七年）十二月，朱元璋的北伐大军已经平定山东。南征军已降方国珍，移军福建，水陆两路都势如破竹。一片捷报声使应天的文武臣僚欢天喜地，估量军力、人事，和元政府的无能腐败，加上元朝将军疯狂的内战，荡平全国已经是算得出日子的事情了。苦战了十几年，为的是什么？无非是为做大官，拜大爵位，封妻荫子，大庄园，好奴仆，数不尽的金银钱钞，用不完的锦绮绸罗，风风光光，体体面面，舒舒服服过日子。如今，这个日子来了。吴王要是升一级做皇帝，王府臣僚自然也进一等做帝国将相了。朱元璋听了朱升的话，"缓称王"，好容易熬了这多年，才称王，称呼从主公改成殿下，如今

---

　　① 本文原载《中国建设》第六卷第三、四期，1948年6月。——编者注

眼见得一统在望，再也熬不住了，立刻要过皇帝瘾。真是同心一意，在前方厮杀声中，应天的君臣在商量化家为国的大典。

自然，主意虽然打定，自古以来做皇帝的一套形式，还是得照样搬演一下。照规矩，是臣下劝进三次，主公推让三次，文章都是刻板的烂调。于是，文班首长中书省左丞相宣国公李善长率文武百官奉表劝进："开基创业，既宏盛世之舆图，应天顺人，宜正大君之宝位……既膺在躬之历数，必当临御于宸居……伏冀俯从众请，早定尊称。"不用三推三让，只一劝便答应了。十天后，朱元璋搬进新盖的宫殿，把要做皇帝的意思，祭告于上帝皇祇说：

> 惟我中国人民之君，自宋运告终，帝命真人于沙漠，入中国为天下主，其君臣父子及孙百有余年，今运亦终。其天下土地人民豪杰分争。惟臣帝赐英贤，为臣之辅，遂戡定诸雄，息民于田野。今地周回二万里广，诸臣下皆曰生民无主，必欲推尊帝号，臣不敢辞，亦不敢不告上帝皇祇。是用明年正月四日于钟山之阳，设坛备仪，昭告帝祇，惟简在帝心。如臣可为生民主，告祭之日，帝祇来临，天朗气清。如臣不可，至日当烈风异景，使臣知之。[1]

即位礼仪也决定了，这一天先告祀天地，再即皇帝位于南郊，丞相率百官以下和都民耆老拜贺舞蹈，连呼万岁三声。礼成，具皇帝卤簿威仪导从，到太庙追尊四代祖父母父母都为皇帝皇后，再祭告社稷。于是皇帝服衮冕，在奉天殿受百官贺。天地社稷祖先百官和都民耆老都承认了，朱元璋成为合法的皇帝。

皇帝的正殿命名为奉天殿，皇帝诏书的开头也规定为奉天承运。原来

---

[1] 《明太祖实录》卷二四。

元时皇帝白话诏书的开头是"长生天气力里，大福荫护助里"，文言的译作"上天眷命"，朱元璋以为这口气不够谦卑奉顺，改作奉作承，为"奉天承运"，表示他的一切行动都是奉天而行的，他的皇朝是承方兴之运的，谁能反抗天命？谁又敢于违逆兴运？

洪武元年正月初四日，朱元璋和他的文武臣僚照规定的礼仪节目，逐一搬演完了，定有天下之号曰大明，建元洪武。以应天为京师。去年年底，接连下雨落雪，阴沉沉的天气，到大年初一雪停了，第二天天气更好，到行礼这一天，竟是大太阳，极好的天气，元璋才放了心。回宫时忽然想起陈友谅采石矶的故事，做皇帝这样一桩大事，连日子也不挑一个，闹得拖泥带水，衣冠污损，不成体统，实在好笑，怪不得他没有好下场。接着又想起这日子是刘基拣的，真不错，开头就好，将来会更好，子子孙孙都会好，越想越喜欢，不由得在玉辂里笑出声来。

奉天殿受贺后，立妃马氏为皇后，世子标为皇太子，以李善长、徐达为左右丞相，各文武功臣也都加官进爵。皇族不管死的活的，全都封王。一霎时闹闹攘攘，欣欣喜喜，新朝廷上充满了蓬勃的气象，新京师里添了几百千家新贵族，历史上也出现了一个新朝代。①

皇族和其他许多家族组织成功一个新统治集团，代表这集团执行统治的机构是朝廷，这朝廷是为朱家皇朝服务的，朱家皇朝的建立者朱元璋，给他的皇朝起的名号——大明。

大明这一朝代名号的决定，事前曾经经过长期的考虑。

历史上的朝代称号，都有其特殊的意义。大体上可以分作四类：第一类用初起时的地名，如秦如汉。第二类用所封的爵邑，如隋如唐。第三类用特殊的物产，如辽（镔铁）如金。第四类用文字的含义，如大真大元。②

---

① 《明太祖实录》卷二五。

② 赵翼：《廿二史劄记》卷二九，《元建国始用文义》条。

大明不是地名，也不是爵邑，更非物产，应该归到第四类。

大明这一国号出于明教。明教有明王出世的传说，主要的经典有《大小明王出世经》。经过了五百多年公开的秘密的传播，明王出世成为民间所熟知所深信的预言。这传说又和佛教的弥勒降生说混淆了，弥勒佛和明王成为二位一体的人民救主。韩山童自称明王起事，败死后，他的儿子韩林儿继称小明王，西系红军别支的明昇也称小明王。朱元璋原来是小明王的部将，害死小明王，继之而起，国号也称大明。①据说是刘基提出的主意。②

朱元璋部下分红军和儒生两个系统，这一国号的采用，使两面人都感觉满意。就红军方面说，他们大多数都起自淮西，受了彭莹玉的教化。其余的不是郭子兴的部曲，就是小明王的余党，天完和汉的降将，总之，都是明教徒。国号大明，第一表示新政权还是继承小明王这一系统，所有明教徒都是一家人，应该团结在一起，共享富贵。第二告诉人"明王"在此，不必痴心妄想，再搞这一套花样了。第三使人民安心，本本分分，来享受明王治下的和平合理生活。就儒生方面说，他们固然和明教无渊源，和红军处于敌对地位，用尽心机，劝诱朱元璋背叛明教，遗弃红军，暗杀小明王，另建新朝代。可是，对于这一国号，却用儒家的看法去解释，"明"是光亮的意思，是火，分开来是日月，古礼有祀"大明"朝"日"夕"月"的说法，千多年来"大明"和日月都算是朝廷的正祀，无论是列作郊祭或特祭，都为历代皇家所看重，儒生所乐于讨论的。而且，新朝是起于南方的，和以前各朝从北方起事平定南方的恰好相反。拿阴阳五行之说来推论，南方为火，为阳，神是祝融，颜色赤，北方是水，属阴，神是玄冥，颜色黑，元朝建都北平，起自更北的蒙古大漠。那么，以火制水，以阳消阴，以明

① 孙宜：《洞庭集·大明初略》四："国号大明，承林儿小明号也"。吴晗：《明教与大明帝国》，载《清华周报》三十周年纪念号。
② 祝允明：《九朝野记》卷一。

克暗，不是恰好？再则，历史上的宫殿名称有大明宫，大明殿，古神话里，"朱明"一名词把国姓和国号联在一起，尤为巧合。因此，儒生这一系统也赞成用这国号。一些人是从明教教义，一些人是从儒家经说，都以为合适，对劲。①

　　元朝末年二十年的混战，宣传标榜的是"明王出世"，是"弥勒降生"的预言。朱元璋是深深明白这类预言，这类秘密组织的意义的。他自己从这一套得到机会和成功，成为新兴的统治者，要把这份产业永远保持下去，传之子孙，再也不愿意、不许别的人也来耍这一套，危害治权。而且，"大明"已经成为国号了，也应该保持它的尊严。为了这，建国的第一年就用诏书禁止一切邪教，尤其是白莲社、大明教和弥勒教。接着把这禁令正式公布为法律，《大明律·礼律》禁止师巫邪术条规定："凡师巫假降邪神，书符咒水，扶鸾祷圣，自号端公、太保、师婆，妄称弥勒佛、白莲社、明尊教、白云宗等会，一应左道乱正之术，或隐藏图像，烧香集众，夜聚晓散，佯修善事，煽惑人民，为首者绞，为从者各杖一百，流三千里。"句解：端公、太保，降神之男子；师婆，降神之妇人。白莲社如昔远公修净土之教，今奉弥勒佛十八龙天持斋念佛者。明尊教谓男子修行斋戒，奉牟尼光佛教法者。白云宗等会，盖谓释氏支流派分七十二家，白云持一宗如黄梅曹溪之类也。明尊教即明教，牟尼光佛即摩尼。《昭代王章》条例："左道惑众之人，或烧香集徒，夜聚晓散，为从者及称为善友，求讨布施，至十人以上，事发，属军卫者俱发边卫充军，属有司者发口外为民。"善友也正是明教教友称号的一种。招判枢机定师巫邪术罪款说："有等捏怪之徒，罔领明时之法，乃敢立白莲社，自号端公，拭清风刀，人呼太保，尝云能用五雷，能集方神，得先天，知后世，凡所以煽惑人心者千形万状，小则入迷而忘亲忘家，

_____

①　吴晗：《明教与大明帝国》。

大即心惑而丧心丧志，甚至聚众成党，集党成祸，不测之变，种种立见者，其害不可胜言也。"① 何等可怕，不禁怎么行？温州、泉州的大明教，从南宋以来就根深蒂固流传在民间，到明初还"造饰殿堂甚侈，民之无业者咸归之"。因为名犯国号，教堂被毁，教产被没收，教徒被迫归农。② 甚至宋元以来的明州，也改名为宁波。③ 明教徒在严刑压制之下，只好再改换名称，藏形匿影，暗地里活动，成为民间的秘密组织了。

事实是，法律的条款和制裁，并不能也不可能消除人民对政治的失望。朱元璋虽然建立了大明帝国，并没有替人民解除了痛苦，改善了生活，二十年后，弥勒教仍然在农村里传播，尤其是江西。朱元璋在洪武十九年年底诰戒人民说：

> 元政不纲，天将更其运祚，而愚民好作乱者兴焉。初本数人，其余愚者闻此风而思为之合，共谋倡乱。是等之家，吾亲目睹……秦之陈胜、吴广，汉之黄巾，隋之杨玄感、僧向海明，唐之王仙芝，宋之王则等辈，皆系造言倡乱者致干戈横作，物命损伤者既多，比其事成也，天不与首乱者，殃归首乱，福在殿兴。今江西有等愚民，妻不谏夫，夫不戒前人所失，夫妇愚于家，反教子孙，一概念诵南无弥勒尊佛，以为六字，又欲造祸，以殃乡里……今后良民凡有六字者即时烧毁，毋存毋奉，永保已安，良民戒之哉！

他特别指出凡是造言首事的都没有好下场，"殃归首乱"，只有他自己是跟从的，所以"福在殿兴"。劝人民不要首事肇祸，脱离弥勒教，翻来

---

① 以上并据玄览堂丛书本《昭代王章》。
② 宋濂：《芝园续集》卷四，《故岐宁卫经历熊府君墓铭》；何乔远：《闽书》卷七，《方域志》。
③ 吕毖：《明朝小史》卷二。

覆去地说，甚至不惜拿自己作例证。可以看出当时民间对现实政治的不满意，和渴望光明的情形。

政府对明教的压迫虽然十分严厉，小明王在西北的余党却仍然很活跃。从洪武初年到永乐七年（1409）四十多年间，王金刚奴自称四天王，在沔县西黑山天池平等处，以佛法惑众，其党田九成自称后明皇帝，年号还是龙凤，高福兴自称弥勒佛，帝号和年号都直承小明王，根本不承认这个新兴的朝代。前后攻破屯寨，杀死官军。① 同时西系红军的根据地蕲州，永乐四年"妖僧守座聚男女成立白莲社，毁形断指，假神扇惑"被杀。永乐七年在湘潭，十六年在保定新成县，都曾爆发弥勒佛之乱。② 以后一直下来，白莲教、明教的教徒在不同时期，不同地点的传播以至起义，可以说是史不绝书。虽然都被优势的武力所平定了，也可以看出这时代，人民对政府的看法和愤怒的程度。③

二、农民被出卖了!

经过二十几年的实际教育，在流浪生活中，在军营里，在作战时，在后方，随处学习，随时训练自己，更事事听人劝告，征求专家的意见，朱元璋在近代史上，不但是一个伟大的军事统帅，也是一个成功的政治家。

他的政治才能，表现在他所奠定的帝国规模上。

在红军初起时，标榜复宋，韩林儿诈称是宋徽宗的子孙，暂时地固然可以发生政治的刺激作用，可是这时去宋朝灭亡已经九十年了，宋朝的遗民故老死亡已尽，九十年后的人民对历史上的皇帝，对一个被屈辱的家族，

---

① 《明成祖实录》卷九〇；沈德符：《野获编》卷三〇，《再僭龙凤年号》。

② 《明成祖实录》卷五六、九六、二〇〇。

③ 本节参看吴晗：《明教与大明帝国》。

并不感觉到亲切、怀念、依恋。而且，韩家父子是著名的白莲教世家，突然变成赵家子孙，谁都知道是冒牌，真的都不见得有人理会，何况是假货？到朱元璋北伐时，严正地提出民族独立自主的新号召，汉人应该由汉人自己治理，应该用自己的方式生活，保存原有的文化系统，这一崭新的主张，博得全民族的热烈拥护，瓦解了元朝治下汉官、汉兵的敌对心理。在檄文中，更进一步提出，蒙古、色目人只要参加这文化系统，就一体保护，认为皇朝的子民。这一举措，不但减低了敌人的抵抗挣扎行为，并且，也吸引过来一部分敌人，化敌为友。到开国以后，这革命主张仍然被尊重为国策，对于参加华族文化集团的外族，毫不歧视。蒙古、色目的官吏和汉人同样登用，在朝廷有做到尚书侍郎大官的，地方做知府、知县，一样临民办事。[1]在军队里更多，甚至在亲军中也有蒙古军队和军官。[2]这些人都由政府编置勘合（合同文书），给赐姓名，和汉人一无分别。[3]婚姻则制定法令，准许和汉人通婚，务要两相情愿，如汉人不愿，许其同类自相嫁娶。[4]这样，蒙古、色目人陶育融冶，几代以后，都同化为中华民族的成员了。内中有十几家军人世家，替明朝立下不可磨灭的功绩。对于塞外的外族，则继承元朝的抚育政策，告诉他们新朝仍和前朝一样，尽保护提携的责任，各安生理，不要害怕。

相反的，却下诏书恢复人民的衣冠如唐朝的式样，蒙古人留下的习俗，辫发椎髻胡服——男裤褶窄袖及辫线腰褶，妇女衣窄袖短衣，下服裙裳——胡语、胡姓一切禁止。[5]蒙古俗丧葬作乐娱尸，礼仪官品坐位都以右手为

---

① 《明太祖实录》卷一九九、卷二〇二；《明史》卷一三八《周祯传》，卷一四〇《道同传》。

② 《明太祖实录》卷七一、卷一九〇。

③ 《明太祖实录》卷五〇；《明成祖实录》卷三三。

④ 《明律》卷六，《户律》。

⑤ 《明太祖实录》卷三〇。

尊贵，也逐一改正。^①复汉官之威仪，参酌古代礼经和事实需要，规定了各阶层的生活、服用、房舍、舆从种种规范和标准，使人民有所遵守。

红军之起，最主要的目的是要实现经济的、政治的、民族的地位平等。在政治和民族方面说，大明帝国的建立已经完全达到目的，过去的被歧视情形，不再存在了。可是，在经济方面，虽然推翻了外族对汉族的剥削特权，但是，就中华民族本身而说，地主对农民的剥削特权，并没有因为政权的改变而有所改变。

元末的农民，大部分参加红军，破坏旧秩序，旧的统治机构。地主的利益恰好相反，他们要保全自己的生命财产，就不能不维持旧秩序，就不能不拥护旧政权。在战争爆发之后，地主们用全力来组织私军，称为民军或义军，建立堡砦，抵抗农民的袭击。这一集团的组成分子，包括现任和退休的官吏、乡绅、儒生和军人，总之，都是丰衣足食，面团团的地主阶层人物。这些人受过教育，有智识，有组织能力，在地方有号召的威望。虽然各地方的地主各自作战，没有统一的指挥和作战计划，战斗力量也有大小强弱之不同，却不可否认是一个比元朝军队更为壮大，更为顽强的力量。他们决不能和红军妥协，也不和打家劫舍的草寇，割据一隅的群雄合作。可是，等到有一个新政权建立，而这一个新政权是有足够的力量，保护地主利益，维持地方秩序的时候，他们也就毫不犹豫，拥戴这一属于他们自己的新政权了。^②同时，新朝廷的一批新兴贵族、官僚，也因劳绩获得大量土地，成为新的地主（洪武四年十月的公侯佃户统计，六国公二十八侯，凡佃户三万八千一百九十四户）。^③新政府对这两种地主的利益，是不敢，也不能不特别尊重的。这样，农民的生活问题，农民的困苦，就被搁在一边，

① 《明史·太祖本纪》。

② 吴晗：《元帝国之崩溃与明之建国》五，载《清华学报》十一卷二期。

③ 《明太祖实录》卷六八。

无人理睬了。

朱元璋和他的大部分臣僚都是农民出身的。过去都曾亲身受过地主的剥削和压迫，但在革命的过程中，本身的武装力量不够强大，眼看着小明王是被察罕帖木儿、李思齐和孛罗帖木儿两支地主军打垮了的，为了要成事业，不能不低头赔小心，争取地主们的人力财力的合作。又恨又怕，在朱元璋的心坎里，造成了微妙的矛盾的敌对的心理，产生了对旧地主的两面政策。正面是利用有学识、有社会声望的地主，任命为各级官吏和民间征收租粮的政府代理人，建立他的官僚机构。原来经过元末多年的内战，学校停顿，人才缺乏，将军们会打仗，可不会做办文墨的事务官。有些读书人，怕朱元璋的残暴、侮辱，百般逃避，抵死不肯做官，虽是立了"士人不为君用"就要杀头的条款，还是逼不出够用的人才。没奈何只好拣一批合用的地主，叫作税户人才，用作地方县令长、知州知府、布政使，以至朝廷的九卿。另外，以为地主熟悉地方情形，收粮和运粮都比地方官经手方便省事，而且，可以省去一层中饱。规定每一个收粮万石的地方，派纳粮最多的大地主四人做粮长，管理本区的租粮收运。这样，旧地主做官，做粮长，加上新贵族新官僚新地主，构成了新的统治集团。[①]反面则用残酷的手段，消除不肯合作的旧地主，一种惯用的方法是强迫迁徙，使地主离开他的土地，集中到濠州、京师（南京）、山东、山西等处，釜底抽薪，根本削除了他们在地方的势力。其次是用苛刑诛灭，假借种种政治案件，株连牵及，一网打尽，灭门抄家，洪武朝的几桩大案如胡惟庸案、蓝玉案、空印案，屠杀了几万家，不用说了。甚至地方的一个皂隶的逃亡，就屠杀抄没了几百家，洪武十九年朱元璋公布这案子说："民之顽者，莫甚于溧阳、广德、建平、宜兴、安吉、长兴、归安、德清、崇德、蒋士鲁等三百七户。

---

① 吴晗：《明代之粮长及其他》，载《云南大学学报》第二期。

且如潘富系溧阳县皂隶，教唆官长贪赃枉法，自己挟势持权，科民荆杖。朕遣人按治，潘富在逃，自溧阳节次递送至崇德豪民赵真胜奴家。追者回奏，将豪民赵真胜奴并二百余家尽行抄没，持杖者尽皆诛戮。沿途节次递送者一百七十户，尽行枭令，抄没其家。"①豪民尽皆诛戮，抄没的田产当然归官，再由皇帝赏赐给新贵族新官僚，用屠杀的手段加速度改变土地的持有人，据可信的史料，三十多年中，浙东、浙西的故家巨室几乎到了被肃清的地步。②

为了增加政府的收入，财力和人力的充分运用，朱元璋用二十年的功夫，大规模举行土地丈量和人口普查，六百年来若干朝代若干政治家所不能做到的事情，算是划时代地完成了。丈量土地的目的，是因为过去六百年没有实地调查，土地簿籍和实际情形完全不符合，而且连不符合的簿籍大部分都已丧失，半数以上的土地不在簿籍上，逃避政府租税，半数的土地面积和负担轻重不一样，极不公平。地主的负担转嫁给贫农，土地越多的交租越少，土地越少的交租越多，由之，富的愈富，穷的更穷。经过实际丈量以后，使所有过去逃税的土地都登记完粮。全国土地，记载田亩面积方圆，编列字号，和田主姓名，制成文册，名为鱼鳞图册，政府据以定赋税标准。洪武二十六年（1393）全国水田总数八百五十万七千六百二十三顷③，夏秋二税收麦四百七十余万石，米二千四百七十余万石。和元代全国岁入粮数一千二百一十一万四千七百八石④比较，增加了一倍半。

---

① 《大诰三编》，递送潘富第十八。
② 吴晗：《明代之粮长及其他》。
③ 《明史》，《食货志》一，《田制》。
④ 《明史》，《食货志》二，《赋役》。《明太祖实录》卷二三〇作：粮储三千二百七十八万九千八百余石。《元史》卷九三，《食货志》，《税粮》。

人口普查的结果，编定了赋役黄册，把户口编成里甲，以一百一十户为一里，推丁粮多的地主十户做里长，余百户为十甲，每甲十户，设一甲首，每年以里长一人甲首一人，管一里一甲之事，先后次序还是根据丁粮多少，每甲轮值一年，十甲在十年内先后轮流为政府服义务劳役，一甲服役一年，有九年的休息。每隔十年，地方官以丁粮增减重新编定黄册，使之合于实际。洪武二十六年统计，全国有户一千六百五万二千六百八十，口六千五十四万五千八百十二①，比之元朝极盛时期，世祖时代的户口，户一千一百六十三万三千二百八十一，口五千三百六十五万四千三百三十七②，户增加了三百四十万，口增加了七百万。

表面上派大批官吏，核实全国田土，定其赋税，详细记载原坂、坟衍、下隰、沃瘠、沙卤的区别，凡置卖田土，必须到官府登记税粮科则，免去贫民产去税存的弊端。十年一次的劳役，轮流休息，似乎是替一般穷人着想的。其实，穷人是得不到好处的，因为执行丈量的是地主，征收租粮的还是地主，里长甲首依然是地主，地主是决不会照顾小自耕农和佃农的利益的。其次，愈是大地主，愈有机会让子弟受到教育，通过科举成为官僚绅士，官僚绅士享有非法的逃避租税，合法的免役之权。前一例子，朱元璋说得很明白："民间洒派包荒诡寄移丘换段，这等俱是奸顽豪富之家，将次没福受用财富田产，以自己科差洒派细民。境内本无积年荒田，此等豪猾，买嘱贪官污吏，及造册书算人等，当科粮之际，作包荒名色，征纳小户。书算手受财，将田洒派，移丘换段，作诡寄名色，以此靠损小民。"③

---

① 《明史》，《食货志》，《户口》。《明太祖实录》卷二一四，洪武二十四年十二月，天下郡县更造赋役黄册成，计人户一千六十八万四千四百三十五，口五千六百七十七万四千五百六十一。

② 《元史》卷九三，《食货志》，《农桑》。

③ 《大诰续诰》四五。

后一例子，洪武十年（1377）朱元璋告诉中书省官员："食禄之家，与庶民贵贱有等，趋事执役以奉上者，庶民之事也。若贤人君子，既贵其身，而复役其家，则君人野人无所分别，非劝士待贤之道。自今百司见任官员之家，有田土者，输租税外，悉免其徭役，著为令。"[1]不但见任官，乡绅也享受这特权，洪武十二年又著令："自今内外官致仕还乡者，复其家终身无所与。"[2]连在学的学生，生员之家，除本身外，户内也优免二丁差役。[3]这样，见任官、乡绅、生员都逃避租税，豁免差役，完粮当差的义务，便完全落在自耕农和贫农的身上了，他们不但出自己的一份，连官僚绅士地主的一份，也得一并承当下来。统治集团所享受的特权，造成了更激烈的加速度的兼并，土地愈集中，人民的负担愈重，生活愈困苦。这负担据朱元璋说是"分"，即应尽的义务，洪武十五年他叫户部出榜晓谕两浙江西之民说："为吾民者当知其分，田赋力役出以供上者，乃其分也。能安其分，则保父母妻子，家昌身裕，为忠孝仁义之民。"不然呢？"则不但国法不容，天道亦不容矣！"应该像"中原之民，惟知应役输税，无负官府"。只有如此，才能"上下相安，风俗淳美，共享太平之福！"[4]

里甲的组织，除了精密动员人力以外，最主要的任务还是布置全国性的特务网，严密监视并逮捕危害统治的人物。

朱元璋发展了古代的传、过所、公凭这一套制度，制定了路引（通行证或身份证）。法律规定："凡军民人等往来，但出百里即验文引。如无文引，必须擒拿送官，仍许诸人首告，得实者赏，纵容者同罪。天下要冲去处，设立巡检司，专一盘诘往来奸细及贩卖私盐犯人逃囚，无引面生可疑

---

① 《明太祖实录》卷一一一。

② 《明太祖实录》卷一二六。

③ 张居正：《张太岳集》卷三九，《请申旧章饬学政以掘兴人才疏》。

④ 《明太祖实录》卷一五〇。

之人。"① 处刑的办法："凡无文引私度关津者杖八十；若关不由门，津不由渡而越度者杖九十；若越度缘边关塞者，杖一百，徒三年；因而出外境者绞。" 军民的分别："若军民出百里之外不给引者，军以逃军论，民以私度关津论。"② 这制度把人民的行动范围，用无形的铜墙铁壁严密圈禁。路引是要向地方官请领的，请不到的，便被禁锢在生长的土地上，行动不能出百里之外。

要钳制监视全国人民，光靠巡检司是不够的，里甲于是被赋予了辅助巡检司的任务。朱元璋在洪武十九年手令"要人民互相知丁"，知丁是监视的意思：

> 诰出，凡民邻里互相知丁，互知务业，俱在里甲，县府州务必周知，市村绝不许有逸夫。若或异四业而从释道者，户下除名。凡有夫丁，除公占外，余皆四业，必然有效。一，知丁之法，某民丁几，受农业者几，受士业者几，受工业者几，受商业者几。且欲士者志于士，进学之时，师友某代，习有所在，非社学则入县学，非县必州府之学，此其所以知士丁之所在。已成之士为未成士之师，邻里必知生徒之所在，庶几出入可验，无异为也。一，农业者不出一里之间，朝出暮入，作息之道互知焉。一，专工之业，远行则引明所在，用工州里，往必知方，巨细作为，邻里采知，巨者归迟，细者归疾，出入不难见也。一，商本有巨微，货有重轻，所趋远近水陆，明于引间，归期艰限其业，邻里务必周知，若或经年无信，二载不归，邻里当觉（报告）之询故。本户若或托商在外非为，邻里勿干。

---

① 《弘治大明会典》卷一一三。
② 《明律》卷一五，《兵律》。

逸夫指的是无业的危险分子，如不执行这命令："一里之间，百户之内，仍有逸夫，里甲坐视，邻里亲戚不拿，其逸夫或于公门中，或在市闾里，有犯非为，捕获到官，逸夫处死，里甲四邻化外之迁，的不虚示。"① 又说："此诰一出，自京为始，遍布天下，一切臣民，朝出暮入，务必从容验丁。市井人民，舍客之际，辨人生理，验人引目，生理是其本业，引目相符而无异，犹恐托业为名，暗有他为。虽然业与引合，又识重轻巨微贵贱，倘有轻重不论，所赍微细，必假此而他故也，良民察焉。"② 异为，非为，他为，他故，都是法律术语，即不轨、不法的意思。前一手令是里甲邻里的连坐法，后一手令是旅馆检查规程，再三叮咛训示，把里甲和路引制度关联成为一体，不但圈禁人民在百里内，而且用法律、用手令，强迫每一个人都成为政府的代表，执行调查、监视、告密、访问、逮捕的使命。③

三、新官僚养成所

专制独裁的君主，用以维持和巩固皇权的两套法宝，一是军队，二是官僚机构，用武力镇压，用公文统治，皇权假如是车子，军队和官僚便是两个车轮，缺一不可。

朱元璋从亲兵爬到宋朝的丞相、国公，做吴王，一直做到皇帝，本来是靠武力起的家，有的是军队，再加上刘基的组织方案——军卫法，一个轮子有了（详后）。

---

① 《大诰续诰》，互知丁业第三。

② 《大诰续诰》，辨验丁引第四。

③ 吴晗：《传·过所·路引的历史——历史上的国民身份证》，载 1948 年 1 月《中国建设》月刊五卷四期。

　　另一个轮子可有点麻烦，从朝廷到地方，从部、院、省、寺、府、监到州、县，各级官僚要十几万人，白手成家的朱元璋，从哪儿去找这么些听话的忠心的能干的文人？

　　用元朝的旧官僚吧？经过二十年战争的淘汰，生存的为数已不甚多，会办事有才力的一批，早已来投效了。不肯来的，放下脸色一吓唬，说是："您不来，敢情在打别的主意？"[①] 也不敢不来。剩下的不是贪官污吏，便已老朽昏庸，不是眷怀胜国的恩宠，北迁沙漠[②]，便是厌恶新朝的暴发户派头，恐惧新朝的屠杀侮辱，遁迹江湖，埋名市井。[③] 尽管新朝用尽了心机，软说硬拉，要凑齐这个大班子，人数还差得太远。

　　第二想到的是元朝的吏，元朝是以吏治国的。从元世祖以后，甚至执政大臣也用吏来充当，造成风气。[④] 朱元璋深知法令愈繁冗，条格愈详备，一般人不会办，甚至不能懂，吏就愈方便舞文弄弊，闹成吏治代替了官治，代替了君治，这是万万要不得的。[⑤]

　　第三只好起用没有做过官的读书人了。读书人当然想做官，可是也有顾忌，顾忌的是失身份："海岱初云扰，荆蛮遂土崩，王公甘久辱，奴仆尽同升。"[⑥] 和奴仆同升也许还不太要紧，要紧的是这个政权还不太巩固，对内未统一，对外，北边蒙古还保有强大力量。顾忌的是这个政权是淮帮，大官位都给淮人占完了，"两河兵合尽红巾，岂有桃源可避秦？马上短衣多楚客，城中高髻半淮人"[⑦]。更顾忌的是恐怖的屠杀凌辱，做官一有差跌，

---

①　《明史》卷二八五，《张以宁传》附《秦裕伯传》。

②　《明史》卷一二四，《扩廓帖木儿传》附《蔡子英传》；《明太祖实录》卷一一〇。

③　《明史》卷二八五，《杨维桢传》《丁鹤年传》。

④　余阙：《青阳文集》卷四，《杨君显民诗集序》。

⑤　《明太祖实录》卷二六、卷一二六。

⑥　贝琼：《清江诗集》卷八，《述怀二十二韵寄钱思复》。

⑦　贝琼：《清江诗集》卷五，《秋思》。

不是枭示种诛，便是戴斩罪镣足办事，"以鞭笞捶楚为寻常之辱，以屯田工役为必获之罪"①。不是不得已，又谁敢做官？

第四是任用地主做官，称为荐举。有富户、耆民、孝弟力田、税户人才（纳粮最多的大地主）等名目。有一出来便做朝廷和地方的大官的，最多的一次到过三千七百多人。②可是，还不够用，而且，这些地主官僚的作风，也不完全适合新朝统治的需要。

旧的人才不够用，只好想法培养新的了。朱元璋决心用自己的方法，新造一个轮子——国子监，来训练大量的新官僚。

国子监的教职员，从祭酒（校长）、司业、博士、助教、学正到监丞，都是朝廷命官，任免都出于吏部，国子监官到监是上任做官，学校是学校官的衙门。政治和教育一体，官僚和师儒一体。祭酒虽然是衙门首长，"严立规矩，表率属官"，但是，并无聘任教员之权，因为一切教职员都是部派的。监丞品位虽低，却参领监事，凡教官怠于师训，生员有戾规矩，课业不精，并从纠举。不但管学生规矩课业，还兼管教员教课成绩。办公处叫绳愆厅，特备有行扑红凳二条，拨有直厅皂隶二名，"扑作教刑"，刑具是竹篦，皂隶是行刑人，红凳是让学生伏着挨打的。照规定，监丞立集愆册一本，各堂生员敢有不遵学规，即便究治。初犯记录（记过），再犯决竹篦五下，三犯决竹篦十下，四犯发遣安置（开除，充军，罚充吏役）。监丞对学生，不但有处罚权，而且有执行刑讯之权，学校、法庭、刑场合而为一。当然，判决和执行都是片面的，学生绝对没有辩解申说和要求上诉的权利。③膳夫由朝廷拨死囚充役，如三遍不听使令，即处斩刑，学校又变作死囚的苦工场了。④

---

①　《明史》卷一三九，《叶伯巨传》。

②　《明史》卷七一，《选举志》。

③　黄佐：《南雍志》卷九，《学规本末》。

④　《南雍志》卷一〇，《谟训考》。

学校的教职员全是官，学生呢？来源有两类，一类是官生，一类是民生。官生又分两等，一等是品官子弟，一等是外夷子弟（包括日本、琉球、暹罗和西南土司子弟）。官生是由皇帝指派分发的，民生是由各地地方官保送府、州、县学的生员。① 原来立学的目的，是为了训练官生如何去执行统治，名额是一百名，民生只占五十名。② 可是后来官生入学的日少，民生依法保送的日多，以洪武二十六年（1393）的在学人数为例，总数八千一百二十四名，里面官生只有四名，国子监已经失去原来的用意，成为广泛训练民生做官的机构了。

功课内容分《御制大诰》、《大明律令》、"四书"、"五经"和刘向《说苑》等书。③ 最重要的是《大诰》。《大诰》是朱元璋自己写的，有《续编》《三编》《大诰武臣》，一共四册。主要的内容是列举所杀官民罪状，使官民知所警戒，和教人民守本分，纳田租，出夫役，老老实实替朝廷当差的训话。洪武十九年以《大诰》颁赐监生，二十四年令"今后科举岁贡生员，俱以《大诰》出题试之"。礼部行文国子监正官，严督诸生熟读讲解，以资录用，有不遵者，以违制论。④ 违制是违抗圣旨的法律术语，这罪名是非同小可的。至于《大明律令》，因为学生的出路是做官，当然是必读书。"四书""五经"是儒家的经典，治国平天下的大道理都在里面，孔子的思想是没有问题的，尊王正名，君君臣臣父父子子这一大套，最合帝王的脾胃，所以朱元璋面谕国子博士："一以孔子所定经书诲诸生。"⑤ 可是，《孟子》就不同了，洪武三年，他开始读这本书，读到好些对君上不客气的地方，大发脾气，对人说："这老头要是活到今天，非严办不可！"下令国子监撤去

---

① 《南雍志》卷一五。

② 《大明礼令》。

③ 《南雍志》卷一；《皇明太学志》卷七。

④⑤ 《南雍志》卷一。

孔庙中的孟子牌位，把孟子逐出孔庙。后来虽然迫于舆论，恢复孟子配享，对于这部书还是认为有反动毒素，得经过严密检查。洪武二十七年（1394）特别敕命组织一个《孟子》审查委员会，执行检删职务的，是当时的老儒刘三吾，把《尽心篇》的"民为贵，社稷次之，君为轻"，《梁惠王篇》"国人皆曰贤，国人皆曰可杀"一章，"时日曷丧，予及汝偕亡！"和《离娄篇》"桀纣之失天下也，失其民也。失其民者，失其心也"一章，《万章篇》"天与贤则与贤"一章，"天视自我民视，天听自我民听"，"君有大过则谏，反覆之而不听，则易位"，以及类似的"闻诛一夫纣矣，未闻弑君也"，"君之视臣如草芥，则臣视君如寇仇"，一共八十五条，以为这些话，不合"名教"，太刺激了，全给删节掉了。只剩下一百七十几条，刻板颁行全国学校。这部经过凌迟碎割的书，叫作《孟子节文》。所删掉的一部分，"课士不以命题，科举不以取士"[①]。至于《说苑》，是因为"多载前言往行，善善恶恶，昭然于方册之间，深有劝戒"。是作为修身或公民课本被指定的。此外，也消极地指定一些不许诵读的书，例如"苏秦、张仪，由战国尚诈，故得行其术，宜戒勿读"[②]。由此可见学校功课的项目，内容的去取，必读书和禁读书，学校教官是无权说话的，一切都由皇帝御定。有时高兴，他还出题目"圣制策问"来考问学生呢！

学生日课，规定每日写字一幅，每三日背《大诰》一百字，本经一百字，"四书"一百字，每月作文六篇，违者都是痛决（打）。低年级生只通"四书"的，入正义、崇志、广业三堂，中等文理条畅的升入修道、诚心二堂，

---

① 《明史》卷一三九《钱唐传》，卷五四《礼志》四；李之藻：《频宫礼乐疏》卷二；全祖望：《鲒埼亭集》卷三五，《辨钱尚书争孟子事》；北平图书馆藏洪武二十七年刊本《孟子节文》；刘三吾：《孟子节文题辞》；容肇祖：《明太祖的孟子节文》，载《读书与出版》二卷四期。

② 《南雍志》卷一。

在学满七百天，经史兼通的入率性堂。率性堂生一年内考试满八分的与出身（做官）。[1]

监生的制服叫襕衫，也是御定的。膳食全公费，阖校会馔。有家眷的特许带家眷入学，每月支食粮六斗。监生和教员请假或回家，都要经皇帝特许。[2]

管制学校的监规，是钦定的，极为严厉。前后增订一共有五十六款，学生对课业有疑问，必需跪听，绝对禁止对人对事的批评，和团结组织，甚至班与班之间也禁止来往，以及不许议论饮食美恶，不许穿常人衣服。有事先于本堂教官处通知，毋得径行烦紊。凡遇出入，务要有出恭入敬牌，和无病称病，出外游荡，会食喧哗，点闸（名）不到，号房（宿舍）私借他人住坐，酣歌夜饮等等二十七款，下文都是违者痛决。最最严重的一款是"敢有毁辱师长，及生事告讦者，即系干名犯义，有伤风化，定将犯人杖一百，发云南地面充军"[3]。朱元璋寄托培养官僚的全部责任于国子监，这一条的法意就是授权监官，用刑法清除所有不服从和敢于抗议的监生。毁辱师长的含义是非常广泛的，无论是语言、文字、行动、思想上的不同意，以至批评，都可任意解释。至于生事告讦，更可随便应用，凡是不遵从监规的，不满意现状的，要求对教学及生活有所改进的，都可以援用这条款片面判决之，执行之。国子监第一任祭酒宋讷是这条监规的起草人，极意严酷，在他的任内，监生走投无路，经常有人被强制饿死，被迫缢死，祭酒连尸首也不肯放过，一定要当面验明，才许收殓。[4] 后来他的儿子宋复

---

① 《南雍志》卷九。

② 《南雍志》卷一。

③ 《南雍志》卷九，《学规本末》。

④ 赵翼：《廿二史劄记》卷三一，《明史立传多存大体》条，引叶子奇：《草木子》。按通行本《草木子》无此条。

祖当司业，也学父亲的办法，"诫诸生守讷学规，违者罪至死"①。学录金文征反对宋讷的过分残暴，想法子救学生，向皇帝控诉说："祭酒办学太严，监生饿死了不少人。"朱元璋不理会，说是祭酒只管大纲，监生饿死，罪坐亲教之间，文征又设法和同乡吏部尚书余熂商量，由吏部出文书令宋讷以年老退休，这年宋讷七十五岁，照规定是该告老的，不料宋讷在辞别皇帝时，说出并非真心要辞官，朱元璋大怒，追问缘由，立刻把余熂、金文征和一些关联的教官都杀了，还把罪状榜示在监前，也写在《大诰》里头。这次反迫害的学潮，在一场屠杀后被压平。②

洪武二十七年第二次学潮又起，监生赵麟受不了虐待，出壁报提出抗议，照监规是杖一百充军，为了杀一儆百，朱元璋法外用刑，把赵麟杀了，并且在监前立一长竿，枭首示众（这在朱元璋的口语叫枭令，比处死重一等）。二十八年又颁行赵麟诽谤册和惊愚辅教二录于国子监，到三十年七月二十三日，又召集祭酒和本监教官监生一千八百二十六员名，在奉天门当面训话整顿学风，他说：

> 恁学生每听着：先前那宋讷做祭酒呵，学规好生严肃，秀才每循规蹈矩，都肯向学，所以教出来的个个中用，朝廷好生得人，后来他善终了，以礼送他回乡安葬，沿路上著有司官祭他。

> 近年著那老秀才每做祭酒呵，他每都怀着异心，不肯教诲，把宋讷的学规都改坏了，所以生徒全不务学，用着他呵，好生坏事。

> 如今著那年纪小的秀才官人每来署著学事，他定的学规，恁每当依着行。敢有抗拒不服，撒泼皮，违犯学规的，若祭酒来奏着恁呵，

---

① 《明史》卷一三七，《宋讷传》。
② 《南雍志》卷一、卷一〇；《明史·宋讷传》。

都不饶，全家发向烟瘴地面去，或充军，或充吏，或做首领官。

今后学规严紧，若无籍之徒，敢有似前贴没头帖子诽谤师长的，许诸人出首，或绑缚将来，赏大银两个。若先前贴了票子，有知道的，或出首，或绑缚将来呵，也一般赏他大银两个。将那犯人凌迟了，枭令在监前，全家抄没，人口迁发烟瘴地面。钦此！ ①

和统制监生一样，国子监的教官也是在严刑重罚的约束之下的。以祭酒为例，三十多年来的历任祭酒，只有以残酷著名的宋讷是善终在任上，死后的恩礼也特别隆重，可以说是例外，其他的不是得罪放逐，便是被杀。②

痛决、充军、罚充吏役、枷镣终身、饿死、自缢死、枭首示众、凌迟，一大串刑罚名词，明初的国子监与其说是学校，不如更合式地说是监狱，是刑场。不止是学生，也包括教官在内，在受死亡所威胁的训练，造成绝对服从的、无思想的、奴性的官僚。

从洪武二年到三十一年这一时期监生任官的情形来看，第一，监生并没有一定的任官资序，最高的有做到地方大吏从二品的布政使，最低的做正九品的县主簿，以至无品级的教谕。第二，监生也没有固定的任官性质，朝廷的部院官、监察官，地方最高民政财政官、司法官，以至无所不管亲民的府、州、县官和学校官。监生万能，几乎无官不可做。第三，除做官以外，在学的监生，有奉命出使的，有奉命巡行列郡的，有稽核百司案牍的，有到地方督修水利的，有执行丈量、记录土地面积、定粮的任务的，有清查黄册的（每年一千二百人），有写本的，有在各衙门办事的，有在各衙门历事的（实习），几乎无事不能做。第四，三十年来监生的任官，以洪武

---

① 《南雍志》卷一〇，《谟训考》。
② 《南雍志》卷一。

二年和二十六年为最高（洪武二年擢监生为行省左右参政，各道按察司佥事，及知府等官。二十六年以监生六十四人为行省布政、按察两使及参政、参议、副使、佥事等官），十九年为最多（命祭酒司业择监生千余人送吏部，除授知州，知县等职）。"故其时布列中外者，太学生最盛。"[1] 大体说来，从十五年以后，监生的出路，已渐渐不如初年，从做官转到做事，朝廷利用大批监生做履亩定粮、督修水利、清查黄册等基层技术工作。至于为什么洪武二年和二十六年，大量利用监生做高官呢？理由是，第一，刚开国人才不够，如上文所说过的，没有别的人可用，只能以受过训练的监生出任高官。第二，洪武二十六年二月蓝玉被杀，牵连致死的文武官僚、地方大吏为数极多，许多衙门都缺正官，监生因之大走官运。至于为什么洪武十九年监生任官的竟有千余人之多呢？那是因为上年闹郭桓贪污案，供词牵连到直省官吏，因而系死者有几万人，下级官吏缺得太多的缘故。至于为什么从洪武十五年以后，监生做官的出路一天不如一天呢？那是因为从十五年以后，会试定期举行，每三年一次，进士在发榜后即刻任官，要做官的都从进士科出身，甚至监生也多从进士科得官，官僚从科举制度里出来，国子监失去了培养官僚的独占地位。进士释褐授官，这些官原来都是监生的饭碗，进士日重，监生日轻，只好去做基层技术工作和到诸司去历事了。

地方的府州县学和国子监一样，生员都是供给廪膳（公费）的，从监生到生员都享有免役权，法律规定"免其家差徭二丁"。

洪武十二年颁发禁例十二条于全国学校，镌立卧碑，置于明伦堂之左，不遵者以违制论。禁例中最重要的是："生员家若非大事，毋轻至于公门。""生员父母欲行非为，则当再三恳告。"前一条不许生员交结地方官，

---

① 《南雍志》卷一；《明史》卷六九，《选举志》。

后一条要使生员为皇家服务，替朝廷消弭"非为"。另一条"军民一切利病，并不许生员建言。果有一切军民利病之事，许当该有司，在野贤才，有志壮士，质朴农夫，商贾技艺，皆可言之，诸人毋得阻当，惟生员不许！"①重复地说"不许生员建言"，"惟生员不许"，为什么单单剥夺了生员讨论政治的权利呢？因为他害怕群众，害怕组织，尤其害怕有群众基础有组织能力的知识分子，这个有号召力量的学生群，他是认清楚他们的力量的。

地方学校之外，洪武八年又诏地方立社学——乡村小学。

府州县学和社学都以《御制大诰》和律令作主要必修科。

在官僚政治之下，地方学校只存形式，学生不在学，师儒不讲论。社学且成为官吏迫害剥削人民的手段，"有愿读书无钱者不许入学，有三丁四丁不愿读书者，受财卖放，纵其愚顽，不令读书。有父子二人，或农或商，本无读书之暇，却乃逼令入学。有钱者又纵之，无钱者虽不暇读书，又不肯放，将此凑生员之数，欺诳朝廷"②。朱元璋虽然要导民为善，却对官僚政治无办法，叹一口气，只好把社学停办，省得"逼坏良民不暇读书之家"③。

除国子监以外，政府官吏的来源是科举制度。国子监生可以不由科举，直接任官，而从科举出身的人则必须是学校的生员。府、州、县学的生员（俗称秀才）每三年在省城会考一次，称为乡试，及格的为举人。各布政司举人的名额是一定的，除直隶（今江苏安徽）百人最多，广东、广西二十五人最少，其他九布政司都是四十人。第二年全国举人会考于京师，称为会试，会试及格的再经一次复试，地点在殿廷，叫作廷试，亦称殿试。这复试是形式上的，主要意义是让皇帝自己来主持这论才大典，选拔之权，出于一人，

---

① 《大明会典》卷七八，《学校》。

② 《御制大诰》，社学第四四。

③ 本节参看吴晗：《明初的学校》，载1948年《清华学报》十四卷二期。

及格的是天子门生，自然应该死心塌地替皇家服务，发榜分一二三甲（等），一甲只有三人，状元、榜眼、探花，赐进士及第。二甲若干人，赐进士出身。三甲若干人，赐同进士出身。状元、榜眼、探花的名号是御定的，民间又称乡试第一名为解元，会试第一名为会元，二三甲第一名为传胪。乡试由布政使司，会试由礼部主持。状元授翰林院修撰，榜眼、探花授编修，二三甲考选庶吉士的都为翰林官，其他或投给事、御史、主事、中书、行人、评事太常国子博士，或授府推官、知州、知县等官。举人、贡生会试不及格，改入国子监，也可选做小京官，或做府佐和州县正官，以及学校教官。

科举各级考试，专用"四书""五经"来出题目，文体略仿宋经义，要用古人口气说话，只能根据几家指定的注疏发挥，绝对不许有自己的见解。体裁排偶，叫作八股，也称制义。这制度是朱元璋和刘基商量决定的。十五年以后，定制子午卯酉年乡试，辰戌丑未年会试，乡试在八月，会试在二月。每试分三场，初场四书义三道，经义四道。二场试论一道，判一道，诏诰表内科（选）一道。三场试经史时务策五道。①

学校和科举并行，学校是科举的阶梯，科举是学生的出路。学生通过科举便做官，不但忘了学校，也忘了书本，于是科举日重，学校日轻。学校和科举都是制造和选拔官僚的制度，所学习和考试的范围完全一样，都是"四书""五经"，不但远离现实，也绝不许接触到现实。诚如当时人宋濂所说："自贡举法行，学者知以摘经拟题为志，其所最切者惟四子一经之笺，是钻是窥，余则漫不加省。与之交谈，两目瞪然视，舌木强不能对。"②学校呢？"稍励廉隅者不愿入学，而学行章句有闻者，未必尽出于弟子员。"③到后来甚至弄到"生徒无复在学肄业，入其庭不见其人，如废寺然"④。科

----

① 《明史》卷七〇，《选举志》。

② 宋濂：《銮坡集》卷七，《礼部侍郎曾公神道碑铭》。

③ 宋濂：《翰苑别集》卷一，《送翁好古教授广州序》。

④ 陆容：《菽园杂记》。

举人才不读书，不知时事，学校没有学生，加上残酷的统制管理，严格的检查防范，学校生员除了尊君和盲从古人之外，不许有新的思想、言论。于是整个学术文化界、思想界、政治界，从童生到当国执政，都向往三王，服膺儒术，都以为"天王圣明，臣罪当诛"，挨了打是"恩谴"，被砍头是"赐死"，挨了骂不消说有资格才能挨得着，天下无不是的父母，更不会有不是的皇帝，君权由此巩固，朱家万世一系的统治也安如泰山了。

四、皇权的轮子——军队

皇权的一个轮子是军队。

朱元璋在攻克集庆以后，就厉行屯田政策，广积粮食，供给军需。他和刘基研究古代的兵制，征兵制的好处是全国皆兵，有事召集，事定归农，兵员素质好，来路清楚，政府在平时无养兵之费。坏处是兵员都出自农村，如有长期战争，便影响到农村的生产。而且兵源有限制，不适合于大规模的作战。募兵制呢？好处是应募的多为无业游民，当兵是职业，数量和服役的时间，都可以不受农业生产的限制。坏处是政府经常要维持大量数目的常备军，军费负担太重。而且募的兵来路不明，没有宗族乡党的挂累，容易逃亡，也容易叛变。理想的办法是折衷于两者之间，有两者的好处，而避免个别的坏处，主要的原则，是要使战斗力量和生产力量一致。

刘基创立的办法是卫所制度。[①]

卫所的兵源有四种，一种是从征，即起事时所统的部队，也就是郭子兴的基本队伍。一种是归附，包括削平群雄所得的部队和元朝的投降军。一种是谪发，指因犯罪被谪发充军的，也叫作恩军。一种叫垛集，即征兵，

---

① 《明史》卷一二八，《刘基传》。

照人口比例，一家有五丁或三丁出一丁为军。前两种是定制时原有的武力，后两者则是补充的武力。这四种来源的军人都是世袭的，为了保障固定员额的维持，规定军人必须娶妻，世代继承下去，如无子孙继承，则由其原籍家属壮丁顶补，种族绵延的原则，被应用到武装部队里来，兵营成为武装的家庭群了。①

军有特殊的社会身份，单独有军籍。在明代户口中，军籍和民籍、匠籍平行，军籍属于都督府，民籍属于户部，匠籍属于工部。军不受普通行政官吏的管辖，在身份上、法律上和经济上的地位，都和民不同，军和民是截然地分开的。民户有一丁被垛为军，政府优免他原籍老家一丁差徭，作为优恤。军士到戍所时，由宗族替他治装。在卫的军士除本身为正军外，其子弟称为余丁或军余，将校的子弟则称为舍人。日常生活概由政府就屯粮支给，按月发米，称为月粮，马军月支米二石，步军总旗一石五斗，小旗一石二斗，步军一石（守城的照数支给，屯田的半支）。恩军家四口以上一石，三口以下六斗，无家口的四斗。衣服岁给冬衣棉布棉花夏衣夏布，在出征时则例给胖袄鞋裤。②

军队组织分作卫、所两级，大体上以五千六百人为卫，卫有指挥使。卫分五千户所，所一千一百二十人，有千户。千户所分十百户所，所百十二人，有百户。百户有总旗二，小旗十，总旗领小旗五，小旗领军十人。大小联比以成军。卫所的分布，根据地理险要，小据点设所，关联几个据点的设卫。集合一个军区的若干卫所，又设都指挥使司，作为军区的最高军事机构，长官是都指挥使。洪武二十五年（1392）全国共有十七个都指挥使司，内外卫三百二十九，守御千户所六十五，首都和地方的兵力分配

---

① 《明史》卷九一，《兵志》。
② 吴晗：《明代的军兵》，载1939年《中国社会经济史集刊》五卷二期。

如下：

在京武官	二七四七员
军　　士	二〇六二八〇人
马	四七五一匹
在外武官	一二七四二员
军　　士	九九二一五四人
马	四〇三二九四[①]

这十七个都指挥使司又分别隶属于五军都督府。

军食出于屯田，大略是学汉朝赵充国的办法，在边塞开屯，一部分军士守御，一部分军士受田耕种。目的在省去运输费用，和充裕军食，减轻国库的负担，使战斗力和生产力一致。跟着内地卫所也先后开屯耕种，以每军受田五十亩作一分，官给耕牛、农具，开头几年是免纳田租的，到成为熟地后，每亩收税一斗，规定边地守军十分之三守城，七分屯种，内地是二分守城，八分屯种，希望能达到自足自给的地步。[②]

军队里也和官僚机构一样，清廉的武官是极少见的，军士经常被苛敛剥削，朱元璋曾经愤恨地指出：

> 那小军每一个月只关得一担儿仓米。若是丈夫每不在家里，他妇人家自去关呵，除了几升做脚钱，那害人的仓官又斛面上打减了几升。待到家里岻（音伐）过来呵，止有七八斗儿米，他全家儿大大小小要

---

① 《明太祖实录》卷二二三。

② 宋讷：《西隐文稿》卷一〇，《守边策略》；《明史》卷七七，《食货志》。

饭吃，要衣裳穿，他那里再得闲钱与人？^①

正军本人的衣着虽由官家支给，家属的却得自己制备，一石米在人口多的家庭，连吃饭也还不够，如何还能孝敬上官，如何还能添制衣服？军士活不了，只好逃亡，只好兼营副业，做苦力、做买卖全来，军营就空了，军队的士气、战斗力也就差了。

除军屯外，还有商屯。边军粮食发生困难时，政府就用开中法来接济。开中法是把运输费用转嫁给商人，政府有粮食有盐，困难的是运输费用过大，商人有资本也有人力，却无法得到为政府所专利的盐，开中法让商人运一定数量的粮食到边境，拿到收据，就可以向政府领到等价的盐，自由贩卖，从而获取重利。商人会打算盘，索性雇人在边上开屯，就地缴粮，省去几倍的运费。^②在这一交换过程中，不但边防充实了，政府省运费，省事，商人也发了财，皆大欢喜。而且，边界荒地开垦了，不但增加了政府的财富，也造成了地方的繁荣。

军权分作两部分，统军权归五军都督府，军令权则属于兵部。武人带兵作战，文人发令决策。在平时卫所军各在屯地操练、屯田，战时动员令一下，各地卫军集合成军，临时指派都督府官充任将军总兵官，统带出征。战事结束，立刻复员，卫军务回原卫，将军交回将印，也回原任。将不专军，军无私将，上下阶级分明，纪律划一。唐宋以来的悍将跋扈、骄兵叛变的弊端，在这制度下是完全根绝了。

朱元璋对军官军士是用十二分的注意来防闲的，除开在各个部队里派义子监军，派特务人员侦伺以外，洪武五年还特地降军律于各卫，禁止军官军人，

---

① 《大诰武臣》，科敛害军第九。

② 《明太祖实录》卷五三，卷五六；《明史》卷一五〇，《郁新传》。

不得于私下或明白接受公侯所与信宝，金银、缎匹、衣服、粮米、钱物，及非出征时，不得于公侯之家门首侍立。其公侯非奉特旨，不得私自呼唤军人役使，违者公侯三犯准免死一次，军官军人三犯发海南充军。[1] 后来更进一步，名义上以公侯伯功臣有大功，赐卒一百十二人作卫队，设百户一人统率，颁有铁册，说明"俟其寿考，子孙得袭，则兵皆入卫"。称为奴军，亦称铁册军。事实上是防功臣有二心，特设铁册军来监视的。功臣行动，随时随地都有报告，证人是现成的，跟着是一连串的告密案和大规模的功臣屠杀。[2]

在作战时，虽然派有大将军指挥大军，指挥战争进行的还是朱元璋自己，用情报、用军事经验来决定前方的攻战，甚至指挥到极琐细的军务。即使最亲信的将领像徐达、李文忠，也是如此。例如吴元年（1367）四月十八日给徐达的手令，在处分军事正文之后，又说："我的见识只是如此，你每见得高处、强处、便当处，随着你每意见行著，休执著我的言语，恐怕见不到处，教你每难行事。"洪武三年四月："说与大将军知道……这是我家中坐着说的，未知军中便也不便，恁只拣军中便当处便行。"给李文忠的手令："说与保儿老儿：……我虽这般说，计量中不如在军中多知备细，随机应变的勾当。你也厮活落些儿也，那里直到我都料定！"大体上指导的原则是不能更动的，统帅所有的只是极细微的修正权。

对待俘虏的方针是屠杀，如龙凤十一年十一月初五日的令旨："吴王亲笔，差内使朱明前往军中，说与大将军左相国徐达、副将军平章常遇春知会：十一月初四日捷音至京城，知军中获寇军及首目人等六万余众，然而俘获甚众，难为囚禁，今差人前去，教你每军中，将张（士诚）军精锐勇猛的留一二万，若系不堪任用之徒，就军中暗地去除了当，不必解来。

---

① 宋濂：《洪武圣政记》，肃军政第四。

② 沈德符：《野获编》卷一七，《铁册军》。

但是大头目，一名名解来。"十二年三月且严厉责备徐达不多杀人："吴王令旨，说与总兵官徐达，攻破高邮之时，城中杀死小军数多，头目不曾杀一名。今军到淮安，若系便降，系是泗州头目青旛黄旗招诱之力，不是你的功劳。如是三月已里，淮安未下，你不杀人的缘故，自说将来！依奉施行者。"吴元年十月二十四日因为俘虏越狱逃跑，又下令军前："今后就近获到寇军及首目人等，不须解来，就于军中典刑。"洪武三年四月："说与大将军知道：止是就阵得的人，及阵败来降的王保保头目，都休留他一个，也杀了。止留小军儿，就将去打西蜀了后，就留些守西蜀便了。"则不但俘虏，连投降的头目也一概残杀了。

有一道令旨是关于整饬军纪的，说明了这一举措的军事理由。时间是龙凤十二年三月："（张军）男子之妻多在高邮被掳，总兵官为甚不肯给亲完聚发来？这个比杀人那个重？当城破之日，将头目军人一概杀了，倒无可论。掳了妻子，发将精汉来，我这里陪了衣粮，又费关防，养不住。杀了男儿，掳了妻小，敌人知道，岂不抗拒？星夜教冯副使（胜）去军前，但有指挥、千户、百户及总兵官的伴当，掳了妇女的，割将首级来。总兵官的罪过，回来时与他说话。依奉施行者。"①男子指的是张士诚的部队，被掳是指的被朱元璋自己的部队所掳。把俘虏的妻女抢了，送俘虏来，养不住，白赔粮食，白费事看守。掳了妇女，杀了俘虏，敌人知道了，当然会顽强抵抗。为了这个道理，朱元璋只好派特使去整顿军风纪了。

五、皇权的轮子——新官僚机构

由于历史包袱的继承，皇权的逐步提高，隋唐以来的官僚机构，以巩

---

① 王世贞：《弇山堂别集》卷八六，《诏令考》二。

固皇权为目的的三省制度——中书省出命令，门下省掌封驳，尚书省主施行——中书官和皇帝最亲近，接触机会最多，权也最重。宋代后期，门下省不能执行审核诏令的任务，尚书省官只能平决庶务，不能与闻国政，三省事实上只是一省当权。到元代索性取消门下省，把尚书省的官属六部也归并到中书，成为一省执政的局面。地方则分设行中书省，总揽军民大政。其下有路、府、州、县，管理军民。

三省制的形成有它的历史背景和原因，就这制度本身而论，把政权分作三份，一个专管决策，一个负责执行，而又另有一个纠核的机构，驳正违误，防止皇权的滥用和官僚的缺失，对巩固皇权，维持现状的意义上说，是很有用的。可是，在事实上，官僚政治本身破坏了瘫痪了这个官僚机构，皇权和相权的冲突，更有目的地摧毁了这个官僚机构。

官僚政治特征之一是做官不做事，重床叠屋，衙门愈多，事情愈办不好，拿薪水的官僚愈多，负责做事的人愈少。例如从唐以来，往往因事设官；尚书都省原有户部，专管户口财政，在国计困难时，政府要张罗财帛，供应军需，大张旗鼓，特设盐铁使、户部使、租庸使、国计使等官，由宰相或大臣兼任，意思是要提高搜刮的效率，可是这样一来，户部位低权轻，职守都为诸使所夺，便变成闲曹了。兵部专管军政，从五代设了枢密使以后，兵部又无事可做了。礼部专掌礼仪，宋代却又另有礼院。几套性质相同的衙门，新创的抢了旧衙门的职司，本衙门的官照例做和本衙门不相干的事，或者索性不做事。千头万绪，名实不符，十个官僚有九个不知道自己的职司。冗官日多，要官更多，行政效率也就日益低落。[①] 到元代又添上蒙古的部族政治机构，衙门越发多，越发庞大，混乱复杂，臃肿不灵，瘫痪的病象在在显露了。

而且就官僚的服务名义说，也有官、职、差遣之分，官是表明等级、

---

① 《宋史》，《职官志》一。

分别薪俸的标识，职以待文学侍从之臣，只有差遣是"治内外之事"的。皇家的赏功酬庸，又有阶、勋、爵、食邑、功臣号等名目。以差遣而论，又有行、守、试、判、知、权知、权发遣的不同。其实除差遣以外，其他都是不大相干的。①

皇权和相权的矛盾，例如宋太宗讨厌中书的政权太重，分中书吏房置审官院，刑房置审刑院②，为了分权而添置衙门，其实是夺相权归之于皇帝。皇帝的诏令照规矩是必须经过中书门下，才算合法，所谓"不经凤阁鸾台，何名为敕？"③用意是防止皇权的滥用，但是，这规矩只是官僚集团的规矩，官僚的任免生杀之权在皇帝，升沉荣辱甚至诛废的利害超过了制度的坚持，私人的利害超过了集团的利害，唐武后以来的墨敕斜封（手令），也就破坏了这个官僚制度，摧毁了相权，走上了独裁的道路。

朱元璋继承历代皇权走向独裁的趋势，对官僚机构大加改革，使之更得心应手，为皇家服务。

元代的行中书省是从中书省分出去的，职权太重，到后期鞭长莫及，几乎没有法子控制了。朱元璋要造成绝对的中央集权，洪武九年（1376）改行中书省为承宣布政使司，设左右布政使各一人，掌一区的政令。布政使是朝廷派驻地方的代表、使臣，禀承朝廷，宣扬政令。全国分浙江、江西、福建、北平、广西、四川、山东、广东、河南、陕西、湖广、山西十二布政使司，十五年增置云南布政使司。④布政使司的分区，大体上继承元朝

---

① 司马光：《司马文正公传家集》卷二一，《乞分十二等以进退群臣上殿札子》；钱大昕：《潜研堂文集》卷三四，《答袁简斋书》。

② 司马光：《涑水纪闻》卷三；李攸：《宋朝事实》卷九；李焘：《续资治通鉴长编》卷一二五。

③ 《旧唐书》卷八七，《刘祎之传》。

④ 明成祖永乐元年（1403）以北平布政司为北京，五年置交阯布政使司，十一年置贵州布政使司。宣德三年（1428）罢交阯布政使司，除两京外定为十三布政使司。

的行省，布政使的职权却只掌民政、财政，和元朝行中书省的无所不统，轻重大不相同了。而且就地位论，行省是以都省的机构分设于地方，布政使则是朝廷派驻的使臣，前者是中央分权于地方，后者是地方集权于中央，意义也完全不同。此外，地方掌管司法行政的另有提刑按察使司，长官为按察使，主管一区刑名、按察之事。布、按二司和掌军政的都指挥使司合称三司，是朝廷派遣到地方的三个特派员衙门，民政、司法、军政三种治权分别独立，直接由朝廷指挥，为的是便于控制，便于统治。布政司之下，真正的地方政府分两级，第一级是府，长官为知府，有直隶州，即直隶于布政使司的州，长官是知州，第二级是县，长官是知县，有州，长官是知州，州县是直接临民的政治单位。[①]

中央统治机构的改革，稍晚于地方。洪武十三年（1380）胡惟庸案发后[②]废中书省，仿周官六卿之制，提高六部的地位；吏、户、礼、兵、刑、工，每部设尚书一人，侍郎（分左右）二人。吏部掌全国官吏选授、封勋、考课，甄别人才。户部掌户口、田赋、商税。礼部掌礼仪、祭祀、僧道、宴飨、教育及贡举（考试）和外交。兵部掌卫所官军选授、简练和军令。刑部掌刑名。工部掌工程造作（武器、货币等）、水利、交通。都直接对皇帝负责，奉行政令。

统军机关则改枢密院为大都督府，节制中外诸军。洪武十三年分大都督府为中、左、右、前、后五军都督府，每府以左右都督为长官，各领所属都司卫所，和兵部互相表里。都督府长官虽管军籍、军政，却不直接统带军队，在有战事时，才奉令出为将军总兵官，指挥作战。战争结束，便得交还将印，回原职办事。[③]

---

① 《明史·职官志》。

② 《明史·胡惟庸传》；吴晗：《胡惟庸党案考》，载《燕京学报》十五期。

③ 宋濂：《洪武圣政记》，《肃军政》第四。

　　监察机关原来是御史台，洪武十五年改为都察院，长官是左右都御史，下有监察御史百十人，分掌十二道（按照布政使司政区分道）。职权是纠劾百司，辨明冤枉，凡大臣奸邪，小人构党作威福乱政，百官猥茸、贪污、舞弊，学术不正和变乱祖宗制度的，都可随时举发弹劾。这衙门的官被皇帝看作是耳目，替皇帝听，替皇帝看，有对皇权不利的随时报告。也被皇帝看作是鹰犬，替皇帝追踪，搏击一切不忠于皇帝的官民，是替皇帝监视官僚的衙门，是替皇帝检举反动思想、保持传统纲纪的衙门。监察御史在朝监视各个不同的官僚机构，派到地方的，有巡按、清军、提督学校、巡监、茶马、监军等职务，就中巡按御史算是代皇帝巡狩，按临所部，大事奏裁，小事立断，是最威武的一个差使。

　　行政、军事、监察三种治权分别独立，由皇帝亲身总其成。官吏内外互用，其地位以品级规定，从九品到正一品，九品十八级，官和品一致，升迁调用都有一定的法度。百官分治，个别对皇帝负责。系统分明，职权清楚，法令详密，组织严紧。而在整套统治机构中，互相钳制，以监察官来监视一切臣僚，以特务组织来镇压威制一切官民，都督府管军不管民，六部管民不管军，大将在平时不指挥军队，动员复员之权属于兵部，供给粮秣的是户部，武器的是工部，决定战略的是皇帝。六部分别负责，决定政策的是皇帝。在过去，政事由三省分别处理，取决于皇帝，皇帝是帝国的首领。可是在这新统治机构下，六部府院直接隶属于皇帝，皇帝不但是帝国的首领，而且是这统治机构的负责人和执行人，历史上的君权和相权到此合一了，皇帝兼理宰相的职务，皇权由之达于极峰。[1]

　　历史的教训使朱元璋深切地明白宦官和外戚对于政治的祸害。他以

---

　　[1]　参看《明史·职官志》。

为汉朝、唐朝的祸乱，都是宦官作的孽，这种人在宫廷里是少不了的，可是只能作奴隶使唤，洒扫奔走，人数不可过多，也不可用作耳目心腹，做耳目，耳目坏，做心腹，心腹病，对付的办法，要使之守法，守法自然不会做坏事，不要让他们有功劳，一有功劳就难于管束了。订下规矩，凡是内臣都不许读书识字，又铸铁牌立在宫门，上面刻着："内臣不得干预政事，犯者斩。"又规定内臣不许兼外朝的文武官衔，不许穿外朝官员的服装，做内廷官不能过四品，每月领一石米，穿衣吃饭官家管。并且，外朝各衙门不许和内官监有公文往来。这几条规定针对着历史上所曾发生的弊端，使内侍名符其实地做宫廷的仆役。[①] 对外戚干政的对策，是不许后妃干政，洪武元年三月即命儒臣修《女诫》，纂集古代贤德妇女和后妃的故事，刊刻成书，来教育宫人，要她们学样。又立下规程，皇后只能管宫中嫔妇的事，宫门之外不得干预。宫人不许和外间通信，犯者处死，断绝外朝和内廷的来往以至通信，使之和政治隔离。外朝臣僚命妇按例于每月初一、十五朝见皇后，其他时间，没有特殊缘由，不许进宫。皇帝不接见外朝命妇，皇族婚姻选配良家子女，有私进女口的不许接受。元璋的母族和妻族都绝后，没有外家，后代帝王也都遵守祖训，后妃必选自民家。外戚只是高爵厚禄，做大地主，住大房子，绝对不许预闻政事。[②] 在洪武一朝三十多年中，内臣小心守法，宫廷和外朝隔绝，和前代相比，算是家法最严的了。

其次，元代以吏治国，法令极繁冗，档案堆成山。吏就从中舞弊，无法根究。而且，正因为公文条例过于琐细，不费一两年功夫，无从通晓，办公文、办公事成为专门技术，掌印正官弄不清楚，只好由吏作主张，结

---

① 宋濂：《洪武圣政记》；《明史》卷七四，《职官志》。
② 《明史》卷一〇八《外戚恩泽侯表序》，卷一一三《后妃列传序》，卷三〇〇《外戚传序》。

果治国治民的都是吏，不是官，小吏们唯利是图，毫不顾到全盘局面，政治（其实是吏治）自然愈闹愈坏。远在吴元年，朱元璋便已注意到法令和吏治的关系，指令台省官立法要简要严，选用深通法律的学者编定律令，经过缜密的商订，去烦减重，花了三十年功夫，更改删定了四五次，编成《大明律》，条例简于《唐律》，精神严于《宋律》，是中国法律史上极重要的一部法典。又为简化公文起见，于洪武十二年立案牍减烦式颁示各衙门，使公文明白好懂，文吏无法舞弊弄权。从此吏员在政治上被斥为杂流，不能做官。官和吏完全分开，官主行政，吏主事务，和元代的情形完全不同了。①

　　和吏文相同的是文章的格式。唐宋以来的政府文字，从上而下的制诰，从下达上的表奏，照习惯是骈骊四六文，尽管有多少人主张复古，提倡改革，所谓古文运动，在民间是成功了，政府却仍然用老套头，同一时代用的是两种文字，庙堂是骈偶文，民间是古文，朱元璋很不以为然，他以为古人做文章，讲道理，说世务，经典上的话，都明白好懂，像诸葛亮的《出师表》，又何尝雕琢，立意写文章？可是有感情，有血有肉，到如今读了还使人感动，怀想他的忠义。近来的文士，文字虽然艰深，用意却很浅近，即使写得和司马相如、杨雄一样好，别人不懂，又中什么用？以此他要秘书——翰林——作文字，只要说明白道理，讲得通世务就行，不许用浮辞藻饰。②到洪武六年，又下令禁止对偶四六文辞，选唐柳宗元《代柳公绰谢表》和韩愈《贺雨表》作为笺表法式。③这一改革不但使政府文字简单、明白，把庙堂和民间打通，现代人写现代文，就文学的影响说，也可以说很大，韩愈、柳宗元以后，他是提倡古文最有成绩的一个人。他自己所作的文章，写得不好，有时不通顺，倒容易懂。信札多用口语，比文章好得多，

① 《明太祖实录》卷二六，卷一二六；《明史》卷七一，《选举志》。

② 《明太祖实录》卷三九。

③ 《明太祖实录》卷八五。

想来是受蒙古白话圣旨的影响，也许是没有念过什么书，中旧式文体的毒比较轻的缘故吧？

唐、宋两代还有一样坏风气，朝廷任官令发表以后，被任用的官照例要辞官，上辞官表，一辞再辞甚至辞让到六七次，皇帝也照例拒绝，下诏敦劝，一劝再劝再六次七次劝，到这人上任上谢表才算罢休。辞的不是真辞，劝的也不是真劝，大家肚子里明白，是在玩文字的把戏，误时误事，白费纸墨。朱元璋认为这种做作太无聊，也把它废止了。

六、建都和国防

自称为淮右布衣，出身于平民而做皇帝的朱元璋，在拥兵扩土、称帝建国之后，最惹他操心的问题第一是怎样建立一个有力量的政治中心，即建都，建在何处？第二是用什么方法来维持皇家万世一系的独占统治？

远在初渡江克太平时（1355），陶安便建议先取金陵，据形势以临四方。[1] 冯国用劝定都金陵，以为根本。[2] 叶兑上书请定都金陵，然后拓地江广，进则越两淮以北征，退则画长江以自守。[3] 谋臣策士一致主张定都应天，经过长期的研究以后，龙凤十二年（元至正二十六年，1366）六月，扩大应天旧城，建筑新宫于钟山之南，到次年九月完工，这是吴王时代的都城。

洪武元年称帝，北伐南征，着着胜利，到洪武二十年辽东归附，全国统一。在这二十年中，个人的地位由王而帝，所统辖的疆域由东南一角落，扩大为大明帝国，局面大不相同。吴王时代的都城是否可以适应这扩大以后的局面便大成问题。而且，元帝虽然北走沙漠，仍然是蒙古大汗，保有

① 《明史》卷一三六，《陶安传》。
② 《明史》卷一二九，《冯胜传》；孙承泽：《春明梦余录》卷一。
③ 《明史》卷一三五，《叶兑传》。

强大的军力，时刻有南下恢复的企图。同时沿海倭寇的侵扰，也是国防上重大的问题。以此国都的重建和国防计划的确立，是当时朝野所最关心的两件大事。

基于自然环境的限制，从辽东到广东，沿海几千里海岸线的暴露，时时处处都有被倭寇侵掠的危险。东北和西北方面呢？长城以外便是蒙古人的势力，如不在险要处屯驻重兵，则铁骑奔驰，黄河以北便不可守。可是防边要用重兵，如把边境军权付托诸将，又怕尾大不掉，有造成藩镇跋扈的危机。如以重兵直隶中央，则国都必须扼驻国防前线，才能收统辖指挥的功效。东南是全国的经济中心，北方为了国防的安全，又必须成为全国的军事中心。国都如建设在东南，依附经济中心，则北边空虚，无法堵住蒙古人的南侵。如建立在北边，和军事中心合一，则粮食仍须靠东南供给，运输费用太大，极不经济。

帝国都城问题以外，还有帝国制度问题。是郡县制呢，还是封建制呢？就历史经验论，秦、汉、唐、宋之亡，没有强大的藩国支持藩卫，是衰亡原因之一。可是周代封建藩国，又闹得枝强干弱，威令不行。这两个制度的折衷办法是西汉初期的郡国制，一面立郡县，设官分治，集大权于朝廷，一面又置藩国，封建子弟，使为皇家捍御。把帝国建都和制度问题一起解决，设国都于东南财富之区，封子弟于北边国防据点，在经济上，在军事上，在皇家统治权的永久维持上，都圆满解决了。

明初定都应天的重要理由是经济的，第一因为江浙富庶，不但有长江三角洲的大谷仓，而且是丝织工业、盐业的中心，应天是这些物资的集散地，所谓"财赋出于东南，而金陵为其会"①。第二是吴王时代所奠定的宫阙，不愿轻易放弃，且如另建都城，则又得重加一番劳费。第三从龙将相都是

---

① 丘濬：《大学衍义补·都邑之建》。

江淮子弟，道地南方人，不大愿意离开乡土。可是在照应北方军事的观点看，这个都城的地理地位是不大合适的。洪武元年取下汴梁后，朱元璋曾亲去视察，觉得虽然地位适中，可是无险可守，四面受敌，论形势还不如应天。[①]为了西北未定，要运饷和补充军力，不能不有一个军事上的补给基地，于是模仿古代两京之制，八月以应天为南京，开封（汴梁）为北京。次年八月陕西平定，北方全入版图，形势改变，帝都重建问题又再度提出。廷臣中有主张关中险固，金城天府之国。有人主张洛阳为全国中心，四方朝贡距离一样。也有提议开封是宋朝旧都，漕运方便。又有人指出北平（元大都）宫室完备，建都可省营造费用。七嘴八舌，引经据典。朱元璋批评这些建议都有片面的理由，只是都不适应现状。长安、洛阳、开封过去周、秦、汉、魏、唐、宋都曾建都，但就现状说，打了几十年仗，人民还未休息过来，如重新建都，供给力役都出于江南，未免过于和百姓下不去。即使是北平吧，旧宫室总得有更动，还是费事。还不如仍旧在南京，据形势之地，长江天堑，龙蟠虎踞，可以立国。次之，临濠（濠州）前长江后淮水，地势险要，运输方便，也是一个可以建都的地方。[②]就决定以临濠为中都，动工修造城池宫殿，从洪武二年九月起手，到八年四月，经刘基坚决反对，以为凤阳虽是帝乡，但就种种条件说，都不合适于建都，方才停工，放弃了建都的想头。[③]洪武十一年（1378）才改南京为京师，跨踌了十年的建都问题，到这时才决心正名定都。[④]

京师虽已奠定，但是为了防御蒙古，控制北边，朱元璋还是有迁都西北的雄心，选定的地点仍是长安和洛阳。洪武二十四年八月，特派皇太子

---

① 刘辰：《国初事迹》。
② 黄光昇：《昭代典则》。
③ 《明史》卷一二八，《刘基传》；卷二，《太祖本纪》。
④ 《明史》，《地理志》一。

巡视西北，比较两地的形势。太子回朝后，献陕西地图，提出意见。不料第二年四月太子薨逝，迁都大事只好暂时搁下。①

京师新宫原来是燕尾湖，填湖建宫，地势南面高，北边低，就堪舆家的说法是不合建造法则的。皇太子死后，老皇帝很伤心，百无聊赖中把太子之死归咎于新宫的风水不好，这年年底他亲撰《祭光禄寺灶神文》说：

> 朕经营天下数十年，事事按古有绪。唯宫城前昂后洼，形势不称。本欲迁都，今朕年老，精力已倦。又天下新定，不欲劳民。且废兴有数，只得听天。惟愿鉴朕此心，福其子孙。②

六十五岁的白发衰翁，失去勇气，只好求上天保佑，从此不再谈迁都的话了。

分封诸王的制度，决定于洪武二年（1369）四月初编《皇明祖训》的时候，三年四月，封皇第二子到第十子为亲王。可是诸王的就藩，却在洪武十一年定鼎京师之后。③从封王到就藩前后相隔九年，原因是诸子未成年，和都城未定，牵连到立国制度也不能决定。到京师奠定后，第二子秦王建国西安，三子晋王建国太原，十三年四子燕王建国北平，分王在沿长城的国防前线。十四年五子周王建国开封，六子楚王出藩武昌，十五年七子齐王建国青州，十八年潭王到长沙，鲁王在兖州，以后其他幼王逐一成年，先后就国，星罗棋布，分驻在全国各军略要地。

就军事形势而论，诸王国的建立分作第一线和第二线，或者说是前方

① 《明史》卷一一五《兴宗孝康皇帝传》，卷一四七《胡广传》；姜清：《姜氏秘史》卷一；郑晓：《今言》卷二七四。

② 顾炎武：《天下郡国利病书》卷一三，《江南》一。

③ 《明史》卷二，《太祖本纪》。

和后方，第一线诸王的任务在防止蒙古入侵，都凭借天然险要，建立军事据点，有塞王之称。诸塞王沿长城线立国，又可分作外内二线，外线东渡榆关，跨辽东，南制朝鲜，北联开原（今辽宁开原），控扼东北诸夷，以广宁（今辽宁北镇）为中心建辽国，经渔阳（今河北蓟县）、卢龙（今河北卢龙），出喜峰口，切断蒙古南侵道路，以大宁（今热河平泉）为中心，包括今朝阳赤峰一带，建宁国。北平天险，是元朝故都，建燕国。出居庸，蔽雁门，以谷王驻宣府（察哈尔宣化），代王驻大同。逾河而西，北保宁夏，倚贺兰山，以庆王守宁夏。又西控河西走廊，扃嘉峪，护西域诸国，建肃国。从开原到瓜、沙，联成一气。内线是太原的晋国和西安的秦国。后方诸名城则开封有周王，武昌有楚王，青州有齐王，长沙有潭王，兖州有鲁王，成都有蜀王，荆州有湘王等国。①

诸王在其封地建立王府，设置官属，亲王的冕服车旗仅下皇帝一等，公侯大臣见王要俯首拜谒，不许钧礼。地位虽然极高极贵，却没有土地，更没有人民，不能干预民政，王府以外，便归朝廷所任命的各级官吏统治。每年有一万石的俸米和其他赏赐，唯一的特权是军权。每王府设亲王护卫指挥使司，有三护卫，护卫甲士少者三千人，多的到万九千人。②塞王的兵力尤其雄厚，如宁王所部至有带甲八万，革车六千，所属朵颜三卫骑兵，都骁勇善战。③秦、晋、燕三王的护卫特别经朝廷补充，兵力也最强。④《皇明祖训》规定："凡王国有守镇兵，有护卫兵。其守镇兵有常选指挥掌之，其护卫兵从王调遣。如本国是险要之地，遇有警急，其守镇兵、护卫兵并从王调遣"。而且守镇兵的调发，除御宝文书外，并须得王令旨方得发兵："凡

---

① 何乔远：《名山藏》，《分藩记》一。

② 《明史》，《兵志》二，《卫所》；《诸王传序》。

③ 《明史》，《宁王传》。

④ 《明史》，《太祖本纪》洪武十年。

朝廷调兵，须有御宝文书与王，并有御宝文书与守镇官。守镇官既得御宝文书，又得王令旨，方许发兵。无王令旨，不得发兵。"[①] 这规定使亲王成为地方守军的监视人，是皇帝在地方的军权代表，平时以护卫军监视地方守军，单独可以应变。战时指挥两军，军权付托给亲生儿子，可以放心高枕了。诸塞王每年秋天勒兵巡边，远到塞外，把蒙古部族赶得远远的，叫作肃清沙漠[②]，凡塞王都参预军务，内中晋、燕二王屡次受命将兵出塞，和筑城屯田，大将如宋国公冯胜，颍国公傅友德都受其节制，军中小事专决，大事才请示朝廷，军权独重，立功也最多。[③]

以亲王守边，专决军务，内地各大都会，也以皇子出镇，星罗棋布，尽屏藩皇室，翼卫朝廷的任务。国都虽然远在东南，也安如磐石，内安外攘，不会发生什么问题了。

七、大一统和分化政策

朱元璋以洪武元年称帝建立新皇朝，但是大一统事业的完成，却还须等待二十年。

元顺帝北走以后，元朝残留在内地的军力还有两大支，一支是云南的梁王，一支是东北的纳哈出，都用元朝年号，雄踞一方。云南和蒙古本部隔绝，势力孤单，朱元璋的注意力先集中在西南，从洪武四年（1371）消灭了割据四川的夏国以后，便着手经营，打算用和平的方式使云南自动归附，先后派遣使臣王祎、吴云去招降，都被梁王所杀。到洪武十四年决意

---

① 《兵卫章》。

② 《明史》，《兵制》三，边防；祝允明：《九朝野记》卷一。

③ 《明史·晋恭王传》，《太祖本纪》三，二十六年三月："诏二王军务大者始以闻。"本节参
看吴晗：《明代靖难之役与国都北迁》，载 1935 年 10 月天津《益世报·史学》。

用武力占领，派出傅友德、沐英、蓝玉三将军分两路进攻。

这时云南在政治上和地理上分作三个系统：第一是直属蒙古大汗，以昆明为中心的梁王。第二是在政治上隶属于蒙古政府，享有自治权利，以大理为中心的土酋段氏。以上所属的地域都被区分为路府州县。第三是在上述两系统下和南部（今思普一带）的非汉族诸部族，就是明代人叫作土司的地域。汉化程度以第一为最深，第二次之，第三最浅，或竟未汉化。现代贵州的西部，在元代属于云南行省，其东部则另设八番、顺元诸军民宣慰使司，管理彝族及苗族各土司。元至正二十四年（1364），朱元璋平定湖南、湖北，和湖南接界的贵州土人头目思南（今思南县）宣慰，和思州（今思县）宣抚先后降附。到平定夏国后，四川全境都入版图，和四川接境的贵州其他土司大起恐慌，贵州宣慰和普定府总管即于第二年自动归附。贵州的土司大部分都已归顺明朝，云南在东北两面便失去屏蔽了。

明兵从云南的东北两面进攻，一路由四川南下取乌撒（今云南镇雄、贵州威宁等地），这区域是四川、云南、贵州三省的接壤处，犬牙突出，在军事上可以和在昆明的梁王主力军呼应，并且是彝族的主要根据地。一路由湖南西取普定（今贵州安顺），进攻昆明。从明军动员那天算起，不过一百多天工夫，明东路军便已直抵昆明，梁王兵败自杀。明兵再回师和北路军会攻乌撒，把蒙古军消灭了，附近东川（今云南会泽）、乌蒙（今云南昭通）、芒部（今云南镇雄）诸彝族完全降附，昆明附近诸路也都依次归顺。洪武十五年二月置贵州都指挥使司和云南都指挥使司，树立了军事统治的中心，闰二月又置云南布政使司，树立了政治中心。[①] 分别派官

---

① 《明史》卷一二四《把匝剌瓦尔密传》，卷一二九《傅友德传》，卷一二六《沐英传》，卷一三二《蓝玉传》。

开筑道路，宽十丈，以六十里为一驿，把川、滇、黔三省的交通联系起来，建立军卫，"令那处蛮人供给军食"，控扼粮运。[①] 布置好了，再以大军向西攻下大理，经略西北和西南部诸地，招降麼些、彝撣、赞诸族，分兵戡定各土司。分云南为五十二府，五十四县。云南边外的缅国和八百媳妇（暹罗地）见况，派使臣内附，又置缅中、缅甸和老挝（今暹罗）八百诸宣慰司。为了云南太远，不放心，又特派义子西平侯沐英统兵镇守，沐家世代出人才，在云南三百年，竟和明朝的国运相始终。

纳哈出身是元朝世将，太平失守后被俘获，放遣北还，元亡后拥兵虎踞金山（在开原西北，辽河北岸），养精蓄锐，等候机会南下，和蒙古大汗的中路军、扩廓帖木儿的西路军，互相呼应，形成三路钳制明军的局面。在东北，除金山纳哈出军以外，辽阳、沈阳、开元一带都有蒙古军屯聚。洪武四年（1371）元辽阳守将刘益来降，建辽东指挥使司，接着又立辽东都指挥使司，总辖辽东军马，以次征服辽沈、开元等地。同时又从河北、陕西、山西各地出兵大举深入蒙古，击破扩廓的主力军（元顺帝已于前一年死去，子爱猷识里达腊继立，年号宣光，庙号昭宗）。并进攻应昌（今热河经棚县以西察哈尔北部之地），元主远遁漠北。到洪武八年扩廓死后，蒙古西路和中路的军队日渐衰困，不敢再深入到内地侵掠，朱元璋乘机经营甘肃、宁夏一带，招抚西部各羌族和回族部落，给以土司名义或王号，使其分化，个别内向，不能合力入寇，并利用诸部的军力，抵抗蒙军的入侵。在长城以北今内蒙地方则就各要害地方建立军事据点，逐步推进，用军力压迫蒙古人退到漠北，不使靠近边塞。西北问题完全解决了，再转回头来收拾东北。

洪武二十年冯胜、傅友德、蓝玉诸大将奉命北征纳哈出。大军出长城

---

① 张统：《云南机务钞黄》，洪武十五年闰二月二十五日敕。

松亭关，筑大宁（今热河里城）、宽河（今热河宽河）、会州（今热河平泉）、富峪（今热河平泉之北）四城，储粮供应前方，留兵屯守，切断纳哈出和蒙古中路军的呼应，再东向以主力军由北面包围，纳哈出势穷力蹙，孤军无援，只好投降，辽东全部平定。[①] 于是立北平行都司于大宁，东和辽阳，西和大同应援，作为国防前线的三大要塞。又西面和开平卫（元上都，今察哈尔多伦县地）、兴和千户所（今察哈尔张北县地）、东胜城（今绥远托克托县及蒙古茂明安旗之地）诸据点，连成长城以外的第一道国防线，从辽河以西几千里的地方，设卫置所，建立了军事上的保卫长城的长城。[②] 两年后，蒙古大汗脱古思帖木儿被弑，部属分散，以后经过不断地政变、篡立、叛乱，实力逐渐衰弱，帝国北边的边防，也因之而获得几十年的安宁。

东北的蒙古军虽然降附，还有女真族的问题急待解决。女真这一部族原是金人的后裔，依地理分布，大别为建州、海西、野人三种。过去不时纠合向内地侵掠，夺取物资，边境军队防不胜防，非常头痛。朱元璋所采取的对策，军事上封韩王于开原，宁王于大宁，控扼辽河两头，封辽王于广宁（今辽宁北镇），作为阻止蒙古和女真内犯的重镇。政治上采分化政策，把辽河以东诸女真部族，个别用金帛招抚（收买），分立为若干羁縻式的卫所，使其个别的自成单位，给予各酋长以卫所军官职衔，并指定住处，许其禀承朝命世袭，各给玺书作为进贡和互市的凭证，满足他们物资交换的经济要求，破坏部族间的团结，无力单独进攻。[③] 到明成祖时代，越发积极推行这政策，大量的全面的收买，拓地到现在的黑龙江口，增置的卫

---

① 钱谦益：《国初群雄事略》卷一一，《纳哈出》；《明史》卷一二九《冯胜传》，卷一二五《常遇春传》，卷一三二《蓝玉传》。

② 《明史》，《兵志》三，严从简：《殊域周咨录》卷一七，《鞑靼》；方孔炤：《全边略记》卷三；黄道周：《博物典汇》卷一九。

③ 孟森：《明元清系通纪》，《清朝前纪》。

所连旧设的共有一百八十四卫，立奴儿干都司以统之。[①]

辽东平定后，大一统的事业完全成功了。和前代一样，这大一统的帝国领有属国和许多藩国。从东面算起，洪武二十五年高丽发生政变，大将李成桂推翻亲元的王朝，自立为王，改国号为朝鲜，成为大明帝国的属国。藩国东南有琉球国，西南有安南、真腊、占城、暹罗和南洋群岛诸岛国。内地和边疆则有许多羁縻的部族和土司。

藩属和帝国的关系缔结，照历代传统办法，在帝国方面，派遣使臣宣告新朝建立，藩国必需缴还前朝颁赐的印绶册诰，解除旧的臣属关系。相对地重新颁赐新朝的印绶册诰，藩王受新朝册封，成为新朝的藩国。再逐年颁赐大统历，使之遵奉新朝的正朔，永作藩臣。旧藩国方面则必须遣使称臣入贡，新王即位，必须请求帝国承认册封。所享受的权利是通商和皇帝的优渥赏赐。和其他国家发生纠纷，或被攻击时，得请求帝国。在沿海特别开放三个通商口岸，主持通商和招待蕃舶使的衙门是市舶司，宁波市舶司指定为日本的通商口岸，泉州市舶司通琉球，广州市舶司通占城、暹罗南洋诸国。

朱元璋接受了元代用兵海外失败的经验，打定主意，不向海洋发展，他要子孙遵循大陆政策，特别在《皇明祖训》中郑重告诫说：

> 四方诸夷皆限山隔海，僻在一隅，得其地不足以供给，得其民不足以使令。若其不自揣量，来挠我边，则彼为不祥。彼既不为中国患，而我兴兵轻犯，亦不祥也。吾恐后世子孙倚中国富强，贪一时战功，无故兴兵，杀伤人命，切记不可。但胡戎与中国边境互相密迩，累世战争，必选将练兵，时谨备之。

---

①　内藤虎次郎：《明奴儿干永宁寺碑考》，载《北平图书馆馆刊》四卷六期。

今将不征诸国名列于后：

东北：朝鲜国

正东偏北：日本国（虽朝实诈，暗通奸臣胡惟庸谋为不轨，故绝之）

正南偏东：大琉球国　小琉球国

西南：安南国　真腊国　暹罗国　占城国　苏门答剌国

西洋国　爪哇国　湓亨国　白花国　三弗齐国　浡泥国①

中国是农业国，工商业不发达，不需要海外市场，版图广大，用不着殖民地，人口众多，更不缺少劳动力，向海外诸国侵掠，"得其地不足以供给，得其民不足以使令"。从经济的观点看，是没有什么好处的。从利害的观点看，打仗要花一大笔钱，占领又得费事，不幸打败仗越发划不来。还是和平相处，保境安民，多一事不如少一事，这样一打算盘，主意就打定了。②

属国和藩国的不同处，在于属国和帝国的关系更密切，在许多场合，属国的内政也经常被过问，经济上的连系也比较的强。

内地的土司也和藩属一样，要定期进贡，酋长继承要得帝国许可。内政也可自主。所不同的是藩国使臣的接待衙门是礼部主客司，册封承袭都用诏旨，部族土司领兵的直属兵部，土府土县属吏部，体统不同。平时有纳税，开辟并保养驿路，战时有调兵从征的义务。内部发生纠纷，或者反抗朝廷被平定后，往往被收回治权，直属朝廷，即所谓"改土归流"。土司衙门有宣慰司、宣抚司、招讨司、安抚司、长官司、土府、土县等名目，长官都是世袭，有一定的辖地和土民，总称土司。土司和朝廷的关系，在土司说，是借朝廷所给予的官位威权，来镇慑部下百姓，肆意奴役搜括。

---

① 《皇明祖训·箴戒章》。

② 参看吴晗：《十六世纪前之中国与南洋》，载 1936 年 1 月《清华学报》十一卷一期。

在朝廷说，用空头的官爵，用有限的赏赐，牢笼有实力的酋长，使其倾心内向，维持地方安宁，可以说是互相为用的。

大概地说来，明代西南部各小民族的分布，在湖南、四川、贵州三省交界处是苗族活动的中心，向南发展到了贵州。广西则是瑶族（在东部）、壮族（在西部）的根据地。四川、云南、贵州三省交界处则是彝族的大本营，四川西部和云南西北部则有麽些族，云南南部有僰族，四川北部和青海、甘肃、宁夏有羌族。

在上述各区域中，除纯粹由土官治理的土司而外，还有一种参用流官的制度。流官即朝廷所任命的有一定任期、非世袭的地方官。大致是以土官为主，派遣流官为辅，事实上是执行监督的任务。和这情形相反，在设立流官的州县，境内也有不同部族的土司存在。以此，在同一布政使司治下，有流官的州县，有土官的土司，有土流合治的州县，也有土官的州县。即在同一流官治理的州县内，也有汉人和非汉人杂处的情形，民族问题复杂错综，最容易引起纷乱以至战争。汉人凭借高度的生产技术和政治的优越感，用武力，用其他方法占取土民的土地物资，土民有的被迫迁徙到山头，过极度艰苦的日子，有的被屠杀消灭，有的不甘心，组织起来以武力反抗，爆发地方性的甚至大规模的战争。朝廷的治边原则，在极边是放任的愚民政策，只要土司肯听话，便听任其作威作福，世世相承，不加干涉。在内地则取积极的同化政策，如派遣流官助理，开设道路驿站，选拔土司子弟到国子监读书，从而使其完粮纳税，应服军役，一步步加强统治，最后是改建为直接治理的州县，扩大皇朝的疆土。①

治理西北羌族的办法分两种：一种是用其酋长为卫所长官，世世承袭。一种因其土俗，建设寺院并赐番僧封号，利用宗教来统治边民。羌族的力

---

① 《明史·土司传》。

量分化，兵力分散，西边的国防就可高枕无忧了。现在的西藏和西康当时叫作乌斯藏和朵甘，是喇嘛教的中心地区，僧侣兼管政事，明廷因仍元制，封其长老为国师法王，令其抚安番民，定期朝贡。又以番民肉食，对茶叶特别爱好，在边境建立茶课司，用茶叶和番民换马，入贡的赏赐也用茶和布匹代替。[①] 西边诸族国的酋长僧侣贪图入贡和通商的利益，得保持世代袭官和受封的权利，都服服帖帖，不敢反抗，明朝三百年，西边比较平静，没有发生什么大的变乱，当然，也说不上开发，从任何方面来说，这一广大地区比之几百年前，没有任何进步或改变。

---

① 《明史·西域传》。

第三章　靖难之役与迁都北京

一、明太祖的折中政策

自称为淮右布衣，出身于流氓而做天子的明太祖，在得了势力称王建国之后，最惹他操心的问题是怎样建立一个有力的政治中心，建立在何处。第二是用什么方法来维持他的统治权。

明太祖在初渡江克太平时（至元十五年，1355），当涂学者陶安出迎：

> 太祖问曰："吾欲取金陵，何如？"安曰："金陵古帝王都，取而有之，抚形胜而临四方，何向不克？"太祖曰："善！"[1]

至正十八年(1358)叶兑献书论取天下规模曰：

> 今之规模，宜北绝李察罕（元将察罕帖

---

① 《明史》卷一三六，《陶安传》。

木儿），南并张九四（吴张士诚），抚温台，取闽越，定都建康，拓地江广。进则越两淮以北征，退则画长江而自守。夫金陵古称龙蟠虎踞，帝王之都，籍其兵力资财，以攻则克，以守则固。①

部将中冯国用亦早主定都金陵之说：

> 洪武初定淮甸，得冯国用，问以天下大计。国用对曰："金陵龙蟠虎踞，真帝王之都，愿先渡江取金陵，置都于此。然后命将出师，扫除群寇，倡仁义以收人心，天下不难定也。"上曰："吾意正如此。"②

参酌诸谋士的意见，经过长期的考虑以后，以至正二十六年（1366）六月拓应天城，作新宫于钟山之阳。至次年九月新宫成。这是吴王时代的都城。同月灭张士诚，十月遣徐达等北伐。十二月取温台，降方国珍，定山东诸郡县。

至正二十八年（1368）正月朱元璋称帝建大明帝国。至洪武二十年（1387）元纳哈出降，辽东归附，天下大定。在这二十几年中，个人的地位由王而帝，所统辖的疆域，由东南一隅而扩为全国。元人虽已北走，仍保有不可侮的实力，时刻有南下恢复的企图。同时沿海倭寇的侵轶，也成为国防上重大的问题。在这样情形之下，帝都的重建和国防的设计，是当时朝野所最瞩目的两大问题。

其于天然环境的限制，东南方面沿海数千里，时时处处有被倭寇侵犯

---

① 《明史》卷一三五，《叶兑传》。
② 孙承泽：《春明梦余录》卷一；《明史》卷一二九，《冯胜传》。

的危险。东北方面，长城以外即是蒙古人的势力，如不在险要处屯驻重兵，则黄河以北便非我有。防边须用重兵，如以兵权付诸将，则恐尾大不掉，有形成藩镇跋扈的危险。如以重兵直隶中央，则国都必须扼驻边界，以收统辖指挥之效。东南是全国的经济中心，东北为国防关系，又必须成为全国的军事中心。国都如建设在东南，则北边空虚，无法防阻蒙古人的南侵。如建设在北边，则国用仍须仰给东南，转运劳费，极不合算。

在政治制度方面，郡县制和封建制的选择，也成为当时的难题。秦、汉、唐、宋之亡，没有强藩屏卫是许多原因中之一。周代封建藩国，则又枝强干弱，中央威令不施。这两者中的折中办法，是西汉初期的郡国制。一面设官分治，集大权于中央；一面又封建子弟，使为国家扞御。这样一来，设国都于东南财赋之区，封子弟于东北边防之地，在经济上，在军事上，在统治权的永久维持上，都得到一个完满的解决。这就是明太祖所采用的折中政策。

二、定都南京 [①]

明太祖定都南京的重要理由，是受经济环境的限制。第一因为江浙富饶为全国冠，所谓"财赋出于东南，而金陵为其会" [②]。定都于此，可省转运的劳费。第二是吴王时代所奠定的宫阙，不愿轻易弃去。且若另建都邑，则又须重加一层劳费。第三从龙将相都是江淮子弟，不愿轻去乡土。洪武元年（1368）四月取汴梁后，他曾亲到汴梁去视察，觉得虽

---

① 南京,旧名建业、建康、金陵,元为集庆路,明太祖克集庆后,以为应天府。洪武二年(1369)以为南京。洪武十一年（1378）改为京师。成祖北迁后,以为南京,以北京为京师。文中为行文便利计,除引原文处仍其原称外,一律称南京。

② 丘濬：《大学衍义补·都邑之建》。

然地位适中,可是四面受敌,形势还不及南京。[①]而在事实上则西北未定,为转饷屯军计,不能不有一个军事上的后方重镇以便策应。于是仿成周两京之制,以应天（金陵）为南京,开封（汴梁）为北京。洪武二年（1369）八月陕西平,九月以临濠（安徽凤阳）为中都。事前曾和群臣集议建都之地：

> 上召诸老臣问以建都之地,或言关中险固,金城天府之国。或言洛阳天地之中,四方朝贡,道里适均。汴梁亦宋之旧京。又言北平元之宫室完备,就之可省民力。上曰：所言皆善,惟时有不同耳。长安、洛阳、汴京实周、秦、汉、魏、唐、宋所建国。但平定之初,民力未苏息,朕若建都于彼,供给力役悉资江南,重劳其民。若就北平,要之宫室不能无更,亦未易也。今建业长江天堑,龙蟠虎踞,江南形胜之地,真足以立国。临濠则前江后淮,以险可恃,以水可漕,朕欲以为中都。何如? 群臣称善。至是始命有司建置城池宫阙,如京师之制焉。[②]

在营建中都时,刘基曾持反对的论调,以为凤阳虽帝乡,非建都之地。[③]洪武八年（1375）四月罢营中都。[④]

洪武十一年（1378）诏以南京为京师。[⑤]太祖对于建都问题,已经踌躇了十年,到这时才决定。可是为着要控制北边,仍时有建都的雄心。选

---

① 参见刘辰：《国初事迹》。
② 黄光昇：《昭代典则》。
③ 参见《明史》卷一二八,《刘基传》。
④ 参见《明史》卷二,《太祖本纪》。
⑤ 参见《明史》卷四〇,《地理志》。

定的地点仍是长安、洛阳和北平。当时献议都长安的有胡子祺：

> 洪武九年监察御史胡子祺上书请都关中，帝称善。遣皇太子巡视陕西，后以太子薨，不果。[1]

他的理由是："天下形胜地可都者四：河东地势高，控制西北，尧尝都之，然其地苦寒。汴梁襟带河、淮，宋尝都之，然其地平旷，无险可凭。洛阳周公卜之，周、汉因之，然嵩、邙非有函、终南之阻，涧、瀍、伊、洛非有泾、渭、灞、浐之雄。夫据百二山河之胜，可以耸诸侯之望，举天下莫关中者也。"[2] 皇太子巡视陕西在洪武二十四年（1391），则太祖在洪武十一年（1378）定都南京以后，仍有都长安之意。皇太子巡视的结果，主张定都洛阳：

> 太祖以江南地薄，颇有建都之意。八月命皇太子往视关洛。皇太子志欲定都洛阳，归而献地图。明年四月以疾薨。[3]

郑晓记此事始末，指出迁都的用意，在控制西北：

> 国朝定鼎金陵，本兴王之地。然江南形势终不能控制西北，故高皇时已有都汴、都关中之意，以东宫薨而中止。[4]

---

① 《明史》卷一四七，《胡广传》。

② 《明史》卷一一五，《兴宗孝康皇帝传》。

③ 姜清：《姜氏秘史》卷一。

④ 郑晓：《今言》卷二七四。

《明史》记：

> 太子还，献陕西地图，遂病，病中上言经略建都事。[1]

是则假使懿文不早死，也许在洪武时已经迁都到洛阳或长安了。又议建都北平：

> 逮平陕西，欲置都关中。后以西北重地，非自将不可。议建都于燕。以鲍频力谏而止。[2]

何孟春记鲍频谏都北平事说：

> 太祖平一天下，有北都意。尝御谨身殿，亲策问群臣曰："北平建都可以控制边塞，比南京何如？"修撰鲍频对曰："元主起自沙漠，立国在燕，今百年，地气天运已尽，不可因也。南京兴王之地，宫殿已完，不必改图，《传》曰在德不在险也。"[3]

明太祖晚年之想迁都，次要的原因，是南京新宫风水不好，顾炎武记：

> 南京新宫吴元年作。初大内填燕尾湖为之，地势中下，南高而北卑，高皇帝后悔之。二十五年《祭光禄寺灶神文》曰：朕经营天下数十年，事事按古有绪。唯宫城前昂后洼，形势不称。本欲迁都，今朕

----

① 《明史》卷一一五，《兴宗孝康皇帝传》。
② 孙承泽：《春明梦余录》卷一。
③ 何孟春：《余冬录》卷二。

年老，精力已倦。又天下新定，不欲劳民。且兴废有数，只得听天。惟愿鉴朕此心，福其子孙。[1]

由此看来，从洪武初年到洪武二十四年（1391）这一时期中，明太祖虽然以南京作国都，可是为了控制北边的国防关系，仍时有迁都的企图。迁都北边最大的困难是漕运艰难，北边硗瘠，如一迁都，则人口必骤然增加，本地粮食不能自给，必须仰给东南，烦费不赀。次之重新创建地池宫阙，人力和财力也耗费过多。懿文太子死后，这老皇帝失去勇气，从此就不再谈迁都了。

三、封建诸王

洪武二年（1369）四月编《祖训》，定封建诸王之制。[2] 在沿边要地，均建王国：

明兴，高皇帝以宋为惩，内域削弱，边围勿威，使胡人得逞中原而居闰位。于是大封诸子，连亘边陲。北平天险，为元故都，以王燕。东历渔阳、卢龙，出喜峰，包大宁，控塞葆山戎，以王宁。东渡榆关，跨辽东，西并海，被朝鲜，连开原，交市东北诸夷，以王辽。西按古北口，濒于雍河，中更上谷、云中，巩居庸，蔽雁门，以王谷若代。雁门之南，太原其都会也，表里河山，以王晋。逾河而西，历延、庆、韦、灵，又逾河北，保宁夏，倚贺兰，以王庆。兼殽、陇之险，周、秦都圻之地，牧坰之野，直走金城，以王秦。西渡河，领张掖、酒泉诸郡，

---

① 《天下郡国利病书》卷一三，《江南》一。
② 参见《明史》卷二，《太祖本纪》。

西扃嘉峪，护西域诸国，以王肃。此九王者，皆塞王也。莫不敷险隘，控要害，佐以元戎宿将，权崇制命，势匹抚军，肃清沙漠，垒帐相望。①

沿古长城线，东起辽阳，西到甘肃，建设了辽、宁、燕、谷、代、晋、庆、秦、肃九个王国，组成一条对蒙古的反包围防线。在内地则有"周、齐、楚、潭、鲁、蜀诸王，护卫精兵万六千余人，牧马数千匹，亦皆部兵耀武，并列内郡"②。

诸王国皆设重兵，洪武五年（1372）置亲王护卫都指挥使司，每王府设三护卫。③护卫甲士少者三千人，多者至万九千人。④此为直属于亲王之军力，此外边地诸王国内，中央所派之守镇兵亦得归王调遣：

> 凡王国有守镇兵，有护卫兵。其守镇兵有常选指挥掌之，其护卫兵从王调遣。如本国是险要之地，遇有警急，其守镇兵、护卫兵并从王调遣。⑤

中央调发守镇兵，除御宝文书外，并须得王令旨，方得发兵：

> 凡朝廷调兵，须有御宝文书与王，并有御宝文书与守镇官。守镇官既得御宝文书，又得王令旨方许发兵。无王令旨，不得发兵。⑥

扼边诸王，兵力尤厚，如宁王所部至"带甲八万，革车六千，所属

---

①② 何乔远：《名山藏》卷一，《分藩记》。
③ 参见《明史》卷九〇，《兵志·卫所》。
④ 参见《明史》卷一一六，《诸王传序》。
⑤⑥ 《皇明祖训·兵卫章》。

朵颜三卫骑兵皆骁勇善战"①。洪武十年(1377)又以羽林等卫军益秦、晋、燕三府护卫。② 时蒙古人犹图恢复，屡屡南犯。于是徐达、冯胜、傅友德诸大将数奉命往北平、山西、陕西诸地屯田练兵，为备边之计。又诏诸王近塞者，每岁秋勒兵巡边。③ 远涉沙漠，校猎而还，谓之"肃清沙漠"④。诸王封并塞居者，都得预军务。内中晋、燕二王尤被重寄，数次奉命领兵出塞及筑城屯田，大将如宋国公冯胜、颍国公傅友德皆受节制。⑤ 洪武二十六年（1393）三月又诏二王军务大者始以闻。⑥ 由此军中事皆得专决。

明太祖一面以诸王领兵守边，一面又预防后人懦弱，政权有落于权臣之手的危险，特授诸王以干涉中央政事之权。诸王有权移文中央索取奸臣：

若大臣行奸，不令王见天子，私下传致其罪而遭遇不幸者，到此之时，天子必是昏君。其长史司并护卫移文五军都督府索取奸臣，都督府捕奸臣奏斩之，族灭其家。⑦

甚至得举兵入清君侧：

如朝无正臣，内有奸恶，则亲王训兵待命。天子密诏诸王统镇兵

---

① 《明史》卷一一七，《宁王传》。

② 参见《明史》卷二，《太祖本纪》。

③ 参见《明史》卷九一，《兵志·边防》。

④ 祝允明：《九朝野记》卷一。

⑤ 参见《明史》卷一一六，《晋恭王传》。

⑥ 参见《明史》卷三，《太祖本纪》。

⑦ 《皇明祖训·法律章》。

讨平之。①

又怕后人变更他的法度，特地把天子、亲王、大臣所应做和不应做的事，都定为祖训，叫后人永远遵守。洪武二十八年（1395）九月正式颁布《皇明祖训》条章于中外，并著令后世有言更祖制者，以奸臣论。② 由此诸王各拥重兵，凭据险厄，并得干涉国事，在军事上和政治上都握大权，酿成了外重内轻之势。

分封建制之害，在洪武九年（1376）叶伯巨即已上书言之。他说：

> 先王之制，大都不过三国之一，上下等差，各有定分，所以强干弱枝，遏乱源而崇治本耳。今裂土分封，使诸王各有分地，盖惩宋、元孤立，宗室不竞之弊。而秦、晋、燕、齐、梁、楚、吴、蜀诸国，无不连邑数十，城郭宫室，亚于天子之都，优之以甲兵卫士之盛。臣恐数世之后，尾大不掉，然后削其地而夺之权，则必生觖望，甚者缘间而起，防之无及矣。愿及诸王未之国之先，节其都邑之制，减其卫兵，限其疆理，亦以待封诸王之子孙。此制一定，然后诸王有贤且才者，入为辅相，其余世为藩屏，与国同休。割一时之恩，制万世之利，消天变而安社稷，莫先于此。③

书上以离间骨肉坐死。其实这时诸王只建藩号，尚未就国，有远见的人便已感到不安的预兆了。到洪武末年诸王数奉命出塞，强兵悍卒，尽属

---

① 《皇明祖训·法律章》。
② 参见《明史》卷三，《太祖本纪》。
③ 《明史》卷一三九，《叶伯巨传》。

麾下。这时太祖已衰病，皇太孙幼弱，也渐渐感觉到强藩的逼胁了。有一次他们祖孙曾有如下的谈话：

> 先是太祖封诸王，辽、宁、燕、谷、代、晋、秦、庆、肃九国皆边虏，岁令训将练兵，有事皆得提兵专制便防御。因语太孙曰："朕以御虏付诸王，可令边尘不动，贻汝以安。"太孙曰："虏不靖，诸王御之。诸王不靖，孰御之？"太祖默然良久曰："汝意何如？"太孙曰："以德怀之，以礼制之，不可则削其地，又不可则废置其人，又其甚则举兵伐之。"太祖曰："是也，无以易此矣。"①

太孙又和黄子澄密谋定制削藩之计：

> 惠帝为皇太孙时，尝坐东角门，谓子澄曰："诸王尊属，拥重兵，多不法，奈何？"对曰："诸王护卫兵才足自守，倘有变，临以六师，其谁能支。汉七国非不强，卒底亡灭，大小强弱势不同，而顺逆之理异也。"太孙是其言。②

即位后高巍、韩郁先后上书请用主父偃推恩之策，在北诸王子弟分封于南，在南子弟分封于北，则藩王之权，不削而自弱。当局者都主削藩，不用其计而靖难师起。③

---

① 尹守衡：《明史窃·革除记》。
② 《明史》卷一四一，《黄子澄传》。
③ 参见《明史》卷一四三，《高巍传》。

四、靖难之役

明太祖在位三十一年（1368—1398），皇太子标早卒，皇太孙允炆继位，是为惠帝（1398—1402）。时太祖诸子第二子秦王樉、第三子晋王㭎都已先死，第四子燕王棣、第五子周王橚和齐、湘、代、岷诸王都以叔父拥重兵，多不法。朝廷孤立。诸王中燕王最雄桀，兵最强，尤为朝廷所嫉。惠帝用黄子澄、齐泰计谋削藩，讨论应该先向谁动手：

> 泰欲先图燕，子澄曰："不然。周、齐、湘、代、岷诸王在先帝时尚多不法，削之有名。今欲问罪，宜先周。周王，燕之母弟[①]，削周是削燕手足也。"[②]

定计以后，第一步先收回王国所在地之统治权，下诏："王国吏民听朝廷节制，唯护卫官军听王。"[③]建文元年（1399）二月又下诏诸王毋得节制文武吏士。[④]收回兵权及在王国之中央官吏节制权。洪武三十一年（1398）八月废周王橚为庶人。建文元年（1399）四月湘王柏惧罪自焚死，齐王榑、代王桂有罪，废为庶人。六月废岷王楩为庶人。

燕王棣智勇有大略，妃徐氏为开国元勋徐达女。就国后，徐达数奉命备边北平，因从学兵法。徐达死后，诸大将因胡惟庸、蓝玉两次党案诛杀殆尽。燕王遂与秦、晋二王并当北边御敌之任。洪武二十三年（1390）正月与晋王

---

① 懿文太子标、秦王樉、晋王㭎，李淑妃出。燕王棣、周王橚，硕妃出。参见吴晗：《明成祖生母考》，载《清华学报》，第十卷第二期。

② 《明史》卷一四一，《黄子澄传》。

③ 《明史》卷一四一，《齐泰传》；谷应泰：《明史纪事本末》卷一五。

④ 参见《明史》卷四，《恭闵帝本纪》。

率师往讨元丞相咬住、太尉乃儿不花，征虏前将军、颍国公傅友德等并听节制。三月师次迤都，咬住等降。[①] 获其全部而还，太祖大喜。是后屡率诸将出征，并奉命节制沿边士马，威名大震。[②] 洪武二十四年（1391）四月督傅友德诸将出塞，败敌而还。洪武二十六年（1393）三月冯胜、傅友德备边山西、北平，其属卫将校悉听晋王、燕王节制。洪武二十八年（1395）正月率总兵官周兴出辽东塞，自开原追敌至甫答迷城，不及而还。洪武二十九年（1396）率师巡大宁，败敌于彻彻儿山，又追败之于兀良哈秃城而退。洪武三十一年（1398）率师备御开平。[③] 太祖死后，自以为三兄都已先死，论序当立，不肯为建文帝下。到周、湘诸王相继得罪，遂决意反，阴选将校，勾军卒，收才勇异能之士，日夜铸军器。[④] 建文元年（1399）七月杀政府所置地方大吏，指齐泰、黄子澄为奸臣，援引《祖训》，入清君侧，称其师曰靖难。

　　兵起时建文帝正在和方孝孺、陈迪一些文士讨论周官法度，更定官制，讲求礼文。当国的齐泰、黄子澄也都是书生，不知兵事，以旧将耿秉文为大将往讨。八月耿秉文兵败于滹沱河，即刻召还，代以素不知兵的勋戚李景隆。时燕王已北袭大宁，尽得朵颜三卫骁骑而南。景隆乘虚攻北平不能克，燕王回兵大破之。建文二年（1400）四月燕王又败景隆兵于白沟河、德州，进围济南，三月不克，为守将盛庸所掩击，大败解围去。九月盛庸代李景隆为大将军。十二月大败燕兵于东昌，燕大将张玉战死，精锐丧失几尽。建文三年（1401）燕兵数南下，胜负相当。所攻下的城邑，兵回又为朝廷拒守。燕王所据有的地方，不过北平、保定、永平三府。恰好因建文帝待宫中宦官极严厉，宦官被黜责的逃奔燕军，告以京师虚实。十二月后复出师

---

①　参见《明史》卷三，《太祖本纪》。

②　参见《明史》卷四，《成祖本纪》。

③　参见《明史》卷三，《太祖本纪》。

④　参见《明史》卷一四五，《姚广孝传》。

南下。朝廷遣大将徐辉祖（达子，燕王妃兄）据山东，与都督平安大败燕兵，燕军正预备逃回北平，建文帝又轻信谣言，以为燕兵已退，一面也不信任徐辉祖，召之还朝。前方势孤，遂接连战败。燕兵乘胜渡淮趋扬州，江防都督陈瑄以舟师迎降，速渡江围南京，谷王橞及李景隆开金川门迎降，宫中火起，建文帝不知所终。燕王入南京即帝位，是为成祖（1402—1424）。[①]

成祖入南京后做的第一件事，是对主削藩议者的报复，下令大索齐泰、黄子澄、方孝孺等五十余人，榜其姓名曰奸臣，大行屠杀，施族诛之法，族人无少长皆斩，妻女发教坊司，姻党悉戍边。方孝孺之死，宗族亲友前后坐诛者至八百七十三人。[②]万历十三年（1585）释坐孝孺谪戍者后裔凡千三百余人。[③]第二件事是尽复建文中所更改的成法和官制，表明他起兵的目的，是在拥护祖训，和建文帝擅改祖制之罪。[④]由此《祖训》成为明朝一代治国的经典，太祖时所定的法令，到后来虽然时移事变，也不许有所更改。太祖时所曾施行的制度，也成为一代的金科玉律，无论无理到什么地步，也因为是祖制而不敢轻议。内中如锦衣卫和廷杖制，最为有明一代的弊政。为成祖所创的有宦官出使、专征、监军、分镇的制度，和皇帝的侦察机关东、西厂。

五、锦衣卫和东、西厂[⑤]

锦衣卫和东、西厂，明人合称为厂卫。锦衣卫是内廷的侦察机关，东、

---

① 参见《明史》卷三，《恭闵帝纪》；卷四，《成祖本纪》；卷一四四，《盛庸传》；卷一二六，《李文忠传》；卷一二五，《徐达传》；《明史纪事本末》卷一六。

② 参见《明史纪事本末》卷一八。

③ 参见《明史》卷一四一，《方孝孺传》。

④ 参见《明史》卷四，《成祖本纪》；《燕王令旨》。

⑤ 参见吴晗：《明代的锦衣卫和东西厂》，载《大公报·史地周刊》，1934-12-24。

西厂则由宦官提督，最为皇帝所亲信，即锦衣卫也在其侦察之下。

锦衣卫初设于明太祖时，是皇帝的私人卫队。其下有镇抚司，专治刑狱，可以直接取诏行事，不必经过外廷法司的审判手续。[①] 锦衣卫的主要职务是察不轨、妖言、人命、强盗重事，专替皇帝侦察不忠于帝室者和叛逆者，其权力在外廷法司之上。洪武二十年（1387）曾一度取消锦衣卫的典诏狱权。到了成祖由庶子篡逆得位，自知人心不附，并且内外大臣都是建文帝的旧臣，深恐建文帝未死，诸臣或有复辟的企图，于是重复锦衣卫的侦察和典诏狱权，使之秘密活动，以为钳制臣民之计。另一方面又建立了一个最高侦察机关叫东厂，因为在起兵时很得了建文帝左右宦官的力量，深信宦官的忠心，便以宦官提督东厂，付以"缉访谋逆、妖言、大奸恶等"的职权。以后虽时革时复，名称也有时更换（如西厂、外厂、内行厂之类），但其职权及地位则愈重愈高，甚至有任意逮捕官吏平民，和任意刑讯处死的权力。

靖难兵起时，宦官狗儿、郑和等以军功得幸。成祖即位后遂加委任，有派作使臣的，如永乐元年（1403）遣内官李兴出使暹罗[②]，马彬出使爪哇诸国，永乐三年（1405）遣太监郑和出使西洋。[③] 有派作大将的，如永乐三年（1405）之使中官山寿率兵出云州觇敌。[④] 又因各地镇守大将多为建文帝旧臣，特派宦官出镇和监军，使之伺察。永乐元年命内臣出镇及监京营军[⑤]，出镇的如马靖镇甘肃，马骐镇交趾，监军的如王安之监都督谭青军。[⑥] 由是司法权和兵权都逐渐落在宦官手中。宣德以后，人主多不亲政事，不和阁臣见面，甚至深居宫内，从不上朝，国家政务多交司礼监太监批答，

---

① 参见王世贞：《锦衣志》。
② 参见《明史》卷三〇四，《宦官传》。
③④⑤ 参见《明史》卷四，《成祖本纪》。
⑥ 参见《明史》卷三〇四，《宦官传序》。

内阁的权力也渐渐转到司礼监去了。在外则各地镇守太监成为地方的最高监察者，干预政务，骚扰地方，积重难返，形成一种畸形的阉人政治。英宗时的王振、曹吉祥，宪宗时的汪直、梁芳，武宗时的刘瑾，神宗时的陈增、高淮，熹宗时的魏忠贤，思宗时的曹化淳、高起潜，莫不窃弄政柄，祸国殃民，举凡军事、外交、内政、财政、司法，一切国家大政，都由宦官主持，甚至阁臣之用黜，都以宦官的好恶为定。他们只图私人生活的享乐，极力搜括掊敛，榨取民众的血汗，诱导皇帝穷奢极欲，大兴土木祷祠。对外则好大喜功，生衅外族。驯至民穷财尽，叛乱四起。外廷的士大夫与之相抗的都被诛杀放逐，由此朝廷分为两派，一派附和宦官，希图富贵，甘为鹰犬。一派则极力攻击宦官，欲将权力夺回内阁，建设清明的政治。明代除开例外的几个时期以外（如孝宗及世宗时），阉人和士人两派势力互为消长，此仆彼兴，循环报复，一直闹到亡国。

廷杖也是祖制的一种，太祖时曾杖死工部尚书薛祥，[①] 鞭死永嘉侯朱亮祖父子。[②] 以后一直沿用这刑法，正德十四年（1519）以谏止南巡廷杖舒芬等百四十六人，死者十一人。嘉靖三年（1524）群臣争大礼，廷杖丰熙等百三十四人，死者十六人。内外大臣一拂宦官或皇帝之意，即时廷杖，由锦衣卫执行，杖而不死者，或遭戍边地，或降官，或仍旧衣冠办事。英宗时又创立枷之刑，英宗时国子祭酒李时勉至荷枷国子监前。[③] 直到熹宗时，魏忠贤杖死万燝，大学士叶向高以为言，忠贤乃罢廷杖，把所要杀的人都下镇抚司狱，因酷刑害死，算是代替了这一祖制。

锦衣卫，东、西厂和廷杖制原都是为镇压反动势力，排除异己分子，

① 参见《明史》卷一三八，《薛祥传》。

② 参见《明史》卷九五，《刑法志》。

③ 参见《明史》卷一三六，《李时勉传》。

故意造成恐怖空气，使臣民慑于淫威，不敢反侧的临时设施。果然，这一套祖制，使大小臣民都惴惴苟延，不知命在何日。太祖时朝官得生还田里，便为大幸。[①] 皇帝威权，由之达于极点。这三位一体的恐怖制度使专制政体的虐焰高到无可再高，列朝的君主也明知这制度的残酷不合理，但是第一为着维持个人的威权，第二因为这是祖制，所以因仍不旨废止。英宗以后的君主多高拱深宫，宦官用事，更利用这制度来树威擅权，排斥反对党，虽然经过无数次士大夫的请求废止和抗议，终归无效。一直到亡国，才自然消灭，竟和明运相终始。

六、迁都北京

成祖以边藩篡逆得位，深恐其他的藩王也学他的办法，再来一次靖难，即位之后，也采用建文帝的削藩政策，以次收诸藩王兵权，非唯不使干预政事，且设立种种苛禁以约束之。建文四年（1402）徙谷王于长沙，永乐元年（1403）徙宁王于南昌，以大宁地界从靖难有功之朵颜、福余、泰宁三卫，以偿前劳。[②] 削代王、岷王护卫。永乐四年（1406）削齐王护卫，废为庶人。永乐十年（1412）削辽王护卫（辽王已于建文元年徙荆州）。永乐十五年（1417）谷王以谋反废。永乐十八年（1420）周王献三护卫。

---

① 参见《明史》卷一三八，《杨靖传》附《严德珉传》；卷二五八，《孙贲传》。

② 参见《明史》卷三二八，《三卫传》。《明史·成祖本纪》永乐元年三月"始以大宁地界兀良哈"，《明史·兵志》同。按兀良哈为地名，在潢水（即西喇木伦河，Silamulun）北。西起兴安岭，东至哈尔滨、长春等平野。南有全宁卫，更南有大宁卫。《太祖高皇帝实录》卷一九六："洪武二十二年五月辛卯，置泰宁、朵颜、福余三卫指挥使司于兀良哈之地，以居降胡。"明人习称泰宁、朵颜、福余为兀良哈三卫，更节称为兀良哈。兀良哈及三卫之名称由来，详见日本箭内亘：《兀良哈三卫名称考》。

尽削诸王之权，于护卫削之又削，必使其力不足与一镇抗。[①]到宣宗时汉王高煦（成祖次子，宣宗叔父，学他父亲的办法要诛奸臣，入清君侧），武宗时安化王寘鐇、宁王宸濠果然援靖难之例，起兵造反。由此政府更设为厉禁，诸王行动不得自由，甚至出城省墓，亦须奏请。二王不得相见。[②]受封后即不得入朝。[③]甚至在国家危急时，出兵勤王亦所不许。[④]只能衣租食税，凭着王的位号，在地方上作威福，肆害官民。[⑤]王以下的宗人，生则请名，长则请婚于朝，国家养之终身，丧葬予费。[⑥]仰食于官，不使之出仕，又不许其别营生计，怕亵渎了皇家的尊严，"不农不仕，吸民膏髓"[⑦]。到后来生齿日繁，皇族的口数到了七八万，国家也养不起了。世宗（1521—1566）时御史林润上疏说：

> 天下岁供京师粮四百万石，而诸府禄米至八百五十三万石。以山西言，存留百五十二万石，而宗禄二百二十二万。以河南言，存留八十四万三千石，而宗禄百九十二万。[⑧]

不得已大加减削，宗藩日困。枣阳王祐楬请"除宗人禄，使以四民业自为生。贤者用射策应科第"。政府要顾面子，还是不许。[⑨]万历二十二年（1594）郑世子载堉再请求特许"宗室皆得儒服就试，毋论中外职，中式

---

① 参见万言：《管村文抄内编》卷二，《诸王世表序》。
② 参见《明史》卷一二〇，《诸王传》；卷一一九，《襄王传》。
③ 参见《明史》卷一一九，《崇王传》。
④ 参见《明史》卷一一八，《韩王传》；卷一一八，《唐王传》。
⑤ 参见赵翼：《廿二史劄记》卷三二，《明分封宗藩之制》。
⑥ 参见《明史》卷一一六，《诸王传序》。
⑦ 《明史》卷二一四，《靳学颜传》。
⑧ 《明史》卷八二，《食货志》。
⑨ 参见《明史》卷一一九，《枣阳王传》。

者视方品器使"①。从此宗室方得出仕。国家竭天下之力来养活十几万游荡无业的贵族游民，不但国力为之疲敝不支，实际上宗室又因不许就业而陷于困穷，衣食无着，势不能不作奸犯法，扰害平民。国家费钱，宗室挨饿，平民受罪，这也是当时创立祖制的人所意想不到的。

成祖削藩的结果，宁、谷二王内徙，尽释诸王兵权，北边空虚。按照当时的形势，"四裔北边为急，倏来倏去，边备须严。若畿甸去远而委守将，则非居重取轻之道"②。于是有迁都北京之计，以北京为行在，屯驻重兵，皇帝亲自统率，抵御蒙古人之入侵：

> 太宗靖难之勋既集，切切焉为北顾之虑，建行都于燕，因而整戈秣马，四征弗庭，亦势所不得已也。銮舆巡幸，劳费实繁，易世之后，不复南幸，此建都所以在燕也。③

合政治与军事中心为一，以国都当敌。朱健曾为成祖迁都下一历史的地理的解释。他说：

> 自古建立都邑，率在北土，不止我朝，而我朝近敌为甚。且如汉袭秦旧都关中，匈奴入寇，烽火辄至甘泉。唐袭隋旧亦都关中，吐蕃入寇辄到渭桥，宋袭周旧都汴，西无灵、夏，北无燕、云，其去契丹界，直浃旬耳。景德之后，亦辄至澶渊。三治朝幅员善广矣，而定都若此者何？制敌便也。我朝定鼎燕京，东北去辽阳尚可数日，去渔阳百里耳。西北去云中尚可数日，去上谷亦仅倍渔阳耳。近敌便则常时封殖

---

① 《明史》卷一一九，《郑王传》。
② 章潢：《图书编》卷三三，《论北龙帝都垣》。
③ 顾炎武：《读史方舆纪要·北直方舆纪要序》。

者尤勤，常时封殖则一日规画措置者尤亟，是故去敌之近，制敌之便，莫有如今日者也。[1]

建都北京的最大缺点是北边粮食不能自给，必须仰给东南。海运有风波之险，由内河漕运则或有时水涸，或被寇盗所阻，稍有意外，便成问题，朱健说：

> 今国家燕都可谓百二山河，天府之国。但其间有少不便者，漕粟仰给东南，而运河自江而淮而黄，自黄而后自汶而卫，盈盈衣带，不绝如线，河流一涸，则西北之腹尽枵矣。元时亦输粟以供上都，其后兼行海运。然当群雄干命之时，烽烟四起，运道梗绝，惟有束手就困，此京师之第一当虑者也。[2]

要解决这两个困难，则第一必须大治河道，第二必须仍驻重兵于南京，镇压东南。成祖初年转漕东南，水陆兼挽，仍元人之旧，参用海运。而海运多险，陆运亦劳费不赀。永乐九年（1411）命宋礼开会通河。永乐十三年（1415）陈瑄凿清江浦，通北京漕运，由运河直达通州，而海陆运俱废。[3]运粮官军十二万人，有漕运总兵及总督统之。[4]十九年（1421）迁都北京后，以南京为留都，仍设五府六部官，并设南京守备，掌一切留守防护之事，节制南京诸卫所。[5]

永乐元年（1403）以北平为北京。永乐四年（1406）诏以明年五月建

---

① ②　朱健：《古今治平略》。

③　参见《明史》卷八五，《河渠志》。

④　参见《明史》卷七九，《食货志》。

⑤　参见《明史》卷八九，《兵志》。

北京宫殿。永乐十八年（1420）北京郊庙宫殿成，诏以北京为京师，不称行在。[1] 在实际上，自永乐七年（1409）以后，成祖多驻北京，以皇太子在南京监国。自丘福征本雅失里汗败死后，成祖五入漠北亲征。[2] 自永乐十五年（1417）北巡以后，即不再南返。南京在事实上，从永乐七年（1409）成祖北巡以后，即已失去政治上的地位，永乐十九年（1421）始正式改为陪都。

迁都之举，当时有一部分人不了解成祖的用心，力持反对论调。《明史》记：

> 三殿灾，诏求直言。群臣多言都北京非便。帝怒，杀主事萧仪，曰："方迁都时，与大臣密计，久而后定，非轻举也。"[3]

仁宗（1424—1425）即位后，胡濙从经济的立场，"力言建都北京非便，请还南都，省南北转运供亿之烦"[4]。胡濙是武进人，为南方士大夫的领袖，他的意见可说是代表南方人民的舆论，政府于是又定计还都南京，洪熙元年（1425）三月诏北京诸司悉称行在。五月仁宗崩，迁都之计遂又搁置不行。[5] 一直到英宗正统六年（1441）北京三殿两宫都已告成，才决定定都北京，诏文武诸司不称行在，仍以南京为陪都。[6]

成祖北迁以后，北京三面临敌，边防大重。东起鸭绿，西抵嘉峪，绵亘万里，分地守御。初设辽东、宣府、大同、延绥四镇，继设宁夏、甘肃、

---

① 参见《明通鉴》卷一七。

② 参见《明史》卷五至卷六，《成祖本纪》。

③ 《明史》卷一四九，《夏原吉传》。

④ 《明史》卷一六九，《胡濙传》。

⑤ 参见《明史》卷八，《仁宗本纪》。

⑥ 参见《明史》卷一〇，《英宗前纪》。

蓟州三镇，又加上太原、固原，是为九边。① 每边各设重兵，统以大将，副以偏裨，监以宪臣，镇以开府，联以总督，无事则画地防守，有事则犄角为援。② 失策的是即位后，即徙封宁王于江西，把大宁一带地③ 送给从征有功的朵颜三卫，三卫的占地，大致上从古北口到山海关隶朵颜卫，自广宁前屯卫西至广宁镇白云山隶泰宁卫，自白云山以北到开原隶福余卫。从此幽燕东北之险，中国与蒙鞑共之，胡马疾驰半日可到阙下。辽东、广宁、锦、义等城从此和宣府、怀来隔断悬绝，声不相连。④ 又以东胜⑤ 孤远难守，调左卫于永平，右卫于遵化，而墟其地。⑥ 兴和⑦ 为阿鲁台所攻，徙治宣府卫城而所地又虚。⑧ 开平⑨ 为元故都，地处极边，西接兴和而达东胜，东西千里，最为要塞。从弃大宁后，宣府和辽东隔绝，开平失援，胡虏出没，饷道艰难，宣德五年（1430）从薛禄议，弃开平，徙卫于独石。⑩ 后来"三岔河弃而辽东悚，河套弃而陕右警，西河弃而甘州危"⑪。国防遂不可问。初期国力尚强，对付外敌的方法，是以攻为守，太祖、成祖、宣宗三朝并大举北征，以兵力逼蒙古人远遁，使之不敢近塞。英宗以后，国力渐衰，于是只以守险为上策，坐待敌来，长城以北诸要塞尽弃不守，只靠

---

① 参见《明史》卷九一，《兵志》。
② 参见黄道周：《博物典汇》卷一九，《九边》。
③ 今辽宁省平泉、内蒙古自治区赤峰等地。
④ 参见严从简：《殊域周咨录》卷一六，《鞑靼》。
⑤ 今内蒙古自治区托克托县及茂明安之地。
⑥ 参见《明史》卷九一，《兵志》。
⑦ 元兴和路，自今张家口以北至内蒙古苏尼特旗皆其境。洪武三年（1370）为府，后废。洪武三十年（1397）置兴和守御千户所。今河北省张北县治即兴和故城。
⑧ 参见《明史》卷四〇，《地理志·京师》。
⑨ 在今内蒙古自治区多伦县地。
⑩ 参见《明史》卷四〇，《地理志》；《殊域周咨录》卷一七，《鞑靼》；方孔炤：《全边略记》卷三，《宣府略》。
⑪ 《博物典汇》卷一九。

长城来挡住胡骑，而边警由之日亟。英宗正统十四年（1449）瓦剌也先入寇围北京。世宗嘉靖二十九年(1550)鞑靼俺答入寇薄都城。这两次的外寇，都因都城兵力厚，不能得志，焚掠近畿而去。思宗崇祯十七年（1644）流寇李自成北犯，宣府和居庸的守臣都开门揖敌，遂长驱进围北京，太监曹化淳又开门迎入，北都遂亡。由此看来，假如明成祖当时不迁都北京，自以身当敌冲，也许在前两次蒙古人入犯时，黄河以北，已不可守，宋人南渡之祸，又要重演一次了。

第四章　明初的恐怖政治 [①]

一、杀、杀、杀

洪武二十八年（1395）正式颁布《皇明祖训》。这一年，朱元璋已经是六十八岁的衰翁了。

在这一年之前，桀骜不驯的元功宿将杀光了，主意多端的文臣杀绝了，不顺眼的地主巨室杀得差不多了，连光会掉书袋子搬弄文字的文人也大杀特杀，杀得无人敢说话，甚至出一口大气了。杀，杀，杀！杀了一辈子两手都涂满了鲜血的白头刽子手，踌躇满志，以为从此可以高枕无忧，皇基永固，子子孙孙吃碗现成饭，不必再操心了。这年五月，特别下一道手令说："朕自起兵至今四十余年，亲理天下庶务，人情善恶真伪，无不涉历，其中奸顽刁诈之徒，情犯深重，灼然无疑者，特令法外加刑，意在使人知所警惧，不敢轻易犯法。

① 原载《中建》半月刊华北航空版第二期，总第三卷第五期，1948 年 8 月 5 日。——编者注

然此特权时措置，顿挫奸顽，非守成之君所用长法。以后嗣君统理天下，止守律与大诰，并不许用黥刺剕劓阉割刑，臣下敢有奏用此刑者，文武群臣即时劾奏，处以重刑。"①

其实明初的酷刑，黥刺剕劓阉割还算是平常的，最惨的是凌迟，凡是凌迟处死的罪人，照例要杀三千三百五十七刀，每十刀一歇一吆喝，慢慢地折磨，硬要被杀的人受长时间的痛苦。②其次有刷洗，把犯人光身子放在铁床上，浇开水，用铁刷刷去皮肉。有枭令，用铁钩钩住脊骨，横挂在竿上。有称竿，犯人缚在竿上，另一头挂石头对称。有抽肠，也是挂在竿上，用铁钩钩入谷门把肠子钩出。有剥皮，贪官污吏的皮放在衙门公座上，让新官看了发抖。此外，还有挑膝盖、锡蛇游种种名目。③也有同一罪犯，加以墨面文身，挑筋去膝盖剁指，并具五刑的。④据说在上朝时，老皇帝的脾气好坏很容易看出来，要是这一天他的玉带高高地贴在胸前，大概脾气好，杀人不会多。要是揿玉带到肚皮底下，便是暴风雨来了，满朝廷的官员都吓得脸无人色，个个发抖，准有大批人应这劫数。⑤这些朝官，照规矩每天得上朝，天不亮起身梳洗穿戴，在出门以前，和妻子诀别，吩咐后事，要是居然活着回家，便大小互相庆贺，算是又多活一天了。⑥

四十年中，据朱元璋自己的著作，《大诰》《大诰续编》《大诰三编》，和《大诰武臣》的统计，所列凌迟枭示种诛有几千案，弃市（杀头）以下有一万多案。

---

① 《明太祖实录》卷二百三十九。

② 邓之诚：《骨董续记》卷二十，磔条，引《张文宁年谱》；计六奇：《明季北略》，记郑鄤事。

③ 吕毖：《明朝小史》卷一，《国初重刑》。

④ 《大诰》，奸吏建言第三十三，刑余攒典盗粮第六十九；《续诰》，相验囚尸不实第四十二；《三编》，逃囚第十六。

⑤ 徐祯卿：《翦胜野闻》。

⑥ 赵翼：《廿二史劄记》卷三十二，《明祖晚年去严刑条》，引《草木子》。

《三编》所定算是最宽容的了。"进士监生三百六十四人，愈见奸贪，终不从命三犯四犯而至杀身者三人，三犯而诽谤杀身者又三人，奸容戴斩、绞、徒流罪在职者三十人，一犯戴死罪徒流罪办事者三百二十八人。"[1] 有御史戴死罪，戴着脚镣，坐堂审案的，有挨了八十棍回衙门做官的。其中最大的案件有胡惟庸案、蓝玉案、空印案和郭桓案，前两案株连被杀的有四万人，后两案合计有七八万人。[2] 所杀的人，从开国元勋到列儒裨将，从部院大臣、诸司官吏到州县胥役、进士监生、经生儒士、富人地主、僧道屠沽，以至亲侄儿、亲外甥，无人不杀，无人不可杀，一个个的杀，一家家的杀，有罪的杀，无罪的也杀，"大戮官民不分臧否"[3]。早在洪武七年，便有人向他控诉，说是杀得太多了，"才能之士，数年来幸存者，百无一二"[4]。到洪武九年，单是官吏犯笞以上罪，谪戍到凤阳屯田的便有一万多人。[5] 十八年九月在给萧安石子孙符上也自己承认："朕自即位以来，法古命官，列布华夷，岂期擢用之时，并效忠贞，任用既久，具系奸贪？朕乃明以宪章，而刑责有不可恕。以至内外官僚，守职维艰，善能终是者寡，身家诛戮者多。"[6] 郭桓案发后，他又说："其贪婪之徒，闻桓之奸，如水之趋下。半年间弊若蜂起，杀身亡家者人不计其数。出五刑以治之，挑筋剁指足髡发文身，罪之甚者欤？"[7]

政权的维持建立在流血屠杀、酷刑暴行的基础上，这个时代，这种政治，确确实实是名副其实的恐怖政治。

---

[1] 《明史》卷九十四，《刑法志》；《大诰三编》二，进士监生戴罪办事。

[2] 《明史》卷九十四，《刑法志》。

[3] 《明史》卷一三九，《周敬心传》："洪武二十五年上疏极谏：洪武四年录天下官吏，十三年连坐胡党，十九年建官吏积年为民害者，二十三年罪妄言者，大戮官民不分臧否。"

[4] 《明史》卷一三九，《茹太素传》。

[5] 《明史》卷一三九，《韩宜可传》。

[6] 《明朝小史》卷二。

[7] 《大诰三编》，逃囚第十六。

二、皇权与相权的冲突——胡惟庸案

胡惟庸案发于洪武十三年，蓝玉案发于洪武二十六年，前后相隔十四年，主犯虽然是两个，其实是一个案子。

胡惟庸是初起兵占领和州时的帅府旧僚，和李善长同乡，又结了亲，因李善长的举荐，逐渐发达，洪武三年拜中书省参知政事，六年七月拜右丞相。

中书省综掌全国大政，丞相对一切庶务都有专决的权力，统帅百官，只对皇帝负责。这制度对一个平庸的、唯唯否否、阿附取容"三旨相公"型的人物，或者对手是一个只愿嬉游逸乐、不理国事的皇帝，也许不会引起严重的冲突。或者一个性情谦和容忍，一个刚决果断，柔刚互济倒也不致坏事，但是胡惟庸干练有为，有魄力，有野心，在中书省年代久了，大权在手，威福随心，兼之十年宰相，门下故旧僚友也隐隐结成一个庞大的力量，这个力量是靠胡惟庸做核心的。拿惯了权的人，怎么也不肯放下。朱元璋呢，赤手空拳建立的基业，苦战了几十年，拼上命得到的大权，平白被人分去了一大半，真是倒持太阿，授人以柄，想想又怎么能甘心！困难的是皇帝和丞相的职权，从来不曾有过清楚的界限，理论上丞相是辅佐皇帝治理天下的，相权是皇权的代表，两者是二而一的，不应该有冲突。事实上假如一切庶政都由丞相处分，皇帝没事做，只能签字画可，高拱无为。反之，如皇帝躬亲庶务，大小事情一概过问，那么，这个宰相除了伴食画诺以外，又有什么可做？这两个人性格相同，都刚愎，都固执，都喜欢独裁，好揽权，谁都不肯相让，许多年的争执、摩擦，相权和皇权相对立。最后，冲突表面化了。朱元璋有军队，有特务，失败的当然是文官。在胡惟庸以前，第一任丞相李善长小心怕事，徐达经常统兵在外，和朱元璋的冲突还不太明显严重，（刘基自己知道性子太刚，一定合作不了，坚决不干。）接着是汪广洋，碰了几次大钉子，末了还是赐死。中书官有权的如杨宪，也是被杀的。胡惟庸是任期最长，冲突最厉害的一个。被杀后，索性取消中书省，由皇帝兼行相权，皇权和相权合而为一。洪武二十八年手令："自古三公论道，六卿分职，自秦始置丞相，不旋踵而亡，汉、唐、宋因之，虽有贤相，然其间所用者多有小人，专权乱政。我朝罢相，设五府、六部、都察院、通政司、大理寺等衙门，分理天下庶务，彼此颉颃，不敢相压，事皆朝廷总之，所以稳当。以后嗣君并不许立丞相，臣下敢有奏请设立者，文武群臣即时劾奏，处以重刑。"① 这里所说的"事皆朝廷总之"的朝廷，指的便是他自己。胡惟庸被杀在政治制度史上的意义，是治权的变质，也就是从官僚和皇家共治的阶段，转变为官僚成奴才，皇帝独裁的阶段。

胡惟庸之死只是这件大屠杀案的一个引子，公布的罪状是擅权枉法。以后朱元璋要杀不顺眼的文武臣僚，便拿胡案做底子，随时加进新罪状，把它放大、发展，一放为私通日本，再放为私通蒙古，日本和蒙古，"南倭北虏"是当时两大敌人，通敌当然是谋反。三放又发展为串通李善长谋逆，最后成为蓝玉谋逆案。罪状愈多，牵连的罪人也更多，由甲连到乙，乙攀到丙，转弯抹角像瓜蔓一样四处伸出去，一网打尽，名为株连。被杀的都以家族作单位，杀一人也就是杀一家。坐胡案死的著名人物有御史大夫陈宁，中丞涂节，太师韩国公李善长，延安侯唐胜宗，吉安侯陆仲亨，平凉侯费聚，南雄侯赵庸，荥阳侯郑遇春，宜春侯黄彬，河南侯陆聚，宣德侯金朝兴，靖宁侯叶升，中国公邓镇，济宁侯顾敬，临江侯陈镛，营阳侯杨璟，淮安侯华中和高级军官毛骧、季伯畏、丁玉，和宋濂的孙子宋慎。宋濂也被牵连，贬死茂州。坐蓝党死的除大将凉国公蓝玉以外，有吏部尚书詹徽、侍郎傅友文、开国公常升、景川侯曹震、鹤庆侯张翼、舳舻侯朱寿、

---

① 《明太祖实录》卷二三九。

东莞伯何荣、普定侯陈桓、宣宁侯曹泰、会宁侯张温、怀远侯曹兴、西凉侯濮兴、东平侯韩勋、全宁侯孙恪、沈阳侯察罕、徽先伯桑敬和都督黄辂、汤泉等。胡案有《昭示奸党录》，蓝案有《逆臣录》，把口供和判案都详细记录公布。让全国人都知道这些"奸党"的"罪状"。[①] 被杀公侯中，东莞伯何荣是何真的儿子，何真死于洪武二十一年，被帐下旧校捏告生前党胡惟庸，勒索两千两银子，何家子弟到御前分析，朱元璋大怒说："我的法，这厮把作买卖！"把旧校绑来处死。到二十三年何荣弟崇祖回广东时："兄把袂连声：弟弟，今居官祸福顷刻，汝归难料再会日。到家达知伯叔兄弟，勿犯违法事，保护祖宗，是所愿望！"

可是，逃过了胡党，还是逃不过蓝党，何家是岭南大族，何真在元明之际保障过一方秩序，威望极高，如何放得过？据何崇祖自述：

> 洪武二十六年，族诛凉国公蓝玉，扳指公侯文武家名蓝党，无有分别，自京及天下，赤族不知几万户。长兄四兄宏维暨老幼咸丧。三月二十日夜鸡鸣时，家人彭康寿叩门，吾床中闻知祸事，出问故，云："昨晚申时，内官数员滞官军到衙，城门皆闭。是晚有公差出城，私言今夜抄提员头山何族，因此奔回。"……军来甚众，吾忙呼妻封氏各自逃生。

崇祖一房从此山居岛宿，潜形匿迹，一直到三十一年新帝登极大赦，才敢回家安居。[②]

李善长死时已经七十七岁了，帅府元僚，开国首相，替主子办了

---

① 参看钱谦益：《太祖实录辨证》；潘柽章：《国史考异》；吴晗：《胡惟庸党案考》，载《燕京学报》十五期。

② 何崇祖：《庐江郡何氏家记》（《玄览堂丛书续集》本）。

三十九年事，儿子做驸马，本身封国公，富极贵极，到末了却落得全家诛戮。一年后，有人替他上疏喊冤说：

> 善长与陛下同心，出万死以取天下，勋臣第一，生封公，死封王，男尚公主，亲戚拜官，人臣之分极矣。藉令欲自图不轨，尚未可知。而今谓其欲佐胡惟庸者，则大谬不然。人情爱其子，必甚于兄弟之子（善长弟存义子佑是胡惟庸的从女婿），安享万全之富贵者，必不徼幸万一之富贵。善长与惟庸，犹子之亲耳，于陛下则亲子女也。使善长佐惟庸成，不过勋臣第一而已矣，太师国公封王而已矣，尚主纳妃而已矣，宁复有加于今日？且善长岂不知天下之不可幸取，当元之季，欲为此者何限，莫不身为齑粉，覆宗绝祀，能保首领者几何人哉！善长胡乃身见之，而以衰倦之年身蹈之也？凡为此者，必有深仇激变，大不得已，父子之间，或至相挟以求脱祸。今善长之子祺，备陛下骨肉亲，无纤芥嫌，何苦而忽为此？若谓天象告变，大臣当灾，杀之以应天象，则尤不可。臣恐天下闻之，谓功如善长且如此，四方因之解体也。今善长已死！言之无益，所愿陛下作戒将来耳。

说得句句有理，字字有理，朱元璋无话可驳，也就算了。[1]

二案以外，开国功臣被杀的，还有谋杀小明王的凶手德庆侯廖永忠，洪武八年以僭用龙凤不法等事赐死。永嘉侯朱亮祖父子于十三年被鞭死。临川侯胡美于十七年犯禁伏诛。江夏侯周德兴于二十五年以帷薄不修，暧昧的罪状被杀。二十七年，杀定远侯王弼、永平侯谢成、颍国公傅友德，二十八年杀宋国公冯胜。周德兴是朱元璋儿时放牛的伙伴，傅友德、冯胜

---

[1] 《明史》卷一百二十七，《李善长传》。

功最高，突然被杀，根本不说有什么罪过，正合着古人说的"飞鸟尽，良弓藏；狡兔死，走狗烹"的话。①

不但列将以次诛夷，甚至替他坚守南昌七十五日，力拒陈友谅，造成鄱阳湖大捷，奠定王业的功臣，义子亲侄朱文正也以"亲近儒生，胸怀怨望"被鞭死。② 义子亲甥李文忠，十几岁便在军中南征北伐，立下大功，也因为左右多儒生，礼贤下士，有政治野心被毒死。③ 刘基是幕府智囊，运谋决策，不止有定天下的大功，并且是奠定帝国规模的主要人物，因为主意多，看得准，看得远，被猜忌最深，洪武元年便被休致回家④，又怕隔得太远会出事，硬拉回南京，终于被毒死。⑤ 徐达为开国功臣第一，小心谨慎，也逃不过。洪武十八年病了，生背疽，据说这病最忌吃蒸鹅，病重时皇帝却特赐蒸鹅，没法办，流着眼泪当着使臣的面吃，不多日就死了。⑥ 这两个元功的特别被注意，被防闲，满朝文武全知道，给事中陈汶辉曾经上疏公开指出："今勋旧耆德，咸思辞禄去位，如刘基、徐达之见猜，李善长、周德兴之被谤，视萧何、韩信其危疑相去几何哉！"⑦

三、恐怖屠杀难以根绝腐败——郭桓空印案

武臣之外，文官被杀的也着实不少。有记载可考的有宋思颜、夏煜、高见贤、凌说、孔克仁，这几人都是初起事时的幕府僚属，宋思颜在幕府

---

① 王世贞：《史乘考误》；钱谦益：《太祖实录辨证》；潘柽章：《国史考异》。

② 刘辰：《国初事迹》；孙宜：《洞庭集》，《大明初略》三；王世贞：《史乘考误》卷一。

③ 王世贞：《史乘考误》卷一，钱谦益：《太祖实录辨证》卷五；潘柽章：《国史考异》卷二。

④ 刘辰：《国初事迹》。

⑤ 《明史》卷三〇八《胡惟庸传》，卷一二八《刘基传》；刘仲璟：《遇恩录》。

⑥ 徐祯卿：《翦胜野闻》。

⑦ 《明史》卷一三九，《李仕鲁传》附《陈汶辉传》。

里的地位仅次于李善长。夏煜是诗人，和高见贤、杨宪、凌说一伙，专替朱元璋"伺察抟攀"，尽鹰犬的任务，告密栽赃，什么事全干，到末了也被人告密，先后送了命。[①] 朝官中有礼部侍郎朱同、张衡，户部尚书赵勉，吏部尚书余炘，工部尚书薛祥、秦逵，刑部尚书李质、开济，户部尚书茹太素，春官王本，祭酒许存仁，左都御史杨靖，大理寺卿李仕鲁，少卿陈汶辉，御史王朴、纪善、白信蹈等。[②] 外官有苏州知府魏观，济宁知府方克勤，番禺知县道同，训导叶伯巨，晋王府左相陶凯等。[③] 茹太素是个刚性人，爱说老实话，几次为了话不投机被廷杖，降官，甚至镣足治事，一天，在便殿赐宴，朱元璋赐诗，说："金杯同汝饮，白刃不相饶。"太素磕了头，续韵吟道："丹诚图报国，不避圣心焦！"元璋听了倒也很感动。不多时还是被杀。李仕鲁是朱熹学派的学者，劝皇帝不要太尊崇和尚道士，想学韩文公辟佛，来发扬朱学。料想着朱熹和皇帝是一家，这着棋准下得不错，不料皇帝竟不卖朱夫子的账，全不理会，仕鲁急了，闹起迂脾气，当面交还朝笏，要告休回家。元璋大怒，叫武士把他掼死在阶下。陶凯是御用文人，一时诏令封册歌颂碑志多出其手，做过礼部尚书，制定军礼和科举制度，只为了起一个别号叫"耐久道人"，犯了忌讳被杀。员外郎张来硕谏止取已许配的少女做官人，说"于理未当"，被碎肉而死，参议李饮冰被割乳而死。[④] 叶伯巨在洪武九年以星变上书，论用刑太苛说：

> 臣观历代开国之君，未有不以任德结民心，以任刑失民心者。国

---

① 《明史》卷一三五，《宋思颜传》。

② 《明史》卷一三六《朱升传》，卷一三七《刘三吾传》《宋讷传》《安然传》，卷一三八《陈修传》《周祯传》《杨靖传》《薛祥传》，卷一三九《茹太素传》《李仕鲁传》《周敬心传》。

③ 《明史》卷一四〇《魏观传》，卷二八一《方克勤传》，卷一四〇《道同传》，卷一三九《叶伯巨传》，卷一三六《陶凯传》。

④ 刘辰：《国初事迹》。

祚长短，悉由于此……议者曰，宋、元中叶，专事姑息，赏罚无章，以致亡灭。主上痛惩其弊，故制不宥之刑，权神变之法，使人知惧而莫测其端也。臣又以为不然。开基之主，垂范百世，一动一静，必使子孙有所持守，况刑者，民之司命，可不慎钦！夫笞、杖、徒、流、死，今之五刑也。用此五刑，既无假贷，一出乎大公至正可也。而用刑之际，多裁自圣衷，遂使治狱之吏，务趋求意旨，深刻者多功，平反者得罪，欲求治狱之平，岂易得哉！近者特旨，杂犯死罪，免死充军，又删定旧律诸则，减宥有差矣。然未闻有戒饬治狱者，务从平恕之条，是以法司犹循故例，虽闻宽宥之名，未见宽宥之实。所谓实者，诚在主上，不在臣下也。故必有罪疑惟轻之意，而后好生之德洽于民心，此非可以浅浅期也。何以明其然也？古之为士者以登仕为荣，以罢职为辱，今之为士者以溷迹无闻为福，以受玷不录为幸，以屯田工役为必获之罪，以鞭笞捶楚为寻常之辱。其始也，朝廷取天下之士，网罗捃摭，务无余逸，有司敦迫上道，如捕重囚，比到京师，而除官多以貌选，所学或非其所用，所用或非其所学。洎乎居官，一有差跌，苟免诛戮，则必在屯田工役之科，率是为常，不少顾惜。此岂陛下所乐为哉！诚欲人之惧而不敢犯也。窃见数年以来，诛杀亦可谓不少矣，而犯者相踵，良由激劝不明，善恶无别，议贤议能之法既废，人不自励而为善者怠也。有人于此，廉如夷、齐，智如良、平，少戾于法，上将录长弃短而用之乎？将舍其所长苟其所短而置之法乎？苟取其长而舍其短，则中庸之材争自奋于廉智；倘苟其短而弃其长，则为善之人皆曰某廉若是，某智若是，朝廷不少贷之，吾属何所容其身乎？致使朝不谋夕，弃其廉耻，或自掊克，以备屯田工役之资者，率皆是也。若是非用刑之烦者乎！汉尝徙大族于山陵矣，未闻实之以罪人也，今，凤阳皇陵所在，龙兴之地，而率以罪人居之，怨嗟愁苦之声，充斥园邑，殆非所以恭承宗庙意也。

朱元璋看了气极，连声音都发抖了，连声说这小子敢如此！快逮来！我要亲手射死他。隔了些日子，中书省官趁他高兴的时候，奏请把叶伯巨下刑部狱，不久死在狱中。[1]

照规定，每年各布政使司和府州县都得派上计吏到户部，核算钱粮军需等账目，数目琐碎畸零，必需府合省，省合部，一层层上去，一直到部里审核报销，才算手续完备。钱谷数字有分毫升合不符合，整个报销册便被驳回，得重新填造。布政使司离京师远的六七千里，近的也是三四千里，册子重造不打紧，要有衙门的印才算合法，为了盖这颗印，来回时间就得一年半载。为了免得部里挑剔，减除来回奔走的麻烦，上计吏照例都带有预先备好的空印文书，遇有部驳，随时填用。到洪武十五年，朱元璋忽然发觉这事，以为一定有弊病，大发雷霆，下令地方各衙门的长官主印者一律处死，佐贰官杖一百充军边地。其实上计吏所预备的空印文是骑缝印，不能作为别用，也不一定用得着，全国各衙门都明白这道理，连户部官员也是照例默认的，算是一条不成文法律。可是案发后，朝廷上谁也不敢说明详情，有一个不怕死的老百姓，拼着命上书把这事解释明白，也不中用，还是把地方长吏一杀而空。当时最有名的好官济宁知府方克勤（建文朝大臣方孝孺的父亲）也死在这案内。上书人也被罚充军。[2]

郭桓是户部侍郎，洪武十八年，有人告发北平二司官吏和郭桓通同舞弊，从六部左右侍郎以下都处死刑，追赃七百万，供词牵连到各直省官吏，死的又是几万人。追赃又牵连到全国各地，中产之家差不多全被这案子搞

---

① 《明史》卷一百三十九，《叶伯巨传》。
② 《明史》卷九十四，《刑法志》；卷一百三十九，《郑士利传》。

得倾家荡产，财破人亡。这案子激动了整个社会，也太伤了中产阶级和中下级官僚的心，大家都指斥攻击告发此案的御史和审判官，议论沸腾，情势严重，朱元璋一看不对，赶紧下手诏条列郭桓等罪状说是：

> 户部官郭桓等收受浙西秋粮，合上仓四百五十万石，其郭桓等止收六十万石上仓，钞八十万锭入库，以当时折算，可抵二百万石，余有一百九十万石未曾上仓。其桓等受要浙西等府钞五十万贯，致使府州县官黄文等通同刁顽人吏边源等作弊，各分入己。
>
> 其所盗仓粮，以军卫言之，三年所积卖空。前者榜上若欲尽写，恐民不信，但略写七百万耳。若将其余仓分并十二布政司通同盗卖见在仓粮，及接受浙西等府钞五十万张，卖米一百九十万不上仓，通算诸色课程鱼盐等项，及通同承运库官范朝宗偷盗金银，广惠库官张裕妄支钞六百万张，除盗库见在金银宝钞不算外，其卖在仓税粮及未上仓该收税粮及鱼盐诸色等项，共折米算，所废者二千四百余万（石）精粮。
>
> 其应天等五府州县数十万没官田地夏秋税粮，官吏张钦等通同作弊，并无一粒上仓，与同户部官郭桓等尽行分授。

意思是追赃七百万还是圣恩宽容，认真算起来该有二千四百万。这几万人死得决不委屈。话虽如此说，到底觉得有些不妥，只好借审刑官的头来平众怒，把原审官杀了一批，再三申说，求人民的谅解。[1]一年后，他又特别指出："自开国以来，惟两浙、江西、两广、福建所设有司官，未尝任满一人，往往未及终考，自不免于赃贪。"[2]可见杀这些贪官污吏是不错的，

---

[1] 《明史》卷九十四，《刑法志》；《大诰》二十三郭桓卖放浙西秋粮，四十九郭桓盗官粮。
[2] 《大诰续编》。

是千该万该的。不过，倒过来说，杀了二十年的贪官污吏，而贪官污吏还是那么多，沿海比较富饶区域的地方官，二十年来甚至没有一个能够做满任期，都在中途犯了赃贪得罪，由此可见专制独裁的统治，官僚政治和贪污根本分不开，单用严刑重罚，恐怖屠杀去根绝贪污，是不可能有什么效果的。

在鞭笞、苦工、剥皮、抽筋，以至抄家灭族的威胁空气中，凡是做官的，不论大官小官，近臣远官，随时随地都会有不测之祸，人人在提心吊胆，战战兢兢过日子。这日子过得太紧张了，太可怕了，有的人实在受不了，只好辞官，回家当老百姓，不料又犯了皇帝的忌讳，说是不肯帮朝廷做事："奸贪无福小人，故行诽谤，皆说朝廷官难做。"[①] 大不敬，非杀不可。没有做过官的儒士，怕极了，躲在乡间不敢出来应考做官，他又下令地方官用种种方法逼他们出来，"有司敦迫上道，如捕重囚"。还立下一条法令，说是："率土之滨，莫非王臣，寰中士大夫不为君用，是自外其教者，诛其身而没其家，不为之过。"[②] 贵溪儒士夏伯启叔侄各剁去左手大指，立誓不做官，被拿赴京师面审，元璋气呼呼发问："昔世乱居何处？"回说："红寇乱时，避兵于福建、江西两界间。"不料红寇这名词正刺着皇帝的痛处：

> 朕知伯启心怀怨怒，将以为朕取天下非其道也。特谓伯启曰：尔伯启言红寇乱时，意有他怨。今去指不为朕用，宜枭令籍没其家，以绝狂愚夫效之风。

特派法司押回原籍处决。[③] 苏州人才姚润、王谈被征不肯做官，也都

---

① 《大诰》，奸贪诽谤第六十四。
② 《大诰续编》，苏州人才第十三。
③ 《大诰三编》，秀才剁指第十；《明史》卷九十四，《刑法志》。

被处死，全家籍没。①

四、漏网之鱼

洪武朝朝臣幸免于屠杀的，只有几个例子：一个是大将信国公汤和，原是朱元璋同村子人，一块儿长大的看牛伙伴，比元璋大三岁，起兵以后，诸将地位和元璋不相上下的，都闹别扭，不听使唤，只有汤和规规矩矩，小心听话，服从命令。到晚年，徐达、李文忠死已多年，汤和宿将功高，明白老伙伴脾气，心里老大不愿意，让诸大将仍旧掌兵权，苦的是嘴里说不出。他首先告老交出兵权，元璋大喜，立刻派官给他在凤阳盖府第，赏赐稠渥，特别优厚，算是侥幸老死在床上。②一个是外戚郭德成，郭宁妃的哥哥，一天他陪朱元璋在后苑喝酒，醉了爬在地上去冠磕头谢恩，露出稀稀的几根头发，元璋笑着说："醉风汉，头发秃到这样，可不是酒喝多了。"德成仰头说："这几根还嫌多呢，剃光了才痛快。"元璋不作声。德成酒醒，才知道闯了大祸，怕得要死，只好索性装疯，剃光了头，穿了和尚衣，成天念佛。元璋信以为真，告诉宁妃说："原以为你哥哥说笑话，如今真个如此，真是疯汉。"不再在意，党案起后，德成居然漏网。③一个是御史袁凯，有一次朱元璋要杀许多人，叫袁凯把案卷送给皇太子复讯，皇太子主张从宽。袁凯回报，元璋问："我要杀人皇太子却要宽减，你看谁对？"袁凯不好说话，只好回答："陛下要杀是守法，东宫要赦免是慈心。"元璋大怒，以为袁凯两头讨好，脚踏两头船，老滑头，要不得。袁凯大惧，假装疯癫，元璋说疯子不怕痛，叫人拿木钻来刺他的皮肤，袁凯咬紧牙关，忍住不喊痛。回家后，自己拿铁链锁住脖子，

---

① 《大诰三编》，苏州人才第十三；《明史》卷九十四，《刑法志》。

② 《明史》卷一二六，《汤和传》。

③ 《明史》卷一三一，《郭兴传》。

蓬头垢面，满口疯话，元璋还是不放心，派使者去召他做官，袁凯瞪眼对使者唱月儿高曲，爬在篱笆边吃狗屎，使者回报果然疯了，才不追究。这一次朱元璋却受了骗，原来袁预先叫人用炒面拌砂糖，捏成段段，散在篱笆下，爬着吃了，救了一条命，朱元璋哪里会知道？[1]

吴人严德珉由御史升左佥都御史，因病辞官，犯了忌讳，被黥面充军南丹（今广西），遇赦放还，布衣徒步做老百姓，谁也不知道他曾做过官。到宣德时还很健朗，一天因事被御史所逮，跪在堂下，供说也曾在台勾当公事，颇晓三尺法度。御史问是何官，回说洪武中台长严德珉便是老夫。御史大惊谢罪，第二天去拜访，却早已挑着铺盖走了。有一个教授和他喝酒，见他脸上刺字，头戴破帽，问老人家犯什么罪过，德珉说了详情，并说先时国法极严，做官的多半保不住脑袋。说时还北面拱手，嘴里连说"国恩！国恩！"[2]

元璋有一天出去私访，到一破寺，里边没有一个人，墙上画一布袋和尚，有诗一首："大千世界浩茫茫，收拾都将一袋藏，毕竟有收还有放，放宽些子有何妨。"墨迹还新鲜，是刚画刚写的，赶紧使人去搜索，已经不见了。[3]这故事不一定是真实的，不过，所代表的当时人的情绪却是真实的。

附：胡惟庸党案考[4]

一、《明史》所记之胡惟庸

二、云奇告变

三、如瑶藏主之贡舶

---

① 《明史》卷二八三，《袁凯传》；徐祯卿：《翦胜野闻》；陆深：《金台纪闻》。

② 《明史》卷一三八，《周祯传》。

③ 徐祯卿：《翦胜野闻》。

④ 本文原载《燕京学报》第十五期，1934年6月。——编者注

一、《明史》所记之胡惟庸

　　胡惟庸事件是明代初叶的一件大事，党狱株连前后十四年，一时功臣宿将诛夷殆尽，前后达四万余人。[①] 且因此和日本断绝国交关系，著之《祖训》。[②] 另一方面再三颁布《昭示奸党录》《臣戒录》《志戒录》《大诰》《世臣总录》诸书，谆谆告谕臣下，以胡惟庸为前鉴。[③] 到明成祖时代，还引这事件来诚谕臣下，勿私通外夷。[④] 明代诸著作家的每一部提及明初史迹的著述中，都有这事件的记载。清修明史且把胡氏列入奸臣传。[⑤] 在政治制度方面，且因此而永废丞相，分权于六部、五府、都察院、通政司、大理寺等衙门。[⑥] 在这事件的影响方面说，一时元功宿将皆尽，靖难师起，仅余耿炳文、吴祯等支撑御侮，建文因以逊国。[⑦] 综之，从各方面说，无论是属于政治的，外交的，军事的，制度的，易代的，这事件之含有重大意义，其影响及于有明一代，则无可置疑。

　　《明史》记此事颠末云：

　　　　自杨宪诛，帝以惟庸为才，宠任之。惟庸亦自励，尝以曲谨当上

① 《明史》卷九四，《刑法志》；卷一三二，《蓝玉传》。

② 《皇明祖训》首章；《明史》卷三一二，《日本传》。

③ 《皇明大政记》卷三。

④ 《明政统宗》卷七。

⑤ 《明史》卷三〇八。

⑥ 《皇明祖训》首章；《高皇帝实录》卷一二九。

⑦ 《弇州史料后集》卷六一。

意，宠遇日盛。独相数岁，生杀黜陟，或不奏径行。内外诸司上封事，必先取阅，害己者辄匿不以闻。四方躁进之徒及功臣武夫失职者争走其门，馈遗金帛名马玩好不可胜数。

大将军徐达深嫉其奸，从容言于帝。惟庸遂诱达阍者福寿以图达，为福寿所发。

御史中丞刘基亦尝言其短。久之，基病，上遣惟庸挟医视，遂以毒中之。基死，益无所忌。与太师李善长相结，以从女妻其从子佑。

学士吴伯宗劾惟庸既得危祸。自是势益炽。

其定远旧宅井中忽生石笋，出水数尺，谀者争引符瑞。又言其祖父三世冢上，皆夜有火光烛天。惟庸益喜自负，有异谋矣。

吉安侯陆仲亨自陕西归，擅乘传。帝怒责之曰："中原兵燹之余，民始复业，籍户买马，艰苦殊甚。使皆效尔所为，民虽尽鬻子女，不能给也。"责捕盗于代县。平凉侯费聚奉命抚苏州军民，日嗜酒色。帝怒，责往西北招降蒙古，无功。又切责之，二人大惧。惟庸阴以权利胁诱二人，二人素鸷勇，见惟庸用事，密相往来。尝过惟庸家，酒饮酣，惟庸屏左右言："吾等所为多不法，一旦事觉，如何！"二人益惶惧，惟庸乃告以己意，令在外收集军马。

又尝与陈宁坐省中阅天下军马籍，令都督毛骧取卫士刘遇贤及亡命魏文进等为心膂，曰："吾有所用尔也。"

太仆寺丞李存义者善长之弟，惟庸婿李佑父也。惟庸令阴说善长，善长已老，不能强拒，初不许，已而依违其间。

惟庸益以为事可就，乃遣明州卫指挥林贤下海招倭与期会。又遣元故臣封绩[①]致书称臣于元嗣君，请兵为外应，事皆未发。

---

① 《国朝列卿纪》卷一《胡惟庸传》引《实录》作封绩，北平图书馆藏《实录》作封绩。

会惟庸子驰马于市，堕死车下，惟庸杀挽车者。帝怒，命偿其死。惟庸请以金帛给其家，不许。惟庸惧，乃与御史大夫陈宁、中丞涂节等谋起事，阴告四方及武臣从己者。十二年九月占城来贡，惟庸等不以闻，中官出见之，入奏。帝怒，切责省臣，惟庸及广洋顿首谢罪，而微委其咎于礼部，礼部又委之中书，帝益怒，尽囚诸臣，穷诘主者。未几赐广洋死。广洋妾陈氏从死，帝询之，乃入官陈知县女也。大怒曰："没官妇女只给功臣家，文臣何以得给？"乃敕法司取勘。于是惟庸及六部堂属咸当坐罪。

明年正月，涂节遂上变告惟庸，御史中丞商暠时谪为中书省吏，亦以惟庸阴事告。帝大怒，下廷臣更讯，词连宁、节。廷臣言节本预谋，见事不成，始上变告，不可不诛。乃诛惟庸、宁并及节。

惟庸既死，其反状犹未尽露，至十八年李存义为人首告，免死安置崇明。十九年十月林贤狱成，惟庸通倭事始著。

二十一年蓝玉征沙漠，获封绩，善长不以奏。至二十三年五月事发，捕绩下吏，讯得其状，逆谋大著。会善长家奴卢仲谦首善长与惟庸往来状，而陆仲亨家奴封帖木亦首仲亨及唐胜宗、费聚、赵雄（晗按："雄"当作"庸"，以赵庸封南雄侯致误，《李善长传》可证。）三侯与惟庸共谋不轨。帝发怒，肃清逆党，词所连及，坐诛者三万余人，乃为《昭示奸党录》布告天下，株连蔓引，迄数年未靖云。[①]

惟庸通倭事，《明史》云：

先是胡惟庸谋逆，欲借日本为助，乃厚结宁波卫指挥林贤，佯奏

[①]　《明史》卷三〇八，《胡惟庸传》。

贤罪，谪居日本，令交通其君臣。寻奏复贤职，遣使召之。密致书其王，借兵助己。贤还，其王遣僧如瑶率兵卒四百余人，诈称入贡，且献巨烛，藏火药刀剑其中。既至，而惟庸已败，计不行。帝亦未知其狡谋也。越数年，其事始露，乃族贤，而怒日本特甚，决意绝之，专以防海为务。①

与李善长谋逆事，《明史》云：

　　京民坐罪应徙边者，善长数请免其私亲丁斌等，帝怒按斌，斌故给事惟庸家，因言存义等往时交通惟庸状。命逮存义父子鞫之，词连善长云："惟庸有反谋，使存义阴说善长，善长惊叱曰：'尔言何为者？审尔，九族皆灭！'又使善长故人杨文裕说之云：'事成当以淮西地封为王。'善长惊不许，然颇心动。惟庸乃自往说，善长犹不许。久之，惟庸复遣存义进说，善长叹曰：'吾老矣，吾死，汝等自为之。'"

　　或又告善长云将军蓝玉出塞至捕鱼儿海，获惟庸通沙漠使者封绩，善长匿不以闻。于是御史交章劾善长。而善长奴卢仲谦等亦告善长与惟庸通赂遗，交私语。狱具，谓善长元勋国戚知逆谋不发举，狐疑观望，怀两端，大逆不道。会有言星变，其占当移大臣，遂并其妻女弟侄家口七十余人诛之。而吉安侯陆仲亨、延安侯唐胜宗、平凉侯费聚、南雄侯赵庸、荥阳侯郑遇春、宜春侯黄彬、河南侯陆聚等皆同时坐惟庸党死。而已故荥阳侯杨璟、济宁侯顾时等追坐者又若干人。帝手诏条列其罪，傅著狱词，为《昭示奸党三录》布告天下。②

①　《明史》卷三二二，《日本传》。
②　《明史》卷一二七，《李善长传》。

谷应泰记胡惟庸被诛前又有云奇告变一事：

> 正月戊戌，惟庸因诡言第中井出醴泉，邀帝临幸，帝许之。驾出西华门，内使云奇冲跸道勒马衔言状，气方勃，舌驶不能达意，太祖怒其不敬，左右挝捶乱下，云奇右臂将折，垂毙，犹指贼臣第弗为痛缩。上悟，乃登城望其第，藏兵复壁间，刀槊林立。即发羽林掩捕考掠，具状磔于市。①

综结以上的记载，胡惟庸党案的构成及经过是：

（1）胡惟庸擅权罔上。

（2）谋刺徐达。

（3）毒死刘基。

（4）与李善长相结交通。

（5）定远宅井生石笋，祖墓夜有火光，因有异志。

（6）结陆仲亨、费聚为助。

（7）收纳亡命。

（8）令李存义、杨文裕说李善长谋逆。

（9）遣林贤下海招倭，倭使如瑶伪贡率兵为助。

（10）遣封绩称臣于元求援。

（11）惟庸杀挽车者，太祖责偿死。

（12）阻占城贡使，被罪。

（13）私给文官以入官妇女坐罪。

（14）涂节上变。商暠白其私事。

---

① 《明史纪事本末》卷一三，胡蓝之狱。

（15）请上幸第谋刺，为云奇所发。

（16）狱具伏诛。胡党之名起。

（17）林贤狱成。

（18）李善长被杀。

（19）对日绝交。

（20）胡党株蔓数万人，元功宿将几尽。

以下试参证中日记载，说明这一事件的真相和明代初叶中日间的国际关系。

二、云奇告变

胡惟庸党案的真相，到底如何，即明人亦未深知，这原因大概是由于胡党事起时，法令严峻，著述家多不敢记载此事。到了事过境迁以后，实在情形已被淹没，后来的史家只能专凭《实录》，所以大体均属相同。他事有不见于《实录》的，便只能闭户造车，因讹传讹，所以极多矛盾的同时记载。正因为这许多记载之暧昧矛盾，所以当时人便有怀疑它的。郑晓以为："国初李太师、胡丞相、蓝国公诸狱未可知。"[1] 王世贞是明代的一个伟大精核的史学家，他的话应该可信了，他说：

> 胡惟庸谋逆，阴约日本国贡使以精兵装巨舶，约是日行弑，即大掠库藏，泛舟大海，事泄伏诛。上后却日本之贡以此。[2]

他的儿子王士骐却不惜反对他的话，对这事件深为质疑，他以为：

---

① 《今言》卷一四四。

② 王世贞：《史乘考误》。

按是年(十三年)诛丞相胡惟庸,廷臣讯辞第云使林贤下海招倭军,约期来会而已。不至如野史所载,亦不见有绝倭之诏。本年日本两贡无表,又其将军奉丞相书辞意倨慢,故诏谕之。中云:"前年浮辞生衅,今年人来匪诚",不及通胡惟庸事,何耶? 近年勘严世蕃亦云交通倭虏,潜谋叛逆,国史谓寻端杀之,非正法也。胡惟庸之通倭,恐亦类此。①

由此可见这事件的可信程度正如徐阶所授意的严世蕃狱词一样。按《明史》载世蕃狱具,徐阶以为彰主过,适所以活之,为手削其草。② 略云:

> 曩年逆贼汪直勾倭内讧,罪在不宥。直徽州人,与罗龙文姻旧,遂送十万金世蕃所,拟为授官……龙文亦招聚汪直通倭余党五百余人谋于世蕃。班头牛信亦自山海卫弃伍北走,拟诱致北虏,南北响应……③

于是覆勘实以"交通倭虏,潜谋叛逆,其有显证"上,严家由是方倒。狱辞中通倭诱虏二事,恰好作胡惟庸事件的影子。

在以上所引的史料中,冲突性最显著的是《明史》所记涂节、商暠告变和《纪事本末》所记的云奇告变二事。因为假使前者是真,则惟庸已得罪被诛,无请临幸谋刺之可能。假使后者是真,则惟庸亦当日被诛,无待涂、商二人之告发。质言之,两件告发案必有一件是假,或者两件都假,断不能两件都真。现试略征群籍,先谈云奇事件。

谷应泰关于云奇的记载,确有所本。此事最先见于雷礼所引《国琛

---

① 《皇明驭倭录》卷一。
② 《明史》卷三〇八,《严嵩传》。
③ 王世贞:《国朝丛记》,严世蕃供辞。

集》。① 记述与谷氏小有异同。其文云：

> 太监云奇南粤人。守西华门，迩胡惟庸第，刺知其逆谋。胡诳言
> 所居井涌醴泉，请太祖往观，銮舆西出，云虑必与祸，急走冲跸，勒
> 马衔言状。气方勃崒，舌跶不能达。太祖怒其犯跸，左右挝捶乱下，
> 云垂毙，右臂将折，犹奋指贼臣第。太祖乃悟，登城眺顾，见其壮士
> 披甲伏屏帷间数匝，亟返楼殿，罪人就擒。召奇则息绝矣。太祖追悼奇，
> 赐赠葬，令有司春秋祀之。墓在南京太平门外，钟山之西。

自后王世贞撰《胡惟庸传》即引此文，不过把"诳言所居井涌醴泉"改为：
"伪为第中甘露降。"② 把地下涌出来的换成天上掉下来的罢了。邓元锡索
性把他列入《宦官传》，以为忠义之首，不过又将名字改成奇云奇。③ 傅维
麟本之亦为立专传④，仍复其名为云奇。其他明清诸著述家如陈建⑤、严从
简⑥、邓球⑦、尹守衡⑧、彭孙贻⑨、谷应泰⑩，日人如饭田忠彦⑪等，均深信不
疑，引为实录。

在上引的诸家记载中，有一个共通的可疑点。这疑点是云奇身为内使，

---

① 《国朝列卿纪》卷一，《胡惟庸传》附录。
② 《弇州别集》，《胡惟庸传》。
③ 邓元锡：《皇明书》卷一三，《宦官传》。
④ 傅维麟：《明书》卷一五七，《胡惟庸传》；卷一五八，《云奇传》。
⑤ 《皇明从信录》卷七。
⑥ 《殊域周咨录》卷二。
⑦ 《皇明泳化类编》卷一二七，防细。
⑧ 《皇明史窃》，《宦官传》。
⑨ 《明史纪事本末补编》五，宦官贤奸。
⑩ 《明史纪事本末》卷一三。
⑪ 饭田忠彦：《野史》卷二八二，《外国传》一。

所服务地点与胡惟庸第相近，他既知胡氏逆谋，为什么不先期告发，一定要到事迫眉睫，方才闯道报警呢？这问题彭孙贻氏把它弥缝解答了。他说：

> 时丞相胡惟庸谋大逆，居第距门甚迩。奇刺知其事，冀欲发未有路，适惟庸谩言所居井涌醴泉，邀上往赏，驾果当西出，奇虑必有祸，会走犯跸……

总算勉强可以遮过读者的究诘。但据以上诸书所记，惟庸请明太祖到他家里来看醴泉或甘露的日子是洪武十三年正月戊戌。据《明史》惟庸即以是日被诛。[①]这样当天请客，当天杀头，中间并未经过审讯下狱的阶段，在时间上是否发生问题呢？这问题夏燮曾引《三编质实》证明其不可能，他说：

> 考《实录》正月癸巳朔，甲午中丞涂节告胡惟庸谋反，戊戌赐惟庸等死。若然，则正月二日惟庸已被告发，不应戊戌尚有邀帝幸第之事。[②]

我们在时间上的比较，已知此事非真。如再从事实方面考核，南京城高数仞，胡惟庸第据文中"壮士匿屏帷（或厅事）间"决非无屋顶——露天可知（《有学集》一〇三引《明人纪载》说：南京城西华门内有大门北向，其高与诸宫殿等，后门甍栋具在，曰旧丞相府，即胡惟庸故第）。无论西华门离胡第怎样近（事实上愈近只能看屋脊），就譬如在景山山顶罢，故

---

① 《明史》，《太祖本纪》二。
② 《明通鉴》卷七，考异。

宫就在足下，除了黄澄澄的屋瓦以外，我们能看出宫殿内的任何事物出来吗？同理，胡第非露天，就使明太祖真有登过城这一回事，又何从知道胡第伏有甲兵，此甲兵且伏在厅事中，屏帷间！

据《国琛集》说胡惟庸第在西华门内——禁中。王世贞《旧丞相府志》颇疑其非是。考《昭示奸党第二录》载卢仲谦供，谓胡惟庸私第在细柳坊，按《洪武京城图志》：广艺街在上元县西，旧名细柳坊，一名武胜坊。又考《街市图》：广艺街在内桥之北，与旧内相近。则惟庸私第之不在禁中明甚。再按《实录》：丙午八月（1366）拓建康城；初旧内在建康旧城中，因元南台为宫，稍庳隘，上乃命刘基等卜地，定新宫于钟山阳。戊申正月（1368）自旧内迁新宫。由是知明太祖之迁居新宫在洪武元年，旧内固近惟庸第，新宫则在建康城北，云奇事件如在洪武十三年，则根本为不可能。

由以上的推断，云奇事件之无稽荒谬，已决然无可疑。不过这一传说又从何发生的呢？云奇与胡惟庸虽无关系，但这事件的本身是否有存在的可能性呢？这两疑问，何孟春氏的《云奇墓碑》[①] 将给我们以一个满意的解答。

        南京太平门外钟山西有内官享堂一区，我太祖高皇帝所赐，今加赠司礼监太监云公奇葬地也。案旧碑公南粤人，洪武间内使，守西华门。时丞相谋逆者居第距门甚迩，公刺知其事，冀因隙以发。未几，彼逆臣言所居井涌醴泉……

        公所遭谋逆者旧状以为胡蓝二党。夫胡惟庸之不轨在洪武十三年，蓝玉在二十六年，胡被诛后，诏不设丞相，至蓝十四年矣。春敢定以胡为是，以补旧碑之缺，备他日史官之考证。

------

① 《国朝献征录》卷一一七，《何孟春赠司礼监太监云公奇墓碑铭》。

可见胡惟庸谋逆的真相，明初人就不大清楚。旧碑阙以存疑，尚不失忠实态度。何孟春自作聪明，硬断定为胡惟庸，后此史官，虽以此事不见《实录》，亦援引碑文，定为信谳，自王世贞以下至彭孙贻、饭田忠彦等都笃信其事，因讹传讹，结果当然是到处碰壁，怎么也解释不出时间性与空间的不可能和事实上的矛盾了。钱谦益《明太祖实录辨证》三说："云奇之事，国史野史，一无可考。嘉靖中朝廷因中人之请而加赠，何孟春据中人之言而立碑。"所谓中人，潘柽章以为是高隆。他说：

> 云奇事起于中官高隆等，相传为蓝玉时事。而何孟春从而附会之，以为玉未尝为丞相，故又移之胡惟庸。凿空说鬼，有识者所不道。①

他疑心云奇事件是由邵荣三山门谋逆之事衍变来的。他说：

> 然考之史，惟平章邵荣尝伏兵三山门内欲为变，上从他道还，不得发。与墓碑所称相类。三山门在都城西南与旧内相近，上登城眺察，难悉睹也。岂云奇本守三山门，讹而为西华耶？或云奇以冲跸死，而宋国兴之告变踵至耶？事有无不可知，史之阙文，其为是欤？②

三、如瑶藏主之贡舶

《明史》所记之如瑶贡舶事，明清人记载极多。日人记载则多据中籍迻译，虽间有疑其支离者，亦仅及派使者之为征西或幕府，对于事实本身，

---

① 《国史考异》卷二之一一。
② 《国史考异》卷二之一一。邵荣谋反事见《明史》卷一二五，《常遇春传》。

则均一致承认。

关于胡惟庸通倭之明清人记述，其主要事实多根据《实录》及《大诰》，《明史》和《实录》更不过详略之异，大体一无出入。文中洋洋洒洒据口供叙述胡惟庸的罪状，于通倭投虏事，仅有二句：

> 惟庸使指挥林贤下海招倭军，约期来会。又遣元臣封绩致书称臣于元，请兵为外应。[①]

惟庸诛后数日，在宣布罪状的演辞中，亦未提及通倭一字：

> 己亥，胡惟庸等既伏诛，上谕文武百官曰："……岂意奸臣窃国柄，枉法诬贤，操不轨之心，肆奸欺之蔽，嘉言结于众舌，朋比逞于群邪。蠹害政治，谋危社稷，譬堤防之将决，烈火之将然，有滔天燎原之势，赖神发其蠹，皆就殄灭……"[②]

于罢中书省诏中，亦只及其枉法挠政诸罪：

> 癸卯，罢中书省，诏曰："……丞相汪广洋、御史大夫陈宁昼夜淫昏，酣歌肆乐，各不率职，坐视废兴。以致胡惟庸私构群小，夤缘为奸，或枉法以贿罪，或挠政以诬贤，因是发露，人各伏诛……"[③]

即在十六年后，太祖和刘三吾的谈话中，胡惟庸的罪状，也不过只是擅作威福和僭侈：

---

① ② 《明太祖高皇帝实录》卷一二九。

③ 《明太祖高皇帝实录》卷一二九；《明太祖文集》卷二，《废丞相大夫罢中书诏》。

二十八年十一月上谓翰林学士刘三吾等曰："奸臣胡惟庸等擅作威福，谋为不轨，僭用黄罗帐幔，饰以金龙凤纹。迩者逆贼蓝玉，越礼犯分，床帐护膝，皆饰金龙，又铸金爵为饮器，家奴至于数百，马坊廊房，悉用九五间数，僭乱如此，杀身亡家。"①

惟庸诛后七年，始于所颁《大诰》中提及林贤：

维十九年十二月望皇帝三诰于臣民曰："……帝若曰前明州卫指挥贤私通惟庸，劫倭舶，放居倭，惟庸私使男子旺借兵私归贤，贤将辅人乱，不宁于黔黎，诛及出幼子。"②

在洪武二十八年九月所颁《祖训》中③，方才正式列出惟庸通倭的记载，其文云：

四方诸夷皆限山隔海，僻在一隅，得其地不足以供给，得其民不足以使令，若其自不揣量，来挠我边，则彼为不祥。彼既不为中国患，而我兴兵轻犯，亦不祥也。吾恐后世子孙，倚中国富强，贪一时战功，无故兴兵，致伤人命，切记不可。但胡戎与西北边境，互相密迩，累世战争，必选将练兵，时谨备之。

今将不征诸夷国名列后：

东北：朝鲜国

---

① 《皇明大事记》卷九，高皇帝御制及纂辑诸书。
② 《名山藏》，《刑法记》。
③ 《皇明大事记》卷九。

正东偏北：日本国（虽朝实诈，暗通奸臣胡惟庸，谋为不轨，故绝之。）

正南偏东：大琉球国　小琉球国

西南：安南国　真腊国　暹罗国　占城国　苏门答剌

西洋国　爪哇国　溢亨国　白花国　三弗齐国　浡泥国①

考《明史·胡惟庸传》谓："十九年十月林贤狱成，惟庸通倭事始著。"查《实录》十九年十月条不载此事。胡惟庸罪状中之通倭一事，据史言发觉在十九年，其唯一之根据为当时官书《大诰三编》。据此则十九年以前不当有绝倭之事，而事实上则却相反。《祖训》之成，据《大事记》所言第一次编成于洪武二年。②第二次在六年五月。③第三次在二十八年九月，重定名为《皇明祖训》，其目仍旧，而更其《箴戒》章为《祖训》首章。④由是可知最后定本即仍洪武六年之旧，不过把原来《箴戒》章改成首章而已。胡惟庸事败在洪武十三年正月，通倭事发在十九年十月，不应先于洪武六年绝倭！细绎《祖训》文意，知其大旨不过戒子孙勿务远略损国威，所列不征之国，亦以其阻绝海洋，不易征服，于胡惟庸事，初无关涉。盖日本之被列为不征之国事在洪武六年以前，在洪武十九年到二十八年这时期中方把胡惟庸事加入，作为佐证。后来读史的人不留心，把不征之国和胡惟庸事因《祖训》先后放在一起，就混为一事，并误为有因果关系。因胡惟庸狱词和《大诰》所载，辗转附会，惟庸之通倭谋逆及明廷因之与日绝交数事，遂成信谳了。

①　《皇明祖训》首章，5页。
②　《大事记》九，封建。
③　《大事记》九，高皇帝御制及纂辑诸书。
④　《大事记》九，封建。

《国朝列卿纪》所记全用《实录》原文，明代向例于《实录》修成后即焚稿扃史馆中，不为外人所见。所以后来人的记载大部分可说都是根据《列卿纪》这部书。

因为《皇明祖训》《大诰》和《实录》中的记载，出于朝廷，后来的史家便都一致相信，以为事实。自郑晓[①]、郎瑛[②]、章潢[③]、邓元锡[④]、茅瑞征[⑤]、茅元仪[⑥]、陈仁锡[⑦]、张复[⑧]、叶向高[⑨]、方孔炤[⑩]、黄道周[⑪]及《制御四夷典故》[⑫]诸书，一致以为太祖朝之中日绝交，是因为如瑶贡舶事件；如《苍霞草》所记：

> 已复纳兵贡艘中助逆臣胡惟庸，惟庸败，事发，上乃著《祖训》示后世毋与倭通。

《吾学编》《制御四夷典故》《皇明世法录》《图书编》诸书云：

> 十五年归廷用又来贡，于是有林贤之狱，曰故丞相胡惟庸私通日本，盖《祖训》所谓日本虽朝实诈，暗通奸臣胡惟庸，谋为不轨，故绝之也。是时惟庸死且三年矣。十七年如瑶又来贡，坐通惟庸，发云南守御。

----

① 《吾学编》，《皇明四夷》上，《日本》。
② 《七修类稿》卷五，《日本》。
③ 《图书编》卷五〇，《日本国》。
④ 《皇明书》卷一六六，《日本传》。
⑤ 《皇明象胥录》卷二，《日本》。
⑥ 《武备志》卷二三〇，《日本考》。
⑦ 《潜确类书》卷一三，《日本》。
⑧ 焦竑：《皇明人物考》附录，张复：《南倭考》。
⑨ 《苍霞草》卷一九，《日本考》。
⑩ 《全边略记》卷九，《海略》。
⑪ 《博物典汇》卷二〇，《日本》。
⑫ 《制御四夷典故》，《日本国考略》。

渡边世祐《室町时代史》（页二三五）亦谓：

> 时明胡惟庸谋反，使宁波之指挥官请援于征西将军。征西府使僧
> 如瑶率精兵四百余人伪入贡赴之。谋觉，胡惟庸伏诛，逮林贤狱起，
> 我邦通谋事发觉，太祖大怒，尔后一时交通遂绝。

何乔远[①]、郑若曾[②]、严从简[③]诸人记林贤与如瑶之事迹较详尽，《名山藏·王享记》云：

> 丞相胡惟庸得罪惧诛，谋诸倭不轨，奏调金吾卫指挥林贤备倭明
> 州。阴遣宣使陈得中谕贤送日本使出境，则诬指为寇以为功。贤听惟
> 庸计，事觉，惟庸佯奏贤失远人心，谪居之倭中。既惟庸请宥贤复职，
> 上从之。惟庸以庐州人李旺充宣使召贤，且以密书奉日本王借精锐人
> 为用，王许之。贤还，王遣僧如瑶等率精锐四百余人来，诈献巨烛，
> 烛中藏火药兵器。比至惟庸已败，上犹未悉贤通惟庸状，发四百余人
> 云南守御……十五年惟庸事觉，上追怒惟庸，诛贤磔之。于是名日本
> 曰倭，下诏切责其君臣，暴其过恶天下，著《祖训》绝之。

所记恰与《大诰》合。《筹海图编》亦采此说，而误以胡惟庸为枢密使，为王士骐所讥。[④]且以为先于洪武十六年诏绝日本，二十年如瑶事发，时代与各书歧异。日人辻善之助据之以为怀良亲王已于前四年卒，足证使非

---

① 《名山藏》，《王享记》一，《日本》。
② 《筹海图编》卷二。
③ 《殊域周咨录》卷二。
④ 《皇明驭倭录》卷一。

征西所遣。① 书中标明日使为归廷用，足补何氏之缺：

> 日本使归廷用入贡方物，厚赏回还，明州备倭指挥林贤在京随驾，时交通枢密使胡惟庸，潜遣宣使陈得中密与设谋，令将归廷用诬为倭寇，分用赏赐。中书省举奏其罪，流贤日本。洪武十六年诏绝日本之贡。贤流三年，逆臣胡惟庸暗遣人充宣使，私往日本取回，就借练精兵四百，与僧如瑶来献巨烛，中藏火药兵具，意在图乱，上大怒，磔贤于市，乃降诏责其君臣，绝其贡。

《殊域周咨录》本之，而以为十三年发如瑶云南守御，林贤事发则在洪武二十年。日人饭田忠彦②、荻野由之③、辻善之助④、栗田元次及木宫泰彦⑤和德人希泊鲁秃（Sicboldt）⑥诸人所记大率根据以上所引。

李开先所记则与诸书微异，其所撰《宋素卿传》云⑦：

> 自洪武年间因胡惟庸通倭密谋进寿烛，内藏刀箭。将夷以铜甑蒸死，绝其进贡。

这是他把永乐三年十一月日本使者自治倭寇的记载⑧和如瑶贡舶事件

---

① 辻善之助：《海外交通史话》卷一五，303 页。

② 《野史》卷二八二，《外国传》一，明上。

③ 《日本史讲话》，563—565 页。

④ 《海外交通史话》，303 页。

⑤ 《综合日本史概说》三二，《足利时代之外国关系》；《中日交通史》下卷，第七章，《日本使之往来与胡惟庸事件》。

⑥ 《异国丛书》四，《日本交通贸易史》，263 页。

⑦ 李中麓：《闲居集》，文九。

⑧ 《明史》卷三二二，《日本传》。

混在一起误为一事的错误。

以上诸家所记都属于胡惟庸使林贤通倭，如瑶伪贡事件。王世贞一流的史家所记，则与此异：

> 日本来贡使，私见惟庸，乃为约其王，令舟载精兵千人，伪为贡者，及期会府中，力掩执上，度可取，取之；不可，则掠库物泛舸就日本有成约。[1]

以下便接着叙云奇事件，把这两件事发生连带关系。他在另一记载中又说：

> 十三年丞相胡惟庸谋叛，令（日使）伏精兵贡艘中，计以表裏挟上，即不遂，掠库物，乘风而遁。会事露悉诛。而发僧使于陕西四川各寺中，著训示后世，绝不与通。[2]

又把这事件和如瑶发生关系。陈仁锡[3]、朱国桢[4]诸人都相信这一说，引为定谳。稍后谷应泰、夏燮等，便兼采两家矛盾之说，并列诸事，作最完备之记录。[5]

读了以上诸家记述之后，最后我们试一持与当时的官书一核，看到底哪些史料是可靠的，哪一些是不可靠的，《大诰三编》说：

---

[1] 王世贞：《弇州别集》，《胡惟庸传》。

[2] 王世贞：《日本志》。

[3] 《皇明世法录》卷八五，《韩国公传》。

[4] 《开国臣传》卷二，《韩国李公传》。

[5] 《明史纪事本末》卷三一，《胡蓝之狱》；《明通鉴》卷七。

前明州卫指挥林贤出海防倭，接至日本使者归廷用入贡方物。其指挥林贤移文赴都府，都府转奏，朕命以礼送来至京。廷用王事既毕，朕厚赏令归，仍命指挥林贤送出东海，既归本国。不期指挥林贤当在京随驾之时，已与胡惟庸交通，结成党弊。及归廷用归，惟庸遣宣使陈得中密与设计，令林指挥将廷用进贡舡只，假作倭寇舡只，失错打了，分用朝廷赏赐，却仍移文中书申禀。惟庸佯奏林指挥过，朕责指挥林贤就贬日本。居三年，惟庸暗差庐州人充中书宣使李旺者私往日本取回，就借日本国王兵，假作进贡来朝，意在作乱。其来者正使如瑶藏主左副使左门尉右副使右门尉，率精兵倭人带甲者四百余名——倭僧在外——比至，胡惟庸已被诛僇，其日本精兵，就发云南守御。洪武十九年朕将本人命法司问出造反情由，族诛了当。呜呼人臣不忠者如此！[1]

又云：

其指挥林贤年将六旬，又将辅人为乱，致黔黎之不宁，伤生所在，岂不得罪于天人者乎！遂于十九年冬十月二十五日将贤于京师大中桥及男子出幼者皆诛之，妻妾婢之。[2]

我们且不推敲这事件的本身是否可靠，明太祖这样一个枭桀阴忮的人的话——一面之辞是否可信，光和其他的记载比较，至少以下几件事是明太祖或胡惟庸所未曾想及的。这几点是：

（一）诈献巨烛，烛中藏火药兵器的聪明主意。

（二）日本贡使私见惟庸，约贡千人相助绑票的事。

（三）时间的矛盾。

---

[1][2] 潘柽章：《国史考异》卷二之一三，《大诰三编》，39 页，指挥林贤胡党第九。

（四）归廷用十五年之再贡发觉事。

（五）奏调林贤备倭明州事。

（六）三年前惟庸初由右丞改左，正得宠眷而反惧诛事。

四、胡惟庸之罪状

洪武十三年正月胡惟庸被诛时的罪状是：

（一）毒死刘基。

（二）阻隔占城贡使。

（三）私给文臣以没官妇女。

（四）枉法挠政，朋比为奸。

刘基事据《明史》本传说：

> 基在京病时，惟庸以医来，饮其药，有物积腹中如拳石。其后中
> 丞涂节首惟庸逆谋，并谓其毒基致死云。①

据《胡惟庸传》，则惟庸之毒基，实为太祖所遣：

> 御史中丞刘基亦尝言其短，久之，基疾，上遣惟庸挟医视，遂以
> 毒中之。

据《行状》所述，基未死前且曾以被毒状告太祖，太祖不理：

> 洪武八年正月，胡丞相惟庸以医来视疾，饮其药二服，有物积腹

_____

① 《明史》卷一二八，《刘基传》。

中如拳石，遂白于上，上亦未之省也，自是疾遂笃。三月上以公久不出，遣使问之，知其不能起也，特御制文一通，遣使驰驿送公还乡，里居一月而薨。①

即由史臣纂修之《实录》，也说太祖明知刘基被毒事：

> 御史中丞涂节言前诚意伯刘基遇毒死，广洋宜知状。上问广洋，广洋对以无是事。上颇闻基方病时，丞相胡惟庸挟医往候，因饮以毒药。乃责广洋欺罔，不能效忠为国，坐视废兴……②

由上引诸记载，参以《明史·刘基传》所叙胡惟庸与基之宿怨，乘隙中伤，太祖对基怀疑事。可知胡惟庸之毒基，确受上命，所以刘基中毒后，虽质言情状，亦置不理。并且派人看他会不会死，直到确知他必定要死，方派人送他回家。我们看汪广洋之死是为涂节告发，胡惟庸之被罪，也和刘基死事牵连，但在宣布胡氏罪状时，却始终没提起这事。由此可见"欲盖弥彰"，涂节之所以与胡惟庸骈戮东市，其故亦正在是。

关于阻隔占城贡使事，《明史》云：

> 洪武十二年占城贡使至都，中书不以时奏，帝切责丞相胡惟庸、汪广洋，二人遂获罪。③

《实录》载此事较详，其文云：

①《皇明名臣琬琰录》卷七，黄纪善（伯生）：《诚意伯刘公行状》。
②《明太祖实录》卷一二八。
③《明史》卷三二四，《占城传》。

175

十二年九月戊午，占城国王阿答阿者遣其臣阳须文旦进表及象马方物，中书臣不以时奏。内臣因出外，见其使者以闻，上亟召见，叹曰："壅蔽之害，乃至此哉！"因敕责省臣曰："朕居中国，抚辑四夷，彼四夷外国有至诚来贡者，吾以礼待之。今占城来贡方物既至，尔宜以时告，礼进其使臣，顾乃泛然若罔闻知，为宰相辅天子出纳帝命，怀柔四夷者固当如是耶！"丞相胡惟庸、汪广洋等皆叩头谢罪。[1]

《明史》言："帝怒，切责省臣，惟庸及广洋顿首谢罪，而微委其咎于礼部，礼部又委之中书，帝益怒，尽囚诸臣，穷诘主者。"《高皇帝文集》卷七载《问中书礼部慢占城入贡第二敕》云：

> 敕问中书礼部必欲罪有所证。古有犯法者犯者当之，此私罪也。今中书礼部皆理道出纳要所，九月二十五日有慢占城入贡事，问及省部，互相推调，朕不聪明，罪无归著，所以囚省部，概穷缘由，若罪果有所证，则罪其罪者，仍前推调，未得释免。

旨意极严重，接着就是涂节上变告反，由此可见惟庸已于十二年九月二十五日下狱，到十二月又发生汪广洋妾陈氏从死事，再下法司取勘，涂节窥见太祖有欲杀之意，逢迎上变，遂于次年正月被诛。

庚午诏书中所指的"枉法朋比"，《明史》所记无实事可征。李善长狱后数年方发觉，此时当不能预为周纳。惟吴伯宗事别见其本传云：

---

[1] 《明太祖实录》卷一二六；《皇明大事记》卷一三四，《夷朝贡》。

胡惟庸用事，欲人附己，伯宗不为屈。惟庸衔之，坐事谪居凤阳，上书谕时政，因言惟庸专恣不法，不宜独任，久之必为国患，辞甚凯切。帝得奏召还，赐衣钞。[①]

则伯宗自以坐事谪徙，亦未尝得"危祸"也。刘崧事见《高皇帝文集》七《召前按察副使刘崧职礼部侍敕》云：

> 奸臣弄法，肆志跳梁，拟卿违制之责。迩者权奸发露，人各伏诛。卿来，朕命官礼部侍郎，故兹敕谕。

其朋比事，当时人的记载，《国初事迹》中，有这样一条：

> 杨宪为御史中丞。太祖尝曰："杨宪可居相位。"数言李善长无大才。胡惟庸谓善长曰："杨宪为相，我等淮人不得为大官矣。"宪因劾汪广洋不公不法，李善长奏排陷大臣，放肆为奸等事，太祖以极刑处之。[②]

刘辰曾佐太祖戎幕，所记当得之见闻，较可征信。且善长、惟庸均为淮人，惟庸之进用，又为善长所援引，为保全禄位树立党援计，其排斥非淮系人物，又为势之所必至。不过据这一条史料的引证，也仅能证明惟庸之树党而已。《高皇帝文集》卷十六《跋夏珪长江万里图》文中有指摘惟庸受赃语，不过尽他所能指摘的也还不过是一幅不甚著名的图。其文云：

---

① 《明史》卷一三七，《吴伯宗传》。
② 刘辰：《国初事迹》（《金华丛书》本）。

洪武十三年春正月奸臣胡惟庸权奸发露，令法司捕左右小人询情
究源，良久，人报左丞赃贪淫乱甚非寡欲。朕谓来者曰：果何为实，
以验赃贪？对曰：前犯罪人某被迁，其左相犹取本人山水图一轴，名
曰《夏珪长江万里图》。朕犹未信，遣人取以验，去不逾时而至，吁！
微物尚然，受赃必矣。

促成惟庸谋反的动机，据《明史》说是：

会惟庸子乘马于市，堕死车下，惟庸杀挽车者，帝怒，命偿其死。
惟庸请以金帛给其家，不许。惟庸惧，乃与御史大夫陈宁、中丞涂节
等谋起事，阴告四方及武臣从己者。

此文全据《实录》，而略其下一段。今补列如下：

上日朝，觉惟庸等举措有异，怪之，涂节恐事觉，乃上变告。[①]

据上文所申述，我们知道惟庸于十二年九月下狱取勘，《实录》所记
太祖自己在朝堂上觉察惟庸举措，事实上为不可能。《宪章录》[②]《皇明法传
录》[③]诸书因其矛盾，舍去不录，《明史》因之。我们如再细心检讨一下，
就可以知道不但《实录》之事后增饰和《明史》诸书之截短取长是靠不住，
即其所记之惟庸子死事，也是同样的叫人不敢相信。如王世贞记惟庸狱起

---

① 《明太祖实录》卷一二九。
② 薛应旂：《宪章录》卷七。
③ 陈建：《皇明法传录》卷七。

前之所谓促成谋反之动机云：

> 会其家人为奸利事，道关榜辱关吏，吏奏之，上怒，杀家人，切责，丞相谢不知乃已。

> 又以中书违慢，数诘问所由。惟庸惧，乃计曰："主上鱼肉勋旧臣，何有我耶！死等耳，宁先发，毋为人束，死寂寂。"①

同样地是在叙述同一事件，并且用同一笔法，但所叙的事却全不相符，一个说是惟庸子死，一个说是惟庸家人被诛。显见这两种不同的记载是出于两种不同的来源，由此又可知胡惟庸事件在明嘉靖以前是怎样一个纷乱矛盾的样子了。

《高皇帝文集》卷七有《谕丞相枉序班敕》，所谓丞相当即指惟庸言，但细绎敕意，亦只是责其刑罚不中而已。敕云：

> 传曰：刑罚不中，则民无所措手足。今日序班奏，昨晚一使自山西至，一使自太仓来省，引进将至与姓名，且曰郎中教只于此处候丞相提奏引见，已而终不见，郎中复唤，于是不敢引见，是有丞相怪责，不由分诉，刑及二十而肤开，甚枉之。因序班奏枉，试释之，若为上者教人正其事而后罪人不行，此果刑罚之中乎？

总之，在上文所引述的史料中，我们找不出有"谋反"和"通倭""通房"的具体的记载。这正好像一个故事，时代越后，故事的轮廓便越扩大，内容也越充实。到了洪武二十三年后胡惟庸的谋反便成铁案，装点得有条

---

①　《国朝献征录》卷一一。

有理了。钱谦益引《昭示奸党三录》说：

> 自洪武八年以后，惟庸与诸公侯约日为变，殆无虚月，或候上早朝，则惟庸入内，诸公侯各守四门，或候上临幸，则惟庸扈从，诸公侯分守信地，皆听候惟庸调遣，期约举事。其间或以车驾不出而罢，或以宿卫严密，不能举事而罢，皆惟庸密遣人麾散，约令再举，五年之中，期会无虑二百余。①

考《太祖本纪》胡惟庸以洪武六年七月壬子任右丞相，十年九月辛丑改左。② 其时惟庸正被恩眷，得太祖信任。《高皇帝文集》二载是时《命丞相大夫诏》："朕平天下之初，数更辅弼，盖识见浅薄，任非其人。前丞相汪广洋畏懦迂滑，其于申冤理枉，略不留意。以致公务失勤，乃黜为岭南广省参政，观其所施，察其自省。今中书久阙丞相，御史台亦阙大夫，揆古稽今，诚为旷典，特命左丞相胡惟庸为中书右丞相，中丞陈宁为右御史大夫。且惟庸与宁自广洋去后，独署省台，协诚匡济，举直措枉，精勤不息，故任以斯职。播告臣民。"云云。据《奸党录》所言，则不特《实录》所记惟庸诸谋叛动机为子虚，即明人诸家所言亦因此而失其立足点。因为假使惟庸已蓄意谋叛，其行动且早至被诛之五年前，且屡试屡败，则何以史文又曲为之隐？于《奸党三录》所云"五年之中期会为变无虑二百余次"一事至不著一字！何以《明史》及《弇州别集》诸书仅著其"以祥瑞自喜有异谋""令费聚陆仲亨收集军马""收集亡命""通倭款虏""被责谋起事"诸近疑似暧昧之刑法上所谓"意图"的记载，而

---

① 《太祖实录辨证》卷三。
② 《明史》卷二，《太祖本纪》二。

及略其主要之已举未遂行为!

《实录》记李善长狱事,尤暧昧支离,使人一见即知其捏造。盖其所述谋反情事,皆援据当时狱辞,其不可信,又无待究诘。且即以所叙和《昭示奸党录》所条列善长诸招一校,亦有未核。[1]《实录》云:

> 太仆寺丞李存义者,善长之弟,惟庸之婿父也。以亲故往来惟庸家。惟庸令存义阴说善长同起,善长惊悸曰:"尔言何为者! 若尔,九族皆灭。"存义惧而去,往告惟庸,惟庸知善长素贪,可以利动。后十余日,又令存义以告善长,且言事若成,当以淮西地封公为王,善长虽有才能,然本文吏计深巧,佯惊不许,然心颇以为然,又见以淮西之地王己,终不失富贵,且欲居中观望,为子孙后计,乃叹息起曰:"吾老矣,由尔等所为。"存义还告,惟庸喜,因过善长,善长延入,惟庸西面坐,善长东面坐,屏左右款语良久,人不得闻,但遥见颔首而已。惟庸欣然就辞出,使指挥林贤下海招倭军约期来会,又遣元臣封绩致书称臣于元,请兵为外应。[2]

《明史》别据明人所记以为说善长以封王者为其故人杨文裕。[3] 于其冤抑,特载解缙所代草之王国用奏疏剖解甚明。[4] 钱谦益据当时招辞谓:

> 洪武十年九月惟庸以逆谋告李存义,使阴说善长,未得其要领。乃使其旧人杨文裕许以淮西地封王,是年十一月,惟庸亲往说善长,善长犹趑趄未许,即国史所记惟庸西面坐善长东面坐者是也。然此时

---

① 《有学集》卷一〇四。
② 《明太祖实录》卷一二九。
③④ 《明史》卷一二七,《李善长传》。

善长未许，至十二年八月，存义再三往说，善长始有：我老了你每自做之语。[1]

在上载的两项文件的矛盾中，最显著的是时间问题。《实录》说惟庸几经游说善长，得其赞许后，方进行通倭款虏二事，《实录辨证》据当时口供考定为洪武十二年八月事。惟庸被诛在次年正月，离定谋只是五个月间的事。下狱在九月，离定谋更仅一月。据《明史·日本传》《名山藏·王享记》《筹海图编》诸记载，惟庸先遣林贤为明州卫指挥，再佯奏其罪谪日本，使交通其君臣，再请宥贤复职，以李旺召之，且以密书奉日本王借精锐人为用。然后有如瑶藏主之贡舶事件。林贤在日本的时间，《大诰三编》和《筹海图编》都说是三年。其回国在洪武十六年后，这当然是不可靠。（郑若曾连胡惟庸卒年都弄不清楚，以为是洪武二十年间事。）不过无论如何，照那时代的航海情形，这一来一往总非一二月可办。据雷礼记如瑶第一次来华之时日为洪武十四年七月戊戌[2]，正值惟庸败后一年，事颇巧合。不过我们所注意的是胡惟庸能否在死后再派人去召回林贤，在定谋和被诛的五个月中要容纳至少要三年以上的时间才办得到的事实是否可能？通倭事发的年月据《明史》说是在洪武十九年十月，但除当时的官书《大诰》外，我们翻遍《实录》也找不出有这项记载的存在。即在钱谦益所引胡党供辞中亦不及此事。同时在日本方面，除了引征中国的记载外，亦不著如瑶使节之任何事实。甚至在中日双方的若干记载中，有的连日本使者和派遣者的本身都有无数异说。这到底是什么缘故呢？很明显的，此种不被当事人所注意的时间问题，因为事实的本身，出于

---

[1] 《太祖实录辨证》四。

[2] 《皇明大政记》卷三。

故意捏造或附会，事后编制，只图假题入罪，便不能顾及时间上的冲突。更因为所附会周纳的故事见于朝廷所颁发的《大诰》，大家不敢不相信，载诸记录，因讹传讹，遂成铁案了。

惟庸私通外夷的第二件事是通虏。《明史》说：

> 遣故元臣封绩致书称臣于元嗣君，请兵为外应……二十一年蓝玉征沙漠，获封绩，善长不以奏，至二十三年五月事发，捕绩下吏，讯得其状，逆谋大著。

《李善长传》亦言：

> 将军蓝玉出塞至捕鱼儿海，获惟庸通沙漠使者封绩，善长匿不以闻。

嗣后王世贞[1]、朱国桢[2]诸人所记，均据之以封绩为元臣或元遗臣。这一些记载的根据都很有来历，《实录》记：

> 封绩河南人，故元臣来归，命之官，不受，遣还乡又不去，谪戍于边，故惟庸等遗书遣之。惟庸诛，绩惧不敢归，蓝玉于捕鱼儿海获绩，善长匿不以奏。

按《昭示奸党录》所载封绩供辞：

---

[1] 《弇州别集》，《李善长传》。
[2] 《开国臣传》卷二，《韩国李公传》。

封绩招云："绩系常州府武进县人。幼系神童。大军破常州时被百户掳作小厮，拾柴使唤。及长，有千户见绩聪明，招为女婿。后与妻家不和，被告发迁往海南住。因见胡、陈擅权，实封言其非；为时中书省凡有实封到京，必先开视，其有言及己非者即匿不发，仍诬罪其人。胡丞相见绩所言有关于己，匿不以闻，诈传圣旨，提绩赴京，送刑部鞫问坐死。胡丞相著人问说，你今当死，若去北边走一遭，便饶了你。绩应允，胡丞相差宣使送往宁夏耿指挥（忠）、居指挥、于指挥（琥）、王指挥等处，耿指挥差千户张林、镇抚张虎、李用转送亦集乃地面，行至中途，遇达达人爱族保哥等就与马骑，引至火林，见唐兀不花丞相，唐兀不花令儿子庄家送至哈剌章蛮子处，将胡丞相消息备细说与：著发兵扰边，我奏了将京城军马发出去，我里面好做事。"

《国史考异》二引《庚午记书》亦云：

于琥（都督于）显男。先在宁夏任指挥时，听胡、陈分付，囚军封绩递送出京，往草地里通知消息。后大军克破胡营，获绩究问，二人反情，由是发觉。

与《实录》《明史》《弇州别集》《开国臣传》及明代诸记载家如黄金 [1]、陈仁锡 [2]、何乔远、雷礼诸人所言无一相合。由是知不但封绩非元臣，

---

[1] 黄金：《皇明开国功臣录》卷一，《李善长传》。
[2] 《皇明世法录》卷八五，《韩国公传》。

非河南人，非胡惟庸亲信，且与李善长亦始终无涉。不但上述诸正史及野记无一可信，即上引之封绩供辞亦不必实有，因为明代兵制初不集中兵力于首都，而于沿边要隘及内部冲区设卫分镇，明初尤重视北边防务，以燕王棣守北边，隶以重兵，自后九边终明一代为防房重镇。即有侵轶，初无用于京军之调动，假使真有封绩使元这一件事，胡惟庸自身任军国大政，反说出这样荒谬绝伦的话，理宁可通！

由上引证，可知所谓通倭通房都是"莫须有"的事。上文曾说过：胡惟庸事件正像一个在传说中的故事，时间越后，故事的范围便越扩大。根据这个原则，我们试再检校一下胡惟庸私通外夷这一捏造的故事的范围的扩大。

在时代较前的记载中，胡惟庸私通外夷的范围，仅限明代一代所视为大患的"南倭北房"。稍后便加上一个三佛齐，再后又加上一个卜宠吉儿，最后又加上一个高丽。

《太祖实录》洪武三十年中，载胡惟庸通三佛齐事：

> 三十年，礼部奏诸番国使臣客旅不通。上曰："……近者安南、占城……西洋、邦嗒剌等凡三十国，以胡惟庸谋乱，三佛齐乃生间谍，绐我使臣至彼。爪哇国王闻知其事，戒饬三佛齐，礼送还朝。是后使臣商旅阻绝，诸国王之意，遂尔不通……"
>
> 于是礼部咨暹罗王曰："……我朝混一之初，海外诸番莫不来庭。岂意胡惟庸造逆，通三佛齐，乃生间谍，绐我信使，肆行巧诈……可转达爪哇，俾以大义告于三佛齐，三佛齐原系爪哇统属，其言彼必信，或能改过从善，则与诸国咸礼遇之如初，勿自疑也。"①

---

① 《明太祖实录》；《皇明大事记》卷一三；《皇明驭倭录》卷一。

185

永乐五年诏敕陕西官吏，又有通卜宠吉儿事：

八月敕陕西行都司都指挥陈敬等及巡按监察御史，禁止外交。

上曰："臣无外交，古有明戒，太祖皇帝申明此禁，最为严切。如胡惟庸私往卜宠吉儿，通日本等处，祸及身家，天下后世，晓然知也……"①

高岱记太祖朝事，说胡惟庸和高丽也有关系：

十七年甲子三月上因高丽使来不遵臣礼，以贿结逆臣胡惟庸，事觉，遣其使还。以敕谕辽东守将唐胜宗、叶升，令绝高丽，勿通使命。②

这样，胡惟庸私通外夷，东通日本高丽，西通卜宠吉儿，南通三佛齐，北通沙漠，东西南北诸夷，无不与胡惟庸之叛逆，发生关系。

五、明初之倭寇与中日交涉

如瑶贡舶事件，记载纷纭，多不可信。举其矛盾处之显著者如使节之派遣者或以为征夷将军源义满，或以为征西将军怀良亲王。明人如郑晓③、

---

① 涂山：《明政统宗》卷七。
② 高岱：《鸿猷录》卷六。
③ 《吾学编》，《大政记》一；《皇明四夷考》上，《日本》。

雷礼[①]、章潢[②]、何乔远[③]、李言恭[④]、陈仁锡[⑤]、王士骐[⑥]、邓元锡[⑦]、茅瑞征[⑧]、严从简[⑨]、方孔炤[⑩]诸人均以为助胡惟庸谋逆者为怀良亲王。茅元仪、叶向高诸人则以为派遣如瑶来华者为征夷将军。《日本考》云：

> 十三年再贡皆无表，以其征夷将军源义满所奉丞相书来，书倨甚，命锢其使。明年复贡，命礼臣为檄，数而却之。已复纳兵贡艘中助逆臣胡惟庸。惟庸败，事发，上乃著《祖训》示后世，毋与倭通。[⑪]

此以贡舶之来为在十四年后，时胡惟庸已死垂二年，叶向高所记全同。[⑫]日人松下见林采其说，谓：

> 明太祖答日本征夷大将军曰"前奉书我朝丞相"，丞相谓胡惟庸也。又《武备志》曰："征夷将军源义满所奉丞相书来，已复纳兵贡艘中助胡惟庸。"观此则义满助胡惟庸者也。[⑬]

---

① 《皇明大政记》卷三。

② 《图书编》卷五〇，《日本国考》。

③ 《名山藏》，《王享记》一，《日本》。

④ 《日本国考》卷二，《朝贡》。

⑤ 《皇明世法录》卷七五，《海防》，《日本》。

⑥ 《皇明驭倭录》卷一。

⑦ 《皇明书》卷一六六，《日本传》。

⑧ 《皇明象胥录》卷二，《日本》。

⑨ 《殊域周咨录》卷二。

⑩ 《全边略记》卷九，《海略》。

⑪ 《武备志》卷二三，《四夷》八。

⑫ 《苍霞草》卷一九，《日本考》。

⑬ 《异称日本传》卷中八，46 页。

获野由之反之，肯定如瑶为怀良所遣。[①] 希泊鲁秃则不特坚持怀良遣使之说，且著其遣使之年为元中元年（洪武十七年，1384）并云：

> 胡之谋图被发觉，诛三族，如琀（即如瑶，刊讹）不知入明，故被捕流云南，数年之后，被宥归国。[②]

小林博氏亦主是说，且记此阴谋之发觉时间为弘和二三年间（明洪武十五、六年，1382—1383）。[③] 辻善之助则误据《筹海图编》所记，以贡舶为洪武二十年事，而断云：

> 时怀良亲王死已四年，良成亲王继任，无出兵海外之余裕，此事恐为边陲倭寇之首魁所为。[④]

他知道怀良的卒年，因以断定贡舶非其所遣，同时他却忘记了胡惟庸也已死了八年，这事如何能同胡惟庸发生连系！木宫泰彦亦主二十年之说，且以怀良之遣使事为必有。他说：

> 此所指日本国王系指怀良亲王，细读《明史》，自能了解。此事不见于日本国史，但弘和元年曾有为亲王使者抵明之僧，由当时亲王对明之强硬态度，与弘安以来养成之冒险的风气推之，想必有此事也。[⑤]

---

① 《日本史讲话》，563—565 页。
② 《日本交通贸易史》，263 页（"异国丛书"本）。
③ 《详说日本历史》，285 页。
④ 《海外交通史话》，303 页。
⑤ 《日支交通史》下，《征夷府与明朝之交涉》。

所说纯据想象，虚构楼阁，不足置信。

在另一方面的各家记载纷歧，也不一而足，如如瑶贡舶所纳兵士或以为四百人（《名山藏》《明史》诸书），或以为千人（《弇州别集》《献征录》诸书），通倭之经过，或以为使林贤下海招约（《明史》），或以为适日本贡使来因与私约（《弇州别集》），林贤狱具或以为在洪武十九年十月（《明史》），或以为在洪武十五年（《皇明书》《制御四夷典故》《皇明世法录》），或以为在二十年（《殊域周咨录》），如瑶末次来华或以为在十七年（《皇明书》），或以为在十九年（《大政记》），或以为在二十年（《筹海图编》）。如瑶末次来华之谪徙地方或以为发陕西（《明史纪事本末》），或以为发云南（《名山藏》《殊域周咨录》），或以为发川陕（《日本国志》），如瑶所率精兵或以为尽被诛夷（《献征录》《明史纪事本末》），或以为尽发云南守御（《皇明书》《名山藏》）。种种歧异矛盾，指不胜屈。

如瑶贡舶事在《日本国史》既无足征，中籍所记又荒唐如此，由此可知这本是一件莫须有的事，如瑶即使真有其人，也不过只是一个通常的使僧，或商贩，和胡惟庸党案根本无关。

向来中日两方的记载都以为明初中日绝交的主要原因是如瑶贡舶事件。上文既已论及如瑶贡舶之莫须有，以下试略一述中日初期交涉之经过，以说明其绝交前后之情势，从反面证明在此情势中实无容纳如瑶贡舶事件之可能。

明初中日两方之所以发生外交关系的原因，在中国方面是因为倭寇出没，请求制止，在日本方面则可说完全是基于经济的关系。

《明史》说：

　　明兴，高皇帝即位，方国珍、张士诚相继诛服，诸豪亡命往往纠岛人入寇山东滨海州县。①

日本在王朝之末，纪纲大乱，濑户内海，海贼横行，至镰仓时代不绝。南北争乱之顷，其势逾逞。伊豫之住人村上三郎左卫门义弘者统一近海海贼为之首长，义弘死后，北昌显家之子师清代为首长，率其党以掠夺为事。②入寇者以萨摩、肥后、长门、三州之人居多，其次则大隅、筑前、筑后、博多、日向、摄摩、津州、纪伊、种岛，而丰前、丰后、和泉之人亦间有之，盖因商于萨摩而附行者，其来或因贡舶，或因商舶。③随风所之，南至广东，北至辽阳，无不受其荼毒。④由是海防成明代大政，设戍置寨，巡捕海倭，东南疲于奔命。⑤

明廷要解决倭患，只有三个办法：上策是用全国兵力，并吞日本以为藩属，倭患不扫自除。中策是以恩礼羁縻，示以小惠，许以互市，以其能约束国人为相对条件。下策是不征不纳，取闭关政策。努力防海，制止入犯。在这三个办法中，最难办到的是下策。因为中国海岸线延长二万里，倭寇可以随处侵入，中国却没有这财力和兵力来到处设防，即使可能，兵力太单了也不济事。上策也感觉困难，因为中国是一个大陆国，没有强大的海军，要征服这一倔强的岛国，简直办不到。并且基于过去隋、元二代的历史教训，也不敢轻易冒这大险。元吴莱曾作了一篇《论倭》的文章，反复地说明伐倭之无益和大海之阻隔，要征服它是不可能的事。他建议应当遣使往谕，以外交的手腕去解决倭寇问题。⑥这篇文章影响到明代的对日政策，

① 《明史》卷三二二《日本传》，卷九一《兵志》；《闽书》卷一四六，《岛夷志》。
② 渡边世祐：《室町时代史》，234页；《日本海上史论》，《日明交通与海贼》。
③ 《图书编》卷五○，《日本国序》。
④ 李言恭：《日本考》。
⑤ 《明史》卷九一，《兵志》。
⑥ 《续文章正宗》卷五，吴莱：《论倭》。

明太祖差不多全盘地接受了他对元朝的劝告和建议，毅然地抛弃上策，把日本列为十五不征之国之一，著在《祖训》。

但是，一个国家要能行使它的统治权，先决问题是这个国家的统一。不幸在这时期，日本国内却陷于南北分裂的对峙局面，政治上的代表人物，在北朝是征夷将军源义满，在南朝是征西将军怀良亲王，北朝虽愿和中国通商，解决它财政上的困难，南朝却以倭寇为利，且以政治地位的关系，也不肯让北朝和明有任何外交关系。以此，明廷虽经几度的努力，终归无效，结果仍不得不采取下策，行闭关自守之计。

第一次的倭寇交涉完全是恐吓性质，洪武二年三月明廷派吴用、颜宗鲁、杨载、吴文华使日，到征西府责以倭寇责任诏书云：

> ……间者山东来奏，倭兵数寇海边，生离人妻子，损害物命，故修书特报正统之事，兼谕越海之由。诏书到日，如臣奉表来庭，不臣则修兵自固，永安境土，以永天休。如必为寇盗，朕当命舟师扬帆诸岛，捕绝其徒，直抵其国缚其王，岂不代天伐不仁者哉！惟王图之。[1]

怀良的答复是杀明使五人，拘留杨载、吴文华两人三个月方才放回。[2]
三年三月又作第二次交涉，以莱州府同知赵秩往谕，委婉劝导中含有恐吓的意味，诏书说：

> ……蠢尔倭夷，出没海滨为寇，已尝遣人往问，久而不答，朕疑王使之故扰我民，今中国莫安，猛将无用武之地，智士无所施其谋，二十年鏖战精锐，饱食终日，投食超距，方将整饬巨舟，致罪于尔邦，

---

① 何乔远：《闽书》卷一四六，《岛夷志》；《皇明驭倭录》卷一。
② 《修史为征》卷一，《大明皇帝书》。

俄闻被寇者来归，始知前日之寇，非王之意，乃命有司暂停造舟之役。

呜呼！朕为中国主，此皆天造地设，华夷之分。朕若效前王恃甲兵之众，谋士之多，远涉江海，以祸远夷安靖之民，非上帝之所托，亦人事之不然。或乃外夷小邦故逆天道，不自安分，时来寇扰，此必神人共怒，天理难容，征讨之师，控弦以待；果能革心顺命，共保承平，不亦美乎！……①

一面又派前曾使日之杨载送还捕获之日本海贼僧侣十五人，想用示惠的手腕，使日本自动地禁捕倭寇。② 这一次的交涉，总算博得相当的成功。洪武四年十月怀良遣其臣僧祖来进表笺，贡方物，并僧九人来朝。又送至明州、台州被掳男女七十余口。③

日使祖来到南京后，明廷向之经过几度的咨询，才恍然知日本国内分裂情形，怀良并非日本国王，以前几次的交涉，不幸都找错了对手。④

明廷于是改变方针，想和北朝直接交涉。洪武五年五月特派僧仲猷祖阐、无逸克勤为使，以日僧椿庭海寿、权中巽为通事，使者一行八人，送祖来回国。⑤ 先是建德二年（洪武四年）肥后守菊池武光奉怀良亲王起兵谋复筑紫，与今川贞世（了俊）战于镇西，败绩，贞世寻为镇西探题，势力方盛。⑥ 怀良由博多移于肥后之菊池。⑦ 明使一登岸，新设的北朝守土官见其与祖来同来，以为是征夷府向中国乞师回来的使节，因加以拘辱。⑧

---

① 《皇明驭倭录》卷一。
② 《修史为征》卷一，《大明皇帝书》。
③ 《皇明驭倭录》卷一；《明史·日本传》。
④ 瑞溪周凤：《善邻国宝记》上。
⑤ 《皇明驭倭录》卷一；《明史·日本传》。
⑥ 《日本外史》卷七，足利氏上。
⑦ 《阿苏文书》。
⑧ 宋濂：《翰苑续集》卷七，《送无逸勤公出使还乡省亲序》。

不久即遣送至京,滞留二月,始就归途。[1] 途经征西府,怀良愤其秘密入京,及颁示大统历有使奉正朔之意,复加拘辱。[2] 七年五月始还南京。[3]

这一次对北朝交涉的结果,北朝因连年征战,帑藏奇绌,正盼能和中国通商,解决财政上的困难,所以明使一至京,便完全容纳禁倭之请,一面因征西府梗中日商道,派兵来攻。[4] 一面派僧宣闻溪(揔州太守圆宣)净业喜春备方物来贡,又送还所掳中国及高句丽民百五十人。这是征夷府第一次遣明的使节,不幸因无正式国书,征南之举又失败,道路不通,被明廷疑为商人假冒,以拒绝接待。[5]

同年大隅守护之岛津氏久和征西府之菊池武政都遣使来贡,冀图通商,明廷以其非代表国家,且不奉正朔,均却之。又以频入寇掠,命中书移牒责之。[6]

洪武八年七月征西府遣僧廷用文圭(归廷用,圭廷用)奉表贡马及方物,表词倔强负固。[7] 此时明廷对日方有进一步之了解,他们知道日本南朝在利用倭寇,万不肯加以禁止,自闭财源。北朝虽极盼通商,并愿禁倭,但为南朝所阻,无力制止,其他派使入贡者又全是不能代表政府的大名藩士和唯利是图的商人。外交解决的途径至此全穷,在事实上不能不放弃中策,予日本以经济上的封锁,一面严修海防为自卫之计了。

明廷虽已决计绝日,但在表面上仍和日本派来的正式使节虚与委蛇,希望能得外交上的转机。洪武十三四年间和征夷、征西两方打了几次笔墨官司。[8] 征西府的挑战倔强态度,给明廷以极大的侮辱。明廷极力容忍。[9]

---

[1] 《花营三代记》。

[2] 木宫泰彦:《日支交通史》,《征西府与明朝之交涉》;《明史·日本传》。

[3] 《明史·日本传》。

[4] 《日本外史》卷五,楠木氏附北昌氏。

[5] 《明史·日本传》;《大明会典》卷一〇五,主客清吏司。

[6] 《皇明驭倭录》卷一;《明史·日本传》。

[7] 《皇明驭倭录》卷一。

[8] 《明太祖实录》卷一三二;《明太祖文集》二,卷一六《设礼部问日本国王,日本将军》。

[9] 《明史·日本传》。

以后通使较稀，但仍未完全断绝外交关系。西元 1383 年怀良亲王死，北朝势旺，忙于国内之统一运动，和明廷的关系因之暂时停止。

根据以上简约的叙述，可知明初即已列日本为十五不征之国之一，其地位和朝鲜、安南、爪哇、勃泥诸国同。明廷之所以决意绝日的原因是倭寇频繁，日政府不能禁止，无再向请求或恫吓之必要。且绝日的动机肇于洪武八年，在三次交涉失败之后，在胡惟庸死前五年。胡氏死后中日亦未完全断绝国交，时有使节往来。洪武十九年后的中日关系疏淡，则以倭患较稀，日本国内政治势力发生变化之故。由此可知一切关于胡惟庸和明初中日国际关系之传说，均系向壁虚造，毫无根据。

六、胡惟庸党案之真相

据上文所论证，我们知道关于中日关系部分：

（一）明初明廷通好日本的真正原因，纯为请其禁戢倭寇。在日本方面，征西府借海贼寇掠所得支撑偏局，一面虚与明廷委蛇，借得赏赐贸易之大利，故态度倔强，有恃无恐。征夷府极盼能和明廷缔结正当的外交关系，盼能因而达通商的愿望，但因政局不统一，且阻于南朝之割据，没有禁倭的力量。兼之明廷数度来日的使节，都因不明国情而发生严重的误会。日本使节则因其非代表整个国家，不能禁倭，且有时无正式国书和商人冒名入贡因而入寇的暧隔，使明廷不敢接待。在明初十数年中虽努力交涉，用尽外交上恫吓讲理示惠的能事，但倭寇仍不因之少减，对方仍蛮不讲理，明廷不得已，改采下策，却仍藕断丝连，企图贯彻前策。

（二）明太祖列日本于十五不征之国，事在洪武六年以前，和如瑶贡舶及绝交事根本无关。

（三）如瑶贡舶事纯出捏造。即使有如瑶其人，亦与胡案无任何联属。

（四）林贤下海招倭事，据记载上之矛盾及时间上之不可能，亦可决为必无。虽证出官书，不足置信。

关于胡案部分：

（一）云奇事件出于中人附会，也许即由邵荣谋叛事转讹。

（二）刘基被毒，出于明太祖之阴谋。胡惟庸旧与刘基有恨，不自觉地被明太祖所利用，胡下狱后涂节窥见明太祖欲兴大狱之意旨因以此上告，商暠亦受朝廷指，发其阴事，胡案因起。同时涂节等因触明太祖私稳，亦被杀灭口。

（三）占城贡使事及汪广洋妾从死事都只是胡惟庸和廷臣连带下狱的偶然口实，不过借此使人知胡失宠，无形中示意言官使其攻击胡氏，因以罗织成狱的一个过程而已。

（四）李善长狱与封绩使元事根本无关系。《明史》诸书所记封绩事最荒谬不可信。李善长之被株连，其冤抑在当时解缙所代草之王国用疏辞辨之甚明。

胡惟庸的本身品格，据明人诸书所记是一个枭猾阴险、专权树党的人。以明太祖这样一个十足地自私惨刻的怪杰自然是不能相处在一起。一方面深虑身后子懦孙弱，生怕和他自己并肩起事的一般功臣宿将不受制驭，因示意廷臣，有主张地施行一系列的大屠杀，胡案先起，继以李案，晚年太子死复继以蓝案。胡惟庸的被诛，不过是这一大屠杀案的开端。

胡案的组织过程，根据当时的公私记载，很显然地摆露在我们的目前。在胡案初起时胡氏的罪状只是擅权植党，这条文拿来杀胡惟庸有余，要用以牵蔓诸勋臣宿将却未免小题大做。在事实上有替他制造罪状的必要。明代的大患是南倭北虏，人臣的大罪是结党谋叛，于是明太祖和他的秘书们便代替胡氏设想，巧为造作，弄一个不相干的从未到过北边的江苏人封绩，叫他供出胡惟庸通元的事迹，算作胡党造反的罪状。后来又觉得有破绽，便强替封绩改籍为河南人，改身份为元遗臣，又叫他攀出李善长，引起第二次屠杀。一面又随便拣一个党狱中人林贤，捏造出一串事迹，算他通倭。恰巧胡惟庸死后不久，日使或日商来华因无国书被明廷诘责，他们就把这两件事并为一事，装点成有因果关系，再加上洪武六年前所纂的《皇明祖训》中的文证，这反情便成铁案了。同时中日关系因倭寇问题恶化，明廷感于外交的失败，不得不采取下策，闭关自守，却又不愿自承失败，贻讥藩属，就大事宣传名正言顺地把绝倭的责任委在莫须有先生的如瑶头上。为取信于天下后世计，又把事特别写在《大诰》中叫全国人读，一面又在《祖训》首章加入小注，于是胡惟庸之通房通倭，成为信谳，明廷也从此脱卸了外交失败的耻辱。

除上文所说的政治的国际的关系之外，胡案构交的因素，还有经济的阶级的关系在鼓动着。

明初连年用兵，承元疲敝之后，益以兵荒天灾，国库奇绌。一面又因天下未定，不能不继续用兵。明太祖及其部属大抵都出身卑贱，自来就不满于一般专事剋削的地主巨商，因此除不断用徙富民的政策以夺其田产以益军实外，又不断地寻出事来择肥而噬，屡兴大狱的目的只是措财筹款，最显著的如《明史·刑法志》所记郭桓事件：

> 郭桓吏部侍郎也。帝疑北平二司官吏李彧、赵全德等与桓为奸利，自六部左右侍郎下皆坐死。赃七百万，词连直省诸官吏，系死者数万人，核赃所寄借遍天下，民中人之家大抵皆破。

只是一疑心，就筹出七百万的大款，这是一件最便当的生财大道。又如空印事件：

> 十五年空印事发。每岁布政司府州县吏诣户部核钱粮军需诸事，

以道远预持空印文书，遇部驳即改以为常。及是帝疑有奸，大怒，论诸长吏死，佐贰榜百戍边。

也只是一疑心，把天下的财政官长都杀了，杀头与籍没相连，这一疑心又自然地筹了一笔大款。胡案、蓝案的副目的也不外此，在这一串党狱中，把一切够得上籍没资格的一起给网进去，除了不顺眼的文官、桀骜的宿将以外，他所特别注意的是由大地主充当的粮长和大富豪充当的盐商，如《大诰三编》所举出的于友、李茂实、陆和仲和他书所记的浦江郑氏、苏州沈氏诸狱，均足以证明此狱的动机。

另一方的明太祖自身出身寒贱，寄迹缁流，且又赋性猜嫌，深恐遭知识分子所讥刺。在他初起事的时候，不能不装作礼贤下士的神气，借作号召，及至大事已定，便不惜吹毛求疵，屡兴文字之狱。又恐知识分子不为所用，特颁《大诰》，立寰中士夫不为君用之目。一面算是严刑示威，一面却也不无带着一些嫉视的阶级意识。《大诰》中所列文士得罪者不下千人。在胡蓝二狱中所杀的几万人中大部是属于知识分子，其中之著者如宋濂以一代帝师匡翊文运，仍不惜曲为归纳，以其孙慎与胡党有连为辞，流之致死。其他同时诸文士，凡和明太祖稍有瓜葛的也都不得善终，赵瓯北《廿二史劄记》曾替他算过一笔草账。另一方面却极力设学兴教，进用宋讷一流刻薄寡恩的教师，用廪禄刑责造就出一批听命唯谨的新知识分子出来，做皇帝个人的驯仆，来代替老一辈的士大夫。这是明太祖巩固君权的方法，也是这几次大狱的起因。

第五章　南洋之拓殖

一、14世纪以前之中国与南洋

现代人所称的南洋，前人叫作东、西洋。西洋指印度支那（Indo-China）、马来半岛（Malay Archipiélago）、苏门答腊（Sumatra）、爪哇（Java）及婆罗洲（Borneo）之西南海岸诸国；东洋则以菲律宾群岛（Philippine Is.）为中心，包含马六甲（Malacca）诸岛及婆罗洲北岸之文莱国（Brunei），以文莱国为东、西洋之交点，谓为"东洋尽处，西洋所自起也"①。此种名词之构成，至晚亦在元代②，系基于航海路线之东西洋针路③而区分。④

公元前3世纪时，秦之国力已达于今日之越南河内及其南部诸地。其地土著已印度化。百年

---

① 张燮：《东西洋考》卷五，《文莱》。
② 汪太渊：《岛夷志略·苏禄》："（珠）重者出于西洋之第三港。"《毗舍耶》："故东洋闻毗舍耶之名，皆畏而逃焉。"
③ 参见《东西洋考》卷九，《舟师考二·洋针路》。
④ 参见和田清：《明代以前中国人所知之菲律宾群岛》，载《东洋学报》，第十二卷第三号。

之后，汉武帝时，南海诸国皆来朝贡，汉亦遣译使航海到南海诸国。[①] 目的第一是耀武海外，令诸国奉正朔，来贡献。第二是贸采珍异。绝对地不怀土地的侵略或干涉政治的野心。在后来的两千年历史中，这种传统政策始终未曾改变，保持我泱泱大国王道的风度。吴孙权时遣宣化从事朱应、中郎康泰通海南诸国，其所经及传闻则有百数十国。[②] 晋义熙七年（411）求法僧人法显自多摩梨帝（Tamralipti，今 Calcutta）海口趁商人大舶泛海西南行至师子国（Ceylon），二年后复附舶到耶婆提国（Yavadvipa，今 Java），再附商舶东北趣广州，被风飘到长广郡界。[③] 据其所撰《佛国记》，知在 5 世纪初年南洋商业已渐趋兴盛，有经十三昼夜大风而不沉没，与能储多人粮食水浆，经八十余日而不竭之大船，为交通上之利器。当时与南洋贸易，以广州为市场，商人往来频繁，故深悉南洋地理及航路。[④] 商业发达及航海术进步之结果，使南洋诸国逐渐与我国发生政治关系。我国之求法僧人接踵出国，印度高僧亦陆续由海道来华，沟通两地之文化。

宋元嘉五年（428）师子国国王刹利摩诃南（Raja Mahana-ma）遣使奉表来献。[⑤] 诃罗陁国于元嘉七年（430）遣使请求保护及

---

① 《汉书·地理志》："自日南障塞、徐闻、合浦船行可五月，有都元国……又船行可二十余日，有谌离国。步行可十余日，有夫甘都卢国（蒲甘，Pagan）。自夫甘都卢国船行可二月余，有黄支国（Kana，今 Conjevraram，在 Madras 之西南），民俗略与朱崖相类。其州广大，户口多，多异物。自武帝（前 140 年—前 86 年）以来皆献见。有译长，属黄门，与应募者俱入海，市明珠、璧流离、奇石异物，赍黄金、杂缯而往。所至国皆禀食为耦，蛮夷买船转送致之。亦利交易，剽杀人。又苦逢风波溺死，不者数年来还。大珠至围二寸以上。平帝元始中（1—6）王莽辅政，欲耀威德，厚遗黄支王，令遣使献生犀甲。自黄支船行可八月到皮宗（Pulau Pisang），船行可二月到日南、象林界云。黄支之南有已程不国，汉之译使自此还矣。"参见法人费琅（G. Ferrand）著，冯承钧译：《昆仑及南海古代航行考》，上海，商务印书馆，1933。
② 参见《梁书》卷五四，《诸夷传序》。
③ 参见法显：《佛国记》；《高僧传》初集卷三，《法显传》。
④ 参见刘继宣：《中华民族南洋拓殖史·隋以前南洋之归化》。
⑤ 参见《宋书》卷九七。

准许通商。① 诃罗单（Kari Tan，在今爪哇）、槃皇（Pahang，在柔佛 Johore 之北）、槃达（Battak）诸国并遣使来献，受中国策命，王其国中。阇婆婆达国（Java）表文有"虽隔巨海，常遥臣属"之语。②

至唐，对外贸易之中枢仍为广州，据僧鉴真所记："749 年（唐玄宗天宝八年）广州珠江之中，有婆罗门、波斯、昆仑舶无数。"③ 当时往来南洋之商舶，较法显时代已大有进步，"舶大者长二十丈，载六七百人"④。以师子国舶为最大，梯而上下数丈，皆积宝货，辇养白鸽为通消息及搜索陆地之用。⑤ 至十一二世纪之交，我国海舶航行已知利用指南针。⑥ 外商之来广州，多乘中国船。⑦ 中国船之往大食，则以形体重大，于波斯湾航行不便，必自故临（Kulam）易较小之波斯船以往。⑧ 南洋航业为我国及波斯商人所垄断。至元世祖注意海外，至元二十一年（1284）由国家造船给本，选人入蕃贸易诸货。⑨ 其构造设备及载量皆冠绝千古。⑩ 百余年后遂有郑和下西洋之壮举。

---

① ② 参见《宋书》卷九七，其表文云："臣国先时人众殷盛，不为诸国所见陵迫。今转衰弱，邻国竞侵。伏望圣王远垂覆护，并市易往返，不为禁闭。若见哀念……愿敕广州时遣舶还，不令所在有所陵夺。"

③ 唐僧鉴真，赴日本传布戒律之始祖也。其弟子 Simi no matto genkni 撰有《唐大和尚（鉴真）东征传》见（《群书类从》，第四辑第六十九册）。此据费琅《昆仑及南海古代航行考》引文。昆仑一名据费琅考定，在 13 世纪以前，我国人以之统名苏门答腊、爪哇、印度化之群岛人民，与大陆上印度化之占波（Campa）、吉蔑（Kemboja）、得楞诸种，同用昆仑语（古爪哇之 Kawi 语）之人民。

④ 玄应：《一切经音义》卷一。

⑤ 参见李肇：《国史补》卷下。

⑥ 参见朱彧：《萍洲可谈》。

⑦ 参见周去非：《岭外代答》卷三，《航海外夷》。

⑧ 参见《岭外代答》卷二，《故临国》；Reinaud, *Relation des voyages faits par les Arabes et les Persans dans l'inde et à la Chine* I。

⑨ 参见《元史》卷九四，《市舶》。

⑩ 参见 Hans von Mzik, *Die Reise des Arabers Ibn Batuta durdn Indien und China*, pp. 303—305。

　　海外贸易渐盛，我国商船之出口及外国商船之入口日多，于是政府不得不设官管理。唐开元(713—741)初期已设市舶使之官，专司市舶。[①] 广州、交州、扬州、泉州、福州、明州（今宁波）、温州、松江并为当时贸易要港，而以广州为最繁盛。[②] 宋初指定广州、明州、杭州为外国贸易港，各置市舶司以征关税，凡与外国贸易有关者，一切均由其主管，当时谓之三司。北宋末年，泉州之外国贸易渐盛，亦置市舶司。南渡后，以地近首都，贸易日盛，海舶辐辏，遂成为当时世界之最大贸易港。[③] 元至元十四年（1277）于泉州、庆元（今宁波）、上海、澉浦立市舶司，每岁招集舶商，于蕃邦博易珠翠香货等物。[④]

　　我国历代对于南洋贸易，均甚注意。市舶司之职掌除"掌番货海舶征榷贸易之事，以来远人，通远物"[⑤]之外，并负有买进政府专卖品及保护外商之责任。[⑥] 自宋太平兴国（977）初置榷易院后，即诏"诸蕃国香药宝货至广州、交趾、泉州、两浙，非出于官库者不得私相市易"[⑦]。因香药之需要广，得利厚，故政府专之以为利。[⑧] 甚至下令舶务监官抽买乳香每及一百万两转一官，蕃商有以贩香料多得官者。[⑨] 政府一意招徕蕃商，鼓励贸易，设蕃坊以居蕃商[⑩]，但蕃商亦有

---

① 参见《新唐书》卷一一二，《柳泽传》；《册府元龟》卷五四六。

② 参见中山久四郎：《唐代之广东》。

③ 参见桑原骘藏著，陈裕菁译：《蒲寿庚考》，4—5 页，中华书局，1929 年。本节论列多取材此书，不备举。

④ 参见《元史》卷九四，《食货志·市舶》。

⑤ 《宋史》卷一六七，《职官志》。

⑥ 参看藤田丰八：《宋代市舶司及市舶条例》，载《东洋学报》，1917 年 5 月。

⑦ 《宋会要辑稿》卷一八五，《食货下》："宋之经费，茶、盐、矾之外，惟香之为利。"

⑧⑨　参见《宋史》卷一八五，《食货志下》："宋经费，茶、盐、矾之外，惟香之为利博，故以官为市焉。"

⑩ 《萍洲可谈》卷二："广州蕃坊海外诸国人聚居，置蕃长一人，管勾蕃坊公事。"

杂居民间者。[①] 在法律上也给予蕃商以特殊便利，"化外人同类自相犯者，各依本俗法"[②]。后来甚至蕃人和我国人的刑事案件，如非重罪，也只以送交蕃长依本国律处分了事。[③] 蕃坊置蕃长一人，除管理蕃坊公事外，其职务为"专理招邀蕃商"[④]。一面政府也特派人到海外去经营贸易，招揽商贾，宋太宗雍熙四年（987）曾大规模派内侍八人"赍敕书金帛，分四纲，各往海南诸蕃国，勾招进奉，博买香药、犀牙、真珠、龙脑。每纲赍空名诏书三道于所至处赐之"[⑤]。高宗南渡后，经费困乏，更一切倚办海舶。[⑥] 绍兴七年（1137）特下诏奖励对外贸易，诏云：

> 市舶之利最厚，若措置得宜，所得动以百万计，岂不胜取之于民！朕所以留意于此，庶几可以少宽民力耳。[⑦]

结果市舶司岁入至占全国总收入二十分之一。[⑧] 至元代亦积极招徕，至元十五年（1278）诏行中书省唆都、蒲寿庚等令因蕃舶宣意蕃国来朝，往来互市，各从所欲。[⑨] 以唆都为右丞，行省泉州，奉玺书十道招谕南夷诸国。[⑩] 次年复遣广东招讨使达鲁花赤杨廷璧招俱蓝。十八年后命噶札尔

---

① 参见岳珂《桯史》卷一一："番禺有海獠杂居，其最豪者蒲姓……定居城中。"同时泉州也有华夷杂居的现象，楼钥：《攻愧集》卷八十八，《赠特进汪公行状》："蕃商杂处民间。"
② 《唐律疏议》卷六，《名例》。
③ 参见《萍洲可谈》卷二；《宋史》卷三四七，《涣之传》。
④ 《萍洲可谈》卷二。
⑤ 《宋会要辑稿》卷一○九，《职官四四》。
⑥ 参见顾炎武：《天下郡国利病书》卷一二○，《海外诸番》。
⑦ 《宋会要辑稿》。
⑧ 参见《蒲寿庚考》，200 页。
⑨ 参见《元史》卷一○，《世祖本纪》。
⑩ 参见《元史》卷一二九，《唆都传》；卷二一○，《马八儿等国》。

哈雅、杨廷璧再往招谕马八儿(Maabar)等国。[①] 使臣中最著者有亦黑迷失，曾四次奉使海外。至元二十九年（1292）以爪哇黮朝使右丞孟琪面，大发兵征讨，以亦黑迷失领海军，发舟千艘往征。谕降南巫里（Lambri）、速木都剌（Sumatra）等国。[②]

　　海上交通频繁，香药、珠玉、象牙、犀角诸宝货输入日多，政府虽得巨额之税收以补岁入之不足，但输出额与输入额不能相抵，钱货遂如漏卮外溢，源源不绝。东至日本，南至南海诸国，均行用中国铜钱。[③] 输入为奢侈品，输出则为正货，虽年年铸钱，而不能补其不足，遂发生"钱荒"之弊。[④] 自唐宋以来，历朝均有极严厉之禁令，禁钱币出口。宋宁宗嘉定十二年（1219）下令凡买外货，以绢帛锦绮瓷漆为代价，不以金银铜钱。[⑤] 法令虽颁而钱币之流出仍有增无减。当时上流社会除喜用外货之习惯外，并有蓄养黑奴之风气，此风自南北朝以来，即已盛行。[⑥] 宋时则广中富人多蓄黑奴。[⑦] 至元代则显贵家有不蓄黑奴者至为人所笑。[⑧] 上行下效，外货之需要日增，我国与南洋诸国之贸易亦日盛。华人至海外贸易，特被敬礼，如爪哇则"中国贾人至者，待以宾馆，食丰洁"[⑨]。浡泥则"尤敬爱唐人，

---

① 参见《元史》卷二一〇，《马八儿等国》。

② 参见《元史》卷一三一，《亦黑迷失传》；卷二一〇，《爪哇传》。关于元代与南洋之交通可参看 Rockhill, *Notes on the Relations and Trade of China with the Eastern Archipelago and the Coast of Indian Ocean during the 14th Century*。

③ 参见《大日本史·食货志十五》；马欢：《瀛涯胜览》，《爪哇国》《旧港》。

④ 参见《宋史》卷一八〇。

⑤ 参见《宋史》卷一八五，《香条》。

⑥ 参见《资治通鉴·宋纪十一》大明七年条："（帝）又宠一昆仑奴，令以杖击群臣。"唐人有《昆仑奴传》。

⑦ 参见《萍洲可谈》卷二。

⑧ 叶子奇《草木子》卷三下《杂制篇》："北人女使得高丽女孩童，家僮必得黑厮。不如此谓之不成仕宦。"

⑨ 《文献通考》卷三三二，《阇婆》。

醉则扶之以归歇处"①。宋赵汝适曾记当时华商到浡泥时之贸易情形云：

> 番舶抵岸三日，其王与眷属率大人（王之左右号曰大人）到船问
> 劳，船人用锦藉跳板迎肃，款以酒醴，用金银器皿祿席凉伞等分献有差。
> 既泊舟登岸，皆未及博易之事，商贾日以中国饮食献其王，故舟往浡
> 泥，必挟善庖者一二辈与俱。朔望并讲贺礼。几月余，方请其王与大
> 人论定物价，价定然后鸣鼓以召远近之人，听其贸易。价未定而私贸
> 者罚。俗重商贾，有罪抵死者罚而不杀。船回日其王亦酾酒椎牛祖席，
> 酢以脑子番布等称其所施。②

风土既习，人复相亲，遂往往有侨居不归，至长子孙者。③ 南洋诸国
亦以华侨之聚居而渐染华风，如打板国（Taban）之建筑与中国同④，三佛
齐（Samboja）至有中国文字，专用于朝贡中国时之章表。⑤ 元人记龙牙
门（Lingga，今 Singapore）有我国人侨居，勾栏山（Gelam）有唐人与
蕃人杂居，马鲁涧国之酋长陈姓为元临漳人，威逼诸蕃。⑥ 明初人记爪哇
国有三等人"一等唐人，皆是广东、漳、泉等处人窜居此地，食用亦美洁，
多有从回回教门受戒持斋者"。国中有杜板(Tuban)，多有广东及漳州人流居。
革儿昔（Gresik）原系沙滩之地，因中国之人来此定居，遂名新村，村主为

---

① 《岛夷志略·浡泥》。
② 《诸蕃志》卷上，《浡泥国》。
③ 《诸蕃志》卷上，《麻逸》。阿拉伯人 Masudi 于 934 年（石晋天福八年）至苏门答腊，
　　见其地有华人甚多，从事耕植，而巴邻旁（Palembang）尤为荟萃之区。见其所著《黄
　　金牧地》。
④ 参见《诸蕃志》卷上，《苏吉丹》。
⑤ 参见《诸蕃志》卷上，《三佛齐》。
⑥ 参见《岛夷志略》，《龙牙门》《勾栏山》《马鲁涧》。

广东人，约有千余家。苏鲁马益(Surabaya)亦有中国人。[①] 满剌加国(Malac-ca) 肤白者为唐人种。[②] 又据传说，14世纪间（约当元代），有闽人林旺者，航海到菲律宾，为菲人烈山泽，驱猛兽，教菲人以耕稼知识。菲人始由游牧生活而进入农耕生活。[③] 由此可知在14世纪以前，华侨已遍布南洋诸国，握有其地之经济权，筚路蓝缕，为其地之开发者。积千余年之经验，航舶往来，直同内地，政府极力鼓励南洋贸易，商人因之向外发展，辟土创业，返哺母国。我国在政治上为南洋诸国宗主，在文化上则更为其先驱。到明初更极意经营，郑和七下南洋，兵威远届，我国在南洋的势力遂达顶点。

二、明太祖的祖训——不征的十五夷国

明太祖承元而起，即位后一面继续用武力削平大陆上的割据者，一面派使臣到南洋诸国，说明中朝已经易代，命令他们向新统治者表示臣服的仪节。这仪节的手续分为几部分，第一是缴还元代所颁的印绶册诰，表示他们已和元室脱离关系。第二是重新颁给新的印绶册诰，表示他们接受新朝的册封，成为藩国。第三是颁赐《大统历》，表示奉新朝正朔，永为藩臣。在受册封者一方面应表示的礼节，是派使称臣入贡，恢复正常的外交关系。所得的权利是得和中国通商，外交的使节同时也是商船上的领袖。

洪武初年出使南洋的使臣，洪武二年（1369）有吴用、颜宗鲁使爪哇[④]，刘叔勉使西洋琐里（Chola）。洪武三年（1370）有赵述使三佛齐(Palembang)，张敬之、沈秩使浡泥（Borneo），塔海帖木儿使琐里。明

---

① 参见马欢：《瀛涯胜览·爪哇》。
② 参见费信：《星槎胜览》前集，《满剌加国》。
③ 郑民：《菲律宾》，据刘继宣、束世澂《中华民族拓殖南洋史》引文。
④ 参见《明史》卷三二四，《爪哇传》；严从简：《殊域周咨录》卷八，《爪哇》。

成祖即位后，永乐元年（1403）中官尹庆使满剌加（Malacca）、古里（Calicut）、柯枝（Cochin）诸国，闻良辅、宁善使西洋琐里、苏门答腊（Atcheh）。[1] 足迹已遍南洋。洪武二十年（1387）谕爪哇之诏书，纯为说明统治权之转移，书曰：

> 中国正统，胡人窃据百有余年，纲常既隳，冠履倒置。朕以是起兵讨之，垂二十年，海内悉定。朕奉天命以主中国，恐遐迩未闻，故专报王知之。颁去《大统历》一本，王其知正朔所在，必能奉若天道，使爪哇之民，安于生理，王亦永保禄位，福及子孙。其勉图之勿怠。[2]

次年其王昔里八达剌蒲 [3] 遣使朝贡，纳前元所授宣敕二道，诏封为国王。[4] 其他使臣之出发，均负同样使命。

明太祖是个脚踏实地的保守者。在他在位的期中（1368—1398）用全力去削平割据势力，奠定统一规模。同时致力于沿海的海防，阻止倭寇的侵入，巩固北边的边防，防止蒙古人的南犯。又因内地诸蛮族叛乱纷起，自宁夏、凉州、洮州到湖南北、四川、两广、云南、贵州，三十年中，几乎没有一年不用兵。他审虑自己的国力，只够巩固国内和抵抗外来的侵略，绝无余力作对外发展之用。因此他就立定主意不再南迈。洪武二年（1369）编定《皇明祖训·箴戒章》时，就特别指出不可倚中国富强，无故对外兴兵。他也看出元代征爪哇失败的教训，特别列出不征的十五夷国，叫后人遵守。他说：

---

① 参见《明史》卷三二四至三二五，《外国传》。

② 《殊域周咨录》卷八，《爪哇》。

③ 此据《明史》，《殊域周咨录》作昔里八达，《东西洋考》作昔里八达剌八剌蒲。

④ 参见《殊域周咨录》卷八，《爪哇》。《明史》作洪武二年太祖遣使以即位诏谕其国，洪武三年以平定沙漠颁诏。九月其王昔里八达剌蒲遣使奉金叶表来朝贡方物，宴赏如礼。洪武五年又遣使随朝使常克敬来朝，上元所授宣敕三道。

　　四方诸夷皆限山隔海，僻在一隅，得其地不足以供给，得其民不足以使令。若其自不揣量，来挠我边，则彼为不祥。彼既不为中国患，而我兴兵轻犯，亦不祥也。吾恐后世子孙倚中国富强，贪一时战功，无故兴兵，致伤人命，切记不可。但胡戎兴西北边境，互相密迩，累世战争，必选将练兵，时谨备之。

　　今将不征诸国名列后：

　　东北　　朝鲜国。

　　正东偏北　　日本国（虽朝实诈，暗通奸臣胡惟庸谋为不轨，故绝之）。①

　　正南偏东　　大琉球国、小琉球国。

　　西南　　安南国、真腊国、暹罗国、占城国、苏门答腊、西洋国、爪哇国、溢亨国、白花国、三弗齐国、浡泥国。②

虽富且强而决不用以对外侵略，如有来犯，则决不迟疑而立予以致命的还击。这是我国几千年来的立国精神，我国过去之为东亚领导者其理由在此，我国过去之所以无殖民地者其理由亦在此。我国今后必复兴，必富强，必重现汉、唐时代之国威者，其理由亦在此。

　　明太祖虽谆谆训谕其子孙，不可好大喜功，生事海外。但对和平的通商关系则仍遵前朝旧例，海外诸国入贡，许附载方物，与中国贸易。仍设市舶司，置提举官以领之。洪武初设市舶司于太仓、黄渡，寻罢。③复设

---

① 按此条为洪武十三年以后胡案发后所加入。

② 《皇明祖训》首章页五。

③ 《明太祖实录》卷二八："吴元年（1367）十二月庚午，置市舶提举司，以浙东按察司陈宁等为提举。"卷四九："洪武三年二月甲戌，罢太仓、黄渡市舶司。凡番舶至太仓者，令军卫有司封籍其数，送赴京师。"

于宁波、泉州、广州。^①宁波通日本，泉州通琉球，广州通占城、暹罗、西洋诸国。永乐三年（1405）以诸蕃贡使益多，乃置驿于福建、浙江、广东三市舶司以馆之，福建曰来远，浙江曰安远，广东曰怀远。寻设交趾、云南市舶提举司^②，接西南诸国朝贡者。^③凡贡使"附至蕃货，欲与中国贸易者，官抽六分，给价以赏之。仍除其税"^④。为招徕蕃商计，货舶亦有时得邀免税的特典。^⑤

贡使之来，往往多挟蕃货，由官抽给价，国家所费不赀。其馆驿又依例由地方人民负责^⑥，官民为之交病。洪武七年（1374）以倭寇猖獗，罢三市舶司。又谕中书及礼部臣曰：

---

① 洪武中曾一度废止。《明太祖实录》卷九三："洪武七年九月辛未，罢福建泉州、浙江明州、广东广州三市舶司。"永乐初复设。《明成祖实录》卷二三："元年八月丁巳，上以海外番国朝贡之使，附带货物前来交易者，须有官专主之。遂命吏部依洪武初制，于浙江、福建、广东设市舶提举司，隶布政司。每司置提举司一员，从五品；副提举二员，从六品；吏目一员，从九品。"寻命内臣提督之。嘉靖元年给事中夏言奏，倭祸起于市舶。遂革浙江、福建二市舶司，唯存广东市舶司。市舶提举司之职掌为"掌海外诸蕃朝贡市易之事，辨其使人表文、勘合之真伪，禁通蕃，征私货，平交易，闲其出入而慎馆谷之"。（见《明史》卷七五，《职官志》）

② 《明成祖实录》卷七五："永乐六年正月戊辰，设交趾、云南市舶提举司，置提举、副提举各一员。"

③ 参见《明史》卷八一，《食货志·市舶》。

④ 《明太祖实录》卷四五。

⑤ 《明史》卷三二四，《三佛齐》："洪武四年，户部言其货舶至泉州宜征税，命勿征。"

⑥ 《明成祖实录》卷二三六永乐十九年四月条："连年四方蛮夷朝贡之使，相望于道，实罢中国。"《明宣宗实录》卷五八宣德四年八月条："琉球国往来使臣，俱于福州停住，馆谷之需，所费不赀。通事林惠、郑长所带番梢从人二百余人，除日给廪米之外，其茶盐醢酱等物出于里甲，相沿已有常例。乃故行刁蹬，勒折铜钱，及今未半年，已用铜钱七十九万六千九百有余，按数取足，稍或稽缓，辄肆詈殴。"卷六七宣德五年六月条："庚午上谕行在礼部臣曰：闻西南诸蕃进贡海舶初到，有司封识，遣人入奏，俟有命然后开封启运。使人留彼，动经数月，供给皆出于民，所费多矣。其令广东、福建、浙江三司，今后番舡至，有司遣人驰奏，不必待报，三司官即令市舶司称盘明注文籍，遣官同使人运送，庶省民间供馈。"此虽永、宣时事，但俱为常例，则此种情形沿自洪武时明甚。

　　古者诸侯于天子，比年一小聘，三年一大聘，九州之外，则每世一朝，所贡方物，表诚敬而已。远国如占城、安南、西洋、琐里、爪哇、浡泥、三佛齐、暹罗斛、真腊诸国，入贡既频，劳费太甚。今不必复尔，其移牒诸国俾知之。①

但南洋诸国仍贪入贡之利，来者不止。

三市舶司罢后，倭寇仍未敛迹，洪武十四年（1381）又下令禁濒海民私通海外诸国。②但沿海居民，迫于生计，仍私自出外贸易，禁令愈严，获利愈大，私出贸易者因之愈多，货币之流出亦愈不可问。洪武二十三年（1390）再诏户部严申交通外蕃之禁："中国金银铜钱缎匹兵器，自前代以来，不许出番。今两广、浙江、福建愚民无知，往往交通外番，私易货物，以故严禁之。"沿海军民官司纵令私相交易者悉治以罪。③洪武二十七年（1394）又下令禁民间用蕃香蕃货，使蕃商失去市场，为釜底抽薪之计。④洪武三十年（1397）又申禁人民无得擅出海与外国互市。⑤

明成祖（1403—1424）于建文四年（1402）六月入南京即帝位，在他的登基诏书中，又重申通蕃的禁例："沿海军民人等近年以来，往往私自下番，交通外国，今后不许，所司一遵洪武事例禁治。"⑥这命令仍是一纸

---

① 《明史》卷三二四，《暹罗传》。

② 参见《明太祖实录》卷一三九。

③ 参见《明太祖实录》卷二〇五。

④ 《明太祖实录》卷二三一："先是上以海外诸夷多诈，绝其往来，唯琉球、真腊、暹罗许入贡。而沿海之人，往往私下诸番，贸易香货，因诱蛮夷为盗。命礼部严禁绝之。敢有私下诸番互市者，必置之重法。凡番香番货皆不许贩鬻，其见有者限以三月销尽，民间祷祀止用松柏枫桃诸香，违者罚之。其两广所产香木听土人自用，亦不许越岭货卖，盖虑其杂市番香，故并及之。"

⑤ 参见《明太祖实录》卷二五二。

⑥ 《明成祖实录》卷一〇。

虚文，不能禁遏这一股向南洋发展的洪流。政府没有法子，只好于次年八月重新恢复停罢已久的三处市舶提举司[①]，使蕃商蕃货源源而来，抵制私商和私货，使其无利可图，自然歇手。又于永乐二年（1404）下令禁民间海船，不许出口。[②] 这办法显然也毫无用处，私商照旧出海，蕃香蕃货照旧充斥市场。一千七百年来所造成的自北而南的发展，航海术的进步，中国与南洋诸国交通的频繁，商业的发达，国内市场的需要，尤其是沿海贫民生计的逼迫，都使政府无法阻止这自然的和平的海外拓殖。在南洋诸国方面，一千七百年来的自然发展，在经济上已与我国成为一体，他们迫切地需要锦绮瓷漆，正和我国的需要香药珠宝一样，在文化方面，在政治方面，也同样地不能离开我国。在这背景下，在这自然发展的趋势下，遂有郑和七下西洋的壮举。

三、郑和的七次航海

郑和出使南洋的任务，第一是经济的原因。

明初对南洋诸国的态度，从明太祖的消极的保境安民政策，突转而为明成祖的积极经营海外政策，实有其内在的原因。原来自太祖建国后，连年征战，北征蒙古，东南防倭，西南蕃蛮迭次叛乱，加以宫室城庙的营建，诸王就封的王府营造，国币空虚，民生凋敝。至建文帝（1399—1402）继位以后，靖难师起，转战四年，赤地千里。成祖继位后，遂突转而向南洋

---

① 参见《明成祖实录》卷二三。

② 参见《明成祖实录》卷二七："正月，时福建濒海居民，私载海船，交通外国，因而为寇，郡县以闻。遂下令禁民间海船，原有海船者悉改为平头船，所在有司防其出入。"

发展，以国产的锦绮瓷漆，易取南洋的香药宝货。^① 一以阻钱货的外流，一以补国家之府库，虽输入多属奢侈品，如黄省曾所记：

> 太宗皇帝入缵丕绪，将长驭远驾，通道于乖蛮革夷，乃大赍西洋，贸采琛异……由是明月之珠，鸦鹘之石，沈南龙速之香，麟狮孔翠之奇，梅脑蔷露之珍，珊瑚瑶琨之美，皆充舶而归。^②

而贫民博买，图之致富，国家府库，因之羡裕。严从简云：

> 自永乐改元，遣使四出，招谕海番，贡献迭至，奇货重宝，

---

① 马欢：《瀛涯胜览·古里》："其二大头目受朝廷升赏。若宝船到彼，全凭二人主为买卖，王差头目并哲地、未讷儿计书算于官府，牙人来会，领船大人议择某日打价。至日，先将带去锦绮等物，逐一议价已定，随写合同价数，彼此收执。其头目哲地即与内官大人众手相拿。其牙人则言某月某日于众手中拍一掌已定，或贵或贱，再不悔改。然后哲地富户才将宝石、珍珠、珊瑚等物来看，议价非一日能定，快则一月，缓则二三月。若价钱较议已定，如买一主珍珠等物，该价若干，是原经手头目未讷儿计算该还纻丝等物若干，照原打手之货交还，毫厘无改。"《溜山》："中国宝船一二只亦到彼处，收买龙涎香、椰子等物。"《祖法儿国》："中国宝船到彼，开读赏赐毕。其王差头目遍谕国人，皆将乳香、血竭、芦荟、没药、安息香、苏合油、木别子之类，来换易纻丝磁器等物。"《阿丹国》："分舶内官周□领驾宝船数只到彼，王闻其至，即率大小头目至海滨迎接诏敕赏赐。至王府行礼甚恭敬感服。开读毕，即谕其国人，但有珍宝，许令卖易。在彼买得重二钱许大块猫睛石，各色雅姑（Yagut）等异宝。大颗珍珠，珊瑚树高二尺者数株。又买得珊瑚枝五柜，金珀、蔷薇露、麒麟（Giraffe）、狮子、花福鹿（Zebra）、金钱豹、驼鸡、白鸠之类而还。"《柯枝国》："第三等人名哲地，系有钱财主。专一收买下宝石珍珠香货之类，候中国宝船或别国番船客人来买。"《暹罗》："国之西北去二百余里，有一市镇名上水。中国宝船到暹罗，亦用小船去做买卖。"《满剌加》："中国宝船到彼，则立排栅如城垣，设四门更鼓楼，夜则提铃巡警。内又立重栅如小城，盖造库藏仓厫，一应钱粮顿在其内。去各国船只回到此处取齐，打整番货，装载船内。等候南风正顺，于五月中开洋回还。"

② 《西洋朝贡典录·序》。

前代所希，充溢府库。贫民承令博买，或多致富，而国用亦羡裕矣。①

且"夷中百货，皆中国不可缺者，夷中欲售，中国必欲得之"②。反之，国库的锦绮瓷漆，其于南洋诸国亦然。沿海居民，多恃入海博易为生计，一旦禁断，无所资生，往往流为海寇，张燮云：

> 海滨一带，田尽斥卤，耕者无所望岁，只有视渊若陵，久成习惯。富家征货，固得捆载而归，贫者为佣，亦博升斗自给。一旦戒严，不得下水，断其生活。若辈悉健有力，不肯搏手困穷，于是所在连结为乱，溃裂而出。③

要解决沿海平民的生活，和消除海寇的来源，也不能不开海通商，使公私都得其所。

第二是政治的原因。

郑和之出使，负有秘密使命，郑晓说：

> 高皇何以有海外之使也？更始也。成祖西洋之舨，不已劳乎？郑和之泛海，胡濙之颁书也，国有大疑焉耳。④

所谓大疑，《明史》郑和传已明白指出：

---

① 《殊域周咨录》卷九，《佛郎机》。
② 《殊域周咨录》卷八，《暹罗》。
③ 《东西洋考》卷七，《饷税考》。
④ 《皇明四夷考·序》。

成祖疑惠帝亡海外，欲踪迹之。且欲耀兵异域，示中国富强。永乐三年六月命和及其侪王景弘等通使西洋。[1]

次之，自洪武末年以来，西南诸国久不通贡。[2] 成祖是一个好大喜功的英主，他要恢复洪武初年诸蕃朝贡的盛况，令海南诸国，都稽首阙下，同为王臣。所以一即位便先派中官尹庆、马彬等遍使诸国，告以新帝的登基。接着便派郑和带武装舰队出去，有不听命朝贡者便用武力解决。

在郑和所率领的舰队未出发之前二年，政府已着手大造海船，以其为下西洋取宝之用，又称宝船，或称宝舡。其承造者或为军卫有司[3]，或为工部[4]，后又设大通关提举司，专造舟舰[5]，世称宝船厂[6]。所造船大船长四十四丈四尺，阔一十八丈；中船长三十七丈，阔一十五丈。[7] 就第一次远征军之人数计之，每船平均可载四百五十人左右。远征军之组织除使臣外，有"官

---

① 《明史》卷三四〇；卷一六九《胡濙传》亦云："传言建文帝蹈海去，帝分遣内臣郑和数辈，浮海下两洋。"

② 《明史》卷三二四，《三佛齐传》："洪武三十年，礼官以诸蕃久缺贡奏闻。帝曰：洪武初诸蕃贡使不绝。通者安南、占城、真腊、暹罗、爪哇、大琉球、三佛齐、浡泥、彭亨、百花、苏门答腊、西洋等三十国，以胡惟庸作乱，三佛齐乃生间谍，给我使臣至彼，爪哇王闻知，遣人戒饬，礼送还朝。自是商旅阻遏，诸国之意不通。惟安南、占城、真腊、暹罗、大琉球朝贡如故。"

③ 《明成祖实录》卷二七："永乐二年正月癸亥，将遣使西洋诸国，命福建造海船五艘。"卷七一："五年九月乙卯，命都指挥汪浩改造海运船二百四十九艘，备使西洋诸国。"

④ 《明成祖实录》卷七五："永乐六年正月丁卯，命工部造宝船四十八艘。"卷二一五："十七年八月己卯，造宝船四十一艘。"

⑤ 《明成祖实录》卷二二八："永乐十八年八月，始置大通关提举司，置官如南京龙江提举司，专造舟舰。"

⑥⑦　参见顾起元：《客座赘语》卷一，《宝船厂》。

213

校、旗军、火长、舵工、斑碇手、通事、办事、书算手、医士、铁锚木艌搭枋等匠、水手、民梢人等"①。平均每次出发之人数，约为二万七八千人左右。②军士大抵由南京及直隶卫所运粮官军和水军右卫等卫官军中临时抽调③，将校亦由各卫军官中选用④。当时南洋诸国大抵多奉回教，故远征军中之通事多为回教徒，今可知者有会稽马欢、仁和郭崇礼⑤，西安羊市大清真寺掌教哈三⑥。郑和本人也是回教徒⑦；亦奉佛教，受菩萨戒⑧。其幕下书手有太仓费信⑨、应天

---

① 祝允明：《前闻记》，沈节甫《纪录汇编》本。

② 第一次远征军二万七千八百余人，见《明史·郑和传》。第二次二万七千余人，见费信：《星槎胜览》。第七次二万七千五百五十员名，见《前闻记》。据《郑和家谱》随敕奉差诸官员名，共二万七千四百一十一员名。

③ 《明宣宗实录》卷六四："宣德五年三月己巳，平江伯陈瑄言：南京及直隶卫所运粮官军，递年选下西洋及征进交趾，分调北京，通计二万余人。又水军右卫等卫官军，今年选下西洋者亦多。"

④ 例如《明成祖实录》卷一一八："永乐九年十月壬辰，论锡兰山战功，升锦衣卫指挥佥事李实、何义宗俱为本卫指挥同知。正千户彭以胜、旗手卫正千户林全俱为本卫指挥同知佥事。"卷一六六："永乐十三年九月壬寅，命兵部录苏门答腊战功。于是水军右卫流官指挥使唐敬、流官指挥佥事王衡、金吾右卫流官指挥使林子宣、龙江左卫流官指挥佥事胡复、宽河卫流官指挥同知哈只皆命世袭。锦衣卫正千户陆通、马贵、张通、刘海俱升流官指挥佥事。"卷一七一："十三年二月，是月升千户徐政、汪海为府军右卫指挥佥事，小旗张通为锦衣卫指挥佥事，以使西洋有劳也。"

⑤ 马欢、郭崇礼曾三次随使西洋（永乐十一年、十九年，宣德六年），欢撰有纪行书名《瀛涯胜览》。古朴《〈瀛涯胜览〉后序》："崇礼乃杭之仁和人，宗道乃越之会稽人，皆西域天方教，实奇迈之士也。昔太宗皇帝敕令太监郑和统率船队经西洋诸番开读赏劳，而二君善通译番语，遂膺斯选，三随骈辂，跋涉万里。"

⑥ 西安羊市大清真寺嘉靖二年《重修清净寺记》："永乐十一年四月，太监郑和奉敕差往西域天方国，道出陕西，求所以通译国语，可佐信使者，乃得本市掌教哈三焉。"按和奉使七次均海行，无道出陕西事，碑记有误。

⑦ 参见觉明：《三宝太监下西洋的几种资料》，载《小说月报》，第二十卷第一号；李至刚：《故马公墓志铭》。

⑧ 参见冯承钧：《〈瀛涯胜览〉校注序》。

⑨ 字公晓。《星槎胜览·序》："永乐至宣德间，选往西洋，四次随征正使太监郑和等至诸海外。"

巩珍①，都有纪行书传世。② 南洋诸国也有奉佛教的，故在第四次出发时，有僧人胜慧同行。③ 前后同奉命出使的使臣有内官王景弘④、侯显⑤、杨庆、洪保⑥、杨敏、李恺⑦、李兴、朱良、杨真、周福、张达⑧、吴忠、用济⑨、王贵通⑩诸人。将校中在锡兰山（Ceylon）、苏门答腊（Atcheh）两次战役中有功者，有李实、何义宗、彭以胜、林全、唐敬、王衡、林子宣、胡复、哈只、陆通、马贵、张通、刘海⑪、朱真⑫诸人。

郑和，云南昆阳州人。本姓马，祖、父都是回教徒。⑬ 其被阉入宫，

① 钱曾：《读书敏求记》："永乐敕遣中外重臣循西海诸国。宣宗嗣位，复命正使太监郑和、王景弘等往海外遍谕诸蕃。时金陵巩珍从事总制之幕往还三年，所至番邦二十余处。"

② 费信所撰有《星槎胜览》（二卷），该书有陆楫《古今说海》本（四卷）、沈节甫《纪录汇编》本（一卷）、《学海类编》本（四卷）、《借月山房汇抄》本（四卷）、《百名家书》本（一卷）、《格致丛书》本（一卷）、《国朝典故》本（二卷）、罗以智校本（二卷）、广州中山大学复印天一阁本（二卷）、《历代小史》本（四卷）、《小方壶斋舆地丛书》本。巩珍所撰有《西洋番国志》（一卷），见《四库存目》及《读书敏求记》，今未见传本。

③ 参见永乐十八年刊本《太上说天妃救苦灵验经》本后题记（据冯承钧《〈郑和下西洋考〉序》）。

④ 《明史》郑和传，七次远征中第一、二、七，三次均参加。

⑤ 《明史》郑和传："五使绝域，劳绩与郑和亚。"郎瑛《七修类稿》卷十二《三保太监》："永乐丁亥（1407）命太监郑和、王景弘、侯显三人往东南诸国赏赐宣谕。"伯希和《郑和下西洋考》以为丁亥（永乐五年）乃永乐七年之误。因郑和于永乐五年十月二日回京，是年所余之日无几也（冯承钧译本页35）。

⑥ 参见《读书敏求记·西洋番国志》。

⑦ 参见冯承钧：《〈瀛涯胜览〉校注序》，9页。

⑧ 参见《读书敏求记·西洋番国志》。

⑨ 参见长乐：《天妃灵应碑》。

⑩ 锡兰永乐七年布施碑。

⑪ 参见《明成祖实录》卷一一八、一六六、一七一。

⑫ 参见长乐：《天妃灵应碑》。

⑬ 参见袁嘉谷：《滇绎》卷三，李至刚《昆阳马公墓志铭》。

当在洪武十五年(1382)傅友德、沐英定云南时,年约十岁。① 事燕王于藩邸,从起兵有功,永乐二年（1404）正月初一日御书郑字,赐以为姓,乃名郑和。② 累擢至内官监太监。③ 身长七尺,腰大十围。④ 公勤明敏,谦恭谨密。⑤ 姿貌才智,内侍中无与比者。⑥ 永乐三年（1405）六月受命出使西洋,带领空前绝后之远征军作第一次航海壮举。

第一次远征军航行印度洋,"多赍金币,遍历诸番国,宣天子诏,因给赐其君长"⑦。率领将士卒二万七千八百余人,分乘六十二艘长四十丈、宽十八丈的大舶,艨艟蔽天,金甲耀日,所到处有不服从的便用武力解决。⑧ 当时印度洋上海盗纵横,剽掠商旅,各国入贡的使臣也被其邀劫,这次远征,

① 明初诸将用兵边境,有阉割俘虏幼童之习惯。例如叶盛《水东日记》所记:"陈芜交趾人,以永乐丁亥侍太孙于潜邸。"《明史》金英传:"范弘交趾人。初名安。永乐中英国公张辅以交童之美秀者还,选为奄。弘及王瑾、阮安、阮浪等与焉。"王瑾即《水东日记》之陈芜。永乐丁亥（1407）张辅定安南,陈芜等盖即此役之俘虏。又沈德符《万历野获编补遗》阉幼童条:"正统十四年（1449）麓川之役,靖远伯王骥、都督宫聚奏征思机发,擅用阉割之刑,以进御为名,实留自用。为四川卫训导詹英所奏。天顺四年（1460）镇守湖广贵州太监阮让阉割东苗俘获童稚一千五百六十五人,既奏闻,病死者三百二十九人,复买之以足数,仍阉之。"比附上举诸例,则郑和当即洪武十五年定云南时所俘被阉之幼童。初侍燕王时其年当在十岁左右,以如逾十岁,即不适于阉割也。据李至刚《昆阳马公墓志铭》和父马哈只卒于洪武十五年七月,年三十九岁。是年闰二月云南平定,则和父之死,或死于兵,或因幼子被俘,均属可能。以和父之存年推之,和为次子,其上尚有兄文铭。则和当生于洪武六年或七年（1373、1374）。至靖难兵起时,适为三十岁左右之壮年军官。是后七奉使海外,历成祖、仁宗、宣宗三朝,最后一次之出使为宣德六年（1431）,不久即老死。则其生卒年约为1373年至1435年,存年约六十三岁左右。
② 参见《明史》卷三〇四,《郑和传》。
③ 参见李至刚:《昆阳马公墓志铭》;袁忠彻:《古今识鉴》卷八。
④ 参见袁忠彻:《古今识鉴》卷八。
⑤ 参见李至刚:《昆阳马公墓志铭》。
⑥ 参见《古今识鉴》卷八。
⑦ 《明成祖实录》卷四二:"永乐三年六月己卯,遣中官郑和等赍敕往谕西洋诸国,并赐诸国王金织文绮彩绢各有差。"
⑧ 参见《明史》卷三〇四,《郑和传》。

也附有肃清海盗、开通航路的使命。

自唐、宋以来，三佛齐[1] 即为东西贸易之中心。[2] 至明代仍为"诸蕃要会"[3]。故我国人侨居者最多。在郑和木出使以前，有梁道明雄长其地。《明史》记：

> 有梁道明者，广州南海县人。久居其国，闽粤军民泛海从之者数千家，推道明为首，雄视一方。会指挥孙铉使海外，遇其子挟与俱来。永乐三年成祖以行人谭胜受与道明同邑，命偕千户杨信等赍诏招之。道明及其党郑伯可随入朝贡方物，受赐而还。[4]

又有陈祖义亦广东人，亦为旧港（Palembang）头目，远征军过苏门答剌时，祖义出降，遣使入贡。[5] 一面仍为盗海上[6]，远征军回帆时，复谋

---

① 即今苏门答腊，古名室利佛逝（Crivijaya）。自 904 年始迄于宋、明，复有三佛齐或佛齐(Samboja,Semboja)之号。冯承钧译费琅(G.Ferrand)《苏门答腊古国考》(L'empire Samatramais de Crivijara) 考证极详，可参看。

② 赵汝适《诸蕃志》上《三佛齐》："土地所产，玳瑁、脑子、沉速暂香、粗熟香、降真、丁香、檀香、豆蔻外，有真珠、乳香、蔷薇、水栀子花、腽肭脐、没药、芦荟、阿魏、木香、苏合油、象牙、珊瑚树、猫儿睛、琥珀、番布、番剑等，皆大食（Arabes）诸番所产，萃于本国。番商（指中国人）与贩，用金银磁器锦绮缬糖铁酒米良姜大黄樟脑等物博易。其国在海中，扼诸番舟车往来之咽喉，古用铁纤为限，以备他盗，操纵有机，若商舶至即纵之……苦商舶过不入，即出船合战，期以必死。故国之舟辐辏焉。"

③ 《明史》卷三二四，《三佛齐传》。

④ 《明史》卷三二四，《三佛齐传》。《明成祖实录》卷三八："永乐三年正月戊午，遣行人谭胜受、千户杨信等往旧港招抚逃民梁道明等。"卷四八："三年十一月甲寅，行人谭胜受等使旧港还。以头目梁道明、郑伯可等来朝，贡马方物。赐道明等袭衣及钞百五十锭，文绮二十表里，绢七十匹。"

⑤ 《明成祖实录》卷五六："永乐四年七月壬子，旧港头目陈祖义遣子士良、梁道明遣侄观政来朝，赐钞币有差。"

⑥ 参见《明史》卷三二四，《三佛齐传》。

邀劫，被擒伏诛。① 梁道明的副手施进卿以助诛陈祖义有功入朝，授旧港宣慰使司宣慰使。② 这是我国在海外所设立的第一个正式保护侨民的官署。施进卿是侨民中第一个为政府所任命的保侨官吏。

第一次远征军于永乐五年（1407）九月返国。在海上往返之三年中，曾至爪哇（Java）③、苏门答腊（Atcheh）④、南巫里（Lambri）⑤、古里（Calicut）⑥、锡兰（Ceylon）⑦、满剌加⑧诸地。经过爪哇时，遇爪哇内乱，

---

① 《明成祖实录》卷七二："永乐五年九月壬子，太监郑和使西洋诸国还，械至海贼陈祖义等。初和至旧港，遇祖义等，遣人招谕之，祖义诈降，而潜谋要劫官军。和等觉之，整兵堤备。祖义率众来劫，和出兵与战，祖义大败，杀贼党五千余人，烧贼船十艘，及伪铜印二颗。生擒祖义等三人。既至京师，命悉斩之。"

② 参见《东西洋考》卷三，《旧港》；《瀛涯胜览·旧港》。《明史·三佛齐传》："祖义诈降，潜谋要劫。有施进卿者告于和。祖义来袭被擒，献于朝伏诛。"《明成祖实录》卷七一："永乐五年九月戊午，旧港头目施进卿遣婿丘彦诚朝贡。设旧港宣慰使司，命进卿为宣慰使，赐印诰冠带文绮纱罗。"卷二六七："永乐二十二年（1424）正月甲辰，旧港故宣慰使施进卿之子济孙遣使丘彦诚请袭父职，并言旧印为火所毁。上命济孙袭宣慰使，赐纱帽及花金带金织文绮袭衣银印，命中官郑和赍往给之。"《明宣宗实录》卷五："洪熙元年（1425）七月丙午，爪哇国旧港守慰司遣正副使亚烈、张佛那马等奉表贡金银香象牙等物。"

③ 参见《明史》卷三二四，《爪哇传》。

④ 参见《明史》卷三二五，《苏门答腊传》。

⑤ 参见《明史》卷三二六，《南巫里传》。

⑥ 参见《瀛涯胜览·古里》，何乔远《名山藏·王享记》卷三："永乐元年酉长马那必加剌满遣使朝贡。三年复贡，诏封为国王。郑和下番自古里始。西洋诸番之会也。"是郑和于永乐三年曾至古里封王。伯希和于《郑和下西洋考》中以为《瀛涯胜览》所记之永乐五年是永乐三年之误，与何氏所记正合。

⑦ 伯希和：《郑和下西洋考》，31页注一。

⑧ 《明成祖实录》卷七一："永乐五年九月戊午，新建龙江天妃庙成。遣太常少卿朱焯祭告。时太监郑和使古里、满剌加诸番国还，言神多感应，故有是命。"关于海神之封典，均出于下番官军之请求，而以天妃为尤著。《明成祖实录》卷八七："永乐七年正月己酉，封天妃为护国庇民妙灵昭应弘仁普济天妃，赐庙额曰弘仁普济天妃之宫。岁月以正月十五及三月二十三日遣官致祭，著为令。"又"二月甲戌，封南海神为宁番伯，时遣使往诸番国，屡著灵应，故封之"。

官军登岸为爪哇兵所杀，爪哇王大惧，上表谢罪，次年遣使献黄金万两赎罪。①

　　郑和一行人之使命，第一次远航即得满意收获，海盗肃清，航路无阻。永乐六年（1408）九月癸亥，复奉命统领官兵，驾使海舶四十八号②，赍敕③使古里、满剌加、苏门答腊、阿鲁（Aru）、加异勒（Cail）、爪哇、暹

---

① 《明成祖实录》卷七一："永乐五年九月癸酉，爪哇国西王都马板遣使亚列加恩等来朝谢罪。先是爪哇国西王与东王相攻杀，遂灭东王。时朝廷遣使往诸番国，经过东王治所，官军登岸市易，为西王兵所杀者百七十人。西王闻之惧，至是遣人谢罪，命输黄金六万两偿死者。"卷八六："永乐六年十二月庚辰，爪哇国西王遣使献黄金万两谢罪。"

② 参见《星槎胜览》前集，《占城国》；陆容：《菽园杂记》。

③ 《郑和家谱》记有第二次奉使之二敕，一敕南京守备："敕书：大明皇帝敕谕南京守备驸马都尉宋彪、襄城伯李隆：今遣太监郑和往西域、忽鲁谟斯等国公干，合用杠抬搬运钱粮官军，尔等即便照数差拨，勿得稽延，故谕。永乐七年三月日。"一敕海外诸番："皇帝敕谕四方海外诸番王及头目人等：朕奉天命君主天下，一体上帝之心，施恩布德。凡覆载之内，日月所照，霜露所濡之处，其人民老少，皆欲使之遂其生业，不致失所。今遣郑和赍敕普谕朕意。尔等只顺天道，恪守朕言，循理安分，勿得违越，不可欺寡，不可凌弱，庶几共享太平之福。若有撼诚来朝，咸锡赏赉。故兹敕谕，悉使闻知。永乐七年三月日。"案成祖五女，安成公主，文皇后生，成祖即位，下嫁宋琥，西宁侯晟子也。咸宁公主，安成公主同母妹，永乐九年下嫁宋瑛，琥弟也。《明史》卷一五五《宋晟传》，晟三子瑄、琥、瑛，瑄建文中战死云璧。琥尚主嗣侯，永乐八年佩前将军印，镇甘肃。敕中之驸马都尉宋彪当是宋琥之误。然《明史·职官志五·驸马都尉》："仁宗时沐昕，宣宗时宋琥并守备南京。"是琥守备南京在宣德时。且据《明史》李濬传："既迁都，以南京根本地，命隆留守。"《职官志·南京守备》："永乐十九年迁都北京，命中府掌府事官守备南京。"是则南京守备之置始于永乐十九年，李隆为第一任守备。在永乐十九年以前，南京犹是京师，固无守备之官也。宋琥与李隆同任守备在宣德朝。二敕记宋彪、李隆任南京守备在永乐七年，与史不合。永乐或为宣德之误，然郑和第七次出使以宣德五年六月，敕书之颁，不能迟至宣德二年，疑此二敕均伪撰，不可据。且谱言和以永乐七年三月第二次出使，亦与长乐《天妃碑》通番事迹记不合（碑言第二次永乐五年出，永乐七年回；第三次永乐七年出，永乐九年回），今不取其说。

罗（Siam）、占城（Campa）、柯枝（Cochin）、阿拨把丹、小阿兰（Quilon）、南巫里、甘巴里（Koyampadi）诸国，赐其王锦绮纱罗。[①]

第二次远征军归来时，经过锡兰国，锡兰国王亚烈苦奈儿（Alagakkonara Nijaya Bahu VI）发兵拦劫，为郑和所败，生擒亚烈苦奈儿回国献俘。《明成祖实录》记：

> 永乐九年（1411）六月乙巳，内官郑和等使西洋诸番国还。献所俘锡兰山国王亚烈苦奈儿并其家属。和等初使诸番，至锡兰山，亚烈苦奈儿侮慢不敬，欲害和，和觉而去。亚烈苦奈儿又不辑睦邻国，属邀劫其往来使臣，诸番皆苦之。及和归，复经锡兰山，遂诱至国中，令其子纳颜索金银宝物，不与。潜发番兵五万余劫和舟，而伐木拒险，绝和归路，使不得相援。和等觉之，即拥众回船，路已阻绝。和语其下曰："贼大众既出，国中必虚，且谓我客军孤怯，不能有为，出其不意攻之，可以得志。"乃潜令人由他道至船，俾官军尽死力拒之。而躬率所领兵二千余由间道急攻王城，破之，擒亚烈苦奈儿并其家属头目。番军复围城，交战数合大败之。遂以归。群臣请诛之，上悯其愚无知，命姑释之，给与衣服。命礼部议择其属之贤者，以

承国祀。①

礼部询所俘锡兰国人，国人皆举耶巴乃那。永乐十年（1412）复遣郑和使西洋②封耶巴乃那为锡兰国王，号不剌葛麻巴忽剌查（Parakkama Bahu—Raja）③。

远征军至苏门答腊时，王子苏干剌（Sekander）以赏赐不及，举兵邀杀，又为郑和所擒，献俘阙下，国威大震。《实录》记：

十三年（1415）九月壬寅，郑和献所获苏门答腊贼酋苏干剌等。④初和奉使至苏门答剌，赐其王宰奴里阿必丁（ZaynuL-Abtidin）纸币。苏干剌乃前伪王弟，方谋弑宰阿必丁，以夺其位。且怒使赐不及己，领兵数万邀杀官军。和帅众及其国兵与战，苏干剌败走。追至渃利国，并其妻子俘以归。至是献于行在。兵部尚书方宾言："苏干剌大逆道，

---

① 《明成祖实录》卷一一六。此次远征还国，政府曾大规模宴劳。《实录》记："六月庚戌，上以奉使西洋官军航海劳苦，且去家日久，其至京者命礼部引见赐劳，凡七百四十五人，赐钞五千一百五十锭。""戊午上以官军从郑和自番国还者，远涉艰苦，具有劳。遣内官赵惟善、礼部郎中李至刚宴劳于太仓。"卷一一七："七月己巳，赍官军使番国还者，人钞十锭，凡二十万锭。"卷一一八："八月乙未，使西洋官军刘海等十六人回京，人赐钞五锭，钞币一表里。"按擒亚烈苦奈儿，《通番事迹记》以为是第三次航行事："永乐七年统领舟师前往各国，道经锡兰山国，其王亚列苦奈儿负固不恭，谋害舟师，赖神灵显应知觉，遂生擒其王，至九年归献。寻蒙恩宥，押复归国。"长乐《天妃灵应记》同。

② 《明成祖实录》卷一三四："永乐十年十一月丙申，遣太监郑和等赍敕往赐满剌加、爪哇、占城、苏门答腊、阿鲁、柯枝、古里、南渤利、彭亨、急兰丹、加异勒、忽鲁谟斯、比剌、溜山、孙剌诸国王锦绮纱罗彩绢等物有差。"

③ 参见郑晓：《吾学编》卷六八；何乔远：《名山藏·王享记》卷三，《锡兰》。

④ 《明成祖实录》卷一六〇："永乐十三年七月癸卯，太监郑和等奉使西洋诸番国还。"

宜付法司正其罪。"遂命刑部按法诛之。[①]

此行据马欢所撰《纪行诗》及《明史·外国传》之记载，凡占城、阇婆、三佛齐、苏门答腊、锡兰、柯枝、古里、五屿（Malacca）、溜山（Maldives）、忽鲁谟斯（Hormuz）、加异勒、彭亨（Pahang）、急兰丹（Kelantan）、阿鲁（Aru）、南渤利（Lambri）诸国，均为航线所经，始越过印度南境，到波斯湾中。[②]

第三次航行返国时，诸蕃国使臣随同朝贡。永乐十四年（1416）十二月郑和又奉命赍敕及锦绮纱罗等物，偕请蕃国使臣，赐各国王。[③]作第四次之远征。此次航程除遍历前三次所经国家外，并曾到过阿丹（Aden）、不剌哇（Brawa）、麻林（Malinde）[④]、沙里湾泥（Sharwayn）[⑤]、木骨都束（Mogadishu）、剌撒[⑥]，横断印度洋而远至于非洲。于永乐十七年（1419）

---

① 《明成祖实录》卷一六八。《明史》郑和传同。按《瀛涯胜览》及《明史》苏门答腊传并云："其苏门答腊国王先被那孤儿花面王（Battak）侵略战斗，身中毒箭而死。有一子幼小，不能与父报仇。其王之妻与众誓曰：有能报夫死之仇，复全其地者，吾愿妻之。言讫，本处有一渔翁，奋志而言，我能报之。遂领兵众当先杀败花面王，复雪其仇。花面王被杀，其众退伏，不敢侵扰。王妻于是不负前盟，即与渔翁配合，称为老王，家室地赋之类，悉听老王裁制。永乐七年效职进贡而沐天恩，十年复至其国。其先王之子长成，阴与部领合谋弑义父渔翁，夺其位，管其国。渔翁有嫡子苏干剌领众挈家逃去邻山，自立一寨，不时率众侵复父仇。永乐十三年正使太监郑和等统领大航宝船到彼，发兵擒获苏干剌，赴阙明正其罪。其王子感荷圣恩，常贡方物于朝廷。"与《实录》不合。又擒苏干剌事《通番事迹记》以为是第四次航行时事："永乐十二年统领舟师往忽鲁谟斯等国，其苏门答腊国伪王苏干剌寇侵本国，其王遣使赴阙陈诉，就率官兵剿捕，遂生擒伪王，至十三年归献。"长乐《天妃碑》同。
② 参见《郑和下西洋考》，34页。
③ 参见《明成祖实录》卷一八三。
④ 参见《明史》卷七，《成祖本纪》。
⑤ 参见《明史》卷三二六；《郑和下西洋考》，46页。
⑥ 《明史》卷三二六；《武备志图》位置剌撒于阿拉伯半岛阿丹之西北。

七月返国。① 忽鲁谟斯、阿丹等十六国使臣随来朝贡。②

永乐十九年（1421）正月郑和等又奉命作第五次之航行，就赐各国国王以锦绮纱罗，并送十六国使臣返国。③ 这一次航行又到了非洲东岸的木骨都束和不剌哇，阿拉伯沿岸的祖法儿（Zufar）、阿丹。永乐二十年（1422）八月壬寅还，暹罗、苏禄（Sulu）、苏门答腊、阿丹等国都遣使随贡方物。④

永乐二十二年（1424）正月旧港（Palembang）酋长施济孙遣使请袭宣慰使职，三月郑和又奉命作第六次之航海。⑤ 回国时明成祖已经晏驾，仁宗（1424—1425）继位，罢西洋宝船，洪熙元年（1425）二月命和以下番诸军守备南京。⑥

仁宗宽宏仁厚，是一个守成的中主，在位不到一年便死了。宣宗（1426—1435）继位。这个青年皇帝从幼便为祖父所钟爱。在性格和魄力方面，也受了他祖父的遗传，很是精明强干。宣德五年（1430）六月，帝以外蕃贡

---

① 参见《明史》卷七，《成祖本纪》。《明成祖实录》卷二一四："永乐十七年七月庚申，官军自西洋还。上谕行在礼部臣曰：'将士涉历海洋，逾十数载，行役万里，经数十国，盖亦劳矣。宜赏劳之。'"卷二二五："十八年五月辛未，命行在兵部，凡使西洋、忽鲁谟斯等国回还官旗二次至四次者，俱升一级。于是升龙江左卫指挥朱真为大宁都指挥佥事，掌龙江左卫事。水军右卫指挥使唐敬为都指挥佥事……"

② 十六国除忽鲁谟斯、阿丹外，为祖法儿、剌撒、不剌哇、木骨都束、古里、柯枝、加异勒、锡兰山、溜山、喃哱利、苏门答腊、阿鲁、满剌加、甘巴里。见《明成祖实录》卷二三三。

③ 参见《明成祖实录》卷二三三。按第五次航行，《通番事迹记》作永乐十五年事。记云："永乐十五统领舟师往西域，其忽鲁谟斯国进狮子、金钱豹、西马，阿丹国进麒麟，番名祖剌法，并长角马哈兽；木骨都束国进花福禄并狮子，卜剌哇国进千里骆驼并驼鸡，爪哇国进麋里羔兽，各进方物，皆古所未闻者。及遣王男、王弟捧金叶表文朝贡。"

④ 参见《明成祖实录》卷二五〇。

⑤ 参见《明史》卷七，《成祖本纪》。

⑥ 参见《明史》卷八，《仁宗本纪》。按第六次航行，《通番事迹记》作永乐十九年事："永乐十九统领舟师，遣忽鲁谟斯等各国使臣久侍京师者悉还本国。其各国王贡献方物视前益加。"

使多不至，遣和及王景弘遍历诸国①，又奉命仆仆作最后一次的远征。据祝允明所记此次航海里程，郑和所率领之舰队，以宣德五年（1430）闰十二月六日于南京龙湾开舡②，然据《实录》则宣德六年二月中，曾令满剌加使臣附郑和舟返国。③ 由是可知历次舰队均系分别出发，故满剌加使臣得附后发宝船还国。主队出发时，并曾派分队到古里，由古里再派人带货物到天方（Mekka）贸易。④ 全队于宣德八年（1433）七月六日回京。⑤

第七次远征军返国后的第三年，宣宗崩，英宗（1436—1449，1457—1464）冲龄继位，杨士奇、杨荣、杨溥诸老臣当国，主少国疑，于是又回到了太祖时代的保守政策，不再想再向海外发展。同时郑和也是六十几岁的老头子了，不能再作远行，三十年来的海外活动于此告一结束。《明史》说：

> 和经事三朝，先后七奉使，所历占城（Campa）、爪哇（Java）、真腊（Kemboja）、旧港（Palembang）、暹罗（Siam）、古里（Calicut）、

---

① 参见《明史》卷三二五，《苏门答腊传》。《明宣宗实录》卷六七："宣德五年六月戊寅，遣太监郑和等赍诏往谕诸番国，凡所历忽鲁谟斯、锡兰山、古里、满剌加、柯枝、卜剌哇、木骨都束、喃渤利、苏门答腊、剌撒、溜山、阿鲁、甘巴里、阿丹、佐法儿、竹步（Juba）、加异勒等二十国及旧港宣慰司，其君长皆赐赉彩币有差。"

② 参见《纪录汇编》卷二〇二，《前闻记》。按《通番事迹记》："宣德五年冬复奉使诸番国，牺舟（娄东刘家港天妃宫）祠下。"又云："宣德五年仍往诸番开诏，舟师泊于祠下。"又云："明宣德六年岁次辛亥春朔正使太监郑和、王景弘，副使太监朱良、周福、洪保、杨真，左少监张达等。"则和等虽于五年六月奉命，十二月自龙湾开航。而自太仓启行，则为六年春初事也。前记六次航海往返时月、石刻及纪行书和《明实录》《明史》之不同，都即以奉敕与出海相距时日远，一据奉命时日，一记航海时日，故有歧异。

③ 《明宣宗实录》卷七六："六年二月壬寅，满剌加国头目巫宝赤纳等至京言：国王欲躬来朝贡，但为暹罗国王所阻。暹罗素欲侵害本国，本国欲奏，无能为者。今王令臣三人潜附苏门答腊舟来京，乞朝廷遣人谕暹罗王无肆欺凌，不胜感恩之至。上命行在礼部赐赉巫宝赤纳等。遣附太监郑和舟还国。令和赍敕谕暹罗国王。"

④ 参见《明史》卷三三二，《天方传》；《瀛涯胜览·天方国》。

⑤ 祝允明：《前闻记》。

满剌加（Malacca）、渤泥（Borneo）、苏门答腊（Atcbeb）、阿鲁（Aru）、柯枝（Cochin）、大葛兰、小葛兰（Quilon）、西洋琐里（Chola）、加异勒（Cail）、阿措把丹、南巫里（Lambri）、甘把里（Koyampadi）、锡兰山（Ceylon）、喃渤利（即南巫里）、彭亨（Pahang）、急兰丹（Kelantan）、忽鲁谟斯（Hormuz）、比剌（Brawa）、溜山（Maldives）、孙剌（Sofala）、木骨都束（Mogadishu）、麻林（Malinde）、剌撒、祖法儿（Djofar）、沙里湾泥（Sharwayn）、竹步（Juba）、榜葛利（Bengala）、天方（Mekka）、黎代（Lide）、那孤儿（Battak）[①]，凡三十余国。所取无名宝物，不可胜计，而中国耗费亦不赀。自宣德以还，远方时有至者，要不如永乐时，而和亦老且死。自和后凡将命海表者，莫不盛称和以夸外番，故俗传三保太监[②]下西洋，为明初盛事云。[③]

---

① 冯承钧《〈瀛涯胜览〉校注序》："考阿丹（Aden）一国，名见马欢、费信、巩珍之书，亦系郑和所历之地，郑和本传漏举其名。《星槎胜览》之卜剌哇（Brawa）亦系宝船所至之地，亦不见于郑和本传，有人以为即是传中之比剌，然与对音未合，未敢以为是也。"

② 三保太监明人有谓为郑和旧名者，如郎瑛《七修类稿》卷十二《三保太监》："永乐丁亥命太监郑和、王景弘、侯显三人往东南诸国赏赐宣谕。今人以为三保太监下西洋。不知郑和旧名三保，皆靖难内臣有功者。"有谓为合郑和、王景弘、侯显三人称为三保太监者，如严从简《殊域周咨录》卷七《占城传》："三保之称，不知系是郑和旧名，抑岂西洋私尊郑和、王景弘、侯显等为三太保故也。"有谓为三下西洋有功，故称三宝太监者，王世贞《弇山堂别集》卷九十《中官考》："永乐三年三月命太监郑和等率兵二万七千人行赏赐西洋、古里、满剌加诸国。按此内臣将兵之始也。和自是凡三下西洋皆有功。人谓之三宝太监。"按明初内官多有以三保为名者，如永乐八年五月初九日谕谭青诏："说与都督谭青、薛禄……内官王安、五彦、三保、脱脱尔等……"八年六月三十日敕王友、刘才："尔等启行之时，朕又遣内官三保说与尔等，但遇胡寇，务立奇功头功。"有内官三保。并见《弇山堂别集》卷八十八《诏令杂考四》。《明史》卷三三一《尼八剌传》有内官杨三保："永乐十一年命杨三保赍玺书银币赐其嗣王沙葛新的及地涌塔王可般。"又有王三保，陆树声《长水日抄》："国初尝遣王三保太监出使西洋，所致番中方物入贡。"由此可知明初内官除郑和外，名三保者甚多。三保为书普通人名，非尊称，其例正如内官狗儿之即为王彦。则三保似即是郑和旧名也。和之僧名福善已见上文。

③ 《明史》卷三〇四，《郑和传》。

明初出使海外著劳绩的，还有太监杨敕（敏）、侯显、尹庆诸人。杨敕于永乐十年（1412）奉使往榜葛剌等国，永乐十二年（1414）还京。[①]侯显接着也出使榜葛剌、沼纳朴儿（Ganupur），令两国罢兵。[②]后又命周鼎等往使。[③]尹庆于永乐元年（1403）九月使满剌加、柯枝诸国。[④]永乐三年（1405）九月返国，苏门答剌酋长宰奴里阿仲丁、满剌加国酋长拜里迷苏剌、古里国酋长沙米的俱遣使随还朝见。诸俱封为国王，与印诰，并赐彩币袭衣。复命尹庆往使。[⑤]尹庆第一次出使满剌加时，内官马彬亦同时被命使爪哇、西洋、苏门答腊诸蕃。[⑥]后又数奉命使占城。[⑦]张谦于永乐八年（1410）与行人周航使浡泥国，永乐十、十四、十八年（1412、1416、1420）又奉使往使，永乐十五年（1417）九月又出使古麻剌郎国。[⑧]杨庆于永乐十八年（1420）奉命往西洋公干，洪保于次年奉命送各蕃国使

---

① 参见《星槎胜览》前集。
② 参见《明史》卷三〇四，《郑和传》。
③ 《明史·郑和传附侯显传》："永乐十三年帝欲通榜葛剌（Bengala）诸国，复命显率舟师以行。其国即东印度之地，去中国绝远。其王赛佛丁（Saifu-d'-din）即遣使贡麒麟及诸方物。帝大悦，锡予有加。榜葛剌之西有国曰沼纳朴儿（Ganupur）者地居西印度中，古佛国也。侵榜葛剌。赛佛丁告于朝。十八年九月命显往宣谕赐金币，遂罢兵。"《明成祖实录》卷一六六："十三年七月甲辰，使太监侯显等使榜葛剌诸番国。"卷二二八："十八年八月乙亥，遣中官侯显等使沼纳朴儿国。时榜葛剌国王言沼纳朴儿国王亦不剌金（Samaur'-d-din Ibvahim Sah）数以兵扰其境，故遣显等赍敕谕之，使相辑睦，各保境土。因赐之彩币。并赐所过金刚宝座之地酋长彩币。"《明成祖实录》卷二六三："永乐二十一年九月，江阴等卫都指挥佥事周鼎等九百九十二人奉使榜葛剌等国回。皇太子令礼部赏钞有差。"
④ 参见《明成祖实录》卷二三。
⑤ 参见《明成祖实录》卷四六。
⑥ 参见《明成祖实录》卷二三。
⑦ 参见《东西洋考》卷二，《占城》。
⑧ 参见《明成祖实录》卷一〇八、一九〇、二三〇；《明史》卷三二五，《渤泥传》。

臣回还。[①] 吴宾于永乐初曾使爪哇。[②] 永乐三年(1405)朝使曾往招谕吕宋、麻叶瓮、番速儿、来囊葛卜、南巫里、娑罗六国。[③] 朝臣奉使西洋者有闻良辅、宁善[④]、王复亨[⑤]、马贵[⑥] 诸人。

四、南洋诸国之臣服与华侨之移殖

成宣间（1402—1435）努力向南洋发展之结果，第一为经济上之收获，用瓷漆丝茶诸货物到南洋博易香料染料，以有易无，政府人民两都得益。第二是政治上的成功，战胜攻取，国威远播，南洋诸国，稽首来庭，甘为臣属。第三是文化的传播，宝船送出，信使往来，南洋诸国，因之深染华风。第四是华侨移殖之增加及势力之发展，因航路之开辟，及航海术的进步，加以郑和一行使人在南洋之成功，使中国侨民在南洋之地位陡然提高，在各方面都得便利，因之渡海博易及留居之人数顿增，以其灵敏耐劳的手腕，渐得当地人民之信仰，华侨遂取得南洋诸国经济上领袖之地位，同时进而参与当地政治，有的做了当地的执政，有的甚至做了国王。

明人对于南洋通洋的见解，以为"舶之为利也，譬之矿然。封闭矿洞，驱斥矿徒，是为上策。度不能闭，则国收其利权而自操之，是为中策。不闭不收，利孔漏泄，以资奸萌，啸聚其中，斯无策矣"[⑦]。以矿洞喻市舶司，矿徒喻海商。上策指洪武时代，中策指永乐至正德时代，无策指因倭寇而

---

① 参见《读书敏求记·西洋番国志》。
② 参见《殊域周咨录》卷八，《爪哇》。
③ 参见《明成祖实录》卷四七；《明史》卷三二三，《吕宋传》。
④ 参见《明成祖实录》卷四六。
⑤ 参见《明成祖实录》卷四三。
⑥ 参见《明成祖实录》卷一一二。
⑦ 唐顺之：《荆川集》外集，《条陈海防经略事疏》。

罢市舶之嘉靖时代。所谓"国收其利权而自操之"，指的是永宣时代的郑和七下西洋。

明代政府对蕃货的处置是用抽分的办法，蕃货有贡蕃和私商之别，凡贡蕃，"朝贡附至番货欲与中国贸易者，实物六分，给价偿之，仍免其税"[1]。政府有权抽买全部货物十分之六，为表示外交礼貌，特免其税。旧例应入贡蕃先给以符簿。[2] 凡贡至，三司以合文视其表文方物无伪，乃送入京。若国王王妃陪臣等附至货物，抽其十分之五，其余官给之值。暹罗、爪哇二国免抽。[3] 其蕃商私赍货物入为易市者，"舟至水次，番封籍之，抽其十二，乃听贸易"[4]。永宣时代除市舶抽分以外，直接由国家派遣远征舰队去海外博易，输出国货，买进蕃货，所得利益更大。宣德以后，宝船不出，诸蕃贡使来市。"椒木铜鼓，戒指宝石，溢于库市。番货甚贱，贫民承令博买，多致富。"[5]

市舶和国计民生的关系，嘉靖中都御史林富曾上疏陈论。他说：

> 中国之利，盐铁为大，有司取办，忔忔终岁，仅充常额。一有水旱劝民纳粟，犹惧不充。旧规至广番舶，除贡物外，抽解私货，俱有

---

① 《明太祖实录》洪武二年九月。

② 《大明会典》卷一〇八《朝贡通例》："凡勘合号簿，洪武十六年始给暹罗国，以后渐及诸国。每国勘合二百道，号簿四扇。如暹罗国暹字勘合一百道及罗字号底簿各一扇俱送内府。罗字号勘合一百道及暹字号底簿一扇发本国收填。罗字号簿一扇发广东布政司收比。余国亦如之。每改元则更造换给。计有勘合国分，暹罗、日本、占城、爪哇、满剌加、真腊、苏禄国东王、苏禄国西王、苏禄国峒王、柯支、渤泥、锡兰山、古里、苏门答腊、古麻剌。"

③ 《大明会典》卷一一一《给赐二·外夷上贡物给价》："琉球国，正贡外附来货物，官抽五分，买五分。暹罗，使臣人等进到货物，例不抽分，给与价钞。爪哇，贡物给价。渤泥国，正贡外附带货物俱给价。苏门答剌国，正贡外使臣人等自进物俱给价。苏禄国，货物例给价，免抽分。西洋琐里，永乐元年来朝，附载胡椒等物皆免税。满剌加国，正贡外，附来货物皆给价，其余货物许令贸易。榜葛剌国，使臣人等自进物俱给价。"

④⑤ 顾炎武：《天下郡国利病书》卷一二〇，《海外诸番》。

则例，足供御用，此其利之大者一也。番货抽分，解京之外，悉充军饷，今两广用兵连年，库藏日耗，借此足以充羡而备不虞，此其利之大者二也。广西一省全仰给于广东，今小有征发，即措办不前，虽折俸椒木①，久已缺乏，科扰于民，计所不免。查得旧番舶通时，公私饶给，在库番货，旬月可得银两数万，此其为利之大者三也。货物旧例有司择其良者如价给直，其次资民买卖，故小民持一钱之货，即得握椒，辗转贸易，可以自肥，广东旧称富庶，良以此耳，此其为利之大者四也。助国给军，既有赖焉，而在官在民，又无不给，是因民之所利而利之者也，非所谓开利孔而为民罪梯也。②

计利一御用，利二给军，利三折俸，利四富民。在永宣时代，又加上大规模的政府主持的海外博易，其收入之浩大，当可推想而知。所以在郑和七下西洋后四十年，又有太监迎合宪宗（1465—1487）的意思，到兵部查索宣德时郑和出使的水程，预备再作远征海外的壮举，终为保守的言官所论谏而作罢论。③

在政治方面，南洋诸国经过郑和几次的卓越战功，和外交手腕的发挥，同时明成祖和宣宗六征蒙古，三定安南，国威远播，南洋诸国莫不来

① 明代广州及东南沿海官吏，多以胡椒、苏木折俸。见《天下郡国利病书》卷一二〇。

② 《殊域周咨录》卷九，《佛郎机》。

③ 参见《刘忠宣公（大夏）年谱》。《殊域周咨录》卷八《古里》："成化间（《刘忠宣公（大夏）年谱》列此事于成化九年）有中贵迎合上意者，举永乐故事以告，诏索郑和出使水程（《刘忠宣公（大夏）年谱》作上命中官至兵部查宣德间王三保出使西洋水程）。兵部尚书项忠命吏入库检旧案不得，盖先为车驾郎中刘大夏所匿。忠笞吏，复命入检，终莫能得。大夏秘不言。会台谏论止其事。忠诘吏谓库中案卷宁能失去，大夏在旁对曰：'三保下西洋，费钱粮数十万，军民死且万计。纵得奇宝而回，于国家何益。此特一敝政，大臣所当切谏者也。旧案虽存，亦当毁之以拔其根，尚何追究其有无哉！'"

朝恐后，除循常例派使臣进贡外，诸国王中有亲自航海到京朝见，表示臣属者。永乐四年（1406）拉布恩岛（Labuan）岛之中国河（Kina Benua River）①，都是著例。

华侨之移殖亦如雨后春笋，突然增加。据《明史·婆罗传》：

> 万历时为王者闽人也。或言郑和使婆罗，有闽人从之，因留居其地，其后人竟据其国而王之。

《苏禄史》亦记14世纪时有中国使臣黄森屏(Ong Sung ping)到浡泥，后任支那巴坦加总督。其女嫁文莱（Brunei）第二苏丹阿合曼（Ahmed），凡二十余传以迄今。其王统由女系递传。阿合曼之女嫁爱丽（Sherip Ali），后继王位，即今文莱王始祖也。②郑和部下留居南洋，确有史料可据。《明英宗实录》记前随郑和下蕃之太监洪保所属一船，由西洋发碇时船中凡三百人，后遭风漂泊，辗转流徙，经十八年后，得回国者仅府军卫卒赵旺等三人。③其余未能返国之二百余人，当然留居各地，从事于蛮荒之开发。又如商人下蕃者亦往往留居，如苏禄之留人为质，要约商舶再来。④美洛居（Malacca）有香山，雨后香堕，沿流满地，居民拾取不竭，其酋委积充栋，以待商舶之售。东洋不产丁香，独此地有之，可以辟邪，故华人多市易。以此侨居者亦众。万历时荷兰人与葡萄牙人因争美洛居构兵，华人流寓者，游说两国，令各罢兵。⑤吕宋尤多华侨，以去漳州近，故贾舶多往，

---

① 参见温雄飞：《南洋华侨通史》，64页。

② Baring Gould：《砂劳越史》。

③ 参见《明英宗实录》卷一六九。

④ 参见《明史》卷三二五，《苏禄传》。

⑤ 参见《明史》卷三二三，《美洛居传》。

往往久住不归，名为压冬，聚居涧内为生活，渐至数万，间有削发长子孙者。[①] 华商久居南洋，占有势力。成化二十一年（1485）至今东莞商人张宣率官军二千送占城王古来返国。[②] 有的做了当地的官吏或执政，如漳州人张姓之为浡泥那督（Datn），那督华言尊官也。[③] 汀州人谢文彬之为暹罗岳坤，岳坤犹华言学士之类。[④] 饶州人朱复、南安人蔡璟之为琉球国相。[⑤] 诸国来朝之译人及使臣亦多由华人充任，如万安人萧明举之为满剌加通事[⑥]，火者亚三之为葡萄牙人使者[⑦]，琉球使者则多为福建人[⑧]。

罪人及海盗以在国内不能立足，亦多避居南洋，如前文所引之梁道明、陈祖义、丘彦诚、施进卿父子诸人之雄长旧港，南海叛民何八观等之屯聚岛外。[⑨] 嘉靖末年，倭寇余党遁居吉兰丹，生聚至二千余人。[⑩] 广东大盗张琏逃居旧港，列肆为蕃舶长，漳、泉人多附之。犹中国市舶官。[⑪] 林凤（Limahong）、林道乾为官军所败，逃至海外，与西班牙争夺菲律宾群岛。[⑫]

---

① 参见《东西洋考》卷五，《吕宋传》。

② 参见《东西洋考》卷五，《占城传》。

③ 参见《明史》卷三二五，《浡泥传》。

④ 参见《殊域周咨录》卷八，《暹罗传》。

⑤ 参见《明史》卷三二三，《琉球传》。

⑥ 参见《明史》卷三二五，《满剌加传》。

⑦ 参见《明史》卷三二五，《佛郎机传》。

⑧ 参见《明史》卷三二五，《琉球传》。

⑨ 参见《东西洋考》卷二，《暹罗》。

⑩ 参见《东西洋考》卷三，《大泥传》。

⑪ 日人藤田丰八以为即西班牙史家 Fr. Juan de la Concepcion 所记之 Jehang Si Lao，见《东洋学报》第八卷第一号《葡萄牙人之占据澳门》文中。按《续文献通考》记万历时有大盗林朝曦亦在三佛齐列肆为蕃舶长，如中国市舶官。

⑫ 参见《明史》卷二二二，《凌云翼传》；卷三二三，《吕宋传》；L. F. Fermandeg, *A Brief History of the Philippines*, pp.89-84；藤田丰八：《葡萄牙人之占据澳门》，载《东洋学报》，第八卷第一号；张星烺：《菲律宾史上之李马奔（Limahong）真人考》，载《燕京学报》，第八期；李长傅：《〈菲律宾史上之李马奔真人考〉补遗》，载《燕京学报》，第九期；黎光明：《〈菲律宾史上之李马奔真人考〉补正》，载《燕京学报》，第十期。

这一些人在国内虽然是为非作恶，一到了南洋，却便成为当地的英雄，受人崇拜。

从永宣时代积极经营南洋以后，南洋已成为中国之一部，无论在政治、经济或文化方面，均为中国之附庸。南洋之开拓及开化完全属于我国人努力之成绩。假如宣德以后，政府能继续经营，等不到欧洲人之东来，南洋诸国已成为中国版图之南境，和其母国合为一大帝国。或许世界史要全部改写了。可是宣德以后的历朝政府，放弃了这责任，并且不愿继承前人的伟绩，退婴自守，听其自然。这担子便又重新放到无数千万的无名英雄头上，他们不但没有国家的力量做后盾，并且冒着违犯国法的危险，凭着勇气和求生的欲望，空拳赤手，乘风破浪，到海外去开辟他们的新世界新事业，凭着优秀民族的智慧去征服环境，做当地人的领导者。

正统（1436—1449）以后，政府对南洋取放任政策，结果在商业方面由政府独占而恢复到以前的私人经营，在政治方面南洋诸国也由向心力而转变到离心力。八十年后，欧洲人为了找寻香料群岛（Spice Islands, Malacca）陆续东来，他们不但拥有武力，并且有国家的力量做后盾，得步进步，不到几十年便使南洋地图全部变色，自然而然地替代了以前我国人的地位。华侨寄居外人篱下，备受虐待，眼看着自己耕耘的土地，都被后来人享用。我国政府不能过问。这是中国史上一个大转变，也是世界史上的一个大关键。

第六章　明代的军兵^①

一、军与兵

明初创卫所制度，划出一部分人为军，分配在各卫所，专负保卫边疆和镇压地方的责任。军和民完全分开。中叶以后，卫军废弛，又募民为兵，军和兵成为平行的两种制度。

军是一种特殊的制度，自有军籍。在明代户口中，军籍和民籍、匠籍平行，军籍属于都督府，民籍属于户部，匠籍属于工部。军不受普通行政官吏的管辖，在身份、法律和经济上的地位都和民不同。军和民是截然地分开的。兵恰好相反，任何人都可应募，在户籍上也无特殊的区别。军是世袭的，家族的，固定的，一经为军，他的一家系便永远世代充军，住在被指定的卫所。直系壮丁死亡或老病，便须由次丁或余丁替补。如在

---

① 本文写于 1937 年 6 月，于北平。原载《中国社会经济史集刊》第五卷第二期。——编者注

卫所的一家系已全部死亡，还须到原籍勾族人顶充。兵则只是本身自愿充当，和家族及子孙无关，也无固定的驻地，投充和退伍都无法律的强制。军是国家经制的，永久的组织，有一定的额数，一定的戍地。兵则是临时招募的，非经制的，无一定的额数，也不永远屯驻在同一地点。

在明代初期，军费基本上是自给自足的，军饷的大部分由军的屯田收入支给。在国家财政的收支上，军费的补助数量不大。虽然全国的额设卫军总数达到二百七十余万的庞大数字[①]，国家财政收支还能保持平衡。遇有边方屯田的收入不敷支给时，由政府制定"开中"的办法，让商人到边塞去开垦，用垦出的谷物来换政府所专利的盐引，取得买盐和卖盐的权利。商人和边军双方都得到好处。

兵是因特殊情势，临时招募的。招募时的费用和入伍后的月饷都是额外的支出。这种种费用原来没有列在国家预算上，只好临时设法，或加赋，或加税，或捐纳，大部由农民负担。因之兵的额数愈多，农民的负担便愈重。兵费重到超过农民的负担能力时，政府的勒索和官吏的剥削引起农民的武装反抗。政府要镇压农民，又只好增兵，这一笔费用还是出在农民身上。

卫所军经过长期的废弛而日趋崩溃，军屯和商屯的制度也日渐破坏，渐渐地不能自给，需要由国家财政开支。愈到后来，各方面的情形愈加变坏，需要国家的财政供给也愈多。这费用也同样地需由农民负担。同时又因为军力的损耗，国防脆弱，更容易引起外来的侵略。卫军不能作战，需要募兵的数量愈多。这两层新负担，年复一年地递加，国家全部的收入不够军兵费的一半，只好竭泽而渔，任意地无止境地增加农民的负担，终于引起历史上空前的农民暴动。政府正在用全力去镇压，新兴的建州却又乘机而入，在内外交逼的情势下，颠覆了明室的统治权。

---

① 《明史》卷九一《兵志》，弘治十四年（1501）兵部侍郎李孟旸《请实军伍疏》："天下卫所官军原额二百七十余万。"

除中央的军和兵以外，在地方的有民兵、民壮（弓兵、机兵、快手）、义勇种种地方警备兵。在边地的有土兵（土军）、达军（蒙古降卒）。在内地的有苗兵、狼兵（广西土司兵）、土兵等土司兵。将帅私人又有家丁、家兵、亲兵。各地职业团体又有由矿工所组织的矿兵，盐丁所组织的盐兵，僧徒所组织的少林兵、伏牛兵、五台兵。也有以特别技艺成兵的，如河南之毛葫芦兵、习短兵，长于走山；山东有长竿手，徐州有箭手，井陉有蚂螂手，善运石，远可及百步。福建闽漳泉之镖牌兵等等。①

从养军三百万基本上自给的卫兵制，到军兵费完全由农民负担，国库支出；从有定额的卫军，到无定额的募兵；从世袭的卫军，到雇用的募兵，这是明代历史上一件大事。

次之，军因历史的、地理的、经济的关系，集中地隶属于国家。在战时，才由政府派出统帅总兵，调各卫军出征。一到战事终了，统帅立刻被召回，所属军也各归原卫。军权不属于私人，将帅也无直属的部队。兵则由将帅私人所招募、训练，和国家的关系是间接的。兵费不在政府的岁出预算中，往往须由长官向政府力争，始能得到。同时兵是一种职业，在中央权重的时候，将帅虽有私兵，如嘉靖时戚继光之戚家军，俞大猷之俞家军，都还不能不听命于中央。到明朝末年，民穷财尽，内外交逼，在非常危逼的局面下，需要增加庞大的兵力，将帅到处募兵，兵饷都由将帅自行筹措，发生分地分饷的弊端，兵皆私兵，将皆藩镇，兵就成为扩充将帅个人权力和地位的工具了。

二、卫所制度

明太祖即皇帝位后，刘基奏立军卫法。（《明史》卷一二八《刘基传》）

---

① 《明史》卷九一《兵志》，弘治十四年（1501）兵部侍郎李孟旸《请实军伍疏》。

《明史》卷八九《兵志序》说：

> 明以武功定天下，革元旧制，自京师达于郡县，皆立卫所。外统之都司，内统于五军都督府。而上十二卫为天子亲军者不与焉。征伐则命将充总兵官，调卫所军领之。既旋则将上所佩印，官军各回卫所，盖得唐府兵遗意。

这制度的特点是平时把军力分驻在各地方，战时才命将出师，将不专军，军不私将，军力全属于国家。卫所的组织，《兵志》二《卫所门》记：

> 天下既定，度要害地系一郡者设所，连郡者设卫。大率五千六百人为卫，千一百二十人为千户所，百十有二人为百户所。
>
> 所设总旗二，小旗十，大小联比以成军。

卫有指挥使，所有千户百户。总旗辖五十人，小旗辖十人。各卫又分统于都指挥使司（简称都司），司有都指挥使，为地方最高军政长官，和治民事的布政使司，治刑事的按察使司，并称三司，洪武二十六年（1393）时定天下都司卫所，共计都司十七（北平、陕西、山西、浙江、江西、山东、四川、福建、湖广、广东、广西、辽东、河南、贵州、云南、北平三护卫、山西三护卫）。行都司三（北平、江西、福建）。留守司一（中都）。内外卫三百二十九，守御千户所六十五。成祖以后，多所增改，都司增为二十一（浙江、辽东、山东、陕西、四川、广西、云南、贵州、河南、湖广、福建、江西、广东、大宁、万全、山西、四川行都司、陕西行都司、湖广行都司、福建行都司、山西行都司）。留守司二（中都、兴都）。内外卫增至四百九十三，守御屯田群牧千户所三百五十九。①

　　全国卫军都属于中央的大都督府。大都督府掌军籍，是全国的最高军事机关。洪武十三年（1380）分大都督府为中、左、右、前、后五军都督府。洪武二十六年定分领在京各卫所及在外各都司卫所。其组织如下：

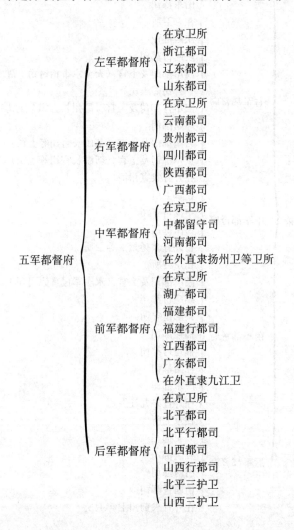

左军都督府 { 在京卫所 / 浙江都司 / 辽东都司 / 山东都司 }

右军都督府 { 在京卫所 / 云南都司 / 贵州都司 / 四川都司 / 陕西都司 / 广西都司 }

五军都督府

中军都督府 { 在京卫所 / 中都留守司 / 河南都司 / 在外直隶扬州卫等卫所 }

前军都督府 { 在京卫所 / 湖广都司 / 福建都司 / 福建行都司 / 江西都司 / 广东都司 / 在外直隶九江卫 }

后军都督府 { 在京卫所 / 北平都司 / 北平行都司 / 山西都司 / 山西行都司 / 北平三护卫 / 山西三护卫 }

---

① 按《明史·职官志》五："计天下内外卫，凡五百四十有七，所凡二千五百九十有三。"

每府设左右都督各一，掌治府事。成祖以后，又改组如下：

五军都督府

左军都督府 {
在京卫所
浙江都司
辽东都司
山东都司
}

右军都督府 {
在京卫所
陕西都司
陕西行都司
四川都司及土官（天全六番招讨司、陇木头长官司等土官）
四川行都司及土官（昌州长官司等土司）
广西都司
云南都司及土官（茶山长官司等土官）
贵州都司及土官（新添长官司等土司）
在外直隶宣州卫
}

中军都督府 {
在京卫所
中都留守司
河南都司
在外直隶扬州卫等卫所
}

前军都督府 {
在京卫所
湖广都司及土官（永顺军民宣慰司等土司）
湖广行都司
兴都留守司
福建都司
福建行都司
江西都司
广东都司
在外直隶九江卫
}

后军都督府 {
在京卫所
大宁都司
万全都司
山西都司
山西行都司
在外直隶蓟州卫等卫所
}

各地都司分隶于各都督府，其组织如下：

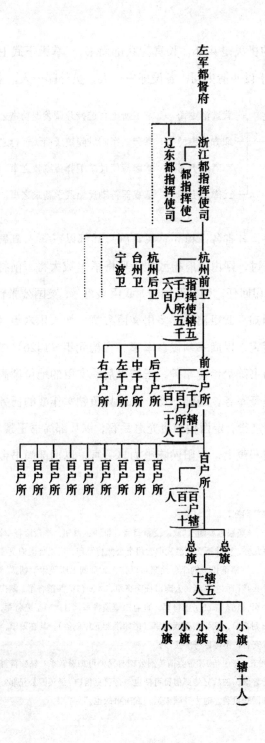

239

和都督府相配合的机关是兵部，长官为兵部尚书，"掌天下武卫官军选授简练之政令"，其下设四清吏司，各设郎中一人，员外郎一人，主事二人：

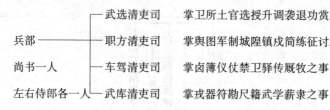

都督府是统军机关，各省各镇镇守总兵官副总兵都以三等^①真署都督及公侯伯充任。有大征讨，则由政府指派挂诸号将军^②或大将军前将军副将军印总兵出，事定缴印回任。明初开国时，武臣最重^③，英国公张辅兄信，至以侍郎换授指挥同知。武臣出兵，多用文臣参赞，如永乐六年（1408）黔国公沐晟讨交阯简定，以尚书刘俊参军事。宣德元年（1426）成山侯王通讨交阯黎利，以尚书陈洽参赞军务。正统以后，文臣的地位渐高，出征时由文臣任总督或提督军务，经画一切，武臣只负领军作战的任务。如正统六年（1441）麓川之役，定西伯蒋贵充总兵官，以兵部尚书王骥总督军务，正统十四年讨福建邓茂七，宁阳侯陈懋为总兵官，以刑部尚书金濂提督军

---

① 左右都督，都督同知，都督佥事。

② 《明史》卷六八《舆服志》四："武臣受重寄者，征西、镇朔、平蛮诸将军银印虎纽，方三寸三分，厚九分，柳叶篆文。洪武中尝用上公佩将军印，后以公侯伯及都督充总兵官，名曰挂印将军。有事征伐，则命总兵佩印以往，旋师则上所佩印于朝。"卷七六《职官志》五："其总兵挂印称将军者，云南曰征南将军，大同曰征西前将军，湖广曰平蛮将军，两广曰征蛮将军，辽东曰征虏前将军，宣府曰镇朔将军，甘肃曰平羌将军，宁夏曰征西将军，交阯曰副将军，延绥曰镇西将军（诸印洪熙元年制颁）。其在蓟镇、贵州、湖广、四川及偹运淮安者，不得称将军挂印。"

③ 《明史》卷一四五《张玉传》："帝尝谓英国公辅有兄弟可加恩者乎？辅顿首言锐轨蒙上恩，借近侍，然皆奢侈。独从兄侍郎信贤可使也。帝召见信曰：是英国公兄耶？趣武冠冠之，改锦衣卫指挥同知世袭。时去开国未远，武阶重故也。"

务。成化元年（1465）讨大藤峡瑶，都督同知赵辅为征夷将军，以左佥都御史韩雍赞理军务。同年出兵镇压荆、襄农民暴动，抚宁伯朱永充靖虏将军，以工部尚书白圭提督军务。三年讨建州，武靖伯赵辅充总兵官，以左都御史李秉提督军务。从此文臣统帅，武臣领兵，便成定制。在政府的用意是以文臣制武臣，防其跋扈。结果是武臣的地位愈来愈低。正德以后幸臣戚里多用恩幸得武职，愈为世所轻。在内有部、科，在外有监军、总督、巡抚，重重弹压，五军都督府职权日轻，将弁大帅如走卒，总兵官到兵部领敕，必须长跪，"间为长揖，即谓非体"。到了末年，卫所军士，虽一诸生，都可任意役使了。

各省都指挥使是地方的最高军政长官，统辖省内各卫所军丁，威权最重。在对外或对内的战事中，政府照例派都督府官或公侯伯出为总兵官，事后还任。明初外患最频的是北边的蒙古，派出边地防御的总兵官渐渐地变成固定，冠以镇守的名义，接着在内地军事要害地区也派总兵官镇守，独任一方的军务。又于其下设分守，镇守一路；设守备，镇守一城或一堡。至和主将同城的则称为协守。总兵之下有副总兵、参将、游击将军、守备、把总等名号。总兵是由中央派出的，官爵较高，职权较专，都指挥使是地方长官，渐渐地就成为总兵官的下属了。后来居上，于是临时派遣的总兵官驻守在固定的地点，就代替了都指挥使原来的地位了。

总兵官变成镇守地方的军事统帅以后，在有战事时，政府又派中央大员到地方巡抚，事毕复命，后来巡抚也成固定的官名，驻在各地方。因为这官的职务是在抚安军民，弹压地方，所以以都御史或副佥都御史派充。因为涉及军务，所以又加提督军务或赞理军务、参赞军务名义。巡抚兼治一方的民事和军务，不但原来的都、布、按三司成为巡抚的下属，即总兵官也须听其指挥。景泰以后因军事关系，在涉及数镇或数省的用兵地区，添设总督军务或总制、总理，派重臣大员出任。有的兵事终了后即废不设，有的却就成为长设的官。因为辖地涉及较广，地位和职权也就在巡抚之上。末年"流寇"和建州内外夹攻，情势危急，政府又特派枢臣（兵部尚书）外出经略，后来又派阁臣（大学士）出来督师，权力又在总督之上。这样层层叠叠地加上统辖的上官，原来的都指挥使和总兵官自然而然地每况愈下，权力日小，地位日低了。综合上述的情形，从下表（1）中我们可以看出明代地方军政长官地位的衍变。

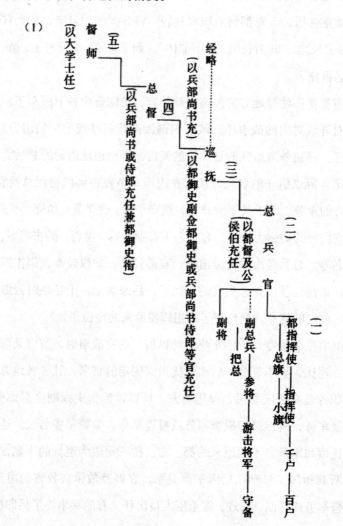

（1）

（五）督师（以大学士任）

（四）总督（以兵部尚书或侍郎充任兼都御史衔）

经略（以兵部尚书充）

巡抚（以都御史副佥都御史或兵部尚书侍郎等官充任）

（三）总兵官（以都督及公侯伯充任）

（二）都指挥使——指挥使——千户——百户

总旗——小旗

副将——参将——游击将军——守备

副总兵——把总

卫所军丁的总数，在政府是军事秘密，绝对不许人知道。[①] 甚至掌治军政的兵部尚书，和专司纠察的给事御史也不许预闻。[②] 我们现在就《明太祖实录》卷二二三记载看，洪武二十五年的军数如下表（2）。

（2）　在京武官……………2747 员　　在外武官……………… 13742 员

军　　士………206280 人　　军　　士……………992154 人

马　………………4751 匹　　马 ………………40329 匹

总数超过一百二十万。洪武二十六年以后的军数，按卫所添设的数量估计，应该在一百八十万以上。明成祖以后的军数，约在二百八十万左右。[③] 万历时代的军数如下表[④]：

各镇军马额数表

各　　镇	军　　数		马　　数	
	原　额*	现　额*	原　额*	现　额*
蓟镇：蓟　州	39339	31658	10700	6399
密　云	9065	33569	2032	13120▲
永　平	22307	39940	6083	15080▲
昌　平	14295	19039	3015	5625▲
辽　东	94693	83340	77001	41830▲
保　定	29308	34697	1199	4791▲
宣　府	151452	79258	55274	33147▲

[①] 敖英《东谷赘言》下："我国初都督府军数，太仆寺马数，有禁不许人知。"

[②] 陈衎《槎上老舌》："祖制五府军外人不得预闻，惟掌印都督司其籍。前兵部尚书邝埜向恭顺侯吴某索名册稽考，吴按例上闻，邝惶惧疏谢。"《明史》卷六九《兵志》一："先是京师立神机营，南京亦增设，与大小二教场同练军士，常操不息，风雨方免，有逃籍者。宪宗命南给事御史时至二场点阅。成国公朱仪及太监安宁不便，诡言军机密务，御史诘问名数非宜。帝为罪御史，仍令守备参赞官阅视，著为令。"

[③] 《明史》卷九一《兵志》，弘治十四年（1501）兵部侍郎李孟旸《请实军伍疏》："天下卫所官军原额二百七十余万。"

[④] 《大明会典》卷一二九至一三〇各镇分例。

续前表

各 镇	军 数		马 数	
	原 额*	现 额*	原 额*	现 额*
大 同	135778	85311	51654▲	35870▲
山 西	25287	55295	6551▲	24764▲
延 绥	80196	53254	45940	32133▲
宁 夏	71693	27934	22182	14657▲
固 原	126919	90412	32250▲	33842
甘 肃	91571	46901	29318	21660▲
四 川	14822	10897		
云 南	63923	62593		
贵 州		28355		
广 西	121289	13097		
		25854		
湖 广		68829		
广 东		29947		
		35268		
南直隶	102167			
		7149		
浙 江	130188	78062		
江 西	39893	20848		
南 赣		9148		
		8171		
		829		
		1928		
福 建	125381	38475		
山 东	43631			
	2217			
	3177			
河 南	20020			
总 共	1586611	1120058	343199	282918

* 原额：永乐以后　现额：万历初年

▲包括马驼牛骡在内

明初卫所军士的来源，大概可分四类，《明史》卷九〇《兵志》二记：

其取兵有从征，有归附，有谪发。从征者诸将所部兵，既定其地，因以留戍。归附则胜国及僭伪诸降卒。谪发以罪迁隶为兵者。其军皆世籍。

从征和归附两项军士都是建国前后的旧军。谪发一项则纯以罪人充军。名为恩军①，亦称长生军②。如永乐初屠杀建文诸臣，一人得罪，蔓连九族外亲姻连都充军役。③成化四年（1468）项忠平荆、襄农民暴动，俘获三万余人，户选一丁戍湖广边卫（《明史》卷一八七《项忠传》）。都是著例。

除以上三项外，第四类是垛集军，是卫军最大的来源。《明史》卷九二《兵志》四说：

明初垛集令行，民出一丁为军，卫所无缺伍，且有羡丁。……成祖即位，遣给事等官分阅天下军，重定垛集军更代法。初三丁已上垛正军一，别有贴户，正军死，贴户丁补。至是令正军贴户更代，贴户单丁者免，当军家蠲其一丁徭。

平民一被佥发充军，便世世子孙都入军籍，不许变易。民籍和军籍的区分极为严格。④民户有一丁被垛为军，政府优免他的原籍老家的一丁差徭，以为弥补。军士赴戍所时，宗族为其治装，名为封桩钱。⑤在卫军士除本身为

---

① 《明太祖实录》卷二三二："洪武二十七年（1394）四月癸酉，诏兵部凡以罪谪充军者，名为恩军。"

② 陆容《菽园杂记》八："本朝军伍皆谪发罪人充之，使子孙世世执役，谓之长生军。"

③ 黄佐《双槐岁钞》四："齐（泰）黄（子澄）奸恶九族外亲姻连亦皆编伍，有遍一县连蔓尽而及他邦者，人最苦之。"

④ 《明太祖实录》卷一三一："洪武十三年（1380）五月乙未，诏曰：军民已有定籍。敢有以民为军，乱籍以扰吾民者禁止之。"

⑤ 宋濂《宋学士文集》补遗三《棣州高氏先茔石表辞》："北兵戍南土者宗族给其衣费，谓之封桩钱。"这名称到明代也仍沿用。

正军外，其子弟称为余丁或军余，将校的子弟则称为舍人。宣德四年（1429）定例免在营余丁一丁差役，令其供给军士盘缠（《大明会典》卷一五五）。边军似乎较受优待，如辽东旧制，每一军佐以三余丁。[①]内地的余丁亦称帮丁，专供操守卒往来费用。[②]日常生活则概由政府就屯粮支给，按月发米，称为月粮。其多少以地位高下分等差。洪武时令在京在外各卫马军月支米二石，步军总旗一石五斗，小旗一石二斗，军一石。守城者如数给，屯田者半之。[③]恩军家四口以上一石，三口以下六斗，无家口者四斗。月盐有家口者二斤，无者一斤（《明史》卷八二《食货志》六《俸饷》）。衣服则岁给冬衣棉布棉花夏衣夏布，在出征时则例给胖袄鞋裤（同上书卷一七七《王复传》）。

三、京　军

明初定都南京，集全国卫军精锐于京师。有事以京军为主力，抽调各地卫军为辅。又因蒙古人时图恢复，侵犯北边，命将于沿边安置重兵防守，分封诸子出王边境，大开屯田，且耕且守。靖难役后，明成祖迁都北京，以首都置于国防前线，成为全国的军事中心。定制立三大营，一曰五军，一曰三千，一曰神机，合称为京军。

五军营的组织，太祖时设大都督府，节制中外诸军，京城内外置大小二场，分教四十八卫卒。洪武四年（1371）士卒之数二十万七千八百有奇。

---

① 《明史》卷二三《潘埙传》："故事每海军一，佐以余丁三。"

② 《明史》卷二〇五《李遂传》："嘉靖三十九年（1560）江北河池营卒以千户吴钦革其帮丁，驱而缚之竿。帮丁者操守卒给一丁资往来费也。"

③ 《明史》卷一七七《李秉传》："景泰二年（1451）言：军以有妻者为有家，月饷一石。无妻者减其四。即有父母兄弟而无妻，概以无家论，非义，当一体增给。从之。"同书卷二〇五《李遂传》："旧制南军有妻者月粮米一石，无者减其四。春秋二仲月米石折银五钱。"

洪武十三年分大都督府为前、后、中、左、右五军都督府。成祖北迁后，增为七十二卫。永乐八年（1410）亲征本雅失里，分步骑军为中军，左、右掖，左、右哨，称为五军。除在京卫所外，每年又分调中都、山东、河南、大宁各都司兵十六万人，轮番到京师操练，称为班军。

三千营以边外降丁三千人组成。

神机营专用火器，永乐时平交阯得到火器，立营肄习。后来又得到都督谭广进马五千，置营名"五千"，掌操演火器。

三大营在平时，五军肄营阵，三千肄巡哨，神机肄火器。在皇帝亲征时，大营居中，五军分驻，步内骑外，骑外为神机，神机外为长围，周二十里，樵采其中。

皇帝侍卫亲军有锦衣卫和十二卫亲军。御马监又有武骧，腾骧，左、右卫，称四卫军。

明初京军总数在八十万以上。[①]永乐时征安南，用兵至八十万（《明史》卷一五四《张辅传》）。正统中征麓川，用兵亦十五万（同上书卷一七一《王骥传》）。永乐宣德二朝六次对蒙古用兵，都以京军为主力。到正统十四年（1449）土木之变，丧没几尽。《明史》卷一七〇《于谦传》说：

> 时京师劲甲精骑皆陷没。所余疲卒不及十万。人心恐慌，上下无固志。

事后一面补充，一面着手改革。当时主持兵政的兵部尚书于谦以为三大营的缺点，是在分作三个独立组织，各为教令。临时调发，军士和将

---

① 《明史》卷一八五《吴世忠传》："弘治十一年（1498）言：国初设七十二卫，军士不下百万。"同书卷八九《兵志》一："嘉靖二十九年（1550）吏部侍郎王邦瑞摄兵部，因言：'国初京营劲旅不减七、八十万。'"

弁都不相习。乘机改革，在诸营中选出精兵十万，分作十营集中团练，名为团营。其余军归本营，称为老家。京军之制为之一变。到成化时又选出十四万军分十二营团练，称为选锋，余军仍称老家，专任役作。团营之法又稍变。到正德时因"流寇"之乱，调边军入卫，设东西官厅练兵，于是边军成为选锋，十二团营又成为老家了。嘉靖时经过几次严重的外患，几次改革，又恢复三大营旧制，改三千为神枢营，募兵四万充伍。形式上虽然似乎还原，可是以募兵代世军，实质上却已大不相同了。

京军内一部分由外卫番上京师者称为班军。在名义上是集中训练，巩卫京师。实际上却被政府和权贵役作苦工，《明史》卷九〇《兵志》二说：

> 成化间海内燕安，外卫卒在京只供营缮诸役，势家私占复半之，卒多畏苦，往往愆期。

修建宫殿陵墓，浚理城池，一切大工程都以班军充役，使供役军士，财力交殚，每遇班操，宁死不赴。[1] 甚至调发出征的也被扣留役使，《明史》卷一九九《郑晓传》记：

> 俺答围大同右卫急。……晓言：今兵事方棘，而所简听征京军三万五千人，乃令执役赴工，何以备战守，乞归之营伍。

---

[1] 《明史》卷一八一《李东阳传》，同书卷一九三《费宏传》："太仓无三年之积，而冗食日增，京营无十万之兵，而赴工不已。"卷一九四《梁材传》："嘉靖六年（1527）时修建两宫七陵，役京军七万，大役频兴，役外卫班军四万六千人，郭勋籍其不至者，责输银雇役，廪食视班军。"

结果使各地卫军以番上为畏途。有的私下纳银于所属将弁，求免入京。有事则招募充数，名为"折乾"。嘉靖二十九年（1550）职方主事沈朝焕在点发班军月饷时，发现有大部分是雇乞丐代替的。后来索性专以班军做工，也不营操了。班军不做工和不在工作期间的便改行做商贩工艺，按时给他们所属的班将一点钱。到末年边事日急，又把班军调到边方，做筑垣负米的劳役。从班军一变而为班工，从应役番上到折乾雇募，虽然名义上还仍旧贯，可是实质上却已经变质了。

　　在京卫军的情形，也和班军一样地困于役作。成化时以太监汪直总督团营，此后京军便专掌于内臣。其他管军将弁也照例由勋戚充任。在这一群贪婪的太监和纨绔的将弁统率之下，发生了种种弊端：第一是占役，军士名虽在籍，实际上却被权贵大官所隐占，替私人做工服役，却向政府领饷。第二是虚冒，军籍本来无名，却被权贵大官硬把家人苍头假冒选锋壮丁名色，月支厚饷。有人领饷，却无人应役（《明史》卷二六五《李邦华传》）。第三是军吏的舞弊，军士在交替时，军吏需索重贿，贫军不能应付，虽然老羸，也只好勉强干下去。精壮子弟反而不得收练。以此军多老弱。第四是富军的贿免，有钱的怕营操征调，往往贿托将弁，把他搁在老家数中。贫军虽极疲老，也只能勉强挨命。积此四弊，再加上在营军士的终年劳作，没有受训练的机会，名虽军士，实则工徒。结果自然营伍日亏，军力衰耗，走上崩溃的途径（同上书卷八九《兵志》一）。成化末年京军缺伍至七万五千有奇。到武宗即位时，十二团营锐卒仅六万五百余人，稍弱者二万五千。武宗末年给事中王良佐奉敕选军，按军籍应当有三十八万余人，较明初时已经只剩十分之五，实存者不及十四万，较原额缺伍至六分之五，较现额也缺伍到五分之三强。可是中选者又只二万余人。世宗立，额兵止有十万七千余人，实存者仅半。嘉靖二十九年（1550）俺答围都城，兵部尚书丁汝夔核营伍不及五六万人，驱出都门，皆流涕不敢前。吏部侍郎王邦瑞摄兵部，疏言：

> 国初京营劲旅，不减七、八十万，元戎宿将，常不乏人。自三大营变为十二团营，又变为两官厅，虽浸不如初，然额军尚三十八万有奇。今武备积弛，见籍止十四万余，而操练者不过五、六万。支粮则有，调遣则无。比敌骑深入，战守俱称无军。即见在军率老弱疲惫市井游贩之徒，衣甲器械，取给临时。此其弊不在逃亡而在占役，不在军士而在将领。盖提督坐营号头把总诸官，多世胄纨绔，平时占役营军，以空名支饷，临操则肆集市人，呼舞博笑而已。（《明史》卷八九《兵志》一）

到崇祯末年简直无军可用。《明史》卷二六六《王章传》记：

> 十七年（1644）王章巡视京营，按籍额军十一万有奇。喜曰："兵至十万，犹可为也。"及阅视，半死者，余冒伍，惫甚，闻炮声掩耳，马未驰而堕，而司农缺饷，半岁未发。

即勉强调发出征，也是雇充游民，名为京军，实则招募。如崇祯十四年兵部侍郎吴甡所言：

> 京营承平日久，发兵剿贼，辄沿途雇充。将领利月饷，游民利剽敚，归营则本军复充伍。（同上书卷二五二《吴甡传》）

积弊之极，京军仅存空名。可是，相反地，军官却与日俱增，越后越多。洪武二十五年京军军官的总数是二千七百四十七员，六十几年后，到景泰七年（1456）突增三万余员，较原额加了十一倍。[1] 再过十几年，到成化五年（1469）又增加到八万余员，较原额增加了三十倍（同上书卷二十《刘体乾传》）。正德时嬖佞以传奉得官，琐滥最甚。世宗即位，裁汰锦衣诸卫内监局旗校工役至十四万八千七百人。岁减漕粮百五十三万二千余石（同上书卷一九〇《杨廷和传》）。不久又汰去京卫及亲军冗员三千二百人（同上书卷一九六《夏言传》）。虽然经过这两次大刀阔斧的裁汰，可是不久又继续增加："边功升授，勋贵传请，曹局添设，大臣恩荫，加以厂卫监局勇士匠人之属，岁增月益，不可胜数"。（同上书卷二十《刘体乾传》）到万历时，神宗倦于政事，大小臣僚多缺而不补，可是武职仍达八万二千余员。到天启时魏忠贤乱政，武职之滥，打破了历朝的纪录，连当时人也说："不知又增几倍？"[2] 军日减而官日增，军减而粮仍旧额，国家负担并不减轻，官增则冗费愈多，国库愈匮。并且养的是不能战的军，添的也是不能战的官。到崇祯末年，内外交逼，虽想整顿，也来不及了。

从京军军伍的减削情形看，明初到正统可说是京军的全盛时期。土木变后，经过于谦一番整顿，军力稍强，可是额数已大减于旧，可说是京军的衰落时期。从成化到明末，则如江河日下，一年不如一年，是京军的崩溃时期。在全盛时期，明成祖和宣宗六次打蒙古，三次打安南，京军是全军中最精锐的一部分。在衰落时期，军数虽少，还能打仗。到成化以后，京军虽仍四出征讨，却已没有作战能力了。《明史》卷一八〇《曹璘传》说：

---

① 《明史》卷一八〇《张宁传》："景泰七年言：京卫带俸武职，一卫至二千余人，通计三万余员，岁需银四十八万，米三十六万，他折俸物动经百万。耗损国储，莫甚于此。而其间多老弱不娴骑射之人。"

② 《明史》卷二七五《解学龙传》："天启二年（1622）疏言：国初文职五千四百有奇，武职二万八千有奇。神祖时文增至一万六千余，武增至八万二千余。今不知又增几倍？"

弘治元年（1488）言：诸边有警，辄命京军北征。此辈骄惰久，不足用。乞自今勿遣，而以出师之费赏边军。

《刘健传》也说：

弘治十七年夏，小王子谋犯大同。健言京军怯不任战，乞自今罢其役作，以养锐气。（《明史》卷一八一）

同时的倪岳则说京军之出，反使边军丧气，他说：

京军素号冗怯，留镇京师，犹恐未壮根本。顾乃轻于出御，用亵天威。临阵辄奔，反塈边军之功。为敌人所侮。（同上书卷一八三《倪岳传》）

这时离开国不过一百四十年，京军已以冗怯著称，政府中人异口同声地以为不可用了。

四、卫军的废弛

京外卫所军的废弛情形也和京军一样。

明代军士的生活，我们可用明太祖的话来说明，他说：

那小军每一个月只关得一担儿仓米。若是丈夫每不在家里，他妇人家自去关呵，除了几升做脚钱，那害人的仓官又斛面上打减了几升。

待到家里岈（音伐）过来呵，止有七八斗儿米，他全家儿大大小小要饭吃，要衣裳穿，他那里再得闲钱与人。（《大诰》武臣科敛害军第九）

正军衣着虽由官库支给，家属的却须自己制备。一石米在人口多的家庭，连吃饭也还不够，如何还能顾到衣服！《明史》卷一八五《黄绂传》：

成化二十二年巡抚延绥，出见士卒妻衣不蔽体。叹曰：健儿家贫至是，何面目临其上。亟预给三月饷，亲为抚循。

黄绂所见的是卫军的普遍情形，延绥士卒的遭遇却是一个难得的例外。甚至病无医药，死无棺敛，《明史》卷一六〇《张鹏传》：

鹏景泰二年进士。……出按大同宣府，奏两镇军士敝衣菲食，病无药，死无棺。乞官给医药棺椁，设义冢，俾殓厉祭。死者蒙恩，则生者劝。帝立报可，且命诸边概行之。

经过张鹏的提议，才由官给医药棺椁，却仍只限于诸边，内地的不能享受这权利。卫军生活如此，再加以上官的剥削和虐待，假如有办法，他们是会不顾一切，秘密逃亡的。

除从征和归附的军士以外，谪发和垛集军是强逼从军的。他们被威令所逼，离开所习惯的土地和家族，到一个辽远的陌生的环境中去，替统治阶级服务。一代一代地下去，子子孙孙永远继承这同一的命运和生活。大部分的军士发生逃亡的现象，特别是谪发的逃亡最多。万历时章潢说：

国初卫军籍充垛集，大县至数千名，分发天下卫所，多至百余卫，数千里之远者。近来东南充军亦发西北，西北充军亦多发东南。然四方风土不同，南人病北方之苦寒，北人病南方之暑湿。逃亡故绝，莫不由斯。道里既远，勾解遂难。（章潢《图书编》卷一一七）

据正德时王琼的观察，逃亡者的比例竟占十之八九。他以为初期经大乱之后，民多流离失恒产，乐于从军。同时法令严密，卫军不敢逃亡。后来政府不能约束官吏，卫军苦于被虐待、剥削，和逼于乡土之思，遂逃亡相继（王琼《清军议》）。卫所的腐败情形，试举数例：

> 宣德九年（1434）二月壬申，行在兵部右侍郎王骥言：中外都司卫所官，惟知肥己，征差则卖富差贫，征办则以一科十，或占纳月钱，或私役买卖，或以科需扣其月粮，或指操备减其布絮。衣食既窘，遂致逃亡。（《明宣宗实录》卷一〇八）

弘治时刘大夏《条列军伍利弊疏》也说：

> 在卫官军苦于出钱，其事不止一端：如包办秋青草价；给与勇士养马；比较逃亡军匠；责令包工雇役；或帮贴锦衣卫夷人马匹；或加贴司苑局种菜军人；内外官人造坟，皆用夫价；接应公差车辆，俱费租钱，其他使用，尚不止此。又管营内外官员，率于军伴额数之外，摘发在营操军役使，上下相袭，视为当然。又江南军士漕运，有修船盘削之费，有监收斛面之加，其他掊克，难以枚举。以致逃亡日多，则拨及全户，使富者贫，贫者终至于绝。江南官军每遇营操，虽给行粮，而往返之费，皆自营办。况至京即拨做工雇车运料，而杂拨纳办，有难以尽言者。（《刘忠宣公集》卷一）

卫军一方面被卫官私家役使①，甚至被逼为朝中权要种田②。月粮既被克扣③，又须交纳月钱，供上官挥霍。④隆庆三年（1569）萧廪出核陕西四镇兵食，发现被隐占的卒伍至数万人（《明史》卷二二七《萧廪传》）。军士无法生活，一部分改业为工人商贩，以所得缴纳上官。景帝即位时，刘定之上言十事，论当时情形：

> 天下农出粟，女出布，以养兵也。兵受粟于仓，受布于库，以卫国也。向者兵士受粟布于公门，纳月钱于私室，于是手不习击刺之法，足不习进退之宜，第转货为商，执技为工，而以工商所得，补纳月钱。民之膏血，兵之气力，皆变为金银，以惠奸宄。一旦率以临敌，如驱羊拒狼，几何其不败也。（《明史》卷一七六）

---

① 《明成祖实录》卷六八："永乐五年（1407）六月辛卯，御史蒋彦禄言：国家养军士以备攻战。暇则教之，急则用之。今各卫所官夤缘为奸，私家役使，倍蓰常数。假借名义以避正差，贿赂潜行，互相蔽隐。"

② 《明史》卷一七七《年富传》："英国公张懋及郑宏各置庄田于边境，岁役军耕种。"

③ 王鏊《王文恪公文集》卷一九《上边议八事》："今沿边之民，终年守障，辛苦万状。而上之人又百方诛求，虽有屯田而子粒不得入其口，虽有月粮而升斗不得入其家，虽有赏赐而或不得给，虽有首级而不得为己功。"《明史》卷一八二《刘大夏传》："弘治十七年召见大夏于便殿……问军，对曰：穷与民等。帝曰：居有月粮，出有行粮，何故穷？对曰：其帅侵克过半，安得不穷！"《明英宗实录》卷一二六："正统二年十月辛亥，直隶巡按御史李奎奏：沿海诸卫所官旗，多克减军粮入己，以致军士艰难，或相聚为盗贼，或兴贩私盐。"

④ 《明史》卷一六四《曹凯传》："景泰中擢浙江右参政。时诸卫武职役军办纳月钱，至四千五百余人。"同书卷一八〇《汪奎传》："成化二十一年言：内外座营监枪内官增置过多，皆私役军士，办月钱。多者至二三百人。武将亦多私役健丁，行伍惟存老弱。"甚至余军亦被私役，《明英宗实录》卷一八六："正统十四年十二月壬申，兵科给事中刘斌奏：近数十年典兵官员既私役正军，又私役余丁。甚至计取月钱，粮不全支。是致军士救饥寒之不暇，尚何操习训练之务哉！"

大部分不能忍受的，相率逃亡，有的秘密逃回原籍，如正统时李纯所言：

> 三年（1438）十月辛未，巡按山东监察御史李纯言：辽东军士
> 往往携家属潜从登州府运船，越海道逃还原籍。而守把官军，受私故
> 纵。(《明英宗实录》卷四七》

有的公开请假离伍：

> 正统十一年（1446）五月己卯，福建汀州府知府陆征言：天下
> 卫所军往往假称欲往原籍取讨衣鞋，分析家赀，置备军装。其官旗人
> 等贪图贿赂，从而给与文引遣之。及至本乡，私通官吏乡里，推称老
> 病不行，转将户丁解补。到役未久，托故又去。以致军伍连年空缺。(《明
> 英宗实录》卷一四一)

其因罪谪戍的，则预先布置，改换籍贯，到卫即逃，无从勾捕：

> 宣德八年（1433）十二月庚午，巡按山东监察御史张聪言：辽
> 东军士多以罪谪戍，往往有亡匿者。皆因编发之初，奸顽之徒，改易
> 籍贯，至卫即逃。比及勾追，有司谓无其人，军伍遂缺。(《明宣宗实
> 录》卷一百七)

沈德符记隆万时戍军之亡匿情形，直如儿戏。他说：

> 吴江一叟号丁大伯者，家温而喜谈饮，久往来予家。一日忽至邸

舍，问之，则解军来。其人乃捕役妄指平民为盗，发遣辽东三万卫充军，亦随在门外。先人语之曰：慎勿再来，倘此犯逸去，奈何！丁不顾，令之叩头，自言姓王，受丁恩不逸也。去甫一月，则王姓者独至邸求见。先人骇问之，云已讫事，丁大伯亦旦夕至矣。先人细诘其故，第笑而不言。又匝月而丁来，则批回在手。其人到伍，先从间道逸归，不由山海关，故反早还。因与丁作伴南旋。近闻中途亦有逃者，则长解自充军犯，雇一二男女，一为军妻，一为解人，投批到卫收管，领批报命时竟还桑梓。彼处戍长，以入伍脱逃，罪当及己，不敢声言。且利其遗下口粮，潜入囊橐。而荷戈之人，优游闾里，更无谁何之者。（《野获编补遗》）

卫所官旗对于卫军之逃亡缺额，非但毫不过问，并且引为利源。因为一方面他们可以干没逃亡者的月粮，一方面又可以向逃亡者需索贿赂。永乐十二年（1414）明成祖曾申说此弊：

十月辛巳上谕行在兵部臣曰：今天下军伍不整肃，多因官吏受赇，有纵壮丁而以罢弱充数者；有累岁缺伍不追补者；有伪作户绝及以幼小纪录者；有假公为名而私役于家者。遇有调遣，十无三四。又多是幼弱老疾，骑士或不能引弓，步卒或不能荷戈，缓急何以济事！（《明成祖实录》卷一五七）

五年后监察御史邓真上疏说军卫之弊，也说：

内外各卫所军士，皆有定数，如伍有缺，即当勾补。今各卫所官吏惟耽酒色货贿，军伍任其空虚。及至差人勾补，纵容卖放，百无

一二到卫，或全无者；又有在外娶妻生子不回者。官吏徇私蒙蔽，不
行举发。又有勾解到卫而官吏受赃放免；及以差使为由，纵其在外，
不令服役。此军卫之弊也。（《明成祖实录》卷二一九）

在这情形下，《明史·兵志》记从吴元年十月到洪武三年十一月，三年中
军士逃亡者四万七千九百余。到正统三年（1438）离开国才七十年，这
数目就突增到一百二十万有奇，占全国军伍总数二分之一弱。[①] 据同年
巡按山东监察御史李纯的报告，他所视察的某一百户所，照理应有旗军
一百十二人，可是逃亡所剩的结果，只留一人（《明英宗实录》卷四七）。

边防和海防情况：辽东的兵备在正德时已非常废弛，开原尤甚，士马
才十二，墙堡墩台圮殆尽，将士依城堑自守，城外数百里，悉为诸部射猎
地（《明史》卷一九九《李承勋传》）。蓟镇兵额到嘉靖时也十去其五，唐
顺之《覆勘蓟镇边务首疏》：

从石塘岭起，东至古北口墙子岭马兰谷，又东过滦河，至于太
平寨燕河营，尽石门寨而止，凡为区者七。查得原额兵共七万六百零
四名，见在四万六千零三十七名。逃亡二万四千五百六十七名。又从
黄花镇起，西至于居庸关，尽镇边城而止，凡为区者三，查得原额
兵共二万三千二十五名，逃亡一万零一百九十五名。总两关十区之
兵，原额共九万三千八百二十四名，见在五万九千六十二名，逃亡
三万四千七百六十二名。……蓟兵称雄，由来久矣。比臣等至镇，则
见其人物琐软，筋骨绵缓，靡靡然有暮气之惰，而无朝气之锐。就而

① 《明英宗实录》卷四六："正统三年九月丙戌，行在兵部奏：天下都司卫所发册坐勾逃故
军士一百二十万有奇。今所清出，十无二三。未几又有逃故，难以遽皆停止。"

阅之，力士健马，什才二三，钝戈弱弓，往往而是。其于方圆牝牡九阵分合之变，既所不讲，剑盾枪箭五兵之长，亦不能习。老羸未汰，纪律又疏，守尚不及，战则岂堪。（《荆川外集》卷二）

沿海海防，经积弛后，尤不可问。《明史》卷二〇五《朱纨传》记嘉靖二十六年时闽浙情形说：

> 漳、泉巡检司弓兵旧额二千五百余，仅存千人。……浙中卫所四十一，战船四百三十九，尺籍尽耗。

海道副使谭纶述浙中沿海卫所积弊：

> 卫所官军既不能以杀贼，又不足以自守，往往归罪于行伍空虚，徒存尺籍，似矣。然浙中如宁、绍、温、台诸沿海卫所，环城之内，并无一民相杂，庐舍鳞集，岂非卫所之人乎？顾家道殷实者，往往纳充吏承，其次赂官出外为商，其次业艺，其次投兵，其次役占，其次搬演杂剧，其次识字，通同该伍放回附近原籍，岁收常例，其次舍人，皆不操守。即此八项，居十之半，且皆精锐。至于补伍食粮，则反为疲癃残疾，老弱不堪之辈，军伍不振，战守无资，弊皆坐此。至于逃亡故绝，此特其一节耳。（胡宗宪《筹海图编》卷一一《经略一·实军伍》）

以至一卫军士不满千余，一千户所不满百余（同上兵部尚书张时彻语）。一遇事变，便手足无措。倭寇起后，登陆屠杀，如入无人之境。充分证明了卫军的完全崩溃，于是有募兵之举，另外招募壮丁，加以训练，抵抗外来的侵略。

五、勾军与清军

卫所军士之不断地逃亡，使统治阶级感觉恐慌，努力想法挽救。把追捕逃军的法令订而又订，规定得非常严密。《明史》卷九二《兵志》四记：

> 大都督府言：起吴元年十月至洪武三年十一月，军士逃亡者四万七千九百余。于是下追捕之令，立法惩戒。小旗逃所隶三人降为军，上至总旗百户千户皆视逃军多寡，夺俸降革。其从征在外者罚尤严。

把逃军的责任交给卫所官旗，让他们为自己的利益约束军士，这办法显然毫无效果，因为在十年后又颁发了同样性质的法令：

> 洪武十三年五月庚戌，上谕都督府臣曰：近各卫士卒率多逋逃者，皆由统之者不能抚恤。宜量定千百户罚格。凡一千户所逃至百人者千户月减俸一石，逃至二百人减二石。一百户所逃及十人者月减俸一石，二十人者减二石，若所管军户不如数，及有病亡事故残疾事，不在此限。（《明太祖实录》卷一三一）

洪武十六年又命五军都督府檄外卫所，速逮缺伍士卒，名为勾军。特派给事中潘庸等分行清理，名为清军。洪武二十一年以勾军发生流弊，命卫所及郡县编造军籍：

> 九月庚戌，上以内外卫所军伍有缺，遣人追取户丁，往往鬻法，且又骚动于民。乃诏自今卫所以亡故军士姓名乡贯编成图籍送兵部，

然后照籍移文取之，毋擅遣人，违者坐罪。寻又诏天下郡县，以军户类造为册，具载其丁口之数，如遇取丁补伍，有司按籍遣之，无丁者止。（同上书卷一九三）

军籍有三份，一份是清勾册（卫所的军士逃亡及死亡册），一份是郡县的军户原籍家属户口册，一份是收军册。卫所的军额是一定的，卫军规定必须有妻，不许独身不婚。[①] 父死子继。如有逃亡缺伍或死绝，必须设法补足。补额的方法是到原籍追捕本身或其亲属。同年又置军籍勘合：

是岁命兵部置军籍勘合，遣人分给内外卫所军士，谓之勘合户由。其中间写从军来历，调补卫所年月，及在营丁口之数。遇点阅则以此为验。其底簿则藏于内府。（《明太祖实录》卷一九五）

这两种制度都为兵部侍郎沈溍所创。《明史》曾对这新设施的成效加以批评：

明初卫所世籍及军卒勾补之法，皆沈溍所定。然名目琐细，簿籍繁多，吏易为奸。终明之世，颇为民患，而军卫亦日益耗。（《明史》卷一三八《唐铎传》）

实际上不到四十年，这两种制度都已丧失效用了。不但不能足军，反而扰害农民。第一是官吏藉此舞弊：

---

① 《筹海图编》卷一一《实军伍》，兵部尚书张时彻云："（卫军）无妻者辄罢革。"《明史》卷九二《兵志》四："军士应起解者皆金妻。"

宣德八年二月庚戌，行在兵部请定稽考勾军之令。盖故事都司卫所军旗伍缺者，兵部预给勘合，从其自填，遣人取补。及所遣之人，事已还卫，亦从自销，兵部更无稽考。以故官吏夤缘为弊，或移易本军籍贯，或妄取平民为军，勘合或给而不销，限期或过而不罪。致所遣官旗，迁延在外，娶妻生子，或取便还乡，二三十年不回原卫所者，虽令所在官司执而罪之，然积弊已久，猝不能革。（《明宣宗实录》卷九九）

使奉命勾军的官旗，自身也成逃军。第二是军籍散失，无法勾补：

宣德八年八月壬午，河南南阳府知府陈正伦言：天下卫所军士，或从征，或屯守，或为事调发边卫。其乡贯姓名诈冒更改者多。洪武中二次勘实造册，经历年久，簿籍鲜存，致多埋没。有诈名冒勾者，官府无可考验虚实。（同上书卷一○四）

政府虽然时派大臣出外清理军伍，宣德三年且特命给事中御史按期清军。清军条例也一增再增，规定得非常严密，军籍也愈来愈复杂。嘉靖三十一年（1552）又增编兜底、类卫、类姓三册，合原有之军黄总册（即户口册）为四册。① 但是这一切的条例和繁复的手续，只是多给予官吏以舞弊的机会，

---

① 《大明会典》卷一五五《兵部三八·军政二·册单》："凡大造之年，除军黄总册照旧攒造外，又造兜底一册，细开各军名贯，充调来历，接补户丁，务将历年军册底查对明白，毋得脱漏差错。又别造类姓一册；不拘都图卫所，但系同姓者摘出类编。又别造类卫一册，以各卫隶各省，以各都隶各卫，务在编类详明，不许混乱。其节年间发永远新军亦要附入各册，前叶先查概县军户总数以递减图，以图合都，以都合县。不许户存户绝，有无勾单，务寻节年故牍，补足前数。每于造册之年，另造一次，有增无减，有收无除。每县每册各造一样四本，三本存各司府州县，一本送兵部备照。册高阔各止一尺二寸，不许宽大，以致吏书作弊。"按军黄《明史》及《明史稿·兵志》均作军贯，今从《会典》。

卫军的缺伍情形，仍不因之稍减。

在明代前期，最为民害的是勾军。军士缺伍，勾捉正身者谓之跟捕，勾捕家丁者谓之勾捕。勾军的弊害，洪熙元年（1425）兴州左屯卫军士范济曾上书说：

> 臣在行伍四十余年，谨陈勾军之弊：凡卫所勾军有差官六七员者，百户所差军旗二人或三人者，俱是有力少壮，及平日结交官长，畏避征差之徒，重赂贪饕官吏，得往勾军。及至州县，专以威势虐害里甲，既丰其馈饯，又需其财物，以合取之人及有丁者释之。乃诈为死亡，无丁可取，是以留宿不回。有违限二三年者，有在彼典雇妇女成家者。及还，则以所得财物，赂其枉法官吏，原奉勘合，曚眬呈缴。较其所取之丁，不及差遣之官，欲求军不缺伍，难矣。（《明宣宗实录》卷五）

官校四出，扰乱得闾里不宁，却对军伍之缺，一无裨补。正统元年（1436）九月分遣监察御史轩輗等十七人清理军政，在赐敕中也指出当时的弊害，促令注意。敕书说：

> 武备立国之重事。历岁既久，弊日滋甚。军或脱籍以为民，民或枉指以为军。户本存而谓其为绝，籍本异而强以为同。变易姓名，改易乡贯，夤缘作弊，非止一端。推厥所由，皆以军卫有司及里甲人等贪赂挟私，共为欺蔽，遂致妄冒者无所控诉，埋没者无从追究，军缺其伍，民受其殃。（《明英宗实录》卷二二）

在实际上，不但法外的弊害，使农民受尽苦痛，即本军本户的勾补，对农民也是极大灾难。试举数例说明。第一例要七十老翁和八岁孩子补伍：

　　洪武二十五年四月壬子，怀远县人王出家儿年七十余，二子俱为卒从征以死。一孙甫八岁，有司复追逮补伍。出家儿诉其事于朝，令除其役。（《明太祖实录》卷二七）

第二例单丁补役，田地无人耕种：

　　永乐八年四月戊戌，湖广彬州桂阳县知县梁善言：本县人民充军数多，户有一丁者发遣补役，则田地抛荒，税粮无征，累及里甲。（《明成祖实录》卷一〇二）

第三例地方邻里因勾军所受的损失。万历三年徐贞明疏言：

　　东南民素柔脆，莫任远戍。今数千里勾军，离其骨肉。军壮出于户丁，帮解出于里甲，每军不下百金。而军非土著，志不久安，辄赂卫官求归。卫官利其赂且可以冒饷也，因而纵之。是困东南之民，而实无补于军政也。（《明史》卷二二三）

解除军籍的唯一途径，明初规定，必须做到兵部尚书才能脱籍为民。[1]《明史》卷一三八《唐铎传》记陈质许除军籍，称为特恩：

　　潮州陈质父在戍籍。父殁，质被勾补，请归卒业，帝命除其籍。（兵

----

[1]　《明史》卷九二《兵志》清理军伍。同书卷一三八《陈修传》："翟善迁吏部尚书，帝欲除其家戍籍。善曰：戍卒宜增，岂可以臣破例。帝益以为贤。"

部尚书）沈潜以缺军伍持不可。帝曰：国家得一卒易，得一士难。遂除之。然此皆特恩云。[①]

后定制生员特许免勾，但要经考试合格：

> 凡开伍免勾，洪武二十三年令生员应补军役者，除豁遣归卒业。二十九年令生员应起解者，送翰林院考试，成效者开伍，发回读书。不成者照旧补役。（《大明会典》卷一五四）

永乐时又定例现任官吏免勾：

> 二年令生勾军有见任文武官及生员吏典等，户止三丁者免勾，四丁以上者勾一丁补伍。（同上）

从此官僚阶级得豁去当军的义务，军伍的勾取只限于无钱无势的平民了。

勾军之害，已如上述。一到大举清军时，其害更甚。清军官吏是以清出军伍的多少定考成的，因此肆意诛求，滥及民户，惟恐所勾太少。《明史》记宣德时清军情形：

[①] 《明史》卷一四二《陈彦回传》："彦回莆田人。父立诚为归安丞，被诬论死，彦回谪戍云南，家人从者多道死，惟彦回与祖母郭在。会赦又弗原，监送者怜而纵之，贫不能归，依乡人知县黄积良。……彦回后擢徽州知府。……当彦回之戍云南也，其弟彦囷亦戍辽东。至是诏除彦回籍。"按以罪谪戍者，如罪不至全家，经请求得由子弟代役，《明史》卷一四三《高巍传》："由太学生试前军都督府左断事，……寻以决事不称旨当罪，减死戍贵州关索岭。特许弟侄代役，曰旌孝子也。"《周缙传》："遣戍兴州，有司遂捕缙械送戍所。居数岁，子代还。"

　　（赵豫）官松江知府。清军御史李立至，专务益军，勾及亲戚同姓，稍辩则酷刑榜掠，人情大扰。诉枉者至一千一百余人。[①]

正德时武定清军，一州至万余人：

　　（郭侃）官武定知州。会清军籍，应发遣者至万二千人。侃曰：武定户口三万，是空半州也。力争之得寝。（《明史》卷二八一《郭侃传》）

王道论清军之弊有三：第一是清勾不明；第二是解补太拘；第三是军民并役。他说：

　　清勾之始，执事不得其人，上官不屑而委之有司，有司不屑而付之吏胥，贿赂公行，奸弊百出。正军以富而幸免，贫民无罪而干连，有一军缺而致数人之命，一户绝而破荡数家之产者矣，此清勾不明之弊一也。国初之制，垛集者不无远近之异，谪戍者多罹边卫之科，承平日久，四海一家，或因迁发，填实空旷，或因商宦，流寓他方，占籍既久，桑梓是怀。今也勾考一明，必欲还之原伍，远或万里，近亦数千，身膺桎梏，心恋庭闱，长号即路，永诀终天，人非木石，谁能堪此，此解补太拘之弊二也。迩年以来，地方多事，民间赋役，十倍曩时，鬻卖至于妻子，算计尽乎鸡豚，苦不聊生，日甚一日，而又忽

---

① 《明史》卷二八一《赵豫传》，同上《张宗琏传》："朝遣李立理江南军籍，檄宗琏自随。立受黜军词，多逮平民实伍。"吴宽《匏翁家藏集》卷三三《崔巡抚诬记》："宣德初所谓军政条例始行于天下。御史李立往理苏、常等府。立既刻薄，济以苏倅张徽之凶暴，专欲括民为军。民有与辩者，徽辄怒曰：汝欲为鬼耶？抑为军耶？一时被诬与死杖下者，多不可胜数。苏人恨人骨髓。然畏其威，莫敢与抗也。"

加之以军伍之役，重之以馈送之繁，行赍居送，无地方可以息肩，死
别生离，何时为之聚首？民差军需，交发互至，财殚力竭，非死即亡，
此军民并役之弊三也。(《顺渠先生文集》卷四)

至嘉靖时，军伍更缺，法令愈严，有株累数十家，勾摄经数十年者，丁口已尽，
犹移覆纷纭不已。万历中南直隶应勾之军至六万六千余，株连至二三十万
人(《明史》卷九二《兵志四》)。卫军已逃亡的，"勾军无虚岁，而什伍日
亏。"未逃亡或不能逃亡的，却"平居以壮仪卫，备国容犹不足"①。卫所制
度到这时候，已经到了完全崩溃的阶段了。

六、募 兵

从永乐迁都北京以后，每年须用船运东南米数百万石北来，漕运遂
为明代要政。运粮多由各地卫军负责。宣宗即位后，始定南北卫军分工之
制，南军转运，北军备边。②特设漕运总兵，用卫军十二万人(《明史》卷
一五三《陈瑄传》)。东南军力由之大困。弘治元年(1488)都御史马文升
疏论运军之苦说：

---

① 顾起元：《客座赘语》二《勾军可罢》："南都各卫军在卫者，余尝于送表日见之。尫羸饥疲，
色可怜，与老稚不胜衣甲者居大半。平居以壮仪卫，备国容犹不足，脱有事而责其效一
臂力，何可得哉！其原籍尺籍，皆系祖军，死则其子孙或其族人充之，非盲瞽废疾，未
有不编于伍者。又户绝必清勾，勾军多不乐轻去其乡，中道辄逃匿，比至又往往不习水
土，而病且死。以故勾军无虚岁而什伍日亏。且勾军之害最大，一户而株累数十户不止。
比勾者至卫所，官卫又以需索困苦之，故不病且死，亦多以苦需索而窜。"

② 《明史》卷一四五《朱能传》："朱勇以南北诸卫所军，备边转运，错互非便。请专令南军转运，
北军备边。"

　　　　各直省运船，皆工部给价，令有司监造。近者漕运总兵以价不时给，请领价自造，而部臣以军士不加爱护，议令本部出料四分，军卫任三分，旧船抵三分。军卫无从措办，皆军士卖资产，鬻男女以供之，此造船之苦也。正军逃亡数多，而额数不减，俱以余丁充之，一户有三四人应役者，春兑秋归，艰辛万状，船至张家湾，又雇车盘拨，多称贷以济用，此往来之苦也。其所称贷，运官因以侵渔，责偿倍息，而军士或自载土产以易薪米，又格于禁例，多被掠夺。（《明史》卷七九《食货志三·漕运》）

江南军士"多因漕运破家"，江北军士则"多以京操失业"[1]。南北卫军因之都废弛不可用。

　　明代用全力防守北边，备蒙古入侵。腹地军力极弱，且经积弛之后，一有事故，便手足无措。隆庆时靳学颜疏言：

　　　　夫陷阵摧坚，旗鼓相当，兵之实也。今边兵有战时，若腹兵则终世不一当敌，每盗贼窃发，非阴阳医药杂职，则丞贰判簿为之将，非乡民里保，则义勇快壮为之兵，在北则借盐丁矿徒，在南则借狼土，此皆腹兵不足用之明验也。（《明史》卷二一四《靳学颜传》）

所说的虽然是后期情形，其实在前期即已如此。正统时邓茂七起义，将帅尪怯退避，反由文吏指挥民兵作战。[2] 天顺初年两广"盗"起，将吏率缩

---

[1] 《刘忠宣公集》卷一《乞休疏》中语。

[2] 《明史》卷一六五《丁瑄传》："当是时浙闽盗所在剽掠为民患，将帅率玩寇，而文吏励民兵拒贼往往多斩获。闽则有张英王得仁之属，浙江则金华知府石瑁擒遂昌贼苏才。处州知府张佑击贼众，擒斩千余人。"

朒观望，怯不敢战。① 至正德时刘宠、刘辰起义，腹地卫军已全不能用：

> 正德六年刘宠刘辰等自畿辅犯山东河南，下湖广，抵江西。复自南而北，直窥霸州。杨虎等自河北入山西，复东抵文安，与宠等合。破邑百数，纵横数千里，所过若无人。(《明史》卷一八七《马中锡传》)

只好调边兵来作战。西南和东南则调用素称慓悍嗜杀的狼土兵。② 可是狼土兵毫无军纪，贪淫残杀，当时有"贼如梳，军如篦，土兵如鬎"③ 和"土贼尤可，土兵杀我"之谣。④ 甚或调用土达⑤，如毛胜（原名福寿）之捕苗云南：

> 正统六年，靖远伯王骥请选在京番将舍人捕苗云南，乃命胜与都督冉保统六百人往。……（正统十四年）以左副总兵统河间东昌降夷赴贵州（平贼）。(同上书卷一五六《毛胜传》)

和勇（原名脱脱孛罗）之平两广"盗"：

---

① 《明史》卷一六五《叶祯传》。卷一七七《叶盛传》："天顺二年巡抚两广，时两广盗贼蜂起，所至破城杀将，诸将怯不敢战，杀平民冒功，民相率从贼。"

② 狼兵和土兵是湖南、广西一带土司的军队，参看《明史》卷三一〇《土司传》和毛奇龄《蛮司合志》。

③ 《明史》卷一八七《洪钟传》："正德五年，保宁贼起。官兵不敢击，潜蹑贼后，馘良民为功，土兵虐民尤甚。时有谣曰：贼如梳，军如篦，土兵如鬎。"

④ 《明史》卷一八七《陈金传》："正德六年，江西盗起。金以所属郡兵不足用，奏调广西狼土兵，累破剧贼。然所用目兵，贪残嗜杀，剽掠甚于贼。有巨族数百口阖门罹害者。所获妇女率指为贼属，载数十艘去。民间谣曰：土贼尤可，土兵杀我。金亦知民患之，方倚其力不为禁。"

⑤ 蒙古降人和内地的土著蒙古人。

　　天顺间以两广多寇，命充游击将军，统降夷千人往讨。……成化初赵辅、韩雍征大藤峡，诏勇以所部从征。（同上书卷一五六《和勇传》）

又行佥民壮法，增加地方兵力。正统二年始募所在军余民壮愿自效者。十四年令各处招募民壮，就令本地官司率领操练，遇警调用，事定仍复为民。弘治二年又令：

　　州县选取年二十以上五十以下精壮之人，州县七八百里，每里佥二名。五百里者每里三名。三百里者每里四名。一百里以上者每里五名。春夏秋每月操二次，至冬操三歇三，遇警调集，官给行粮。（《明史》卷九一《兵志》）

富民不愿服务，可纳钱免佥，由官代募。此种地方兵又称机兵，在巡检司者称为弓兵。到此人民又加上一层新负担，军外加兵，疲于奔命。

　　调用边兵土兵达兵和佥点民壮，虽然解决了一时的困难，可是边兵有守边之责，土兵不易制裁，达兵数目不多，民壮稍后也积弊不可用，而且是地方兵，只供守卫乡里，不能远调。王守仁在正德时曾申说当时兵备情形：

　　赣州财用耗竭，兵力脆弱，卫所军丁，只存故籍，府县机（兵）快（手），半充虚文，御寇之方，百无一恃，以此例彼，余亦可知。是以每遇盗贼猖獗，辄覆奏请兵，非调土军，即倩狼达，往返之际，辄已经年，靡费所需，动逾数万。逮至集兵举事，即已魍魉潜形，曾无可剿之贼，稍俟班师旋旅，则又鼠狐聚党，复当不轨之群。机宜屡失，备御益弛。征发无救于疮痍，供亿适增其荼毒。群盗习知

其然,愈肆无惮,百姓谓莫可恃,竟亦从非。(《阳明集要·经济集一·选拣民兵》)

在这种情况下，不能不另想办法。于是有募兵出现。在卫军民壮以外，又加上第三种军队。募兵出而卫军民壮自以为无用，愈加废弛。[①]

募兵之制，大约开端于正统末年。募兵和民壮不同，民壮是由地方按里数多少或每户壮丁多少佥发的，平时定期训练，余时归农，调发则官给行粮，事定还家。完全为警卫地方之用。募兵则由中央派人招募，入伍后按月发饷，东西征戍，一惟政府之命。战时和平时一样，除退役外不能离开行伍。正统土木之变，京军溃丧几尽，各省勤王兵又不能即刻到达，于是派朝官四出募兵[②]，以为战守之计。嘉靖时倭寇猖獗，沿海糜烂，当时人对于卫军之毫无抵抗能力，不能保卫地方，极为不满。主张在卫军和募兵

---

① 顾炎武《亭林文集》卷六《兵制论》："正德末始令郡县选民壮。弘治中制里佥二名若四五名。有调发官给行粮。正德中计丁粮编机兵银，人岁食至七两有奇，悉赋之民。此之谓机(兵)快(手)民壮，而兵一增，制一变。又久备益弛，盗发雍豫，蔓延数省，民兵不足用，募新兵，倍其糈，以为长征之军，而兵再增，制再变。屯卫者曰：我乌知兵，转漕耳。守御非吾任也。故有机壮而屯卫为无用之人。民壮曰：我乌知兵，给役耳。调发非吾任也。故有新募而民壮为无用之人。"

② 《明史》卷一五七《杨鼎传》："也先将寇京师，诏以监察御史募兵兖州。"同书卷一六〇《石璞传》："景帝即位，出募天下义勇。"卷一七五《白圭传》："陷土木脱还，景帝命往泽州募兵。"按同书卷一六四《左鼎传》："初京师戒严，募四方民壮分营训练，岁久多逃，或赴操不如期。建议编之尺籍。(练)纲等言：召募之初，激以忠义，许事定罢遣。今展转轮操，已孤所望。况其逃亡，实迫寒馁。岂可遽著军籍！边方多故，倘更召募，谁复应之。诏即除前令。"此为景泰四年事，距召募入伍时已五年。似乎这次所募的大部分是各地民壮，虽未著录于中央军籍，却已入伍四五年，编营训练，其性质和后来的兵相同了。至于《杨鼎传》和《白圭传》所记的募兵，当即为和军对称并行的兵，并非地方的民壮。又募兵须由中央，地方长官不得擅募。《明史》卷一六四记李信以擅募被劾可证："景泰中曹凯擢浙江右参政。镇守都督李信擅募民为军，糜饷万余石。凯劾奏之。信虽获宥，诸助信募军者皆获罪。"传中军当作兵。

两者中择较精锐的精练御敌，即以所淘汰的军的粮饷归之能战的兵，郎瑛所记"近日军"即代表此种意见。他说：

古之置军也防患，今之置军也为患。何也？太平无事，民出谷以养军，官有产以助军，是欲藉其有警以守，盗发以讨，所以卫民也。卫民，卫国也。今海贼为害有年矣，未闻军有一方之守，一阵之敌焉。守敌者非召募之土著，则选调别省兵勇。故见戮于贼也，非地方男妇良民，即远近召募之众。是徒有养军之害，而无卫军之实，国非亦为其所损哉！为今之计，大阅军兵，使较射扑，军胜于募，则以募银之半加于军，募胜于军，则扣军粮之半以益募。如此则军兵各为利而精矣。以练精者上阵以杀贼，余当减之也。庶民不费于召募之费，国不至于倍常之费，虽为民而实为国矣。（《七修类稿续稿》卷三）

要求用精练的兵作战。当时将帅都在这要求下纷纷募兵训练，内中最著名的如戚继光：

继光至浙，见卫所兵不习战，而金华义乌俗称慓悍，请召募三千人教以击刺法，长短兵迭用，由是继光一军特精。又以南方多薮泽，不利驰逐。乃因地形，制阵法，审步伐便利，一切战舰火器兵械，精求而更制之，戚家军名闻天下。（《明史》卷二一二《戚继光传》）

谭纶：

东南倭患已四年，朝议练乡兵御贼。参将戚继光请期三年而后用之。纶亦练千人，立束伍法，自裨将以下节节相制，分数既明，进止

齐一，未久即成精锐，益募浙东良家子教之。而继光练兵已及期，因收之为己用，客兵罢不复调。（同上书卷二一二《谭纶传》）

同时张鏊募兵名振武营①，郑晓②、朱先募盐徒为兵。③名将俞大猷所练兵名俞家军。④都卓有成效，在几年中完全肃清了倭寇。

在另一方面，北边的边军也渐渐地用募兵来代替和补充世军。《明史》卷二〇四《陈九畴传》：

> 世宗即位，巡抚甘肃。抵镇言：额军七万余，存者不及半，且多老弱，请令召募。报可。⑤

嘉靖二十九年又令蓟镇自于密云、昌平、永平、遵化募兵一万五千（《大明会典》卷一二九）。隆庆二年以戚继光为总兵官练蓟镇兵，募浙兵三千作边军模范（《明史》卷二一二《戚继光传》）。后又续募浙兵九千余守边，边备大饬。（同上书《谭纶传》）甚至京军也用募兵充伍：

> 嘉靖二十九年，遣四御史募兵畿辅、山东、山西、河南得四万人，分隶神枢神机。（同上书卷八九《兵志》一）

---

① 《明史》卷二〇五《李遂传》："振武营者（南京）兵部尚书张鏊募健儿以御倭，素骄悍。（以给饷逾期哗变）遂奏调振武军护陵寝，一日散千人。"

② 《明史》卷一九九《郑晓传》："募盐徒骁悍者为兵。"

③ 《明史》卷二一二《戚继光传》："朱先募海滨盐徒自为一军。"

④ 《明史》卷二一二《俞大猷传》："嘉靖四十二年，惠州府参将谢敕与伍端温七战失利，以俞家军至恐之。"

⑤ 《明史》卷二〇四《翟鹏传》："嘉靖二十一年，起鹏宣大总督。……修边墙……得地万四千九百余顷。募军千五百人，人给五十亩，省仓储无算。"

从此以后，以募兵为主力，卫军只留空名，置而不用。[①]时人以为募兵较世军有十便：

> 年力强壮者入选，老弱疲癃，毋得滥竽其中，便一。一遇有缺伍，朝募而夕补，不若清勾之旷日持久，便二。地与人相习，无怀故土逃亡之患，便三。人必能一技与善一事者方得挂名什伍，无无用而苟食者，便四。汰减之法，自上为政，老病不任役者弃之，不若祖军顶替，有贿官职而瞒年岁者，便五。部科遴拣，一朝而得数什百人，贪弁不得缘以勒掯需索，便六。有事而强壮者人可荷戈，不烦更为挑选，便七。家有有力者数人，人皆得为县官出力，不愿者勿强也，便八。壮而不能治生产者，得受糈于官，无饥寒之患，便九。猛健豪鸷之材，笼而驭之，毋使流为奸宄盗贼，便十。（《客座赘语》卷二）

万历末年建州勃兴，辽沈相继失守，募兵愈多，国库日绌。募来的兵多未经严格训练，又不能按时发饷，结果也和卫军一样，逃亡相继。熊廷弼《辽左大势久去疏》：

> 辽东见在兵有四种：一曰募兵，佣徒厮役，游食无赖之徒，几能弓马惯熟？几能膂力过人？朝投此营，领出安家月粮而暮逃彼营；暮投河东，领出安家银两而朝投河西。点册有名，及派工役而忽去其半；

---

① 《明史》卷二五一《蒋德璟传》："文皇帝设京卫七十二，计军四十万。畿内八府军二十八万，又有中都、大宁、山东、河南入卫班军十六万，春秋入京操演。深得居重驭轻之势。且自来征讨，皆用卫所官军，嘉靖末始募兵，遂置军不用，至加派日增，军民两困。"

领饷有名,及闻告警而又去其半。此募兵之形也。(《熊襄愍公集》卷三)

甚至内地兵尚未出关,即已逃亡。[1] 在辽就地所募兵,得饷后即逃亡过半。[2]
天启时以四方所募兵日逃亡,定法摄其亲属补伍(《明史》卷二五六《毕
自严传》)。也只是一个空头法令,实际上并不能实行。稍一缺饷,则立刻
哗变,崇祯元年川、湖兵戍宁远时,以缺饷四月大噪,余十三营起应之,
至缚系巡抚毕自严(《明史》卷二五九《袁崇焕传》)。"流寇"起后,内外
交逼,将帅拥兵的都只顾身家,畏葸不敢作战。政府也曲意宽容,极意笼
络,稍有功效,加官封爵,惟恐不及。丧师失地的却不敢少加罪责,惟恐
其拥兵叛乱,又树一敌。由此兵骄将悍,国力日蹙。[3] 诸将中左良玉兵最强,
拥兵自重,跋扈不肯听调遣,《明史》说他:

> 多收降寇以自重,督抚檄调,不时应命。……壁樊城,驱襄阳一
> 郡人以实军,降贼附之,有众二十万。……福王立……南都倚为屏蔽。
> 良玉兵八十万,号百万,前五营为亲军,后五营为降军,每春秋肄兵
> 武昌诸山,一山帜一色,山谷为满。军法用两人夹马驰曰过对,马足
> 动地,殷如雷声。诸镇兵惟高杰最强,不及良玉远甚。(《明史》卷
> 二七三《左良玉传》)

---

① 《明史》卷二三七《冯应京传》:"辽阳陷,时议募兵。何栋如自请行。遂赍帑金赴浙江,
得六千七百人。……所募兵畏出关,多逃亡。"

② 《明史》卷二五九《熊廷弼传》:"刘国缙募辽人为兵,所募万七千人,逃亡过半。"并参
阅《熊襄愍公集》卷四《新兵全伍脱逃疏》。

③ 《明史》卷二六四《李梦辰传》:"崇祯六年冬……累迁本科给事中。复言:将骄军悍,邓玘、
张外嘉之兵弑主而叛,曹文诏、艾万年之兵望贼而奔,尤世威、徐来朝之兵离汛而遁。
今者张全昌、赵光远之兵且倒戈为乱矣。荥泽劫库杀人,偎师列营对垒,且全昌等会剿
豫贼,随处逗留,及中途兵变,全昌竟东行,光远始西向。骄抗如此,安可不重治。帝
颇采其言。"

一人拥兵八十万，当时号为左兵。在崇祯时代他为要保全私人实力，不听政府调遣。福王立，他又发动内战，以致清兵乘虚直捣南京。其他镇将如高杰、黄得功、刘泽清、刘良佐在北都亡后，拥兵江北，分地分饷，俨然成为藩镇。他们不但以武力干涉中央政事，还忙于抢夺地盘，互相残杀。高杰、黄得功治兵相攻，刘泽清、刘良佐、许定国则按兵不动。后来许定国诱杀高杰，以所部献地降清，刘泽清、刘良佐也不战降附，黄得功兵败自杀，南都遂亡。

七、军饷与国家财政

明初卫军粮饷，基本上由屯田所入支给。明太祖在初起兵时，即立民兵万户府，寓兵于农：

> 戊戌（1358）十一月辛丑，立管理民兵万户府。令所定郡县民武勇者，精加简拔，编辑为伍，立民兵万户府领之。俾农时则耕，闲则练习，有事则用之。事平有功者一体升擢，无功令还为民。（《明太祖实录》卷六）

又令诸将屯田各处。建国后宋讷又疏劝采用汉赵充国屯田备边的办法，以御蒙古。他说：

> 今海内乂安，蛮夷奉贡。惟沙漠未遵声教。若置之不理，则恐岁久丑类为患，边圉就荒。若欲穷追远击，六师往还万里，馈运艰难，士马疲劳。陛下为圣子神孙万世计，不过谨备边之策耳。备边固在乎

兵实，兵实又在乎屯田。屯田之制，必当以法汉（赵充国）。……陛
下宜于诸将中选其智勇谋略者数人，每将以东西五百里为制，随其高
下，立法分屯。所领卫兵以充国兵数斟酌损益，率五百里一将，布列
缘边之地，远近相望，首尾相应，耕作以时，训练有法，遇敌则战，
寇去则耕，此长久安边之法也。(《西隐文稿》卷一〇《守边策略》)

同时由海道运粮到辽东，又时遭风覆溺。因之决意兴屯，不但边塞，即内
地卫所也纷纷开屯耕种。定制边地卫所军以三分守城，七分屯种，内地二
分守城，八分屯种。每军受田五十亩为一分，给耕牛农具，教树植，复租
赋。初税亩一斗。建文四年（1402）定科则，军田一分正粮十二石，贮屯
仓，听本军自支。余粮为本卫所官军俸粮。永乐时东自辽左，北抵宣大，
西至甘肃，南至滇、蜀，极于交阯，中原则大河南北，在在兴屯（《明史》
卷七七《食货志一·田制》)。养兵（数）百万，基本上由屯田收入支给（同
上书卷二五七《王洽传》)。

除军屯外，边上又有商屯。洪武时户部尚书郁新创开中法：

新以边饷不继，定召商开中法。令商输粟塞下，按引支盐，边储
以足。(同上书卷一五〇《郁新传》)

商人以远道输粟，费用过大，就自己募人耕种边上闲田，即以所获给军，
换取盐引，到盐场取盐贩卖营利，边储以足。

政府经费则户部银专给军旅，不作他用（《明史》卷二二〇《王遴传》)。
户部贮银于太仓库，是为国库。内廷则有内承运库，贮银供宫廷费用，收
入以由漕粮改折之金花银百万两为大宗。除给武臣禄十余万两外，尽供御
用。边赏首功不属经常预算，亦由内库颁发。国家财政和宫廷费用分开（同

上书卷七九《食货志三·仓储》）。军饷又概由屯田和开中支给。所以明初几次大规模的对外战争，如永乐、宣德时代之六次打蒙古，三次打安南，七次下西洋，虽然费用浩繁，国库还能应付。

可是军屯和商屯两种制度，不久便日趋废弛，国库也不能维持其独立性，为内廷所侵用。卫军坏而募兵增，政府既须补助卫军饷糈，又加上兵的饷银，国家经费，入不敷出，只好采取饮鸩止渴的办法，以出为入，发生加派增税捐纳种种弊政，农民于缴纳额定的赋税以外，又加上一层军兵费的新负担。

军屯之坏，在宣德初年范济即已上书指出。他说：

> 洪武中令军士七分屯田，三分守城，最为善策。比者调度日繁，兴造日广，虚有屯种之名，田多荒芜。兼养马采草伐薪烧炭，杂役旁午，兵力焉得不疲，农业焉得不废。（同上书卷一六四《范济传》）

屯军因杂役而废耕，屯的田又日渐为势豪所占。[1] 正统以后，边患日亟，所屯田多弃不能耕。再加上官吏的需索，军士的逃亡，屯军愈困，卫所收入愈少。[2] 政府没有办法，只好减轻屯粮，免军田正粮归仓，止征余粮六石。弘治时又继续减削，屯粮愈轻，军饷愈绌。《明史》记：

---

[1] 《明史》卷一五七《柴车传》："宣德六年，山西巡按御史张勖言：大同屯田多为豪右占据。命车往按得田几二千顷，还之军。"卷一七六《商辂传》："塞上腴田率为势豪占据，辂请核还之军。"卷一五五《蒋贵传》："成化十年，蒋琬上言：大同、宣府诸塞腴田，无虑数十万，悉为豪右所占。"卷一八〇《张泰传》："弘治五年泰言：甘州膏腴地，悉为中官武臣所据，仍责军税。城北草湖，资戍卒牧马，今亦被占。"卷二六二《孙传庭传》："崇祯九年……西安四卫旧有屯田二万四千余顷，其后田归豪右，军尽虚籍。"

[2] 侯朝宗《壮悔堂文集》卷四《代司徒公屯田奏议》："（诸阃帅荫职以）肥区归己，而以其瘠硗者移之军士，久则窜易厥籍，而粮弥不均。于是不得不寄甲于势要，而欺隐遂多。欺隐多于是不得不摊税于佃军，而包赔愈苦。流病相仍，非朝伊夕，人鲜乐耕，野多旷土，职此之繇。"

初永乐时屯田米常溢三之一。常操军十九万，以屯军四万供之。而受供者又得自耕边外，军无月粮，是以边饷恒足。（《明史》卷七七《食货志一·田制》）

正统以后政府便须按年补助边费，称为年例。

军屯以势豪侵占，卫军逃亡而破坏，商屯则以改变制度而废弛。《明史·叶淇传》：

弘治四年为户部尚书。变开中之制，令淮商以银代粟，盐课骤增百余万，悉输之运司，边储由此萧然矣。（同上书卷一八五）

盐商从此可以用银买盐，不必再在边境屯田。盐课收入虽然骤增，可是银归运司，利归商人，边军所需是月粮，边地所缺的是米麦，商屯一空，边饷立绌。《明史·食货志》说：

弘治中叶淇变法而开中始坏，诸淮商悉撤业归，西北商亦多徙家于淮。边地为墟，米石直银五两，而边储椏然矣。

后来虽然有若干人提议恢复旧制，但因种种阻碍，都失败了。

明代国家财政每年出入之数，在初期岁收田赋本色米，除地方存留千二百万石外（同上书卷二二五《王国光传》），河、淮以南以四百万石供京师，河、淮以北，以八百万石供边，一岁之入，足供一岁之用（同上书卷二一四《马森传》）。到正统时边用不敷，由中央补助岁费，名为年例。正统十二年（1447）给辽东银十万两，宣大银十二万两（毕自严《石隐园藏稿》卷六《议复屯田疏》）。到弘治时内府供应繁多，"光禄岁供增数十倍，诸方织作，务为新巧，斋醮日费巨万，太仓所储不足饷战士，而内府收入，动四五十万。而宗藩贵戚之求土田，夺盐利者，亦数千万计。土木日兴，科敛不已。传奉冗官之俸薪，内府工匠之饩廪，岁增月积，无有穷期。"（《明史》卷一八一《刘健传》）财用日匮。国库被内廷所提用，军饷又日渐不敷，弘治八年尚书马文升以大同边警，至议加南方两税折银（《明史》卷一八一《谢迁传》）。正德时诸边年例增至四十三万两（同上书卷二三五《王德完传》），军需杂输，十倍前制（同上书卷一九二《张原传》）。京粮岁入三百五万，而食者乃四百三万（同上书卷二〇一《周金传》）。嘉靖朝北有蒙古之入寇，南有倭寇之侵轶，军兵之费较前骤增十倍。田赋收入经过一百五十年的休养生息，反比国初为少。①嘉靖五年银的岁入止百三十万两，岁出至二百四十万（同上书卷一九四《梁材传》）。光禄库金自嘉靖改元至十五年积至八十万，自二十一年以后，供亿日增，余藏顿尽（同上书卷二一四《刘体乾传》）。嘉靖二十九年俺答入寇，兵饷无出，只好增加田赋，名为加派，征银一百十五万。这时银的岁入是二百万两，岁出诸边费即六百余万，一切取财法行之已尽。②接着是东南的倭寇，又于南畿浙闽的田赋加额外提编，江南加至四十万。提编是加派的别名，为倭寇增兵而设，可是倭寇平后这加派就成为正赋（同上书卷七八《食货志二·赋役》）。广东也以军兴加税，到万历初年才恢复常额（同上书卷二五五《李戴传》）。诸边年例增至二百八十万两（同上书卷二〇二《孙应奎传》，同书卷二三五《王德完传》）。隆庆初年马森上书说：

---

① 《明史》卷二〇八《黎贯传》："嘉靖二年疏言：国初夏秋二税，麦四百七十万，而今损九万，米二千四百七十三万，而今损二百五十万。以岁入则日减，以岁出则日增。"

② 《明史》卷二〇〇《孙应奎传》："俺答犯京师后，羽书旁午征兵饷。应奎乃建议加派，自北方诸府暨广西、贵州外，其他量地贫富，骤增银一百十五万有奇，而苏州一府乃八万五千。"

屯田十亏七八，盐法十折四五，民运十逋二三，悉以年例补之。
在边则士马不多于昔，在太仓则输入不多于前，而所费数倍。（同上
书卷二一四《马森传》）

派御史出去搜括地方库藏，得银三百七十万也只能敷衍一年。内廷在这情
形下，还下诏取进三十万两，经户部力争，乃命止进十万两（同上书卷
二一四《刘体乾传》）。万历初年经过张居正的一番整顿，综核名实，裁节
冗费，政治上了轨道，国库渐渐充实，浸浸成小康的局面。张居正死后，
神宗惑于货利，一面浪费无度，一面肆力搜括，外则用兵朝鲜，内则农民
暴动四起，国家财政又到了破产的地步。

万历前期的国家收入约四百万两，岁出四百五十余万两。岁出中九边
年例一项即占三百六十一万两①，后来又加到三百八十余万两②。每年支出
本来已经不够，内廷还是一味向国库索银，皇帝成婚，皇子出阁成婚，皇
女出嫁，营建宫殿种种费用都强逼由国库负担。③ 又从万历六年起，于内

---

① 《明史》卷二二四《宋纁传》："万历十四年迁户部尚书。言：边储大计，最重屯田、盐策。
　　近诸边年例银增至三百六十一万，视弘治初八倍。"
② 《明史》卷二三五《王德完传》："万历十四年进士……累迁户科都给事中，上筹划边饷议言：
　　诸边岁例，弘正间止四十三万，至嘉靖则二百七十余万，而今则三百八十余万。"
③ 《明史》卷二二〇《王遴传》："故事户部银专供军国，不给他用。帝大婚，暂取济边银
　　九万两为织造费。至是复欲行之，遴执争。未几诏取金四千两为慈宁宫用，遴又力持，
　　皆不纳。"卷二三七《万象春传》："皇女生，诏户部光禄寺各进银十万两，象春力谏不听。"
　　卷二二〇《赵世卿传》："福王将婚，进部帑二十七万，犹以为少。……至三十六年七公
　　主下嫁，宣索至数十万。世卿引故事力争，诏减三之一。世卿复言：陛下大婚止七万，
　　长公主下嫁止十二万，乞陛下再裁损，一仿长公主例。帝不得已从之。"卷二四〇《朱
　　国祚传》："万历二十六年诏旨采办珠宝二千四百万，而天下赋税之额乃止四百万。"《王
　　德完传》："今皇长子及诸王册封冠婚至九百三十四万，而袍服之费复二百七十余万。"
　　卷二四〇《张问达传》："帝方营三殿，采木楚中，计费二百二十万有奇。"

库岁供金花银外，又增买办银二十万两为定制（《明史》卷七九《食货志三·仓库》）。结果是外廷的太仓库光禄寺库太仆寺库的储蓄都被刮取得干干净净，内廷内库帑藏山积，国库则萧然一空。[①] 万历二十年哱拜反于宁夏；又接连用兵播州；朝鲜战役历时至七年。支出军费至一千余万两。[②] 大半出于加派和搜括所得。《明史·孙玮传》记：

> 朝鲜用兵，置军天津，月饷六万，悉派之民间。（同上书卷二四一）

所增赋额较二十年前十增其四，民户殷足者什减其五。东征西讨，萧然苦兵（《明史》卷二一六《冯琦传》）。到万历四十六年（1618）辽东兵起，接连加派到五百二十万两：

> 时内帑充积，帝靳不肯发。户部尚书李汝华乃援征倭征播例，亩加三厘五毫，天下之赋增二百万有奇。明年复加三厘五毫。又明年以兵工二部请，复加二厘。通前后九厘，增赋五百二十万，遂为定额。（同上书卷七八《食货志二·赋役》；卷二二〇《李汝华传》）

接着四川、贵州又发生战事，截留本地赋税作兵饷，边饷愈加不够。从万历三十八年到天启七年（1610—1627）负欠各边年例至

---

① 《明史》卷二三〇《汪若霖传》："万历三十六年巡视库藏，见老库止银八万，而外库萧然。诸边军饷积逋至百余万。"

② 《明史》卷二三五《王德完传》："万历二十八年起任工科，极陈国计匮乏，言：近岁宁夏用兵费百八十余万，朝鲜之役七百八十余万，播州之役二百余万。"按毕自严所记与此不同，《石隐园藏稿》卷六《清查九边军饷疏》："征哱拜之费用过一百余万，两次征倭之费用过五百九十五万四千余两，征播之费用过一百二十二万七千余两。"

九百六十八万五千五百七十一两七钱三分（《石隐园藏稿》卷六《详陈节欠疏》）。兵部和户部想尽了法子，罗掘俱穷，实在到了无办法的地步，只好请发内库存银，权救边难，可是任凭呼吁，皇帝坚决不理，杨嗣昌在万历四十七年所上的《请帑稿》颇可看出当时情形：

> 今日见钱，户部无有，工部无有，太仆寺无有，各处直省地方无有。自有辽事以来，户部一议挪借，而挪借尽矣。一议加派，而加派尽矣。一议搜括，而搜括尽矣。有法不寻，有路不寻，则是户部之罪也。至于法已尽，路已寻，再无银两，则是户部无可奈何，千难万苦。臣等只得相率恳请皇上将内帑多年蓄积银两，即日发出亿万，存贮太仓，听户部差官星夜赍发辽东，急救辽阳。如辽阳已失，急救广宁，广宁有失，急救山海等处，除此见钱急着，再无别法处法。（《杨文弱集》卷二）

疏上留中，辽阳、广宁也相继失陷。

天启时诸边年例又较万历时代增加六十万，京支银项增加二十余万（《石隐园藏稿》卷六《清查九边军饷疏》）。辽东兵额九万四千余，岁饷四十余万，到天启二年关上兵止十余万，月饷至二十二万（《明史》卷二七五《解学龙传》），军费较前增加六倍。新兵较旧军饷多，在招募时，旧军多窜入新营为兵，一面仍保留原额，政府付出加倍的费用募兵，结果募的大部仍是旧军，卫所方面仍须发饷。[1] 从泰昌元年十月到天启元年

---

[1] 杨嗣昌《杨文弱集》卷一，万历四十七年九月，《请立兵册清查辽饷确数稿》："新兵原食一两二钱，今递加至一两八钱。旧兵原食四钱，今递加至一两二钱。新兵递加，往开元等一两八钱，往铁岭等一两六钱。旧兵递加，其上等一两二钱，中等者八钱。"天启元年六月《三覆议山东河北增兵用饷稿》："定辽西新旧兵例分为五等，一等月给银二两，二等月给银一两八钱，三等月给银一两五钱，四等月给银一两二钱，五等月给银八钱。"

十二月十四个月用去辽饷至九百二十五万一千余两，较太仓岁入总数超过三倍。（《杨文弱集》卷四《述辽饷支用全数疏》）

崇祯初年，一方面用全力防遏建州的入侵，一方面"流寇"四起，内外交逼，兵愈增，饷愈绌。崇祯二年三月户部尚书毕自严疏言：

> 诸边年例自辽饷外，为银三百二十七万八千有奇。今蓟、密诸镇节省三十三万，尚应二百九十四万八千。统计京边岁入之数，田赋百九十六万二千，盐课百十一万三千，关税十六万一千，杂税十万三千，事例约二十万，凡三百二十六万五千有奇。而逋负相沿，所入不满二百万，即尽充边饷尚无赢余。乃京支杂项八十四万，辽东提塘三十余万，蓟、辽抚赏十四万，辽东旧饷改新饷二十万，出浮于入已一百十三万六千。况内供召买，宣大抚赏，及一切不时之需，又有出常额外者。（《明史》卷二五六《毕自严传》）

除辽饷不算，把全国收入，全部用作兵费还差三分之一。崇祯三年又于加派九厘外，再加三厘，共增赋一百六十五万四千有奇。[1]同年度新旧兵饷支出总数达八百七十余万，收入则仅七百十余万，不敷至百六十万（《石隐园藏稿》七《兵饷日增疏》）。崇祯十年增兵十二万，增饷二百八十万，名为剿饷：

> 其筹饷之策有四：曰因粮，曰溢地，曰事例，曰驿递。因粮者，

---

[1] 《明史》卷二五六《毕自严传》："兵部尚书梁廷栋请增天下田赋，自严不能止。于是旧增五百二十万之外，更增百六十五万有奇，天下益耗矣。"卷二五七《梁廷栋传》："亩加九厘之外，再增三厘，于是增赋百六十五万有奇，海内益怨咨。"按卷二五二《杨嗣昌传》："神宗末年增赋五百二十万，崇祯初再增百四十万。统名辽饷。"作百四十万，误。

因旧额之粮，量为加派，亩输粮六合，石折银八钱，伤地不与，岁得银百九十二万有奇。溢地者，民间土地溢原额者，核实输赋，岁得银四十万六千有奇。事例者，富民输赀为监生，一岁而止。驿递者，前此邮驿裁省之银，以二十万充饷。……初嗣昌增剿饷，议一年而止，后饷尽而贼未平，诏征其半。至是督饷侍郎张伯鲸请全征。(《明史》卷二五二《杨嗣昌传》)

崇祯十二年又议练兵七十三万，于地方练民兵，又于剿饷外，增练饷七百三十万。时论以为：

九边自有额饷，概予新饷，则旧者安归。边兵多虚额，今指为实数，饷尽虚靡而练数仍不足。且兵以分防不能常聚，故有抽练之议。抽练而其余遂不问。且抽练仍虚文，边防愈益弱。至州县民兵益无实，徒靡厚饷。以嗣昌主之，事钜，莫敢难也。(同上)

从万历末年到这时，辽饷的四次递加，加上剿饷、练饷，一共增赋一千六百九十五万两。这是明末农民在正赋以外的新增负担！崇祯十六年索性把三饷合为一事，省得农民弄不清楚和吏胥的作弊。(同上书卷二六五《倪元璐传》)

因外族侵略和农民起义而增兵，因增兵而筹饷，因筹饷而加赋。赋是加到农民头上的，官吏的严刑催比和舞弊，迫使农民非参加起义不可，《明史》卷二五五《黄道周传》说：

催科一事，正供外有杂派，新增外有暗加，额办外有贴助。小民破产倾家，安得不为盗贼！

结果是朱明统治的被推翻。"流寇"领袖攻陷北京的李自成起事的口号是：

从闯王，不纳粮！

第七章 明代的新仕宦阶级 ①

一、新仕宦阶级的产生

14 世纪勃发的民族革命，经过了二十年（1348—1368）的长期战争，方才告一结束。战争所波及的地带，北至和林，东至高丽，南至两广，西至陕甘，无一地不受蹂躏，战争的主角最初是被统治的南人、汉人向统治者蒙古人、色目人进攻，夺取当地的政权，形成群雄割据的局面。后来这些割据者的向外发展，引起各个利益的冲突，陷于混乱的互相残杀的吞并战中。同时对方的统治阶级也发生内部的政变——政权和军权的争夺！也同样地互相吞并，发生内战。这样，一方面是统治者和被统治者不断地在苦战，另一方面统治者因内部分化而发生内战，被统治者也因个别发展而互相吞并，结果，双方实力俱因外战、内战

---

① 本文写于 1943 年 1 月 10 日，于昆明瑞云巷三号。原题《明代的新仕宦阶级，社会的、政治的、文化的关系及其生活》。——编者注

而减削，许多有地盘、有实力的领袖都自然地被淘汰，被吞并，形成一个混乱的、分裂的、多元的局面。最后统治者因内乱而失去抵抗的能力，被统治者的无数反抗集团则为一后起的有力的革命领袖所吞并，一蹴而将盘踞中国百余年的外族逐出塞外，建立了一个统一的、汉族自治的大明帝国。

这一次大混战的发动，动机是民众不堪外族的经济的、政治的压迫而要求政权的让与。[1]最后才一转而喊出民族革命的口号。[2]在革命开始时，外表上蒙着极浓厚的宗教的迷信的罩袍，绝大多数的革命领袖和群众都是白莲教和弥勒教——明教的信徒，举行着种种仪式，宣传弥勒下世明王降生救民疾苦的口号[3]；接着又加上政治的宣传，势力最大最成功的一个宗教领袖韩林儿又假托是宋徽宗的子孙，把这次革命解释为宋的复国运动。一直到朱元璋出来，他自己本人及其军队虽然原来隶属于上述的系统，可是他一到了能独立行动的时候，他便决然地舍弃这双重的、矛盾的策略——肤浅的、欺骗的神话宣传，和已经失去时效的、冒牌的复宋掩护旗帜，更进一步，赤裸裸地提出这一次的革命的目标是民族的解放，汉族应由汉人治理的大宣言。这一鲜明的划时代的转变，更掀起了过去百多年被压迫、被剥削的民族仇恨，得到知识分子和一般民众的深切同情，地主们也因旧秩序的维持和利益的保全而加入合作，在各阶层支持之下，这一新兴势力

---

① 叶子奇：《草木子》卷三上《克谨篇》载韩林儿诏书斥元室罪状，有"贫极江南，富称塞北"语。

② 《明太祖实录》卷二六："至元二十七年十月丙寅，檄谕齐、鲁、河、洛、燕、蓟、秦、晋之人以北伐之意曰：自古帝王临御天下，中国居内以制夷狄，夷狄居外以奉中国，未闻以夷狄居中国治天下者也……当此之时，天运循环，中原气盛，亿兆之中，当降生圣人，驱逐胡虏，恢复中华，立纲陈纪，救济斯民……方今河、洛、关、陕虽有数雄，忘中国祖宗之姓，反就胡虏禽兽之名，以为美称，假元号以济私，恃有众以要君，阻兵据陕，互相吞噬，反为生民之巨害，皆非华夏之主也……予恭天承命，罔敢自安，方欲遣兵北逐胡虏，拯生民于涂炭，复汉官之威仪……归我者永安于中华，背我者自窜于塞外。盖我中国之民，天必命中国之人以安之，夷狄何得而治哉！"

③ 参见吴晗：《明教与大明帝国》，载《清华学报》三十周年纪念号。

在十年中便完成了他们的使命，把整个汉族从蒙古人铁蹄之下解放出来，民族革命成功了！

可是从另一方面看，二十年混战的结果虽然完成了民族革命的伟业，而在实质上，分析战争双方所含的因子，官吏、地主、商人完全拥护旧势力，和蒙古皇室及贵族站在同一战线。在对面，革命的无数领袖——方国珍和张士诚是贩私盐的；陈友定是农人，尚且是佃农；韩林儿的祖父被罪迁谪，本人是牧羊人；郭子兴是相命人的儿子；陈友谅为渔家子；徐寿辉是贩布的；明玉珍家世代务农；朱元璋是游方的穷和尚——及其群众却完全是另一阶级，贫农、佃户、流民组成了以推翻统治者为共同目标的革命势力。阶级意识的潜伏性划分了双方的群众，农民和地主冲突的尖锐化发动了这一次战争。统治者是代表地主利益的，革命集团所代表的却是农民的利益，所以在表面上尽管是揭出政治的、民族的解放口号，而在实质上，却完全是农民和地主的斗争。可是到后期民族意识的强烈自觉，使革命集团的口号从经济的、政治的被压迫，转而偏重于民族地位的歧视方面去，因之，民族革命虽然完全成功，这一群领导者却已为胜利之杯所炫惑，忘记了当初起事时的动机和目标，外族的压迫虽已解除，同族同种间的畸形的经济社会组织，却并未因之而有所改变。并且，这一群成功的领袖，都因他们的劳绩从下层爬到最上层，从平民变成新贵族，从农民变成大地主，代替他们所打倒的外族贵族地主的地位。同时，因参加维持旧秩序而加入朱元璋集团的旧地主，也因劳绩而成为新朝的中层基础，出任新政府和农民的中间人——如粮长、里长、甲长，或直接参加政府，他们的大量土地和社会地位，都因之而为法律所默认。再加上新朝由科举出身的新官僚地主，和正在科举阶段中的举、贡、生员，皇家子弟和皇帝外亲及宫廷阉竖，这一新地主集团成为新帝国的新重心，新基础，我们名之曰新仕宦阶级。以暴易暴，农民所受的剥削，日积月累，愈来愈重，新统治者的榨取技术，经过长期的训练，却愈来愈高明。在这新的对立之下，造成了明代无数次的农民叛乱，最后最大规模的一次竟颠覆了这帝国。

由经济的、政治的革命转变为民族革命，虽然在当时是革命成功的主要手段——保护旧地主的利益和容纳旧官僚，可是同时也正因为这转变，忽略了革命之所以发生的背景，和最初所指出的社会病态，不能对最切要的土地问题加以彻底的、合理的解决，这是一个最辉煌的成功，同时也是一个最严重的失败。[①]

以下分两部分叙述，第一是新仕宦阶级，第二是农民[②]。

新仕宦阶级部分所研究的对象是这一阶级的社会地位所造成的政治病态，寄生于农民阶层的情形，他们的生活，这一阶级所产生的文化——文学、戏剧、小说、音乐、金石学、建筑学……和社会风气。

这一论文只是概括的、普泛的说明，至于属于这一阶级的思想家如薛瑄、王阳明、刘宗周、黄道周等人，文学家如宋濂、归有光诸人，所谓独立特行之士，不为这一阶级的风气所同流合化者，不包括在本文的说明之内。

二、法律所规定的特权阶级

明代士庶两阶级的分别，从《大明律·名例》里关于文武官犯私罪一条最可以看出。这条例规定："文武官职，举人，监生，生员，冠带官，义官，知印，承差，阴阳生，医生，但有职役者，犯赃犯奸，并一应行止有亏，俱发为民。"发为民的意思就是褫夺仕宦阶级的特权。

仕宦阶级最重要的特权是免役。士人一入学校，除本身外，并免户内

---

① 参见吴晗：《元帝国之崩溃与明之建国》，载《清华学报》，第 11 卷第 2 期。

② 参见吴晗：《明代之农民》。

二丁差役。^① 温宝忠的《士民说》里有这样的话："民间二十亩土产，不得一襕袍，则里役立碎。"^② 意思是说小农家如没有人进学校，没有一个青衿作护符，则其家业立为徭役所毁碎。关于见任官的免役，明太祖曾特降诏令说：

> 食禄之家，与庶民贵贱有等。趋事执役以奉上者，庶民之事。若贤人君子，既贵其身而复役其家，则君子野人无所分别，非劝士待贤之道。自今百司见任官员之家有田土者，输租税外，悉免其徭役。著为令。^③

明代里役之制，以十家为甲，百家为里，每年按甲轮值为官府服役。里长、甲长在原则上以殷户（地主）充当。里役最为庶民所苦，独仕宦阶级可置身事外。明末刘宗周曾疏言其不平，他说：

> 臣生之初，见现年里役，亦止费二三十金，积至五六十金，今遂有赢至百金者。至一承南粮解户，则计亩约费三五两不等而家尽破矣。独宦户偃然处十甲之外，不值现年。^④

致仕宦家居——乡绅，除免役外，其尊严亦有法令的保障。这法令颁布于洪武十二年（1379）八月辛巳：

---

① 张居正《张太岳文集》卷三九《请申旧章饬学政以振兴人才疏》："生员之家，依洪武年间例，除本身外，户内优免二丁差役。"
② 《温宝忠遗稿》卷五。
③ 《明太祖实录》卷一一一，洪武十年二月丁卯。
④ 《刘子文编》卷五，《责成巡方职掌疏》。

上谕中书省臣曰：凡士非建功名之为难，而保全始终为难。自今内外官致仕还乡者，复其家终身无所与。其居乡里，惟于宗族叙尊卑如家人礼，若筵宴则设别席，不许坐于无官者之下。如与同致仕者会则序爵，爵同序齿。其与异姓无官者相见，不必答礼。庶民则以官礼谒见，敢有凌侮者论如律。著为令。[①]

甚至有由所在县官送门皂、吏书、承应，体貌一如在官时。[②] 其所享受之特权并可庇及宗族。[③]

蓄奴也是次要的特权，反之庶民如存养奴婢，便须受法律制裁。[④]

至一般进士、举、贡、生员，在法律上亦著有优待之条文，死罪至三宥，《明太祖实录》记：

> 洪武二十年三月丙辰，常州府宜兴县丞张福生犯法当死，特宥之。先是，上以进士、国子生皆朝廷培养人材，初入仕有即丽于法者，虽欲改过不可得，遂命凡所犯难死罪，三宥之。福生以国子生故得宥。[⑤]

太祖以后，这一条法令虽然无形取消，但生员如犯刑章，地方官在行文学校褫革其衣衿以前，仍不得加以刑责。如所犯非重罪，也只行文学校

---

① 《明太祖实录》卷一二六。

② 徐学谟《世庙识余录》卷二〇："淮安之俗，显宦居乡，县送门皂、吏书、承应，比于亲临上司。往翰林学士蔡昂守制在籍时可验也。"

③ 《明太祖实录》卷一三一："洪武十三年五月庚子，吏部郎中刘平仲叔父有罪，当杖为军，上以平仲仕于朝，特免之。"

④ 《明律》卷四《户律》："庶民之家，存养奴婢者，杖一百，即放从良。"

⑤ 《明太祖实录》卷一八一。

当局，薄责了事。其家道寒苦、无力完粮者，并由地方官奏销豁免，因之不但本人免役免赋，甚至包揽隐庇，成为利源。顾公燮记：

> 明季廪生官给每岁膏火银一百二十两……贫生无力完粮，奏销豁免。诸生中不安分者，每月朔望赴县恳准词十张，名曰乞恩。又揽富户钱粮立于自名下隐吞。故生员有"坐一百走三百"之语。①

这一阶级的居室间数、建筑方式、衣服材料颜色、舆马仪从、相见礼貌，一切都按地位高下，由政府分别予以规定，不许紊越。② 为保障阶级的尊严，并著令不许和非类为婚，违者置法，例如明初李宜之案：

> 洪武十七年二月甲申，降江西布政使李宜之为广西思恩县主簿。时宜之在任，以小隶为婿。事闻，故降用之。③

三、进入仕宦阶级的梯子——科举和学校

明太祖既统一了全国，用残杀的恐怖手段，用新的行政机构来集中政权，增高皇帝的威严。洪武十三年（1380）以后，他个人综揽国家庶务，朝廷大臣都成了备位的闲员。历史上记着他在八天内所处理批阅的诸司奏札1660件，计3391事。④ 平均每天有200多件，400多事，真可算是"衡石量书"，"传餐而食"，和秦始皇、隋文帝鼎足而三了。他拼着命干，不

---

① 《消夏闲记摘抄》卷中。

② 参见《明史》礼志与服志。

③ 《明太祖实录》卷一五九。

④ 参见《明太祖实录》卷一六五。

肯放松一点，专凭残杀来救济个人精力所不及。① 但隔了一两代，娇生惯养的年轻皇帝受不了这苦工，政权便慢慢转移到皇帝的私人秘书——阁臣——手上，英宗以后，诸帝多冲年即位，政权又慢慢地从外廷秘书的阁臣，转移到内廷秘书的司礼监手上。阁臣和司礼监——外廷和内廷的政权互为消长，也间或有同流合污的时候，皇帝只是一个傀儡。皇族除了拿禄米，多养孩子，在封地渔虐平民，肆作威福以外，绝对不能做一点事。中央的政权被宦官，地方的政权被仕宦阶级所把持。他们和他们的宗族戚党同时是大地主，也是大商人，因此这一阶级所代表的也只是这两种人的利益。

皇族指皇家子弟，数量很多，从明太祖起繁衍到明末，这一家系有十几万人。外戚包括帝婿，所谓驸马和皇族的女婿；最主要的是后妃的家族。这两类人都因血统的结合而取得地位和特权，在政治上不起作用。宦官的产生最简便，经过生理上的改变便可取得资格，在政治上取得大权唯一途径为博得皇帝欢心，方法不外乎"便嬖柔佞，妾妇之道"。这三类人都纯粹是社会的寄生虫。皇族在明代前期不许参加考试，也不许在政府服务，到末年才开放这两条禁例。外戚和宦官则以其特殊地位，其子弟、宗族、亲戚、门客往往因之而获得科名和官职，间接地产生新官僚地主，影响政治的清明。

---

① 参见吴晗《胡惟庸党案考》，载《燕京学报》第十五期。《明史》卷一三九《茹太素传》："洪武八年坐累降刑部主事，陈时务累万言。中言才能之士，数年来幸存者百无一二，今所任率迁儒俗吏。"《叶伯巨传》："古之为仕者以登仕为荣，以罢职为辱；今之为仕者以溷职无闻为福，以受玷不录为幸，以屯田工役为必获之罪，以鞭笞棰楚为寻常之辱。其始也朝廷取天下之士，网罗捃摭，务无余逸，有司敦迫上道，如捕重囚，比到京师而除官，多以貌选，所学或非其所用，所用或非其所学。洎乎居官，一有差跌，苟免诛戮，则必去屯田工役之科，率是为常，不少顾惜。窃见数年以来，诛戮亦可谓不少矣，而犯者相踵。"卷一四七《解缙传》："上封事曰……国初至今，将二十载，几无时不变之法，无一日无过之人。"

至于庶民进入仕宦阶级的主要途径，主要的两条大路，一是科举，二是学校。参加科举和进学校的敲门砖只有一块——八股文。明制参加科举的必须是州府县学的生员和国子监的监生，学校成为科举制度的附庸。因此这两条路其实是一条路。

科举制度分三段，生员考试（入学考试）初由地方官吏主持，后特设提督学政官以领之。士子未入学者通谓之童生，入学者谓之诸生(有廪膳生、增广生、附学生之别)。三年大比，以诸生试之直省曰乡试，中试者为举人。次年以举人试之京师曰会试，中试者再经皇帝亲自考试曰殿试。殿试发榜分三甲，一甲只三人，曰状元、榜眼、探花，赐进士及第；二甲若干人，赐进士出身；三甲若干人，赐同进士出身。状元授翰林院修撰，榜眼、探花授翰林院编修，二、三甲考选庶吉士者皆为翰林官。其他或授给事、御史、主事、中书、行人、评事、太常、国子博士，或授府推官、知州、知县等官。举人、贡生不及第入国子监而选者，或授小京职及州县正官，或州县学教授。明制入内阁办事者必为翰林，而入翰林者又必为进士。宣德（1426—1435）以前政府用人尚参用他途（如税户人才、吏员、征辟等），以后则专用科举。科举和铨选合二为一，一旦及第，便登仕途，由此全国读书人都以科举为唯一出路，科举之外无出路，科举之外无人才，王鏊曾畅论这一制度的弊端：

> 古者用人，其途非一，耕钓渔盐版筑饭牛皆起为辅弼，而刍牧贾竖，奴仆降虏，亦皆得为世用。我太祖、太宗之世，亦时时意外用人，若郁新、严震直之流，皆以人才至尚书。取之非一途，故才之大小，纷纷皆得效用于时。降及后世，一唯科目是尚。夫科目诚可尚也，岂科目之外，更无一人乎？有人焉不独不为人知，即举世知之而不见用，非不欲用，不敢用也。一或用焉，则群起而咻诸，亦且自退缩，前后相戒，谨守

资格……是故下多遗贤，朝多旷事，仕法之过，端至是哉！①

举全国聪明才智之士的精力集中于科举，科举名额有规定，考试规定便日趋严酷，搜检防闲，如对盗贼，祁寒盛暑，苦不可言。艾南英曾描写明代科举的苦况说：

> 试之日，衙鼓三号，虽冰霜冻结，诸生露立门外。督学衣裙坐堂上，灯烛辉煌，围炉轻暖自如。诸生解衣露足，左手执笔砚，右手执布袜，听郡县有司唱名，以次立甬道，至督学前。每诸生一名，搜检军二名，上穷发际，下至膝踵，裸腹赤踝，为漏数箭而后毕，虽壮者无不齿震冻栗，腰以下大都寒冱僵裂，不知为体肤所在。遇天暑酷烈，督学轻绮荫凉，饮茗挥箑自如。诸生什佰为群，拥立尘垒中，法既不敢挥扇，又衣大布厚衣，比至就席，数百人夹坐，蒸薰腥杂，汗流夹背，勺浆不入口，虽有供茶吏，然率不敢饮，饮必朱钤其牍，疑以为弊，文虽工，降一等，盖受困于寒暑者如此。
>
> 既试，东西立瞭望军四名，诸生无敢仰视四顾，丽立伸欠、倚语侧席者，则又朱钤其牍，以越规论，文虽工，降一等，用是腰脊拘困，虽溲溺不得自由，盖所以絷其手足便利者又如此。所置坐席取给工吏，吏大半侵渔所费，仓卒取办临时，规制狭迫，不能舒左右肱，又薄脆疏缝，据坐稍重，即恐拆仆。而同号诸生尝十余人，率十余坐，以竹联之。手足稍动，则诸坐皆动，竟日无宁时，字为跛踦。②

中叶以后，士风日替，怀挟抢替，成为习惯。徐学谟说：

---

① 《王文恪公文集》卷二三，《容庵葛君家传》。
② 《天傭子文集》卷二。

　　会闱自庚戌（嘉靖二十九年，1550）后，举子多怀挟博进取，有掇大魁者，始犹讳之。至丙辰（嘉靖三十五年，1556）以来，则明言而公行之矣。此仕进之一大蠹也。[①]

奔竞嘱托，毫无忌惮。陈洪绪记：

　　近时奔竞最甚，无如铨选、考试两端。督学试士，已不免竿牍纷沓。若郡邑之试，请嘱公然，更不复略为讳，至有形之章奏，令童子纳金饷，无使缙绅专利者。[②]

到末年则士子多以关节得第，商人、地主的子弟以金钱换科名。

　　科场之事，明季即有以关节进者。每科五六月间，分房就聘之期，则先为道地，或伏谒，或为之行金购于诸上台，使得棘闱之聘，后分房验取如握券而得也。每榜发不下数十人。[③]

在这制度之下所造成的新官僚，以利进自然以利终，读书受苦是为得科名，辛苦得科名是为发财做官，做官的目的是发财，由读书到发财成为一连串的人生哲学。黄省曾曾说当时的士人以士为贾：

　　吴人好游托权要之家……家无担石者入仕二三年即成巨富。由是

---

① 《世庙识余录》卷二〇。
② 《寒夜录》上。
③ 《研堂见闻杂记》。

莫不以士为贾，而求入学庠者，肯捐百金图之，以大利在后也。①

谢肇淛更指出这制度和吏治的关系，和社会风气的关系，和家庭教育的关系：

> 今之人教子读书，不过取科第耳，其于立身行己不问也。故子弟往往有登肥仕而贪虐恣睢者。彼其心以为幼之受苦，政为今日耳。志得意满，不快其欲不止也。②

刘宗周所论士习之坏影响于政治及社会，尤为明切。他说：

> 自科举之学兴而士习日坏，明经取金紫，读易规利禄，自古而然矣。父兄之教，子弟之学，非是不出焉。士童而习之，几与性成，未能操觚，先熟钻刺，一入学校，闯行公庭。等而上之，势分虽殊，行径一辙，以嘱托为通津，以官府为奴隶，伤风败俗，寡廉鲜耻，即乡里且为厉焉，何论出门而往，尚望其居官尽节，临难忘身，一效之君父乎？此盖已非一朝一夕之故矣。③

由此可知这个时代的吏治贪污，寡廉鲜耻，是有其历史的背景的。进学校得科名的唯一手段是作制义——八股文，此外的学问都非必要，不妨束之高阁。因此在这制度下所造成的学风是空疏浅薄，除八股外，于历史、政治、经济各方面一无所知，哲学、科学更是莫名其妙，这弊病明初学者

---

① 《吴风录》。
② 《五杂俎》卷一三。
③ 《刘子文编》卷八，《与张太符太守》。

宋濂即曾痛快地指出，他说：

> 治古之时，非惟道德纯一而政教修明，至于文学之彦，亦精瞻弘博，足以为经济之用。盖自童草之始，十四经之文，画以岁月，期于默记，又推之于迁、固、范晔之书，岂直览之，其默记亦如经，基本既出，而后遍观历代之史，察其得失，稽其异同，会其纲纪，知识益且至矣，而又参于秦汉以来之子书，古今谳定之集录，探幽索微，使无遁情。于是道德性命之奥，以至天文、地理、礼乐、兵刑、封建、郊祀、职官、选举、学校、财用、贡赋、户口、征役之属，无所不诣其极。或庙堂之上有所建议，必旁引曲证以白其疑，不翅指诸掌之易也。自贡举法行，学者知以摘经拟题为志，其所最切者，惟四子一经之笺，是钻是窥，余则漫不加省，与之交谈，两目瞪然视，舌木强不能对。呜呼！一物不知，儒者之耻，孰谓如是之学，其能有以济世哉！ [1]

中叶时唐顺之也说：

> 经义策试之陋，稍有志者莫不深病之矣……至于以举业为教，则稍有志者亦知深病其陋矣。 [2]

谢肇淛亦大加攻击：

---

[1] 《銮坡集》卷七，《礼部侍郎曾公神道碑铭》。
[2] 《荆川文集》卷四，《答俞训导书》。

我国家始以制义为不刊之典，士童而习之，白而纷如。文字之变，日异月更，不可穷诘，即登上第取华胲者，其间醇疵相半，瑕瑜不掩，十年之外，便成刍狗，不足以训今，不可以传后，不足以裨身心，不足以经世务，不知国家何故以是为进贤之具也。①

末年周顺昌至坦白自悔不多读书，为一不识时务进士：

漫以书生当局，其筹边治河大政无论，问以簿书钱谷之数天下几何，茫然不能对。始知书不可不多读。平日止为八股徒，做一不识时务进士，良可叹也。②

清吴翌凤记一明巨公故事，虽未免刻薄，却是史实：

故明一巨公致政家居，偶过友人书塾，询其子弟所读何书，曰《史记》。问何人所作，曰司马迁。又问渠是何科进士，曰汉太史令，非进士也。巨公取其书略观之，即掩卷曰亦不见得。③

在这制度下的这个时代，学术思想的贫乏，是必然的，也是应该原谅的，因为他们根本不许有思想。④政治家、财政家的寥寥可数，也是有其社会背景的，有其特别的原因的，因为那个时代根本没有培养这类人才的专门教育。学校原来是育人才之所，明制乡里有社学，府州县有府学、州学、

---

① 《五杂俎》卷一五，《事部》。
② 《烬余集·与朱德升孝廉书》。
③ 《灯窗丛录》卷四。
④ 参见吴晗：《元帝国之崩溃与明之建国》。

县学，卫所有卫学，南北两京则有国子监。《明史》说：

> 盖无地而不设之学，无人而不纳之教，庠声序音，重规叠矩，无间于下邑荒徼，山陬海涯，此明代学校之盛，唐宋以来所不及也。①

表面看上似乎真是极一代之盛，"唐宋以来所不及"。然而事实上恰好相反，我们先看社学的情形，明太祖曾严斥官吏以社学扰民：

> 社学一设，官吏以为营生，有愿读书者，无钱不许入学。有三丁四丁不愿读书者，受财卖放，纵其愚顽，不令读书。有父子二人，或农，或商，本无读书之暇，却乃逼令入学。有钱者又纵之，无钱者虽不暇读书亦不肯放，将此凑生员之数，欺诳朝廷。②

此后便无声无息，名实都亡了。至于府州县学，以明制诸生入仕必由科举，学校失去独立培养人才的地位，在开国后即已不为社会所重视，宋濂曾说：

> 近代以来，急于簿书期会，而视教民为悠缓，司学计者以岁月序迁，豪右海商，行贿觅荐，往往来倚讲席，虽有一二君子获厕其中，孤薰而群莸，一鼓吻，一投足，辄与之枘凿。唯彼饮食是务，号称子游氏

---

① 《明史·选举志》。

② 《大诰》第四四。《明太祖实录》卷一五七："洪武十六年十月癸巳，诏郡县复设社学。先是命天下有司设社学以教民间子弟，而有司以是扰民，遂命停罢。至是复诏民间自立社学，延师儒以教子弟，有司不得干预。"《续诰》吉州科敛第五七："吉州知州游尚志指以生员为由，逼令为生者二百余户，勾至受赃放回。"

之贱儒者，日月与居，是故稍励廉隅者不愿入学，而学行彰彰有闻者，未必尽出于弟子员。①

中叶以后，则学校竟如废寺，无复生徒肄业。陆容记：

> 作兴学校，本是善政，但今之所谓作兴，不过报选生员，起造屋宇之类而已。此皆末务，非知要者……况今学舍屡修，而生徒无复在学肄业，入其庭不见其人，如废寺然，深可叹息。②

两京国子监也日渐废弛，学生品质不齐，人才日下，郭明龙任国子监祭酒，《条陈雍政疏》说：

> 臣初试士，举人仅五七人，其文理优长，考在前列者书选贡耳。向非选贡一途，大学几无文字矣。臣窃叹天下府州县学之士，尽皆属文，而太学之士，乃半居写仿。又府州县学之士，不无以文理被黜而来，与夫商贾之挟重糈者，游士之猎原藏者，皆得入焉。是古之太学，诸侯进其选士最优最上者贡之天子；而今之太学，郡邑以其被访被黜、无文无行者纳之辟雍，良可叹也。

郭去，刘幼安代之，朱国桢为司业。刘每叹曰："成甚国学，朝廷设此骗局骗人几两银子，我为长，兄为副，亦可羞也。"③这是明代的国立中央大学校长告诉他的教务长的老实话。

---

① 《翰苑别集》卷一，《送翁好古教授广州序》。

② 《菽园杂记》卷一三。

③ 朱国桢：《涌幢小品》卷一一。

在这一套的教育组织下，自然谈不到培养人才。而且，国子监从景泰元年（1450）开纳粟之例以后，豪绅、地主、商人的子弟都可因纳粟纳马而入监，称为例监。[1] 末年地方学也因军费的需要逼切，可以用钱买取，有辽生、饷生、赞生种种名目，包汝楫记：

> 自军饷烦兴，开辽生之例，每名输银百两有奇，给授衣巾，愿考试者学臣一体黜陟，不与考者青衿终身，尚有限制也。楚中协济黔饷，别有饷生之例，每名仅二十两，亦滥极矣。武陵、桃、沅间又有所谓赞生，纳银五六两，县给札付，专司行香拜贺赞礼，服色与诸生同，混见道府州邑，称谓、起居一如诸生礼节，昂步街市，人不敢呵，此亦学官一玷也。[2]

因之，一般商人和地主的子弟，虽目不识丁，亦相率掉臂而入学校，避赋役，列缙绅，俨然是社会上的上层人物了。

反之，家徒四壁的寒士只要一入学校，取得学校的制服——青衿以后，其地位便已超出庶民，作威乡里。等到一中了举，情形更是煊赫，通谱的、招婿的、投拜门生的、送钱的都争先恐后地来包围了。顾公燮记明人中举情形：

> 明季缙绅，威权赫奕。凡中式者，报录人多持短棍，从门打入，厅堂窗户尽毁，谓之改换门庭，工匠随行，立即修整，永为主顾。有通谱者、招婿者、投拜门生者，乘其急需，不惜千金之赠，以为长城

---

[1] 参见《明史》卷六九，《选举志》。
[2] 《南中纪闻》。

焉……出则乘大轿，扇盖引导于前。生员则门斗张油伞前导。婚丧之家，绅衿不与齐民同坐，另构一堂名曰大宾堂，盖徒知尚爵而不知尚德尚齿矣。[①]

清人吴敬梓所作《儒林外史》，穷秀才范进中举一段绝妙文字，正是顾公燮所记这情形的绝妙注脚。

而且，不但社会地位改变了，连经济地位也改变了。一中了举，中了进士，或做了官以后，一般困于徭役的小自耕农，自然会把田土投靠在一批新贵的门下，避免对国家的负担，因此，这一批新仕宦阶级，同时也就是大地主。反之，大商人、大地主的子弟可以拿金钱换取科第，甚至官位，以此，这两种剥削者同时也成为新仕宦阶级。新仕宦阶级有地位，有大量的土地和金钱，剩余的财货的投资目标是兼并土地和经营商业，因此，他们同时又是大商人。官僚、地主、商人三位一体的仕宦阶级，是有明一代政治的、社会的、经济的、文化的重心，也是大明帝国政权所寄托的基础。

四、贪污的吏治

明代仕宦阶级的一生，可以从陶奭龄的《五计说》看出。他把这一阶级人的一生分作五个阶段。"十岁为儿童，依依父母，嬉嬉饱暖，无虑无营，忘得忘失，其名曰仙计。二十以还，坚强自用，舞蹈欲前，视青紫如拾芥，骛声名若逐膻，其名曰贾计。三十至四十，利欲薰心，趋避著念，官欲高，门欲大，子孙欲多，奴婢欲众，其名曰丐计。五十之年，嗜好渐减，经变已多，仆起于斗争之场，享寒于险巇之境，得意尚有强阳，失意逐成枯木，

---

① 《消夏闲记摘抄》上。

其名曰囚计。过此以往，聪明既衰，齿发非故，子弟为卿，方有后子，期颐未艾，愿为婴儿，其名曰尸计。大约世人一生尽此五计，非学道人鲜自脱者。"[1]再从社会关系来看，这一阶级人人仕的时期是见仕官更，退休的时期和入仕以前是乡绅（明代或称乡官，或称绅衿，绅指退休官，衿指生员——民间称秀才——和举人）。做官时期和外地的庶民发生关系，做乡绅时期则和本地的庶民发生关系。总之，无论他们是在官或居乡，一般的庶民都在他们的脚下生活着。

我曾习惯地把明代分作两个段落，分水岭是嘉靖朝（1522—1566）。谈到明代的吏治时也不能例外。最好的说明是《明史·循吏传序》：

> 明太祖……下逮宣仁，抚循休息，民人安乐，吏治澄清者百余年。英武之际，内外多故，而民心无土崩瓦解之虞者，亦由吏鲜贪残，故祸乱易弭也。嘉隆以后，资格既重……庙堂考课，一切以虚文从事，不复加意循良之选，吏治既已日媮，民生由之益蹙。

嘉靖、隆庆以前，据赵翼的研究，"崇尚循良，小廉大法，几有两汉之遗风"[2]明人陈邦彦所论更为具体扼要，他说：

> 嘉隆以前，士大夫敦尚名节。游宦来归，客或询其囊橐，必唾斥之。今天下自大吏至于百僚，商较有无，公然形之齿颊。受铨天曹，得膴地则更相庆，得瘠地则更相吊。宦成之日，或垂囊而返，则群相姗笑，以为无能。士当齿学之初，问以读书何为，皆以为博科第，肥妻子而

---

[1] 陶奭龄：《小柴桑喃喃录》卷上。
[2] 《廿二史劄记》卷三三，《明初吏治》。

已……一行作吏，所以受知于上者非贿赂不为功，而相与文之以美名日礼。①

其实这只是一种比较的说法。嘉隆以前，吏治澄清；嘉隆以后，吏治贪污，固是事实。但在实际上，我们也可说，嘉隆以前吏治亦贪污，不过不如以后之甚；嘉隆后亦有循良，但不如前此之多。我们试看洪武时代的勾捕逃军案，兵部侍郎王志受赃二十二万②；盗粮案，户部侍郎郭桓侵没至千万，诸司官吏系狱至数万人③。成祖朝纪纲之贪作恶④，方宾之贪赃⑤。宣宗朝刘观之黩货⑥。英宗朝王振之贿赂辏集⑦，逯果、门达之勒贿乱政⑧。宪宗朝汪直、尚铭、梁芳⑨，武宗朝刘瑾、朱彬、焦芳、韩福、张彩之权震天下，公然纳贿⑩。几乎没有一个时代是不闹得乌烟瘴气的，和嘉靖以来的严嵩、魏忠贤两个时代比较，只有程度上的差异而已。假如真有划然不同之点，那我们可学陈邦彦的说法：嘉隆以前，社会尚指斥贪污为不道德；嘉隆以后，则社会且指斥不贪污为无能。这一社会风气的变化，是值得今日的士大夫思之重思之的。

这一种社会风气的造成，我在上文曾指出由于那时代人的人生哲学，从读书到发财成一自然的体系。此外还有两种社会环境，第一是寒士登第举债，第二是明代官俸之薄。

---

① 《陈岩野先生集》卷一，《中兴政要书·励俗篇第四·奖廉让》。

② 参见《大诰》第四三。

③ 参见《大诰》第二三、四九。

④ 参见《明史》卷三〇七，《纪纲传》。

⑤⑥　参见《明史》卷一五一，《刘观传》。

⑦ 参见《明史》卷三〇四。

⑧ 参见《明史》卷三〇七。

⑨ 参见《明史》卷三〇四。

⑩ 参见《明史》卷三〇四、三〇六、三〇七。

寒士得科名的一天，同时也是开始负债的一天，吴应箕说：

> 士始一婆人子耳。一列贤书，即有报赏宴饮之费，衣服舆马之需，于是不得不假贷戚友，干谒有司，假贷则期报以异日，谒见则先丧其在我。黠者因之而交通之径熟，圆巧之习成。拙者债日益重，气日益卑，盖未仕而所根柢于仕者已如此矣。及登甲榜，费且数倍，债亦如之。彼仕者即无言营立家私，但以前此之属债给于民，能堪之乎？①

甚至一人仕途，债家即随之赴任，京债之累，使官吏不至贪污不可。陶奭龄尝慨乎言之：

> 今寒士一旦登第，诸凡舆马仆从饮食衣服之类，即欲与膏粱华腴之家争为盛丽，秋毫皆出债家。谒选之后，债家即随之而至，非盗窃帑藏，朘削闾阎，何以偿之？②

反之，官吏而不贪污，不法外弄钱，那就非狼狈万状不可。周顺昌在做官后被债主所逼，向他的亲戚诉苦说：

> 读来札知诸亲友之索债者，填门盈户，甚至有怒面相訾者……做秀才时艰苦备历，反能以馆谷怡二人，当大事……今以滥叨之故，做一不干净人，五年宦游，不能还诸债主，官之累人也多矣。③

---

① 《楼山堂集》卷七，《拟进策》。
② 陶奭龄：《小柴桑喃喃录》卷上。
③ 《烬余集》卷二，《与吴公如书二》。

加之，农业社会是以家族为本体的，一人出仕，不但父母、妻妾、子女靠他养活，提高了生活的水准，甚至母族、妻族、媳族、婿族、乡里、年谊都要一窝蜂钻来，打抽丰，求关节，真所谓"鸡犬同升"，教这人如何能不贪污？

次之，假如明代官俸如唐宋之优赡，那还可对付。可是，恰巧相反，明代官俸之薄，可说是历史上所仅见的。宣宗时名臣杨士奇记：

宣德四年（1429），吏有遭笞者，据都御史顾佐之过，谓受皂隶赂放归。上密以示杨士奇，士奇曰所诉之事，诚有非诬，盖今朝臣月俸止给米一石，薪炭驺咸资于皂，不得不遣半归，使备所用。皂亦皆乐得归耕，实官皂两便。①

郑晓记宣德时一朝官惨剧云：

正统元年（1436）副都御史吴讷言：洪武年间京官俸全支，后因营造减省，遂为例。近小官多不能赡。如广西道御史刘准，由进士授官，月支俸米一石五斗，不能养其母妻子女，贷同道御史王裕等、刑部主事廖谟等俸米三十余石，去年病死，竟负无还。乞下建议增俸。②

正统时曹泰指出官吏之贪，由于俸薄，奏请增俸，事竟不行：

正统六年（1441）二月戊辰，巡按山西监察御史曹泰奏：今在

① 《三朝圣谕录》；《明史·顾佐传》。
② 《今言》卷八五。

内诸司文臣，去家远仕，妻子随行，然禄厚者月给米不过三石，禄薄者一石二石而已，其所折钞，急不得济，九载之间，仰事俯畜之费具，道路往来之费，亲故问遗之需，满罢闲居之用，其禄不赡，则不免移其所守，此所以陷于罪者多也。乞敕廷臣会议，量为增益，俾足养廉，其仍贪污冒法者置之重典，则贪风息矣。上命行在户部详议以闻，尚书刘中敷等言官员俸禄已有定制，难以增益。从之。①

俸给之薄，由于折色，以米折钞，以布折米，王琼记：

> 国初定制，百官俸给，皆支本色米，如知县月支米七石，岁支米八十四石，足勾养廉用度。后改四品以上，三分本色，七分折色。五品以下，四分本色，六分折色。后又改在外官月支本色米二石，其余俱支折色。其折色以钞为则，每米一石，折钞十五贯或二十贯，每布一匹折米二十石。京官折俸四五年不得一支，外官通不得支。此贪婪之难禁也。②

折色相当于现在米贴之改发代金。不发米而发同等价值的钞，在原则上并不吃亏，可是第一月薪打折扣，只发原数的三十五分之一，第二钞值贬价。由于这样的左折右折，折得当时官吏无以为生，试举一实例，据《明史·李贤传》，当时指挥使月俸三十五石者，实支仅一石，米一石折钞十贯，钞一贯值钱二文至三文，由是知指挥使一月所得不过铜钱二三十文。推而上之，正一品月俸八十七石，照比例折成实支，又折起钞再算钱，也不过

---

① 《明英宗实录》卷七六。

② 《双溪杂记》。

月得七八十文；推而下之，正七品（知县）月俸七石，左折右折，可怜只能拿到二三文铜钱了。其后又改定官俸折银例，虽然官吏的收入在比例上增加了一点，可是如专靠正俸生活，也还是非饿死不可。在这情形之下，中外官仰无以事父母，俯无以畜妻子，更谈不到还官债，赡亲族，何况上司要贿赂，皇帝要进献，层层剥削，除了剥削民众，贪污以外，更有什么办法！要做好官，那便非像潘蕃那样，做了若干年的方面大臣，罢官后连住宅也没有，寄住人家终老。[1]海瑞惕历内外，死后全家产只有一两银子，连买棺木也不够。[2]这些自然是违反这社会风气的可忽略的例外，大多数官吏很容易有办法，找出一条生财大道。

明代前期的吏治，从英宗任用王振到武宗任用刘瑾，这阶段的污浊情形是尽人皆知的。太祖、太宗二朝严刑重法，宣宗、孝宗二朝政局清明。现在试以这几朝作例，分酷虐和苛敛两方面说明。

太祖朝以酷虐知名的大臣有陈烙铁，《明史》说他：

> 洪武三年（1370），宁知苏州，征赋苛急，尝烧铁烙人肌肤，吏民苦之，号为陈烙铁。[3]

太宗朝则有残杀农民的丁珏：

> 丁珏，山阳人。永乐四年（1406）里社赛神，诬以聚众谋不轨，坐死者数十人。[4]

---

[1] 参见《明史》卷一八六，《潘蕃传》。
[2] 参见《明史》卷二二六，《海瑞传》。
[3] 《明史》卷三〇八，《陈宁传》。
[4] 《明史》卷三〇八，《陈瑛传》。

至于苛敛民财，以做官为发财的捷径的，则更难仆数。其著者如太祖朝之郭桓案，《大诰》曾再三宣布其罪状：

> 户部官郭桓等收受浙西秋粮合上仓四百五十万石，其郭桓等止收六十万石上仓，钞八十万锭入库，以当时折算，可抵二百万石余，有一百九十万石未曾上仓。其桓等受要浙西等府钞五十万贯，致使府州县官黄文等通同刁顽人吏边源等作弊，各分入己。[①]

又说：

> 其所盗仓粮以军卫言之，三年所积卖空，前者榜上若欲尽写，恐民不信，但略写七百万耳。若将其余仓分，并十二布政司通同盗卖见在仓粮，及接受浙西等府钞五十万张，卖米一百九十万石不上仓，通算诸色课程鱼盐等项，及通同承运库官范朝宗盗卖金银，广惠库官张裕妄支钞六百万张。除盗库见在宝钞金银不算外，其卖在仓税粮及上仓，该收税粮及鱼盐等项诸色课程共折米算，所废者二千四百余万精粮。[②]

浙西有司苛敛案：

> 浙西所在有司，凡征收害民之奸，甚如虎狼。且如折收秋粮，府

---

① 《大诰》第六三。
② 《大诰》第四九。

州县官发放，每米一石官折钞二贯，巧立名色，取要水脚钱一百文，车脚钱三百文，口食钱一百文。库子又要辨验钱一百文，蒲篓钱一百文，竹篓钱一百文，沿江神佛钱一百文，害民如此，罪可宥乎？[1]

宣宗时政府曾宣布地方官吏科敛无度之情形云：

宣德三年（1428）三月壬辰，敕谕北京行部曰：比者所司每缘公务，急于科差，贫富困于买办，丁中之民服役连年，公家所用，十不二三，民间耗费，常十数倍。加以郡邑官鲜得人，吏肆为奸，征收不时，科敛无度，假公营私，弊不胜纪，以致吾民衣食不足，转徙逃亡，凡百应输，年年通欠，国家仓庾，月计不足。[2]

英宗时夏时上言地方官吏贪酷之弊：

正统三年（1438）江西按察佥事夏时言：切惟今之守令，冒牧民之美名，乏循良之善政，往往贪泉一酌而邪念顿兴，非深文以逞，即钩距之求，或假公营私，或诛求百计，经年置人于犴狱，滥刑恒及于无辜，甚至不任法律而颠倒是非，高下其手者有之，刻薄相尚而避己小嫌，入人大辟者有之，不贪则酷，不怠则奸，或通吏胥以贾祸，或纵主案以肥家，殃民蠹政，莫敢谁何，遂使枉者含冤于图圄，徒愤于桎梏，其伤和气，乖国宪，莫此为甚。[3]

---

① 《大诰》第四一。
② 《明宣宗实录》卷三九。
③ 《明英宗实录》卷四〇。

七年以后，王振擅权用事，"畏祸者争附振免死，贿赂辏集，籍其家得金银六十余库，玉盘百，珊瑚高六七尺者二十余株，他珍玩无算"[①]。孝宗时太监李广惧罪自杀，"帝疑广有异书，使使即其家索之，得赂籍以进，多文武大臣名，馈黄白米各千百石。帝惊曰：广食几何？乃受米如许！左右曰，隐语耳，黄者金，白者银也"[②]。武宗信任刘瑾，上下交征，竟成贿赂世界，"瑾故急贿，凡入觐出使官，皆有厚献。给事中周钥勘事归，以无金自杀。……令天下巡抚入京受敕输瑾赂，延绥巡抚刘宇不至，逮下狱；宣府巡抚陆完后至，几得罪，既赂乃令试职视事。……边将失律，赂入即不问，有反升擢者"[③]。综上所记，可知地方官横征暴敛，以所得之一部分作家业，一部分献给上官。地方长官又以所得分赂京中权贵和太监，京中权贵再以所得分赂太监。从太监、阁臣到地方州县官成一连串的贿赂系统。

前期吏治贪污，政府尚执法以绳，社会舆论亦往往加以指责。后期则以贪污为正常之现象。内外上下，贿赂公行，驯至民不聊生，盗贼四起，万历初年高拱指出这一现象，实由于有司之贪残。他说：

> 一地方之所以多贼者，实逼起于有司之贪残，而养成于有司之蒙蔽，及其势成，计无所出，乃为招抚之说，以苟且于目前。于是我以抚款彼，而彼亦以抚款我，东且抚而西且杀人，非有抚之实也，而徒以冠裳金币羊酒宴犒，设金鼓以宠之与之，有司将领固有称贼茵为翁，相对宴饮欢笑为宾主，而又投之以侍教生帖者。百姓之苦如彼，而贼之荣利乃如此，不亦为贼劝乎？奈何民之不为贼也！[④]

---

① 《明史》卷三〇四，《王振传》。
② 《明史》卷三〇四，《李广传》。
③ 《明史》卷三〇四，《刘瑾传》。
④ 《绥广纪事·答两广殷总督》。

细析此种现象，第一由于乡绅和官吏的狼狈为奸，魏大中说：

> 百姓穷苦，皆由外吏贪残。其所以敢于贪残而无忌者，猱诌笑居间，求田问舍之乡绅为之延誉，拟赎庆生；贺节投欢之有司道与之作缘，少望风解绶之巡按，多计日待迁之巡抚，而辇毂略遗，往来如织，入计之年，尤厚以声酬实，其应如响。故民苦贪残者，官称卓异，不但幸免计黜，寻且选科选道，或为吏部司官。风尚日非，仕路秽浊，贪官污吏，布满郡邑，百姓求一日之苟活不可得，而天下幸其久安长治，万无是理。①

第二由于署印官之趁火打劫，赵南星说：

> 今佐领官所在贪肆害民，正官有缺，必令署事，入门即征租税以图加收，日夜敲扑，急于星火，俗言署印如打劫，非虚语也。②

而总以催科之火耗、词讼之赎锾为应得之私款，公然入己，毫无避忌。方孩未《整饬吏治疏》说：

> 百姓何以日穷，亦曰天下贪吏多，而惩贪之法太疏耳。一邑设佐贰二三员，各有职掌，司捕者以捕为外府，收粮者以粮为外府，清军者以军为外府，其刑驱势逼，虽绿林之豪，何以加焉？稍上而长吏，则有

---

① 《藏密斋集》卷四，《肃计典以励官常疏》。
② 《赵忠毅公文集》卷一四。

科罚，有羡余，曰吾以备朝京之需，吾以备考满之用，上言之而不讳，下闻之而不惊，虽能自洗刷者固多，而拘于常例者不尽无也。又上之而为郡守方面，岁时则有献，生辰则有贺，不谋而集，相摩而来，寻常之套数，不足以献芹，方外之奇珍，始足以下点，虽能自洗刷者固多，而拘于常例者不尽无也，萧然而来，捆载而去。夫此捆载者，非其携之于家，雨之于天，又非输于神，运于鬼，总皆为百姓之脂膏，又穷百姓卖儿卖女而得之耳。如是安得不日剥日削，以至于尽也。而铨司之考成，止于罢职，抚按之弹劾，极于为民，夫携有余之金钱，高田广宅，歌儿舞女，肥肉美酒，彼亦何所不愉快而需此匏瓜之进贤乎？①

赵南星《朝觐合行事宜疏》也说：

今士人一为有司，往往不期月而致富，问其所以，率由条鞭法行，钱粮经有司之手，重收而取羡余，加派在其中矣。而数年来又以军兴加派，则加重收而取羡余，是加派无已矣。有司之贪如此，民安得不为盗，小盗起而大盗随之，皆有司为之竿也。②

所谓羡余即是火耗，顾亭林说得最为明白：

火耗之所由起，其起于征银之代乎？……夫耗之所生，以一州县之赋繁矣，户户而收之，铢铢而纳之，不可以琐细而上诸司府，是不得不资于火，有火则必有耗，所谓耗者特百之一二而已。有贱丈夫……

---

① 《方孩未集》卷一。
② 《赵忠毅公文集》卷一四。

藉火耗之名，为巧取之术，盖不知起于何年，此法相传，官重一官，代增一代，以至于今，于是官取其赢十二三，而民以十三输国之十。里胥之辈又取其赢十一二，而民以十五输国之十。其取利则薄于两而厚于铢，凡征收之数两者，必其地多而豪有力，可以持吾之短长者也；铢者必其穷下之户也，虽多取之不敢言也。于是两之加焉十二三，而铢之加焉十五六矣，薄于正赋而厚于杂赋，正赋耳目之所先也，杂赋其所后也，于是正赋之加焉十二三，而杂赋之加焉或至于十七八矣。解之藩司，谓之羡余，贡诸节使，谓之常例，责之以不得不为，护之以不可破，而民之困未有甚于此时矣。①

驯至以火耗赎锾为国有之常例，于常例外更辟财源，国家颁一令，地方兴一事，都成官吏之利薮，刘宗周《敬条职掌疏》：

今日吏治之污，如催科而火耗，词讼而赎锾，已视为常例未厌也。及至朝廷颁一令，则一令即为渔猎之媒。地方有一事，则一事即为科敛之籍，官取其一，吏取其九，一者尝见持而九者遂不敢问，民费其十，上供其一，十者方取赢，而一者愈苦不足。以是百姓视上官如仇雠，一旦有事，可献城则献城，可从贼则甘心从贼，计不反顾也……一令耳，上官之诛求，自府而道而司而抚而按而过客而乡绅，而在京之权要，递而进焉，肆应不给。而至于营升谢荐之巡方御史尤甚。即其间岂无矫矫自好者，而相沿之例，有司已捆载而往遗其家，巡方不及问也。如是者一番差遣，一番敲吸，欲求民生之不穷且盗以死可得乎？②

① 《亭林文集》卷一，《钱粮论下》。
② 《刘子文编》卷四。

地方守令更动一次，民间即被剥削数百万；巡方御史出巡一次，地方又被剥削数百万：

　　崇祯三年（1630）梁廷栋言：一岁阴为加派者不知其数。如朝觐考满行取推升，少则费五六千金，合海内计之，国家选一番守令，加派数百万。巡抚查盘访缉馈遗谢荐，多者至二三万金，合天下计之，选一番巡方，天下加派百余万。[①]

内外官的贿赂技术，也随吏治风气而进步，前期的黄米、白米，到后期末年易以雅称为书帕，馈遗金珠时必以书为副。刘宗周《敬循职掌条例列风纪之要以佐圣治疏》说：

　　往者京师士大夫与外官交际，自臣通籍时有科三道四之说，识者已为之哕呕。其后稍稍滥觞……禁愈严而犯者愈众，情愈巧。臣受事冬官时，见内外官相见以贽，辄袖手授受，不令班皂见窥，至列柬投递，必托小书名色曰十册二十册以示讳……久之白镪易以黄金，致长安金价日高，如是者习以成风，恬不为耻。[②]

徐树丕亦记：

　　往时书帕惟重两衙门，然至三四十金至矣。外舅官詹姚公（希孟）为翰林时，少者仅三四金，余所亲见，此不过往来交际之常，亦何足

---

① 《明史》卷二五七，《梁廷栋传》。
② 《刘子文编》卷四。

禁。今上严旨屡申，而白者易以黄矣，犹嫌其重，更易以圆白而光明者。近年来每于相见揖时，口叙寒暄，两手授受，世风日偷，如江河之下，不可止矣。①

清人蒋超伯指出由于这一种风气，使一般地方官喜欢滥刻文集，以为应酬之用，鲁鱼亥豕，不可卒读，他说：

> 明世苞苴盛行，但其馈遗必以书为副，尤以新刊之本为贵，一时剞劂纷如，鲁鱼罔校，如陈埴《木锺集》弘治中温州知府郑淮重刊，都穆《南濠诗话》乃和州知州黄桓所刻，其序云捐俸绣梓，用广厥传。似此不一而足。②

这种风气沿袭到清朝，有名的理学家仪封张伯行在每一任上，科敛民财，专刻前代理学书，却又偷工减料，只刻原书的一部分，或腰斩，或凌迟，而总题曰《正谊堂丛书》，即是一个好例。

中央各机关中以户部掌国家出纳，吏部掌官吏铨选，故弊亦最重。试各举一例说明，李清记：

> 上虞赵钺老部胥，奸蠹也。因与部诸新胥瓜分不平，愤激上密疏尽发积弊：一，辽盐原议引价四万余两解部充饷，而米不纳宁远，银亦不交户部，二十余年诓纳可百万金。一，新增附纲二十九万引，多无归着，及天津派买米豆并带运追此挂欠米折船价水脚各项，尽

---

① 《识小录》卷四。
② 《南濠楷语》。

属侵渔，每年数十万。一，长芦及淮北盐价逋负甚多，必责按年征解。朋扣马干为各镇道将侵分，岁数十余万。一，各处屯牧加增钱粮，并不察催，皆被侵隐。一，召买弊大，宣镇每年十二万尤为奸蠹，即他处可省亦数十万。一，各州县摊派里甲储备米豆，不可胜计，亦宜察核。[①]

这是明北都倾覆前一年的事。竭全国的民脂民膏，不用之军，不用之国，却一部分徒饱贪官污吏的私囊，这是最可痛心的记载。关于吏部的，赵南星《陈铨曹积弊疏》：

天下之行私最便而得利最厚者，莫过于吏部。今之士人以官爵为性命，以钻刺为风俗，以贿赂为交际，以嘱托为当然，以循情为盛德，以请教为谦厚。闻有司管选者，每遇朝退，则三五成群，如墙而遮留之，讲升，讲调，讲地方，讲起用。既唯喏矣，则又有遮留者，恒至嗑干舌敝而后脱。一至署中，则以私书至，其三五联名者谓之公书，填户盈几，应接不暇，面皮世界，书帕长安。[②]

驯至科场亦讲关节，勾结试官，出卖题目。[③]辅臣——内阁大学士是行政中枢最高人物，也多由贿赂太监入阁，黄尊素说：

大拜之事，相传必用间金数万，有类富人为注。馆中诸公明对人名，某某俱有以数万获之。沈吴兴（淮）入相，诱洞庭翁姓者五万金，

① 《三垣笔记》附下。
② 《赵忠毅公文集》卷三。
③ 参见《研堂见闻杂记》。

以总戎许之。其余废弁弃官以千金进者不可胜计。即他相号称贤者往往为之。[1]

其他著例如高拱之复相，由于邵芳行贿大珰。[2] 周延儒之复相，由于吴昌时之交关近侍。[3] 富人地主废弁弃官大家凑钱投资使某一人入阁执政，事成后以中外要官为酬佣分红之报偿，再从所任官上科敛搜括，收回资本和利息，这是明代的吏治，也是明代所以亡国之主因！

五、乡绅——举、贡、生员和乡官

见任官作恶于外，乡绅——乡官和绅衿——则作恶于乡里。赵翼曾说：

> 前明一代风气，不特地方有司私派横征，民不堪命。而缙绅居乡者亦多倚势恃强，视细民为鱼肉，上下相护，民无所控诉也。[4]

在农业社会的家族集团之下，乡绅的身份不但是荫及子孙，并且荣及祖考，一人及第，举族登天。其所以敢于作恶，第一因为他们是统治阶级的中坚分子，有法律上的特殊而且多方面的保障。第二因为乡官多半是显宦，他的政治地位必然高于地方守令，举、贡、生员则为将来之显宦，地方官也不敢或不愿得罪。谢肇淛论吏治与巨室说：

> 今之仕者，宁得罪于朝廷，无得罪于官长；宁得罪于小民，无得

---

① 《说略》。

② 参见于慎行：《谷山笔麈》卷二。

③ 参见《明史》卷三〇八，《周延儒传》。

④ 《廿二史劄记》卷三四，《明乡官虐民之害》。

罪于巨室。得罪朝廷者，竟冒批鳞之名；得罪于小民者，可施弥缝之术。惟官长、巨室，朝忤旨而夕报罢矣。欲吏治之善，安可得哉！[1]

赵南星也说：

> 夫吏于士者，不过守令。而乡官之中多大于守令者，是以乡官往往凌虐平民，肆行吞噬，有司稍稍禁戢，则明辱暗害，无所不至。[2]

第三明人重年谊和乡谊，科举的同榜构成师生和同年的政治关系，同一乡里则又构成同乡关系。这两种关系在政治上的表现，是党争；在地方的反映，是利用在朝的座主、同年、同乡来控制地方守令，使其顾惜前途，不敢加以钳制。尤其是父兄或子弟在朝的乡绅，更是势焰熏赫，奴使守令，成为地方政府的太上政权。

乡绅作恶于乡里，方面很多。第一是包揽词讼，嘱托官府。举例说：

> 永乐二十年（1422）八月壬寅，皇太子谓吏部、刑部、都察院臣曰：比年各处闲吏群聚于乡，或起灭词讼，扰揽官府，虐害平民，为患不少。[3]

陶奭龄记：

> 今寒士登第……谒选之官……及其罢官归休，则恣横于乡党，居

---

[1]　《五杂俎》卷一三，《事部》。
[2]　《赵忠毅公文集》卷一三。
[3]　《明成祖实录》卷二五〇。

间请托，估计占夺，无所不至，安得国有廉吏，乡有端人？①

刘宗周《责成巡方职掌疏》说：

> 江南冠盖辐辏之地，无一事无绅衿孝廉把持，无一时无绅衿孝廉嘱托，有司惟力是视，有钱者生。且亦有衅起琐亵，而两造动至费不赀以乞居间之牍，至辗转更番求胜，皆不破家不已。甚至或径行贿于问官，或假抽丰于乡客，动盈千百，日新月盛。②

顾公燮记明季缙绅云：

> 明季搢绅……尤重师生年谊，平昔稍有睚眦，即嘱抚按访挈。甚至门下之人，遇有司对簿将刑，豪奴上禀主人呼唤，立即扶出，有司无可如何。其他细事，虽理曲者亦可以一帖弭之。③

甚至以理学自命，正襟危坐者，也要干涉官府，艾南英《复陈怡云公祖书》：

> 敝乡理学之盛，无过吉安。嘉隆以前，大概质行质言，以身践之。近岁自爱者多，而亦不无仰愧前哲者，田土之讼，子女之争，告讦把持之风，日有见闻，不肖视其人皆正襟危坐以持论相高者也。④

---

① 《小柴桑喃喃录》卷上。
② 《刘子文编》卷五。
③ 《消夏闲记摘抄》卷上。
④ 《天傭子文集》卷六。

第二是隐庇徭役，靠损小民。顾亭林说：

> 天下之病民者有三：曰乡官，曰生员，曰吏胥，是三者法皆得以复其户而无杂泛之差，于是杂泛之差乃尽归于小民。今之大县至有生员千人以上者，比比也。且如一县之地有十万顷，而生员之地五万，则民以五万而当十万之差矣。一县之地有十万顷，而生员之地九万，则民以一万而当十万之差矣。民地愈少，则诡寄愈多；诡寄愈多，则民地愈少，而生员愈重。富者行关节以求为生员，而贫者相率而逃且死。故生员之于其邑人，无丝毫之益，而有丘山之累。然而一切考试科举之费，犹皆派取于民，故病民之尤者生员也。[①]

钱谦益《谭公墓志铭》：

> 吴中士大夫……田连阡陌，受请寄，避繇役，贻累闾里。[②]

至于一般地主，子弟太不成才，无法进学校，则以金钱营充中外各机关吏役。英宗正统七年（1442）应天府尹李敏奏：

> 本府上元、江宁二县富实丁多之家，往往营充钦天监、太医院阴阳、医生，各公主府坟户，太常、光禄二寺厨役及女户者。一户多至一二十丁，俱避差役，负累小民。[③]

---

① 《亭林文集》卷一，《生员论中》。
② 《初学集》卷五三。
③ 《明英宗实录》卷八九。

或窜名府县为隶卒：

奸民避役者，率役司府为隶卒，主者纳其赂而庇之。多者百余人，少者亦七八十人。[1]

第三是豪夺田宅，有同白著，试以英宗朝事为例：

正统元年（1436）十月戊寅，命监察御史李彝、于奎往南京，赐之敕曰：比者南京有等权豪之人，不畏公法，侵凌军民，强夺田亩，占据市肆，隐匿军囚，种田看庄小人依附为非，良善被其扰害。[2]

彝等廉得中官外戚所占田地六万二千三百五十亩。房屋一千二百二十八间。[3]

景泰二年（1451）户部所议宽恤条例中说：

顺天、河间等府县地土，多被官豪蒙昽奏讨，及私自占据，或为草场，或立庄所，动计数十百顷，间接小民纳粮地亩，多被占夺，岁赔粮草。[4]

---

① 何乔新：《何文肃公文集》卷二九，《太子太保朱公（英）神道碑》。
② 《明英宗实录》卷二三。
③ 《明英宗实录》卷二九。
④ 《明英宗实录》卷二〇一。

成化十年（1474）蒋琬上言：

> 大同、宣府诸塞腴田无虑数十万，悉为豪右所占。畿内八府良田半属势要家，佃民失业。①

弘治（1488—1505）时外戚王源占夺民产至二千二百余顷：

> 外戚源赐田初止二十七顷，乃令其家奴别立四至，占夺民产至二千二百余顷。及贫民赴告，御史刘乔徇情曲奏，致源无忌惮，家奴益横。②

世宗时夏言《奉敕勘报皇庄及功臣国戚田土疏》说：

> 近年以来，皇亲侯伯凭借宠昵，奏讨无厌，而朝廷眷顾优隆，赐予无节，其所赐地土多是受人投献，将民间产业夺而有之。如庆阳伯受奸民王政等投献，奏讨庆都、清苑、清河三县地五千四百余顷。如长宁伯受奸民魏忠等投献，奏讨景州东光等县地一千九百余顷。如指挥金事沈傅、吴让受奸民马仲名等投献，奏讨沧州静海县地六千五百余顷。以致被害之民，构讼经年，流离失所，甚伤国体，大失人心。③

景恭王于嘉靖四十年（1561）之国，多请庄田，其他土田湖陂侵

---

① 《明史》卷一五五，《蒋贵传》。
② 《明史》卷三〇〇，《王镇传》。
③ 《桂洲文集》卷一三。

入者数万顷。① 潞王在京邸时王店王庄遍畿内，居藩田多至四万顷。② 福王之国时，诏赐庄田四万顷，中州腴土不足，取山东、湖广田益之，尺寸皆夺之民间，伴读、承奉诸官假履亩为名，乘传出入，河南北齐楚间所至骚动。③ 假如照人口和土地的比率，平均每一小农耕种十亩的话，那明末一个亲王就国，以法令所占夺的田土，够四十万个小农家的生活，再以每家平均五口计算，一亲王夺田四万顷，就有二百万农民饿死。

第四是擅役乡民，广兴造作。例如武宗朝之焦芳：

芳居第宏丽，役作劳数郡。④

松江之钱尚书：

松江钱尚书治第，多役乡人，砖甓亦取给于役者。有老佣后至，钱责之，对曰：某担自黄瀚坟，路远故迟耳。钱益怒，答曰：黄家坟亦吾所筑，其坟亦取自旧冢，勿怪也。⑤

世宗朝之严世蕃：

世蕃得罪后，与罗龙文日诽谤时政，其治第役众四千。⑥

---

① 参见《明史》卷一二〇，《景王传》。
② 参见《明史》卷一二〇，《潞王传》。
③ 参见《明史》卷一二〇，《福王传》。
④ 《明史》卷三〇〇，《焦芳传》。
⑤ 文林：《琅玡漫抄》。
⑥ 《明史》卷三〇八，《严嵩传》。

第五是营放收息，重利盘剥。方孝孺记：

> 洪武初，宁海及邻县饥，里中富人以麦贷贫乏者，每斗责谷二斗三升，乘时取倍获之息。①

成祖朝宗室有以取息虐民遭戒敕者：

> 永乐十年（1412）敕靖江之辅国将军赞亿曰：监察御史言尔交通卫卒，以钱贷民，多取利息，至系人妻孥，逼胁鬻居以偿所负，国家旧制四品以上官不得与民争利，汝宗室之亲，乃恣肆如此乎？②

宣宗朝政府且指出高利贷为贫民流移之一因：

> 宣德五年（1430）九月戊申，上谕掌行在户部事兵部尚书张本曰：闻各处细民，多因有司失于抚字，及富豪之家施贷取息过虐，以致贫窘，流移外境。③

英宗朝至重申权豪势要违例收息之禁：

> 正统五年（1440）四月乙未，严违例收息之禁。先是驸马都尉石璟家奴诉领璟银钞借与卫军，取索不还，乞为追理。上命行在户部

---

① 《逊志斋集》卷二一，《童贤母传》。
② 《明成祖实录》卷一二五。
③ 《明宣宗实录》卷七〇。

检例言，洪武旧制，凡公侯内外文武四品以上官不得放债。永乐中亦尝禁约。今璟家奴放债而欲官追，于法有违。上命行在都察院执问惩治，仍揭榜申明旧制，严加禁约，有权豪势要仍前故违，及有司听嘱同害百姓者俱罪不宥。①

但此禁例，亦显然只是具文，观下引一事可知：

（外戚）孙忠家奴贷子钱于滨州民，规利数倍。有司望风奉行。民不堪诉诣朝，言官交章劾之，命执家奴戍边，忠不问。②

至各地方则更豪无忌惮，以为兼并蚕食之手段：

正统十三年（1448）六月甲申，浙江按察使轩𫐐言：各处豪民私债，倍取利息，至有奴其男女，占其田产者，官府莫敢指斥，小民无由控诉。③

小民无力偿纳，往往破产，吴宽记：

民岁漕粟输纳多不足，豪家利以金贷，比比破产。④

或则以田产典质，无力取赎，产去而税存：

---

① 《明英宗实录》卷六六。
② 《明史》卷三〇〇，《孙忠传》。
③ 《明英宗实录》卷一六七。
④ 《匏翁家藏集》卷七〇，《隆池阡表》。

328

正统元年六月戊戌，湖广辰州府沅陵县奏：民多因赔纳税粮，充军为事贫乏，将本户田产，典借富人钱帛，岁久不能赎，产去税存，衣食艰难。[①]

或则以房屋抵押，无力取赎，即被没收：

正统六年五月甲寅，直隶淮安府知府杨理言：本府贫民以供给繁重，将屋宅典与富民，期三年赎以原本，过期即立契永卖。以是贫民往往趁食在外，莫能招抚。[②]

或借则以银，而偿则以米，取数倍之息。顾炎武记：

日见凤翔之民，举债于权要，每银一两，偿米四石，此尚能支持岁月乎？[③]

政府虽明知有这种兼并情形，也只能通令私债须等丰收时偿还，期前不得追索。可是结果这一仕宦阶级就因此索性不肯借贷，农民在春耕时，修理农具，准备种子，收购肥料，在在需钱，平时则或有疾病死亡，苛税力役，都非钱不办，一遇天灾兵祸，更是一筹莫展，政府不能救济，乡绅地主又拒绝借贷，贫农更是走投无路。政府只好又自动把这法案取消，让地主得有法律上允许的自由兼并的机会：

---

① 《明英宗实录》卷一八。
② 《明英宗实录》卷七九。
③ 《亭林文集》卷三，《病起与蓟门当事书》。

景泰二年（1451）八月癸巳，刑部员外郎陈金言：军民私债，例不得追索，俟丰稔归其本息。以此贫民有急，遍叩富户，不能救济。宜听其理取。从之。①

第六是擅抽私税，扰苦商民。宣德八年（1433）顺天府尹李庸言：

比奉命修筑桥道，而豪势之家，占据要路，私搭小桥，邀阻行人，榷取其利，请行禁革。上曰：豪强擅利至此，将何所不为？命行在都察院揭榜禁约，不悛者具以名闻。②

英宗时驸马都尉焦敬至私科商税，为有司举发，奉特旨赦罪：

正统元年（1436）十二月甲申，驸马都尉焦敬令其司副李杲于文明门外五里建广鲸店，集市井无赖，假牙行名，诈税商贩者，钱积数十千。又于武清县马驹桥遮截磁器鱼枣数车，留店不遣。又令阍者马进于张家湾溧阳闸河诸通商贩处诈收米八九十石，钞以千计。事觉下刑部，杲等俱引伏。尚书魏源上其罪，请执敬治之。上曰：姑赦敬、昶等，征其赃，人杖八十释之。③

宪宗时著令严治，入律正条：

---

① 《明英宗实录》卷二〇七。
② 《明宣宗实录》卷一〇七。
③ 《明英宗实录》卷二五。

　　成化十五年（1479）七月二十二日节该，钦奉宪宗皇帝圣旨，管庄佃仆人等占守水陆关隘，抽分揸取财物，挟制把持害人的，都发边卫永远充军。钦此！①

但到世宗时，犯者仍不过输赎：

　　嘉靖二十年（1541）言官劾勋爵权豪家置店房，科私税。惠安侯张锏亦预，输赎还爵。②

第七是经营商业，和民争利，如行商中盐，例如成祖朝之蔡福：

　　永乐八年（1410）十月乙未，行在都察院左副都御史李庆言：公侯都督往往令家人子弟行商中盐，凌轹运司及各场官吏，倍数多支。朝廷申明旧制，四品以上官员之家，不许与民争利。已令罢支，今都督蔡福等妄行奏请，既付于法，其公侯有犯者，亦宜鞫治。上曰：姑勿治。令户部榜谕禁止。③

宪宗朝之赵阳：

　　成化十七年（1481）中官赵阳等乞两淮盐十万引，帝已许之。户部左侍郎潘荣等言，近禁势家中盐，诏旨甫颁，而阳等辄违犯，宜正其罪。帝为切责阳等。④

---

① 《明律条例·名例》。
② 《明史》卷三〇〇，《张麒传》。
③ 《明成祖实录》卷一〇九；《明史》卷一五〇，《李庆传》。
④ 《明史》卷一五七，《潘荣传》。

这一阶级以其雄厚之财力，政治之背景，独占市场，操纵物价，小商人因之失业破产，弊不可言，英宗时曾敕户部指出这一弊端：

> 正统九年（1444）四月壬辰，敕户部曰：朝廷令人易纳马草，开中盐场，本期资国便民。比闻各场纳草之人，多系官豪势要及该管内外官，贪图重利，令子侄家人伴当，假托军民，出名承纳。各处所中盐粮亦系官豪势要之家占中居多，往往挟势将杂糙米上仓，该管官司畏避权势，辄与收受，以致给军，多不堪用。及至支盐，又嘱管盐官搀越关支，倍取利息，致无势客商，守支年久不能得者有之。丧赀失业，嗟怨莫伸，其弊何可胜言！ [1]

如开行列肆，例如世宗朝之郭勋：

> 翊国公郭勋被劾下狱，有司勘勋京师店舍多至千余区。[2]

周能父子：

> 周瑛嗣封庆云伯，封殖过于父。嘉靖中于河西务设肆邀商贷，虐市民，亏国课……周寿尝奉使道吕梁洪，多挟商艘，主事谢敬不可。寿与关，且劾之，敬坐落戢。[3]

---

① 《明英宗实录》卷一一五。
② 《明史》卷一三〇，《郭英传》。
③ 《明史》卷三〇〇，《周能传》。

楚中宗室之开绅帛店：

楚宗错处市廛者甚多，经纪贸易与市民无异。通衢诸绅帛店俱系宗室。间有三吴人携负至彼开铺者，亦必借王府名色。①

吴中士大夫之急于货殖，黄省曾记：

自刘氏、毛氏创起利端，为鼓铸囤房，王氏债典，而大村名镇必张开百货之肆，以榷管其利，而村镇之负担者俱困，由是累金百万。至今吴中缙绅仕夫，多以货殖为急，若京师官店六郭开行债典兴贩盐酤，其术倍克于齐民。②

至福建则以地势濒海，豪绅巨室多投资于海外贸易，在禁海时期，称为通蕃。何乔新《福建按察司副使辛公（访）墓表》：

（访）奉敕巡视海道。濒海大姓私造海舰，岁出诸番市易，因相剽杀。公捕其党渠，没入其舰，事连达官，穷治甚急。其家讼于御史，诬公激变良民。或劝公少缓其狱，公奋曰：吾宁报法而死，不思卖法而生也。于是奸民屏息，海道肃清。③

蔡清《椒丘先生（何乔新）传》记福清薛氏：

---

① 包汝楫：《南中纪闻》。
② 《吴风录》。
③ 《何文肃公文集》卷三一。

福清薛氏以所居濒海，岁出诸蕃互市，事觉，遂聚众欲为乱。先生掩其不备，尽获其渠，海道以宁。①

海上风涛险恶，一有亏折，便掳掠行旅，成为海盗，张燮说：

闽在宋元俱设市舶司，国初因之，后竟废。成弘之际（1465—1505），豪门巨室，间有乘巨舰贸易海外者，奸人阴开其利窦，而官人不得显收其利权，初亦渐享赢，后乃勾引为乱，至嘉靖而弊极矣。②

甚或加入倭寇，为之向导，为虎作伥。由此当时的仕宦阶级以利害不同分裂为两派相对立，在内地兼并农民寄生于土地的主张禁海，片帆不许出港，绝通蕃即所以绝倭寇。在沿海经营海外贸易寄生于海洋的，就主张开放海禁，重设市舶司，以为海通后贸易发达，人民生计优裕，海盗自然绝迹。这两派的争论甚至影响国策和政局，嘉靖时朱纨的自杀就是一个著例：

朱纨长洲人……嘉靖二十六年（1547）七月倭寇起，改提督浙闽海防军务巡抚浙江。初明祖定制，片板不许入海。承平久，奸人阑出入勾倭人及佛郎机（葡萄牙）诸国入互市。闽人李克头、歙人许栋据宁波之双屿，司其质契。势家护持之，漳、泉为多，或与通婚姻。假济渡为名，造双桅大船，运载违禁物，将吏不敢诘也。或负其直，栋等即诱之攻剽，负直者胁将吏捕逐之，泄师期令去，期他日偿，他日至，负如初，倭大怨恨，益与栋等合……纨巡海道……谓不革渡船，

---

① 《何文肃公文集》外集。
② 《东西洋考》卷七，《饷税考》。

则海道不可清;不严保甲,则海防不可复。上疏具列其状,于是革渡船,严保甲,搜捕奸民。闽人资衣食于海,骤失重利,虽士大夫家亦不便也,欲沮坏之……势家既失利,则宣言被禽者皆良民,非贼党,用摇惑人心……纨执法既坚,势家皆惧……纨且曰:去外国盗易,去中国盗难;去中国濒海之盗犹易,去中国衣冠之盗尤难。闽浙人益恨之……吏部用御史闽人周亮及给事中叶镗言,奏改纨巡视以杀其权……中朝士大夫先入浙闽人言,亦有不悦纨者矣……纨语复侵诸势家。御史陈九德遂劾纨擅杀,落纨职,命兵科都给事中杜汝祯按问。纨闻之,慷慨流涕曰:吾贫且病,又负气不任对簿,纵天子不欲死我,闽浙人必杀我,吾死,自决之,不须人也。制圹志作绝命词,仰药死……未几海寇大作,毒东南者十余年。①

这是一次大陆和海洋的斗争,也是农业和商业的斗争,朱纨代表内地的农业地主的利益,周亮、叶镗、陈九德等闽浙人则代表沿海的新商业资本家的利益。我国祖先从西北向东南发展,到十四五世纪已发展到尽头,尤其是闽浙人多地狭,向南发展到海洋本是一个自然的趋势,明初的禁海令是反时代潮流的。朱纨的死,正说明是这反时代潮流的必然的牺牲。也说明这时代的新商业资本家在政治上和社会上的力量。

第八是抑买货物,占夺水利,例如明初之番禺土豪:

番禺土豪数十人,遇闾里珍货,辄抑价买之,稍不如意,即诬以钞法,人莫敢谁何。②

---

① 《明史》卷二〇五,《朱纨传》。
② 《明太祖实录》卷一三三;《明史·道同传》。

明末之温体仁：

御史毛九华劾体仁居家时，以抑买商人物，为商人所诉，赂崔呈秀以免。①

弋阳官陂之碓磨：

正统八年十二月戊戌，吏部听选官胡秉贤言：臣原籍江西弋阳县，有官陂二所，民田三万余亩，借其灌溉。近年被沿陂豪强之人，私创碓磨，走泄水利，稍有旱暵，民皆失望。②

西湖菱芡之利：

杭州西湖傍近，编竹节水，可专菱芡之利，而惟时有势力者可得之。故杭人有俗谣云：十里湖光十里笆，编笆都是富豪家，待他十载功名尽，只见湖光不见笆！③

顺德之占沙抢割，陈邦彦《中兴政要书·保民篇》第三《禁侵渔》：

臣乡田多近海，或数十年辄有浮生。势豪之家，以承饷为名，而影占他人已成之税田，认为己物，业户畏之而不敢争，官司闻之而不

---

① 《明史》卷三〇八，《温体仁传》。
② 《明英宗实录》卷一一一。
③ 叶盛：《水东日记》卷一四。

能直，此所谓占沙也。及至秋稼将登，豪家召募打手，驾使大船，列刃张旗，以争新占之业。其后转相摹仿，虽凤昔无因者，亦皆席卷而有之，耕者之少不敌抢者之多，或杀越折伤而不能问，此所谓抢割也。斯二者小民积怨深怒，皆归怒于乡绅……去冬寇犯彬、桂，民言至有愿寇之来与乡绅俱毙者。[①]

"时日曷丧，予与汝偕亡。"这两句话正可做明代农民对乡绅的怨恨的注脚。

第九是淫虐杀人，无恶不作。例如杨稷：

> 杨士奇子稷居乡，尝横暴杀人，言官交劾。朝廷不加法，以其章示士奇。又有人发稷横虐数十事，乃下之理。[②]

梁次摅：

> 梁储子次摅为锦衣百户。居家与富民杨端争民田，端杀田主，次摅遂灭端家二百余人。武宗以储故，仅发边卫立功。[③]

这两个都是阁臣的儿子，在家当乡绅，前一个到杨士奇死后才正法，后一个则仅发边卫充军了事。又如衍圣公案：

> 成化丙戌（1466）三月癸卯，衍圣公孔弘绪坐奸乐妇四十余人，

---

① 《岩野先生集》卷一。
② 《明史》卷一四八，《杨士奇传》。
③ 《明史》卷一九〇，《梁储传》。

杀无辜四人，法当斩，以宣圣故，削爵为民，以弟洪泰代官。①

同一年的张真人案：

> 四月戊午，正一嗣教大真人张元吉坐僭用器物，擅易制书，强夺子女，先后杀平人四十余人，至有一家三人者。法当凌迟处死，下狱禁锢。寻杖一百戍铁岭，而子亥庆得袭。元吉竟以母老放归。②

这一对又因为是孔子和张道陵的子孙，是几千年来的老牌乡绅，虽然是穷凶极恶的杀人犯，也竟可以逍遥法外，并且其地位还许其子弟承袭！又如程峋至公开和地方士民相杀，彭孙贻记：

> 永平荐绅程峋蓄苍头健儿数百，为害里党。士民揭竿与角，相杀亡算。③

甚至以理学自命的正人君子，也私法杀人：

> 罗伦里居，立乡约以整顿风俗，其法甚严，莫敢不遵，独有强梁二人不服，且屡违教令，乃命其徒共执投水中。④

此外如王应熊任首辅，其弟王应熙在乡作恶的罪状至四百八十余条，

---

① ② 王世贞：《弇山堂别集》卷一八。
③ 《茗斋杂记》。
④ 沈德符：《野获编补遗》卷二。

赃一百七十余万。① 温体仁、唐世济的族人，甚至作盗，为盗奥主。② 汤一泰倚从子汤宾尹之势，强夺已字之女，逼之至死。③ 文学家茅坤的家人也倚仗主势，横行乡里。④ 陈于泰、陈于鼎的兄弟在乡作恶，致引起民变。⑤

国法不论是非，但论社会阶级，议亲则裙带，议贵则家族，有钱有势有地位的都可无所不为，无恶不作，农民无所控诉，只好造反：

> 白莲贼徐鸿儒薄胜县，民什九从乱。知县姬文允徒步叫号，驱吏卒登陴不满三百，望贼辄走，存者才数十。问何故从贼，曰：祸由董二。董二者，故延绥巡抚董国光子也，居乡贪暴，民不聊生，故从贼。⑥

替乡绅作恶的爪牙是豪奴悍仆。奴仆的来源，一是价买，例如杨继盛遗嘱所说：

> 曲钺他若守分，到日后与他地二十亩，村宅一小所。若是生事，心里想回去，你就令你两个丈人商议告着他……原是四两银子买的他，放债一年，银一两得利六钱，按著年问他要，不可饶他，恐怕小厮们照样行，你就难管。⑦

一是投靠，如顾公燮所记：

① 参见《明史》卷二五三，《王应熊传》。
② 参见《明史》卷二五七，《冯元飚传》。
③ 参见《明史》卷三〇三，《徐贞女传》。
④ 参见《明史》卷二八七，《茅坤传》。
⑤ 参见《明史》卷二四五，《蒋英传》。
⑥ 《明史》卷二九〇，《姬文允传》。
⑦ 《杨忠愍公集》卷三，《遗嘱》。

　　明季缙绅，豪奴悍仆，倚势横行，里党不能安居，而市井小民，计惟投身门下，得与此辈水乳交融，且可凭为城狐社鼠，由是一乡一邑之地，挂名僮仆者十有二三。①

尤其是一般小农，稍有田产，仅可生活，经不起苛税和里役的剥削，唯一的办法是投靠乡绅之门为奴，借以逃避对国家的负担。徐阶是嘉靖朝的名相，家人多至数千，大半都是由投靠而来。于慎行说：

　　华亭家人多至数千，有一籍记之，半系假借。海（瑞）至相君第，请其籍削之，仅留数百以供役使，相君无以难也。②

二者都立有身契，世世子孙不能改，奴倚主以避税避役，横行作恶；主则利用奴作爪牙，作敲诈的工具，如明后期娄东情形：

　　娄风俗极重主仆，男子入富家为奴，即立身契，终身不敢雁行立。有役呼之，不敢失尺寸，而子孙累世不得脱籍，间有富厚者以多金之，即名赎而终不得与等肩，此制驭人奴之律令也。然其人任事，得因缘上下，累累起家为富翁，最下者亦足免饥寒，更借托声势，外人不得轻相呵，即有犯者，主人必极力卫捍，此其食主恩之大略也。③

如黄尊素所记宛刘氏事：

---

① 《消夏闲记摘抄》卷上。
② 《谷山笔麈》卷五。
③ 《研堂见闻杂记》。

宛有刘氏者登戊戌第，其先世济恶。父以一日杀太平夫妇三人系狱，子登第得脱。刘自戊午自上江道罢秩，即蓄仆从数百人，养陆博酒徒数十辈，田宅之美者，子女之少者皆钩致之，以罄其所有，或把其阴事，或因其怨家，名谓投献。以是膏腴厌丰国中，民间百舍中产无不失业。诉于道府，置不为理。[1]

和平民不同的是不许读书应试和通婚。谢肇淛说：

长乐（奴庶）之禁甚厉。为人奴者，子孙不许读书应试，违者必群击之。及之新安，见其俗不禁出仕而禁婚姻。[2]

主奴的关系纯由金钱造成，用法律保障。一到社会局面改变的时候，秩序扰乱，法律无灵。17世纪中叶，遂发生普遍的奴变。[3]

六、生活与文化

这时代这一阶级的生活，除了极少数的例外，可以用"骄奢淫逸"四字书之。风行草偃，以这阶级作重心的社会，也整个地被濡染在风气中。由这种生活和风气所产生的文化，当然也是多余的，消费的，颓废的。

骄奢淫逸的生活，在明代前期即已有人具体地指出，以当时的首都京

---

① 《说略》。

② 《五杂俎》卷一四，《事部》。

③ 另详吴晗：《明季奴变考》。

师——北京作代表，一事佛，二营丧，三服食，四倡优，五赌博：

正统十三年（1448）八月己卯，巡按直隶监察御史陈鉴言：今风俗浇浮，京师为甚。冠攘窃发，畿甸为多。此愚者以为迂缓不急之务，而知者所深虑也。臣推其故有五：其一军民之家，事佛过盛，供养布施，倾赀不吝。其二营办丧事，率至破家，唯夸观视之美，实非送死之益。其三服食靡丽，侈用伤财。其四倡优为蠹，淫败无极。其五赌博破产，十凡八九。凡此数者，前此未尝不禁，但禁之不严，齐之无礼，日滋月炽，害治非细。请下有司申明国初条例，参以前代礼制，务使其简而易知，畏而不犯，则盗贼可以消弭，而风俗可以还淳。礼部尚书胡濙等以为所言者已尝屡有禁令，无庸别作施行。事遂止。①

五十年后，周玺上疏说出当时奢侈的生活：

中外臣僚士庶之家，靡丽侈华，彼此相尚，而借贷费用，习以为常。居室则一概雕画，首饰则滥用金宝，倡优下贱以绫缎为袴，市井光棍以锦绣缘袜，工匠厮役之人任意制造，殊不畏惮。虽朝廷禁止之诏屡下，而奢靡僭用之习自如。②

又过五十年，嘉靖时（1522—1566）钱薇则以为弘治间（1488—1505）侈在勋戚，正德间（1506—1521）奢乃在士大夫。他说：

---

① 《明英宗实录》卷一六九。
② 《垂光集》卷一，《论治化疏》。

党蓝田昔游京师，在弘治间，士大夫彬彬以礼自饬，诸勋戚乃有侈而泰者。正德时奢乃在士大夫，石齐阁老与宁、堂辈序约兄弟，每饮，赏庖役白金多或至二百，噫！宴劳之滥，自此始矣。①

到世宗朝严氏父子当国，穷奢极欲的风气，遂达顶点。例如严家子孙的生活：

严嵩孙严绍庚、严鹄等尝对人言，一年尽费二万金，尚苦多藏无可用处。于是竞相穷奢极欲。②

严嵩门下邹懋卿的生活：

恃严嵩之势，总理两浙、两淮、长芦、河东盐政。性奢侈，至以文锦被厕，白金饰溺器。其按部尝与妻偕行，制五彩舆，令十二女子舁之，道路倾骇。③

朱国桢把这时代和永乐时代比较说：

永乐时阁臣子弟至附舟潜行，盖国初规制如此。即大臣不敢过分，何况子弟？余入京见阁臣子弟驾驿舟极宏丽，气势烜赫，所司趋奉不暇，乡里亲戚皆缘为市。其风大约起于严氏父子，后遂不能禁，且尤

---

① 《承启堂稿》卷二六，《故锦衣党蓝田墓志铭》。
② 田艺蘅：《留青日札》。
③ 《明史》卷三〇八，《严嵩传》。

而效之也。①

万历初年名相张居正奉旨归葬时，沿途地方官挖空心思趋奉：

> 一真定守钱普创为坐舆，前舆后室，旁有两庑，各立一童子供使令，凡用舁夫三十二人。所过牙盘上食味逾百品，犹以为无下箸处。②

闹阔的风气，也影响到民间婚姻，索重聘，陪厚嫁，有类唐代的卖婚。徐渭记浙东情形：

> 吾乡（山阴）近世嫁娶之俗浸薄，嫁女者以富厚相高。归之日，担负舟载，络绎于水陆之涂，绣袱冒箱筍如鳞，往往倾竭其家。而有女者益自矜高，闭门拱手以要重聘。取一第若被一命，有女虽在襁褓，则受富家子聘，多至五七百金，中家半之，下此者人轻之，谈多不及也，相率以为常。③

崇祯十二年（1639）杨嗣昌上疏说：

> 海内士大夫自神皇末年相习奢侈，凡宫室车马衣服器用之属，无不崇饰华丽，迈越等伦。即或清高自命，宦橐无多，亦称贷母钱，缔构园亭卉木，耽娱山水诗文，以是优游卒岁为快。其亲串朋好，偶逢吉庆生辰，相率敛钱，造杯制帐，更迭酬赠，以为固然。臣等身在流

---

① 《涌幢小品》卷九。
② 《明史》卷二一三，《张居正传》。
③ 《徐文长文集》卷二〇，《赠妇翁潘公序》。

俗之中，沿染至今，皆不能免。[①]

堵允锡上疏斥奢淫之习说：

> 冠裳之辈，怡堂成习，厝火忘危。膏粱文绣厌于口体，宫室妻妾昏于志虑，一簋之费数金，一日之供中产，声伎优乐，日缘而盛。夫缙绅者士民之表，表之不戒，尤以成风。于是有纨绔子弟，益侈豪华之志，以先其父兄。温饱少年，亦竟习裘马之容，以破其家业，挟弹垆头，呼卢伎室，意气已骄，心神俱溃，贤者丧志，不肖倾身，此士人之蠹也。于是又有游手之辈，习谐媚以蛊良家子，市井之徒，恣凶谲以行无赖事，白日思群，昏夜伏莽，不耕不获，生涯问诸傥来，非士非商，身业寄于亡命，狐面狼心，冶服盗质，此庶人之蠹也。如是而风俗不致颓坏，士民不致饥寒，盗贼不致风起者，未之有也。[②]

大声疾呼，无人理睬，流贼起而明遂亡。

从上文所引的从正统到崇祯的史料看，可见这是一个时代的风气，也是造成这时代的这一阶级的风气。

这一阶级的生活趣味，全部建筑在金钱上。一生的前半期耗费在科举上，等到登科入仕以后，八股文固束之高阁，即切身的现实的如何做事，如何从政，国家的、民族的、社会的问题都一概不管。却用全副精神来讲求物质的享受，一般地说，都饱食终日，无所用心，只刻意谋生活的舒适，纳姬妾，营居室，筑园亭，侈饮食，备仆役，再进而召伎女，养优伶，事

---

① 《杨文弱集》卷三三，《访据疏》。
② 《堵文忠公集》卷二〇，《救时二十议疏》。

博弈。雅致一点或附庸风雅的更提倡玩古董，讲版刻，组文会，究音律。这一阶级人的生活风趣影响是文学、美术、建筑学、金石学、戏曲、版本学……使之具有特殊的时代的面目。

八股家幸而遭遇机缘，得了科名时，第一步是先起一个别号，如什么斋什么甫庵之类，以便于官场和同一阶级人的称呼。顾起元引王丹丘说，以为此风自嘉靖以后始盛。他说：

> 正德中士大夫有号者十有四五，虽有号，然多呼字。嘉靖年来，束发时即有号，末年奴仆舆隶俳优无不有之。[1]

第二步是娶一个姨太太，沈德符说：

> 缙绅羁宦都下，及士子卒业辟雍，久客无聊，多买本京妇女，以伴寂寥。[2]

王崇简也说：

> 明末习尚，士人登第后，多易号娶妾。故京师谚云：改个号，娶个小。[3]

第三步是建筑适合身份的居室，做大官的邸舍之多，往往骇人听闻。例如严嵩得罪籍没时的家产清单，光是第宅房屋一项，在江西原籍共有

---

① 《客座赘语》卷五，《建业风俗记》。
② 《万历野获编》。
③ 王崇简：《冬夜笺记》。

六千七百零四间，在北京的共一千七百余间。[1] 陆炳用事时，营别宅至十余所。[2] 郑芝龙在唐王偏安一隅的小朝廷下，秉政数月，增置仓庄至五百余所。[3] 顾起元说：

> 正德以前，房屋矮小，厅堂多在后面。或有好事者，画以罗本，皆朴素浑坚不淫。嘉靖末年，士大夫家不必言。至于百姓有三间客厅费千金者，金碧辉煌，高耸过倍，往往重檐兽脊如官衙然。园圃僭拟公侯。下至勾栏之中，亦多画屋矣。[4]

仕宦阶级经构园亭风气之盛，大概也是嘉靖以后的事。陶奭龄说：

> 少时越中绝无园亭，近亦多有。然其间亦有人己之辨菜径棘篱，林木蓊蘙，内有清池数亩，修竹数千，洞房素闼，具体而微，北牖延风，南荣宾日，身可休老，子孙可诵读，亲朋过从，亦可觞咏，为己者也。若夫雕阑绮树，杰观危楼，修廊引带其间，花径汇缘而入，标奇踞胜，带霓饮云，使夫望之者欲就，就之者欲迷，主人有应接之烦，无燕处之适，此为人者也。[5]

奭龄是万历时人。可见在嘉隆以前，即素称繁庶的越中，仕宦阶级尚未有经营园亭的风气。园亭的缔构，除自己出资建置外，大抵多出于门生

---

[1]　参见田艺蘅：《留青日札》。

[2]　参见《明史》卷三〇七，《陆炳传》。

[3]　参见林时对：《荷牐丛谈》卷四。

[4]　《客座赘语》卷五，《建业风俗记》。

[5]　《小柴桑喃喃录》卷下。

故吏的报效，顾公燮说：

> 前明缙绅虽素负清名者，其华屋园亭，佳城南亩，无不揽名胜，连阡陌。推原其故，皆系门生故吏代为经营，非尽出己资也。[①]

王世贞记南京名园，王公贵戚有太傅园，西园，魏公南园、西园，锦衣东园，万竹园，西园，徐锦衣家园，金盘李园，徐九宅园，莫愁湖园，同春园，凤台园，武定侯园；士人则有市隐园，武氏园，正贡士杞园，遯园，逸园，尔祝园，吴孝廉园，何参知露园，卜太学味斋园，许典客长卿园，李象先茂才园，许长卿新园，无射园，汤太守熙台园，陆文学园，方太学园，张保御园，李民小园，武文学园，太复新园，华林园等园。[②]娄东（太仓）一邑有田氏园，安氏园，王锡爵园，杨氏日涉园，吴氏园，季氏园，曹氏杜家桥园，王世贞弇州园，王士骐约园，琅玡离赟园，王敬美澹园等数十园。[③]北京则有米仲诏湛园，勺园，漫园，宣家园，清华园等名园。[④]全国名都大邑，都竞相建筑，园亭建筑学由之盛极一代，西洋教士东来后，将东方建筑意境带回欧洲，大大地影响了十七八世纪时代的欧洲园亭建筑。园中多凿水叠假山，郎瑛记：

> 近日富贵家之叠假山，是山之成也，自不能如真山之有生气，春夏且多蛇虺，而月夜不可乐也。[⑤]

张南垣至以叠石成名，为当时人造风景、园亭艺术专家，黄宗羲说：

---

① 《消夏闲记摘抄》卷上。
② 参见《弇州山人四部稿·游金陵诸园记》。
③ 参见《弇州山人四部稿·娄东园亭志》。
④ 参见《燕都游览志》。
⑤ 《七修类稿》卷二。

三吴大家名园皆出其手。其后东至于越，北至于燕，召之者无虚日。①

对于饮食衣服，尤刻意求精，互相侈尚。正德时大臣宴会，赏赉庖役动至数百金。万历时张居正牙盘上食味逾百品，犹以为无下箸处。陶奭龄说：

近来人食酒席，专事华侈，非数日治具，水陆毕集，不敢轻易速客。汤饵者荐，源源而来，非惟口不给尝，兼亦目不周视，一筵之费，少亦数金。②

"一筵之费数金，一日之供中产。"平居则"耽耽逐逐，日为以腹谋"。张岱自述：

越中清馋，无过余者。喜啖方物。北京则苹婆果，黄鼠，马牙松。山东则羊肚菜，秋白梨，文官果，甜子。福建则福橘，福橘饼，牛皮糖，红腐乳。江西则青根，丰城脯。山西则天花菜。苏州则带骨鲍螺，山查丁，山查糕，松子糖，白圆，橄榄脯。嘉兴则马交鱼脯，陶庄黄雀。南京则套樱桃，桃门枣，地栗团，窝笋团，山查糖。杭州则西瓜，鸡豆子，花下藕，韭芽，元笋，塘栖蜜橘。萧山则杨梅，莼菜，鸠鸟，青鲫，方柿。诸暨则香狸，樱桃，虎栗。嵊则蕨粉，细榧，龙游糖。临海则枕头瓜。台州则瓦楞蚶，江瑶柱。浦江则火肉。东阳则南枣。

---

① 《撰杖集·张南垣传》。
② 《小柴桑喃喃录》卷上。

山阴则破塘笋，谢橘，独山菱，河蟹，三江屯蛏，白蛤，江鱼，鲥鱼，里河鲤。远则岁致之，近则月致之，日致之。①

"家常宴会，但留心烹饪。庖厨之精，遂甲江左。"②争奇斗巧，普通的做法不足以标新立异，于是别出蹊径，惨杀物命：

> 京师……宰杀牲畜，多以惨酷取味，鹅鸭之属，皆以铁笼罩之，炙之以火，饮以椒浆，毛尽脱落，未死而肉已熟矣。驴羊之类，皆活割取其肉，有肉尽而未死者，冤楚之状，令人不忍见闻……巨珰富戚，转相效尤，血海肉林，恬不为意。③

在这风气之下，专讲饮食烹调的食谱茶谱酒谱便成为这阶级的流行著作，饮食口腹之学也成为专门之学了。

同样衣服也由布而䌷绢，由浅色而淡红。隆万时范濂说：

> 布袍乃儒家常服，迩年鄙为寒酸，贫者必用䌷绢色衣，谓之薄华丽，而恶少且从典肆中觅旧缎旧服，翻改新起，与豪华公子列坐，亦一奇也。春元必穿大红履，儒童年少者必穿浅红道袍，上海生员冬必服绒道袍，暑必用鬃巾绿伞，虽贫如思丹，亦不能免。稍富则绒衣巾盖益加盛矣。④

巾帽则变易更多，花样翻新，不可究诘。范濂又记：

---

① 《陶庵梦忆》卷四，《方物》。

② 《陶庵梦忆》卷八，《张东谷好酒》。

③ 《五杂俎》。

④ 《云间据目钞》。

　　余始为诸生时，见朋辈戴桥梁绒线巾，春元戴金线巾，缙绅戴忠靖巾。自后以为烦，俗易高士巾、素方巾，复变为唐巾、晋巾、汉巾、褊巾，丙午（1546）以来，皆用不唐不晋之巾，两边玉屏花一对。而少年貌美者加犀玉奇簪贯发。鬃巾始于丁卯（1567）以后，其制渐高，今又渐易。盈纱巾为松江土产，志所载者，今又有马尾罗巾、高淳罗巾，而马尾罗者与鬃巾似已乱真矣。童生用方包巾，自陈继儒出，用两飘带束顶，边亦去之，用吴门直罗头法，而傻儿更觉雅俏。瓦楞鬃帽在嘉靖初年唯生员始带，至二十年外则富民用之，然亦仅见一二，价甚腾贵。皆尚罗帽、纻丝帽。故人称丝罗必曰帽缎……万历以来，不论贫富皆用鬃，价亦甚贱，有四五钱七八钱者，又有朗素密结等名。①

　　此外又有玉壶巾、明道巾、折角巾、东坡巾、阳明巾等名色。②妇女服饰，正德时多用璎珞：

　　　　正德元年（1506）妇女多用珠结盖头，谓之璎珞。③

　　嘉靖以后则愈趋繁杂，范濂说：

　　　　妇人头髻在隆庆初年，皆尚圆褊，顶用宝花，谓之挑心，两边用捧鬓，后用满冠倒插，两耳用宝嵌大环，年少者用头箍，缀以圆花方块。身穿裙袄，袄用大袖圆领，裙有销金拖。自后翻出挑尖顶髻，鹅

---

①　《云间据目钞》。
②　参见余永麟：《北窗琐语》。
③　《明史稿·五行志二·服妖》。

胆心髻，渐见长圆，并去前饰，皆尚雅装，梳头如男人直罗，不用分发鬏髻，髻皆后垂，又名堕马髻，旁插金玉梅花一二对，前用金铰丝灯笼簪，两边用西番莲稍簪插两三对，发眼中用犀玉大簪横贯一二枝，后用点翠卷荷一朵，旁加翠花一朵大如手掌，装缀明珠数颗，谓之鬏边，花插两鬏边，又谓之飘枝花。耳用珠嵌金玉丁香。衣用三领窄袖，长三尺余，如男人穿褶，仅露裙二三寸。梅条裙拖，膝裤拖初尚刻丝，又尚本色，尚画，尚插绣，尚堆纱，近又尚大红绿绣，如藕莲裙之类，而披风便服并其梅条去之矣。①

髻则愈后愈高，董含说：

余为诸生时，见妇人梳髻高三寸许，号为新样。年来渐高至六七寸，蓬松光润，谓之牡丹头，皆用假发衬垫，其重至不可举首。又仕宦家或辫发螺髻珠宝错落，乌靴秃秃，貂皮抹额，闺阁风流，不堪过目，而彼自以为逢时之制也。②

生活上的穷奢极欲，再进一步便是狎妓。唐宋以来的官妓，到明初仍沿其制，刘玉记：

（南京）江东门外，洪武间建轻烟、淡粉、梅妍、翠柳四楼，令官妓居之，以接四方贵客大贾，及士大夫休沐时往游焉。后士大夫多耽酒悦色废事，渐加制限。③

---

① 《云间据目钞》。
② 《三冈识略》。
③ 《己疟编》。

胡纳亦记：

> 台、温二郡，经方氏籍据之后，全乖人道。其地多倡家，中朝使者以事至，多挟倡饮，有司疲于供应。熊君鼎为浙佥事，下永嘉令籍倡家数千，悉械送之京。[①]

至宣德三年（1428）左都御史刘观挟妓宴饮被斥，《明史》记：

> 时未有官妓之禁，宣德初臣僚宴乐，以奢相尚，歌妓满前。观私纳贿赂，诸御史亦贪纵无忌。[②]

次年复有萧翔等挟妓废事案：

> 七月丙寅，给事中贾谅、张居杰劾奏行在户部郎中萧翔等不理职务，日惟挟妓酣饮恣乐。命悉下之狱。上谓尚书夏原吉等曰：饮酒人之常情，朕未尝禁。但君子当以廉耻相尚，倡优贱人，岂宜亵狎。近颇闻此风盛行，如刘观辈尤甚，每趁人邀请，辄以妓自随，此辈仿效，若流而不返，岂不大坏礼俗。大臣者小臣之表也，卿当以朕此言遍谕之。[③]

一月后政府遂申令禁约，现任官不许狎妓：

---

① 《见闻录》。

② 《明史》卷一〇五，《刘观传》。

③ 《明宣宗实录》卷五六。

八月丙申，上谕行在礼部尚书胡濙曰：祖宗时文武官之家，不得挟妓饮宴。近闻大小官私家饮酒，辄命妓歌唱，沈酗终日，怠废政事，甚者留宿，败坏礼俗。尔礼部揭榜禁约，再犯者必罪之。①

替代官妓的是变形男娼的小唱，沈德符说：

京师自宣德顾佐疏后，严禁官妓，缙绅无以为娱，于是小唱盛行，至今日几如西晋太康矣。②

史玄记：

唐宋有官妓侑觞，本朝惟许歌童答应，名为小唱。而京师又有小唱不唱曲之谚。每一行酒止传唱上盏及诸菜，小唱伎俩尽此焉。小唱在莲子衚衕，门与倡无异。其姝好者或乃过于倡，有耽之者往往与托合欢之梦矣。③

但非现任官吏即不受此禁例之束缚，勾栏盛况并不因之减色。驯至士人以老称妓，茅元仪曾愤慨地说：

近来士人称妓每曰老，如老一老二之类。老者吾辈所尊，而尤物所忌，似不近人情。④

---

① 《明宣宗实录》卷五七。
② 《万历野获编》卷二四。
③ 《旧京遗事》。
④ 《暇老斋杂记》卷四。

17世纪初年，轻薄文人至以科举名次来标榜妓女，称为花榜，冰华梅史《燕都妓品序》：

> 燕赵佳人，颜美如玉，盖自古艳之。矧帝都建鼎，于今为盛。而南人风致，又复袭染薰陶，其艳宜惊天下无疑。万历丁酉庚子间（1597—1600）。其妖冶已极。

有状元、榜眼、探花之目。同时曹大章有《秦淮士女表》，萍乡花史有《广陵士女殿最表》。[①] 可见这风气之普遍。余怀记南京教坊之盛，甚至说：

> 南曲衣裳妆束，四方取以为式。[②]

崇祯中四方兵起，南京未遭兵燹，这一阶级在国亡家破的前夕，依然征歌召妓：

> 宗室王孙，翩翩裘马，以及乌衣子弟，湖海宾游，靡不挟弹吹箫，经过赵李。每开筵宴，则传呼乐籍，罗绮芬芳，行酒纠觞，留髡送客，酒阑棋罢，堕珥遗簪，真欲界之仙都，升平之乐国也。[③]

明代后期的色情小说，最著者如《金瓶梅》，就是代表这时代的作品。清初孔尚任的《桃花扇》所描写的秦淮河教坊盛况，也是这时代的写实之作。

和妓女、小唱并行——或者可以说部分由妓女、小唱改业的有女戏和男戏。女戏之盛行亦为隆万以后之事，徐树丕说：

---

① 参见《图书集成·艺术典》卷八二〇。
②③ 《板桥杂记》。

十余年苏城女戏盛行，必有乡绅为之主，盖以倡兼优，而缙绅为之主。充类言之，不知当名以何等，不肖者习而不察，滔滔者皆是也。①

以排演女戏著称的艺术家有朱云崃，以音乐著，张岱说他：

朱云崃教女戏，非教戏也，先教琴，先教琵琶，先教提琴弦子箫管鼓吹歌舞，借戏为之，其实不专为戏也。郭汾阳、杨越公、王司徒女乐，当日未必有此。②

刘晖吉以布景著：

若刘晖吉奇情幻想，欲补从来梨园之缺陷，如唐明皇游月宫，叶法善作法，场上一时黑魆地暗，手起剑落，霹雳一声，黑幔忽收，露出一月，其圆如规，四下以羊角染五色云气，中坐常仪，桂树吴刚，白兔捣药。轻纱缦之内，燃寒月明数株，光焰青黎，色如初曙，撒布成梁，遂蹑月窟，境界神奇，忘其为戏也。③

朱楚生则以科白著：

朱楚生，女戏耳，调腔戏耳，其科白之妙，有本腔不能得十分之一者。盖四明姚益城先生精音律，与楚生辈讲究关节，妙入情理，如《江

---

① 《识小录》卷上。
② 《陶庵梦忆》卷二。
③ 《陶庵梦忆》卷四。

天暮雪》《霄光剑》《画中人》等戏，虽昆山老教师，细细摹拟，断不能加其毫末也。①

至男戏则可分为三种，第一种是职业伶人，第二种是业余消遣，第三种是贵家戏社。职业伶人游行城乡，搭草台，临时演唱，民间重迷信，酬神赛会，必招戏班演戏，是近代最重要的民间娱乐，汤来贺《梨园说》：

> 自元人王实甫、关汉卿作俑为《西厢》，其字句音节足以动人，而后世淫词纷然继此。然闻万历中，家庭之中，犹相戒演此，恶其导淫也，且以为鄙陋而羞见之也。近日若《红梅》《桃花》《玉簪》《绿袍》等记，不啻百种。括其大意，则皆一女游园，一生窥而悦之，遂约为夫妇，其后及第而归，即成好合，皆徒撰诡名，绝无古事可考，且意俱相同，毫无可喜，徒创此以导邪。近来各乡从前质朴者，因演戏而习冶容矣。闻某村演戏，席罢之后，妇女逐优人而去矣；又见有嗜戏之家，处子怀孕，淫乱非常矣……然乡村信神，咸矫诬其说，谓不以戏为祷，则居民难免疾病，商贾必值风涛，是以莫能禁之。②

故事的公式化，游园、定情、及第、好合四个段落，以及第为必然的中心，正是反映这个时代和这个时代人的趣味。浙江绍兴一城就聚有这类伶人至数千人之多，刘宗周《与张太符太守书》：

> 梨园之为天下病，不能更仆数，虽三尺童子知之，而于吾越为独

---

① 《陶庵梦忆》卷四。
② 《图书集成·艺术典》卷八一七。

甚。斗大一城，屯拥数千人，夜聚晓散，日耗千金，养奸诲盗，且挟宦家之势以陵齐民，官司不敢问。①

伶人服饰至有值千金以上者。② 甚至在崇祯十四年（1641）吴中奇荒之后，仍大规模演戏，徐树丕说：

> 辛巳奇荒之后……而优人鲜衣美食，横行里中，人家做戏一本，费至十余金，而诸优犹恨恨嫌少。甚至有乘马者，乘舆者，在戏房索人参汤者，种种恶状。然必有乡绅主之，人家惴惴奉之，得一日无事，便为厚幸矣。③

业余消遣的，东南到处多有，浙江各地称为戏文子弟，陆容说：

> 嘉兴之海盐，绍兴之余姚，宁波之慈溪，台之黄岩，温州之永嘉，皆有习为倡优者，名曰戏文子弟，虽良家子不耻为之。其扮演传奇，无一事无妇人，无一事不哭，令人闻之，易生凄惨，此盖南宋亡国之音也。其膺为妇人者名妆旦，柔声缓步，作夹拜态，往往逼真。④

江西则有永丰腔，唐顺之说：

> 永丰又素善为优，间里浸淫传习，谓永丰腔。使民淫于欲而匮

---

① 《刘子文编》卷八。
② 参见黄宗羲：《南雷集·子刘子行状》。
③ 《识小录》。
④ 《菽园杂记》。

于财。①

贵家戏社则由巨家家优排演，供私人欣赏，角色俱经精选，陈懋仁说：

> 优伶媚趣者，不吝高价，豪奢家攘而有之，蝉鬓传粉，日以为常。②

明末最著者为山阴张家和桐城阮家。山阴张家从万历时理学名臣张元忭起到张岱三世都以声伎著名，张岱自述：

> 我家声伎，前世无之。自大父于万历年间，与范长白、邹愚公、黄贞父、包涵所诸先生讲究此道，遂破天荒为之。有可餐班……次则武陵班……再次则梯仙班……再次则吴郡班……再次则苏小小班……再次则平子茂苑班。主人解事日精一日，而俳僮技艺，亦愈出愈奇。③

张岱自己也工于妙解音律，工于填词度曲。④俳僮到其家，至谓之"过剑门"。曲中经其一顾，声价十倍。⑤阮大铖则是明末最负盛名的戏曲作家，他的家伎的表演，名震一时，张岱说：

> 阮圆海家优美讲关目，讲情理，讲筋节，与他班孟浪不同。然其所打院本又皆主人自制，笔笔勾勒，苦心尽出，与他班卤莽者又

---

①　《荆川文集》卷一〇，《唐郎中嘿庵墓志铭》。

②　《泉南杂志》。

③　《陶庵梦忆》卷四，《张氏声伎》。

④　参见《陶庵梦忆》卷七，《冰山记》。

⑤　参见《陶庵梦忆》卷七，《过剑门》。

不同。故所搬演本本出色，脚脚出色，出出出色，句句出色，字字出色。①

这一般乡绅不但谱制剧曲，蓄优自娱，并能自己度曲，压倒伶工。沈德符记：

> 近年士大夫享太平之乐，以其聪明，寄之剩技。吴中缙绅，留意音律，如太仓张工部新、吴江沈吏部璟、无锡吴进士澄时俱工度曲，每广座命伎，即老优名倡俱皇遽失措，真不减江东公瑾。②

我们假如把明代的剧作家的身份做一统计，将发现大部分是属于本文所说的这一阶级，主要的如朱权、丘濬、王世贞、汪道昆、梁辰鱼、汤显祖、陆采、张凤翼、梅鼎祚、屠隆、李玉、阮大铖……除开第一个是亲王外，其他的全是进士，官阶从内阁大学士到县令。假如再和元曲的作家相比，则将发现元曲的作者大多数是平民和吏胥，而明代传奇的作者则大半是文人达官。这一对比的事实，从平民的艺术转变为贵族的艺术（文辞之细腻佳丽，故事题材之从日常生活转变为科名团圆），也正是这整个时代的趋势的说明。

仕宦阶级的另一种娱乐是赌博。缙绅士大夫至以赌博为风流，随便举几个例子，如祝允明：

> 长洲祝允明好酒色方博。

---

① 《陶庵梦忆》卷八，《阮圆海戏》。
② 《万历野获编》卷二四。

皇甫冲：

　　长洲皇甫冲博综群籍，通挟丸击球音乐博弈之戏，吴中轻侠少年咸推服之。

何士璧：

　　福清何士璧跅弢放迹，使酒纵博。

韩上桂：

　　万历间，韩上桂为诗多倚待急就，方与人纵谈大噱，呼号饮博，探题立就，斐然可观。①

最通行的赌博有两种，一种是马吊，始行于天启中，顾亭林说：

　　万历之末，太平无事，士大夫无所用心，间有相从赌博者。至天启中始行马吊之戏。而今之朝士若江南、山东几于无人不为此。有如韦昭论所云：穷日尽明，继以脂烛，人事旷而不修，宾旅阙而不接。②

其发展自南而北，申涵光说：

---

① 钱谦益：《列朝诗集·小传》。
② 《日知录》。

赌真市井事，而士大夫往往好之。至近日马吊牌，始于南中，渐延都下，穷日累夜，纷然若狂。问之，皆云极有趣。吾第见废时失事，劳精耗财，每一场毕，冒冒然目昏体惫，不知其趣安在也？①

另一种是叶子戏，源于小说《水浒传》，以政府所出缉捕水浒群盗赏格数目及所指名之人图形博胜负，名为斗叶子，成化英宗时即已盛行于东南，陆容记：

斗叶子戏，吾昆城上至士夫，下至童竖皆能之。予游昆庠八年，独不解此，人以拙嗤之。近得阅其形制，一钱至九钱各一叶，一百至九百各一叶。自万贯以上皆图人形，万万贯呼保义宋江，千万贯行者武松，百万贯阮小五，九十万贯活阎罗阮小七，八十万贯混江龙李进，七十万贯病尉迟孙立，六十万贯铁鞭呼延绰，五十万贯花和尚鲁智深，四十万贯赛关索王雄，三十万贯青面兽杨志，二十万贯一丈青张横，九万贯插翅虎雷横，八万贯急先锋索超，六万贯混江龙李海，五万贯黑旋风李逵，四万贯小旋风柴进，三万贯大刀关胜，二万贯小李广花荣，一万贯浪子燕青，或谓赌博以胜人为强，故叶子所斗皆才力绝伦之人。非也。盖宋江等皆大盗，详见《宣和遗事》及《癸辛杂识》。作此者盖以赌博为群盗劫夺之行，故以此警世。而人为利所迷，不自悟耳。记此庶吾后之人，知所以自重云。②

到万历末年，成为民间最流行的赌博，进士甚至有"以不工赌博为耻"

---

① 《荆园小语》。
② 《菽园杂记》。

的情形。内容又小变，有"闯"，有"献"，有"大顺"三牌，吴伟业说：

> 万历末年，民间好叶子戏，图赵宋时山东群盗姓名于牌而斗之，
> 至崇祯时大盛。有曰闯，有曰献，有曰大顺。初不知所自起，后皆验。[1]

举国上下，都淫于赌博，结果是如沈德符所说：

> 今天下赌博盛行。其始失货财，甚则鬻田宅，又甚则为穿窬，浸
> 成大夥劫贼。盖因本朝法轻，愚民易犯。[2]

崇祯流寇四起，都自立名号，赌惯了叶子戏的就以叶子戏上最脍炙人口的绰号自名，闯、大顺之外，如闯塌天、立地王、一堵墙、曹操、老回回之类，大体上都是从叶子戏上的绰号演变而来的。

除狎妓、捧戏子、赌博这一类事以外，自命风流或附庸风雅的，则进而搜集古董书画，沾沾自喜，号为收藏家。明代前期称这一类人为"爱清"。陆容说：

> 京师人家能蓄书画及诸玩器盆景花木之类，辄谓之爱清。盖其治
> 此，大率欲招致朝绅之好事者往来，壮观门户。甚至投人所好，而浸
> 润以行其私，溺于所好者不悟也。[3]

嘉靖以后，此风大盛，巧取豪夺，无所不至。沈德符说：

---

[1] 《绥寇纪略》卷一二。

[2] 《万历野获编补遗》卷三。

[3] 《菽园杂记》。

嘉靖末年，海内宴安。士大夫富厚者，以治园亭教歌舞之隙，间及古玩。如吴中吴文恪之孙，溧阳史尚宝之子，皆世藏珍秘，不假外索。延陵则稽太史应科，云间则朱太史大韶，吾郡项太学锡山、安太学、华户部辈，不吝重赀收购，名播江南。南都则姚太史汝循、胡太史汝嘉亦称好事。若辇下则此风稍逊，惟分宜严相国父子（严嵩、世蕃），朱成公兄弟（希孝、希忠），并以将相当途，富贵盈溢，旁及雅道，于是严以势劫，朱以货取，所蓄几及天府。张江陵（居正）当国亦有此嗜。董其昌最后起名亦最重，人以法眼归之。①

严家籍没后，抄没清单中有石刻法帖三百五十八册轴，古今名画刻丝纳纱纸金绣子卷册共三千二百零一轴。② 这些书画的内容和源流都具见于文嘉的《钤山堂书画记》。③ 内中有宋张择端《清明上河图》一画，据李东阳的《怀麓堂集》、王世贞《弇州山人四部续稿》、田艺蘅《留青日札》和《钤山堂书画记》、钱谦益《初学集》等书的记载，此图的主人有宜兴徐氏（溥）、西涯李氏（东阳）、陈湖陆氏、昆山顾氏（懋宏）、袁州严氏（嵩）、内府、嘉禾谭梁生等主人。徐、李、严三家都是宰辅，陆、顾则为世族。④ 由此可见这时代这风气之盛！可是从学术的立场看，这时代人对于古物的态度只是一种玩意、珍宝，收藏的风气虽盛，研究的成绩像两宋的《集古录》《金石录》《钟鼎彝器款识》《东观余论》《隶释》，讲形制，讲花纹，究文字，正史实的著作，却一部也没有。金石学、考古学的成为

---

① 《万历野获编》卷二六。
② 参见田艺蘅：《留青日札》。
③ 参见《胜朝遗事》本。
④ 参见吴晗：《〈金瓶梅〉的著作时代及其社会背景》，载《文学季刊》，1934年创刊号。

专学，直需等到下一个对明学反动的清代，在学术史上虚过三百年，真是值得今人惋惜的一件事。勉强地说，这时代人对金石学的贡献，是搜集和保存古物，供给下一代人研究的基础。

另外一种兴趣是刻书，由于上文所说"书帕"的需要，外任或出使官进京时的人情或贿赂都以新刻书为贵，于是各地竞相刻书，各官竞相刻书，刻前人著作，刻经史，刻本朝人著作，刻自己著作，刻丛书，刻类书。书籍的数量的陡增和普遍，可说是这时代对于近代文化的一大贡献。我们试读明初宋濂的《送东阳马生序》，可知元末明初这一段时期书籍是如何缺乏，如何难得。这种情形直到正德末年还是无大进步，顾亭林说：

> 其时天下惟王府官司及建宁书坊乃有刻板，其流布于人间者，不过"四书"、"五经"、《通鉴》、《性理》诸书，他书即有刻者，亦非好古之家不蓄。[1]

到正德以后，随吏治风气之日坏而刻书日益增多，刻工印刷日益坏，所刻书日益滥，内容芜陋，灾梨祸枣，嘉靖时唐顺之至大声疾呼抨击此等陋习，他指出当代文集之多而滥说：

> 仆居闲偶想起宇宙间有一二事，人人见惯，而绝是可笑者。其屠沽细人有一碗饭吃，其死后则必有一篇墓志。其达官贵人与中科第人稍有名目在世间者，其死后则必有一部诗文刻集。如生而饮食，死而棺椁之不可缺者，皆不久泯灭。然其往者减矣，而在者尚满屋也。若皆存世间，即使以大地为架子，亦安顿不下矣。此等文字，倘家藏人

---

① 《亭林文集》卷二，《抄书自序》。

畜者,尽举祖龙手段作用一番,则南山竹木煤炭当尽减价矣。可笑可笑!

他又说:

> 居常以刻文字为无廉耻之一节,若使吾身后有闲人作此业障,则非吾敢知。至于自家子弟,则须有遗嘱说破此意,不欲其作此业障也。[1]

又说:

> 今世所谓文集者,遍满世间,不为少矣。其实一字无用。彼其初作者,莫不妄意于不朽之图,而适足以自彰其陋,以取诮于观者,亦可谓木灾而已。[2]

可惜他身后仍然有闲人替他刻文集,刻杂著,做此业障! 其实不但是文集之多而滥而已,丛书、类书也一样。刻书到无新书可刻,而又非新书不够炫耀,不够送"礼"时,只好偷工减料,杂抄、类书应市。或者取巧,窃取已刻丛书,截足去腕,改头换面,伪造作者和书名,作为一新丛书出面。欺世盗名,贻误学者,明代后期刻书之草率,和类书、丛书之饾饤瓜剖,恶劣万状,原因就在于此。

再就现存的明人文集而论明代的文学,明初的一些文人,如宋濂所说到底还是曾经钻研经史,博读子集,学有根底的。自科举兴而开始有不读书的风气,士子除"四书"以外,不读他书。到中期王世贞、李攀龙反抗

---

① 《荆川文集》卷五,《答王遵岩书》。
② 《荆川文集》卷五,《典卜无锡书》。

这潮流，提倡复古，不读唐以后书，唐以前的书，《史》、《汉》、诸子还是非读不可的。到后期三袁（宗道、宏道、中道）、钟惺、谭元春力反王李之说，遍主唐宋，文坛上有公安体、竟陵体之目，却索性唐以前也不读，唐以后亦不读，空疏之上加上浅薄，矫揉造作，模仿晋人语调，造一二隽语，今人名之为小品文。其弊正如禅宗不立文字，白痴村夫只要会一两句口头禅，会喝会打，便可自命禅学，机锋。这是八股制度所产生的机锋文学，也是亡国文学。

由于乡里的、同年的、同门的观念，在政治上也因之而分党立派，乡谊重而国事轻，年谊重而是非乱。谈迁说：

> 万历末朝士分党，竞立门户。有东林之党，无锡顾宪成、高攀龙，金坛于玉立等废居讲学，立东林书院，而常、镇人附之。有昆山之党，则顾天埈及湘潭李胜芳，苏人附之。有四明之党，则沈一贯，浙人附之。有宣城之党，则汤宾尹，而宁国、太平人附之。有江右之党，则邹元标。有关中之党，则冯从吾，各同省人附之。冯尝督学山西，则山、陕合。冯、邹又讲学相善，又江右、山、陕合也。闽、楚、粤、蜀远不具论。庚戌大计，江右淮抚李三才庇东林而诸党左矣。时攻东林俱见罪，四明至楚粤无一人台省者。天启初东林独盛，起邹元标，而江右亦东林也。江夏熊廷弼原江右籍，楚东林也，福清叶向高、归德侯执躬秉政，天下咸奔走焉，仕途捷径，非东林不灵，波及诸生，如复社、几社不一而足，家驰人骛，恐汉末标榜不是过也。①

大致地说，可以分为东林和非东林两派：

---

① 《枣林杂俎·逸典》。

万历三十八年……先是南北言官群击李三才、王元翰，连及里居顾宪成，谓之东林党。而祭酒汤宾尹、谕德顾天埈各收召朋徒，干预时政，谓之宣党、昆党，以宾尹宣城人，天埈昆山人也。御史徐兆魁、乔应甲、刘国缙、郑继芳、刘光复、房壮丽，给事中王绍徽、朱一桂、姚宗文、徐绍吉、周永春辈则力排东林，与宾尹、天埈声势相倚，大臣多畏避之。[①]

非东林系统复杂，即东林亦以地分左右：

东林中又各以地分左右，魏大中尝驳苏松巡抚王象恒恤典，山东人居言路者咸怒。及驳浙江巡抚刘一焜，江西人亦大怒。[②]

东林党人多名儒学者，以讲学相高，其意见往往可左右政治。非东林则多不为物论所予，为东林所攻击，窘而附于内廷的阉宦，由此又成为外廷的清流和内廷的阉人争夺政权的局面。两方互相排挤攻击，争门户，争封疆，争"三案"，争京察，不胜则纠纷错杂，不可究诘，这一派上台，那一派下野，此伏彼起，只图顾全乡谊年谊，置国家利害于不顾。这一阶级是这帝国政权的基础，基础崩溃，所建设的政权自然也就瓦解了。

年轻一点的举、贡、生员，贵家公子，受了上一代分党立派的刺激，则组织文社，自相标榜，以为名高。顾公燮说：

文社始于天启甲子（1624）张天如等之应社……推大讫于四海。

---

① 《明史》卷二二四，《孙丕扬传》。
② 《明史》卷二四四，《魏大中传》。

于是有广应社、复社。云间有几社，浙江有闻社，江北有南社，江西有则社。又有历亭席社，昆阳云簪社。而吴门别有羽朋社，武林有读书社。山左有大社。金会于吴，统于复社。①

其学风好糅杂庄老，混合儒释，顾亭林说：

> 当万历之末，士子好新说，以庄老百家之言，窜入经义，甚者合佛老与儒为一，自谓千载绝学。②

空谈性命，不切实际。有讲求经世实用之学者则共目为迂，为疏，为腐，陶奭龄说：

> 士大夫膏肓之病，只是一俗。世有稍自脱者，即共命之为迂为疏为腐。于是一入仕途，即相师相仿，以求入于俗而后已。如相率而饮狂泉，亦可悲矣。③

以抨击剿袭为能事，一书新出，即有一书讥评之，诗文则仿效时贤，亦步亦趋，了无生气。④ 黄宗羲讥为学骂，他说：

> 昔之学者学道也，今之学者学骂也。矜气节者则骂为标榜，志经世者则骂为功利，读书作文者则骂为玩物丧志，留心政事者则骂为俗

---

① 《消夏闲记摘抄》卷下。
② 《亭林文集》卷五，《富平李君墓志铭》。
③ 《小柴桑喃喃录》卷下。
④ 参见《南渭楛语》。

吏，接庸僧数辈则骂考亭为不足学矣，读艾千子定待之尾则骂象山、阳明为禅学矣，濂溪之主静则曰盘桓于腔子中者也，洛下之持敬则曰是有方所之学也。逊志骂其学误主，东林骂其党亡国，相讼不决，以后息者为胜。①

这上下两代人有四字宝诀，在登政府时应用，曰调停，曰作用，于慎行说：

> 近世士大夫有四字宝诀，自谓救时良方，不知乃其膏肓之疾也。进退人才用调停二字，区画政机用作用二字。此非圣贤之教也。夫贤则进，否则舍，何假调停？政可则行，不可则止，何烦作用？君子以调停为名，而小人之朋比者托焉；君子以作用为方，而小人之弥缝者借焉，四字不除，太平不可兴也。②

甚至以留心国事为多言多事：

> 编修倪元璐屡疏争时事。同乡前辈来宗道谓曰：渠何事多言！吾词林故事，惟香茗耳。时谓宗道清客宰相云。③

又有三法，谢肇淛说：

> 今之仕者，为郡县则假条议以济其贪，任京职则假建言以文其短，

---

① 《南雷文定》卷一〇，《七怪》。
② 《谷山笔麈》卷一六。
③ 林时对：《荷锸丛谈》卷二。

居里闲则假道学以行其私。举世之无学术事功，三者坏之也。①

我们可以学他的话说：明代之无学术事功，是由于这个特殊的社会重心，这个特殊的新仕宦阶级所构成的社会风气和制度。由于这种风气和制度所造成的人生哲学是读书取科第，做官要贪污，居乡为土豪。学术不能疗贫，事功不能致富，则此时代之无学术事功，正是此时代之本色。何怪之有！

---

① 《五杂俎》卷一五。

第八章　明代的社会经济

一、明初社会生产力的发展 [①]

农业生产的恢复和发展

"地主阶级对于农民的残酷的经济剥削和政治压迫，迫使农民多次地举行起义，以反抗地主阶级的统治。从秦朝的陈胜、吴广、项羽、刘邦起，中经汉朝的新市、平林、赤眉、铜马和黄巾，隋朝的李密、窦建德，唐朝的王仙芝、黄巢，宋朝的宋江、方腊，元朝的朱元璋，明朝的李自成，直至清朝的太平天国，总计大小数百次的起义，都是农民的反抗运动，都是农民的革命战争。中国历史上的农民起义和农民战争的规模之大，是世界历史上所仅见的。在中国封建社会里，只有这种农民的阶级斗争、

[①] 本文写于 1955 年 4 月 14 日，原载《历史研究》第三期，1955 年 6 月。——编者注

农民的起义和农民的战争，才是历史发展的真正动力。因为每一次较大的农民起义和农民战争的结果，都打击了当时的封建统治，因而也就多少推动了社会生产力的发展。"①

明初的社会生产力的发展是元末农民起义的结果，它首先表现在农业生产的恢复和发展方面。

经过二十年长期战争的破坏，人口减少，土地荒芜，是明朝初年的普遍现象。例如唐宋以来的交通要道、繁华胜地的扬州，为青军（又名一片瓦、长枪军，是地主军队）元帅张明鉴所据，军队搞不到粮食，每天杀城里的老百姓吃。龙凤三年朱元璋部将缪大亨攻克扬州，张明鉴投降，城中居民仅余十八家。新任知府以旧城虚旷难守，只好截西南一隅筑而守之。②如颍州，从元末韩咬儿在此起义以后，长期战乱，民多逃亡，城野空虚。③特别是山东河南地区，受战争破坏最重，"多是无人之地"④。洪武元年闰七月大将军徐达率师发汴梁，徇取河北州县，时兵革连年，道路皆榛塞，人烟断绝。⑤有的地方，积骸成丘，居民鲜少。⑥洪武三年，济南府知府陈修和司农官报告：北方郡县近城之地多荒芜。⑦到洪武十五年晋府长史致仕桂彦良还说，"中原为天下腹心，号膏腴之地，因人力不至，久致荒芜。"二十一年河北诸处，还是田多荒芜，居民鲜少。三十年常德、武陵等十县土旷人稀，耕种者少，荒芜者多。⑧名城开封，以户粮数少，由上府降为

---

①　《毛泽东选集》卷二，625页。

②　《明太祖实录》卷五。

③　《明太祖实录》卷三三。

④　顾炎武：《日知录》卷一〇，《开垦荒地》。

⑤　《明太祖实录》卷二九。

⑥　《明太祖实录》卷一七六。

⑦　《明太祖实录》卷五三。

⑧　《明太祖实录》卷一四八、二五〇。

下府。①洪武十年，以河南、四川等布政司所属州县，户粮多不及数，凡州改县者十二，县并者六十。十七年令凡民户不满三千户的州改为县者三十七。②

针对这种情况，朱元璋于吴元年五月下令凡徐、宿、濠、泗、寿、邳、东海、襄阳、安陆等郡县及今后新附土地人民，桑麻谷粟税粮徭役，尽行蠲免三年，让老百姓喘一口气，把力量投入生产。③集中力量，振兴农业，用移民屯田、开垦荒地的办法调剂人力的不足。兴修水利，种植桑棉，增加农业生产的收入。官给耕牛种子，垦荒地减免三年租税，遇灾荒优免租粮等措施，解决农民的困难。此外，还设立预备仓、养济院等救济机关。

他常说："四民之中，莫劳于农，观其终岁勤劳，少得休息。时和岁丰，数口之家犹可足食，不幸水旱，年谷不登，则举家饥困……百姓足而后国富，百姓逸而后国安，未有民困穷而国独富安者。"④又说："夫农勤四体，务五谷，身不离畎亩，手不释耒耜，终岁勤动，不得休息。其所居不过茅茨草榻，所服不过练裳布衣，所饮食不过菜羹粝饭，而国家经费皆其所出……凡一居处服用之间，必念农之劳，取之有制，用之有节，使之不致于饥寒，方尽为上之道。若复加之横敛，则民不胜其苦矣。"⑤政府收入主要来自农村，粮食布帛棉花、人力都靠农民供给，农业生产如不恢复和发展，这个政权是支持不下去的。

移民的原则是把农民从窄乡移到宽乡，从人多田少的地方移到人少地广的地方。洪武三年六月，徙苏州、松江、嘉兴、湖州、杭州无业农民

---

① 《明太祖实录》卷九六、一九三。
② 《明太祖实录》卷一一二、一六四。
③ 《明太祖实录》卷一八。
④ 《明太祖实录》卷二五〇。
⑤ 《明太祖实录》卷二二。

四千多户到濠州种田，给牛具种子，三年不征其税。又移江南民十四万户于凤阳。九年十月徙山西及真定民无产者于凤阳屯田。十五年九月迁广东番禺、东莞、增城降民二万四千四百余人于泗州屯田。十六年迁广东清远瑶民一千三百七人于泗州屯田，以上皆为繁荣起义根据地及其附近的措置。二十一年八月以山东、山西人口日繁，迁山西泽、潞二州民之无田者往彰德、真定、临清、归德、太康诸处闲旷之地，置屯耕种。二十二年以两浙民众地狭，务本者少而事末者多，命杭、湖、温、台、苏、松诸郡民无田者许令往淮河迤南滁、和等处起耕。山西贫民徙居大名、广平、东昌三府者，凡给田二万六千七十二顷。二十五年徙山东登、莱二府贫民五千六百三十五户就耕于东昌，二十七年迁苏州府崇明县无田民五百余户于昆山开种荒田。二十八年青、兖、登、莱、济南五府民五丁以上及小民无田可耕者起赴东昌，编籍屯种，凡一千五十一户，四千六百六十六口。到二十八年十一月东昌三府屯田迁民共五万八千一百二十四户，政府收租三百二十二万五千九百八十余石，棉花二百四十八万斤。彰德等四府屯田凡三百八十一处，屯田租二百三十三万三千三百一十九石，棉花五百零二万五千五百余斤。[①]凡移民垦田都由政府给予耕牛种子路费。洪武三年定制，北方郡县荒芜田地，召乡民无田者垦辟，户给十五亩，又给地二亩种蔬菜，有余力的不限顷亩，皆免三年租税。其马驿巡检司急递铺应役者，各于本处开垦，无牛者官给之。若王国所在，近城存留五里以备练兵牧马，余处悉令开耕。[②]又令凡开垦荒田，各处人民先因兵燹遗下田土，他人开垦成熟者听为己业。业主已还，有司于附近荒田拨补。复业人民现在丁少而原来田多者，不许依前占护，止许尽力耕垦为业。见今丁多而原来

---

① 《明太祖实录》卷二二三、二三六、二四三；《明史》卷七七，《食货志》卷一。
② 《明太祖实录》卷五三。

田少者，有司于附近荒田验丁拨付。① 洪武二十四年令公侯大官以及民人，不问何处，惟犁到熟田，方许为主。但是荒田，俱系在官之数。若有余力，听其再开。又令山东概管农民，务见丁著役，限定田亩，著令耕种。敢有荒芜田地流移者，全家迁发化外充军。二十八年令，二十七年以后新田地，不论多寡，俱不起科（收田租），若地方官增科扰害者治罪。鼓励人民大力开垦。②

也有从少数民族地区移民到内地屯垦的，如徐达平沙漠，徙北平山后民三万五千八百余户散处诸府卫，充军的给衣粮，为民的给田土。又以沙漠遗民三万二千八百多户屯田北平，置屯二百五十四，开地一千三百四十三顷。

此外，吴元年十月徙苏州富民到濠州居住，因为他们帮着张士诚抵抗，还不断说张王好话的缘故。③ 洪武十五年命犯笞杖罪的犯人都送到滁州种苜蓿。④ 二十二年命户部起山东流民居京师，人赐钞二十锭，俾营生业。⑤ 二十八年徙直隶、浙江民二万户于京师，充仓脚夫。⑥

江南苏、松、杭、嘉、湖一带十四万户富民被强迫迁住凤阳，离开了原来的乡里田舍，还不许私自回去。这举动对于当时东南地主阶级是极大的打击。旧社会的旧统治阶级离开了原来占有的土地，同时也就丧失了社会地位和政治上的作用。相对的以朱元璋为首的新统治阶级却从而加强了对这一地区人民的控制了。这十几万家富户从此以后，虽然不敢公开回原籍，但却伪装成乞丐，以逃荒为名，成群结队，老幼男妇，散入江南诸郡

---

① 《大明会典》卷一七，《户部田土》。
② 《大明会典》；《明太祖实录》卷二四三。
③ 《明太祖实录》卷二一。
④ 《明太祖实录》卷一四三。
⑤ 《明太祖实录》卷一九六。
⑥ 《明太祖实录》卷二四三；《明史》卷七七，《食货志》一。

村落乞食，到家扫墓探亲，第二年二三月间又回到凤阳。年代久了，也就
成为习惯。五六百年来凤阳花鼓在东南一带是妇孺皆知的民间艺术。歌词
是：

> 家住庐州并凤阳，凤阳原是好地方，
>
> 自从出了朱皇帝，十年倒有九年荒。①

朱元璋在克集庆后，便注意水利。到建国以后，越发重视，用全国
的财力人力进行大规模的水利工程。洪武元年修江南和州铜城堰闸。周回
二百余里。四年修治广西兴安县灵渠，可以溉田万顷。六年开上海胡家港，
从海口到漕泾千二百余丈，以通海船。八年开山东登州蓬莱阁河，浚陕西
泾阳县洪渠堰，溉泾阳、三原、醴泉、高陵、临潼田二百余里。九年修四
川彭州都江堰。十二年修陕西西安府甜水渠，引龙首渠水入城，居民从此
才有甜水可吃。十四年筑海盐海塘，浚扬州府官河。十七年筑河南磁州漳
河决堤。决荆州岳山坝以通水利，每年增官田租四千三百余石，修江南江
都县深港坝河道。十八年修筑黄河、沁河、漳河、卫河、沙河堤岸。十九
年筑福建长乐海堤。二十三年修江南崇明海门决堤二万三千九百余丈，役
夫二十五万人。疏四川永宁所辖水道。二十四年修浙江临海横山岭水闸、
宁海奉化海堤四千三百余丈，筑上虞海堤四千丈，改建石闸。浚定海、鄞
二县东钱湖，灌田数万顷。二十五年凿江南溧阳银墅东坝河道四千三百余
丈，役夫四十万人。二十七年浚江南山阳支家河。凿通广西郁林州相隔
二十多里的南北二江，设石陡诸闸。二十九年修筑河南洛堤。三十一年
修治洪渠堰，浚渠十万三千余丈。这些规模巨大用人力到几十万人的工
程，没有统一的安定的全国力量的支持，是不可能设想的。除此以外，元

---

① 赵翼：《陔余丛考》卷四一，《凤阳丐者》。

璋还要全国各地地方官，凡是老百姓对水利的建议，必须即时报告。洪武二十七年又特别嘱咐工部工员，凡是陂塘湖堰可以蓄水泄水防备旱灾潦灾的，都要根据地势一一修治。并派国子生和人材到全国各地督修水利。二十八年综计全国郡县开塘堰四万九百八十七处①，河四千一百六十二处，陂渠堤岸五千四十八处。②

移民屯田，开垦荒地，兴修水利是增加谷物产量，增加国家租税的主要措施。也就是经过革命斗争后，政府不得不稍为对农民让步的具体表现。此外，元璋还特别着重经济作物的增产，主要的是桑麻木棉和枣柿栗胡桃等等。龙凤十一年六月下令凡农民有田五亩到十亩的，栽桑麻木棉各半亩，十亩以上的加倍，田多的照比例递加。地方官亲自督视，不执行命令的处罚。不种桑的使出绢一匹，不种麻和木棉的出麻布或棉布一匹。③洪武元年把这制度推广到全国，并规定科征之额，麻每亩科八两，木棉每亩四两，栽桑的四年以后再征税。二十四年于南京朝阳门钟山之麓，种桐、棕、漆树五千余万株，岁收桐油棕漆，为修建海船之用。④二十五年令凤阳、滁州、庐州、和州每户种桑二百株，枣二百株，柿二百株。令天下卫所屯田军士每人种桑百株，随地宜种柿栗胡桃等物，以备岁歉。二十七年令户部教天下百姓务要多种桑枣和棉花，并教以种植之法。每一户初年种桑枣二百株，次年四百株，三年六百株。栽种过数目造册回奏，违者全家发遣充军。执行的情况，如湖广布政司二十八年的报告，所属郡县已种果木八千四百三十九万株。全国估计，在十亿株以上。二十九年以湖广诸郡宜于种桑，而种之者少，命于淮安府及徐州取桑种二十石，派人送到辰、沅、

① 《明太祖实录》；《明史》卷八八，《河渠》六，《直省水利》。

② 《明太祖实录》卷二四三；顾炎武：《日知录》卷一二，《水利》。

③ 《明太祖实录》，卷一五；《明史》卷一三八，《杨思义传》。

④ 《明太祖实录》，卷二七、二〇七；查继佐：《罪惟录》；《明太祖本纪》一。

靖、全、道、永、宝庆、衡州等处（今湖南及广西北部一带），各给一石，使其民种之。发展这一地区蚕丝生产和丝织工业。① 为了保证命令的贯彻执行，下诏指出农桑为衣食之本，全国地方官考课，一定要报告农桑的成绩，并规定二十六年以后栽种桑枣果树，不论多少，都免征赋。② 作为官吏考绩的主要内容，违者降罚。又设置老人击鼓劝农，每村置鼓一面，凡遇农种时月，五更擂鼓，众人闻鼓下田，该管老人点闸（名）。若有懒惰不下田的，许老人责决，务要严切督并，见丁著业（每人都做活），毋容惰夫游食。若是老人不肯劝督，农民穷窘，为非犯法到官，本乡老人有罪。平时老人每月六次手持木铎，游行宣讲勤农务本的道理。③ 颁发教民榜文说：

> 今天下太平，百姓除粮差之外，别无差遣，各宜用心生理，以足衣食，如法栽种桑麻枣柿棉花，每岁养蚕，所得丝绵，可供衣服，枣柿丰年可以卖钞，俭年可当粮食。里老尝督，违者治罪。④

洪武元年下诏田器不得征税。⑤ 四年、二十五年遣官往广东、湖广、江西买耕牛以给中原屯种之民。⑥ 二十八年命乡里小民或二十家或四五十家团为一社，每遇农急之时有疾病，则一社助其耕耘，庶田不荒芜，民无饥窘。户部以此意广泛晓谕。⑦ 各地报告修城垣建营房浚河道造王宫等工程，

---

① 《明太祖实录》，卷二一五、二二二、二三二、二四三、二四六；《明会典》；朱国桢：《大政记》；《明通纪》。

② 《明太祖实录》卷七七、二四三。

③ 《明太祖实录》卷二五五；谷应泰：《明史纪事本末》卷一四，《开国规模》。

④ 《古今图书集成》，《农桑部》。

⑤ 《明太祖实录》卷三〇。

⑥ 《明太祖实录》卷六一、二二三。

⑦ 《明太祖实录》卷二三六。

都反复告以兴作不违农时的道理，等秋收农隙时兴工。^①对农业增产有成绩的地方官，加以擢升。如太平知府范常积极鼓励农民耕作，贷民种子数千石，到秋成大丰收，官民都庾廪充实。接着兴学校，延师儒，百姓很喜欢。召为侍仪。^②陶安知饶州，田野开辟，百姓日子过得好，离任时，百姓拿他初来时情况比较，歌颂他："千里榛芜，侯来之初；万姓耕辟，侯去之日。"南丰百姓也歌唱典史冯坚："山市晴，山鸟鸣，商旅行，农夫耕，老瓦盆中洌酒盈，呼嚣騞突不闻声。"^③农村里呈现出一片繁荣欢乐的气象。

对贪官污吏，用严刑惩治。洪武二年二月元璋告谕群臣说："尝思昔在民间时，见州县官吏多不恤民，往往贪财好色，饮酒废事，凡民疾苦，视之漠然，心实恨之。故今严法禁，但遇官吏贪污蠹害吾民者，罪之不恕。"^④四年十一月立法凡官吏犯赃罪的不赦。下决心肃清贪污，说："此弊不革，欲成善政，终不可得。"二十五年又编《醒贪简要录》，颁布中外。^⑤官吏贪赃到钞六十两以上的枭首示众，仍处以剥皮之刑。府州县衙门左首的土地庙，就是剥皮的刑场，也叫皮场庙。有的衙门公座旁摆人皮，里面是稻草，叫做官的触目惊心，不敢做坏事。^⑥地方官上任赏给路费，家属赐衣料。来朝时又特别诰诫以："天下新定，百姓财力俱困，如鸟初飞，木初植，勿拔其羽，勿撼其根。"^⑦违法的按法惩办。从开国以来，两浙、江西、两广、福建的地方官，因贪赃被法办，很少人做到任满。^⑧

---

① 《明太祖实录》卷一一二、一一八、一五三、一五九、一六三。

② 《明太祖实录》卷二七。

③ 朱彝尊：《明诗综》卷一○○。

④ 《明太祖实录》卷三八。

⑤ 《明太祖实录》卷六九、二二○。

⑥ 赵翼：《廿二史劄记》卷三三，《重惩贪吏》。

⑦ 《明史》卷二八一，《循吏传序》。

⑧ 《大诰续诰》。

苏、松、嘉、湖田租特别重，洪武十三年下诏减削。[①] 凡各地闹水旱灾荒歉收的，蠲免租税。丰年无灾荒，也择地瘠民贫的地方特别优免。灾重的免交二税之外，还由官府贷米，或赈米和布、钞。各地设预备仓，由地方耆老经管，存贮粮食以备救灾。设惠民药局，凡军民之贫病者，给以医药。设养济院，贫民不能生活的许入院赡养，月给米三斗，薪三十斤，冬夏布一匹，小口给三分二。灾伤州县，如地方官不报告的，特许耆民申诉，处地方官以死刑。二十六年又令户部，授权给地方官在饥荒年头，得先发库存米粮赈济，事后呈报，立为永制。三十多年来，赏赐民间布、钞数百万，米百多万石，蠲免租税无数。[②]

几十年的安定生活，休养生息，积极鼓励生产的结果，社会生产力不但恢复，而且大大发展了：

第一表现在垦田数目的增加，以洪武元年到十三年的逐年增加的垦田数目来作例：

洪武元年	七百七十余顷
二年	八百九十八顷
三年	二千一百三十五顷（山东、河南、江西的数字）
四年	十万六千六百六十二顷
六年	三十五万三千九百八十顷
七年	九十二万一千一百二十四顷
八年	六万二千三百八顷
九年	二万七千五百六十四顷

---

① 《明太祖实录》卷一三〇。

② 《明太祖实录》卷五三、二〇二、二一一、二三一；朱健：《古今治平略》；《明史》卷七八，《食货志》二。

　　十年　　　一千五百十三顷

　　十二年　　二十七万三千一百四顷

　　十三年　　五万三千九百三十一顷

十三年中增加的垦田数字为一百八十万三千一百七十一顷。到洪武十四年全国官民田总数为三百六十六万七千七百一十五顷。增垦面积的数字占十四年全国官民田数字的二分之一。由此可知洪武元年的全国已垦田面积不过一百八十多万顷。（不包括东北、西北未定地方和夏的领土四川和云贵等地）再过十年，十四年的数字为三百八十七万四千七百四十六顷。① 经过多年的垦辟和大规模全面的丈量，二十六年的数字为八百五十万七千六百二十三顷。② 比十四年又增加了四百八十四万顷，比洪武元年增加了六百七十万顷。

　　第二表现在本色税粮收入的增加，洪武十八年全国收入麦米豆谷二千八十八万九千六百一十七石③，二十三年为三千一百六十万七千六百石④，二十四年为三千二百二十七万八千九百八十三石⑤，二十六年为三千二百七十八万九千八百石⑥。二十六年比十八年增加了三分之一的收入。和元代全国岁入粮数一千二百十一万四千七百余石相比，增加了差不多两倍。⑦ 历史家记述这时期生产发展的情况说："是时宇内富庶，赋入盈

---

① 《明太祖实录》卷一四〇、二一四。

② 《明史》卷七七，《食货志》一，《田制》。

③ 《明太祖实录》卷一七六。

④ 《明太祖实录》卷二〇六。

⑤ 《明太祖实录》卷二一四。

⑥ 《明太祖实录》卷二三〇。《明史·食货志》："赋役作夏秋二税，收麦四百七十余万石，米二千四百七十余万石。"

⑦ 《元史》卷九三，《食货志》，《税粮》。

羡，米粟自输京师数百万石外，府县仓廪蓄积甚丰，至红腐不可食。岁歉，有司往往先发粟赈贷，然后以闻。"①

第三表现在人口数字的增加，洪武十四年统计，全国有户一千六十五万四千三百六十二，口五千九百八十七万三千三百五。②二十六年的数字为户一千六百五万二千八百六十，口六千五十四万五千八百十二。③比之元朝极盛时期，元世祖时代的户口：户一千一百六十三万三千二百八十一，口五千三百六十五万四千三百三十七④，户增加了三百四十万，口增加了七百万。

第四表现在府县的升格，明制以税粮多少定府县等级：县分上中下三等，标准为田赋十万石、六万石、三万石以下。府也分三等，标准为田赋二十万石以上、以下，十万石以下。⑤从洪武八年起，因为各地方经济的恢复和发展，垦田和户口的增加，田赋收入增加了，不断地把府县升格，例如开封原为下府，因为税粮数超过三十八万石，八年正月升为上府，河南怀庆府税粮增加到十五万石，陕西平凉府户口田赋都有增加，三月升为中府。十二月以太原、凤阳、河南、西安岁收粮增加，升为上府，扬州、巩昌、庆阳升为中府，明州之鄞县升为上县。山东莱州税粮不及，降为中府。⑥扬州残破最重，经过八年时间，已经恢复到收田赋二十万石下的中

---

① 《明史》卷七八，《食货志》二，《赋役》。《明太祖实录》卷二四一："山东济南府广储、广丰二仓，粮七十五万七千百，蓄积既多，岁久红腐。"

② 《明太祖实录》卷一四〇；卷二一四："二十四年为户一千零六十八万四千四百三十五，口五千六百七十七万四千五百六十一。"口数比十四年少三百万，是不应该的，可能传写有错误，今不取。

③ 《明史》卷七七，《食货志》一，《户口》。

④ 《元史》卷九三，《食货志》。

⑤ 《明史》卷七八，《食货志》二，《赋役》。

⑥ 《明太祖实录》卷九六、九八、一〇二。

府了，从这个名城的恢复，可以推知全国各地社会生产力的恢复和发展的情况。

第五由于粮食的增产，特别是桑麻棉花和果木的普遍种植，农民的收入增加了，生活改善了，购买力提高了。农业生产的恢复和发展，一方面为纺织工业提供了原料，一方面农民所增加的购买力又促进了刺激了商业市场的繁荣，出现了许多新的以纺织工业为中心和批发绸缎棉布行号的城市。

棉花的普遍种植和工商业

棉布传入中国很早，南北朝时从南洋诸国输入，称为吉贝、白叠。[1]国内西北高昌（今新疆吐鲁番）产棉，唐灭高昌，置西州交河郡，土贡氎布。氎布就是白叠。[2]宋元间已有许多地区种棉，但是在全国规模内普遍种植和纺织技术的提高，则是明朝初年的事情。[3]

在明代以前，平民穿布衣，布衣指的是麻布的衣服。[4]冬衣南方多用丝棉作袍，北方多用毛皮作裘。虽然也有用棉布作衣服卧具的，但因为"不自本土所产，不能足用"[5]。唐元稹诗："木绵温软当棉衣。"元太祖世祖遗衣皆缣素木绵，动加补缀。[6]宋谢枋得诗："洁白如雪积，丽密过锦纯，羔

---

[1] 张勃：《吴录·地理志》；《南史》，《呵罗单传》《干陀利传》《婆利传》《中天竺传》《渴盘陀传》；《北史·真腊传》；《梁书·林邑传》；《唐书·环王传》。

[2] 《南史·高昌传》；《唐书·地理志》。

[3] 明丘濬《大学衍义补》："至我国朝，其种乃遍布于天下，地无南北皆宜之，人无贫富皆赖之，其利视丝枲盖百倍焉。故表出之，使天下后世，知卉服之利，始盛于今代。"

[4] 孔鲋《小尔雅》："麻纻葛曰布。"桓宽《盐铁论》："古者庶人耋老而后衣丝，其余则仅麻枲，故曰布衣。"《陈书·姚察传》："门生送麻布一端，谓之曰：'或所衣者，止是麻布。'"

[5] 元王祯：《木绵图谱序》，引《诸番杂志》。

[6] 《元史·英宗本纪》。

缝不足贵，狐腋难比伦……剪裁为大裘，穷冬胜三春。"① 可见棉布到宋末还是很珍贵的物品。

宋代福建、广东种植棉花的日多②，琼州是纺织中心之一，妇女以吉贝织为衣衾，是当地黎族的主要副业生产。③ 元代从西域输入种子，种于陕西，捻织毛丝，或棉装衣服，特为轻暖。④ 元灭南宋后，浙东、江东、江西、湖广诸地区也推广棉花的种植，生产量增加，棉布成为商品，服用的人日多。⑤ 至元二十六年（1289）四月置浙东、江东、江西、湖广、福建木绵提举司，责令当地人民每年输纳木绵十万匹，以都提举司总之。二十八年五月罢江南六提举司岁输木棉。⑥ 成宗元贞二年（1296）始定江南夏税输以木绵布绢丝绵等物。⑦

由于种棉面积的增加，种植和纺绩的技术需要总结和交流，元世祖至元十年司农司编印《农桑辑要》，以专门篇幅记棉花的种植方法。⑧ 纺绩的工具和技术由于各地方劳动人民的创造和交流，日益进步。据十二世纪八十年代间的记载，雷化廉州南海黎峒的少数民族，采集棉花后，"取其

---

① 《古今书图集成》，《木绵部》。

② 周去非：《岭外代答》卷六；赵汝适：《诸番志》下。方勺《泊宅编》："闽广多种木绵。"彭乘《续墨客挥犀》上："闽岭以南多木棉，土人竞植之，有至数千株者，采其花为布，号吉贝布。"《通鉴》卷一五九胡三省注："木绵江南多有之……织以为布，闽广来者尤为丽密。"丘濬《大学衍义补》："宋元之间始传其种入中国，关陕闽广首得其利，盖此物出外夷，闽广通海舶，关陕壤接西域故也。"李时珍《本草纲目》："此种出南番，宋末始入江南"。

③ 《宋史·崔与之传》。

④ 《农桑辑要》卷二。

⑤ 王祯《木绵图谱序》："木绵产自海南，诸种艺制作之法，骎骎北来，江淮川蜀既获其利。至南北混一之后，商贩于此，被服渐广，名曰吉布，又曰棉布。"

⑥ 《元史》卷一五，《世祖本纪》。

⑦ 《元史》卷九三，《食货志》，《税粮》。

⑧ 《农桑辑要》卷二。

茸絮，以铁筋辗去其子，即以手握茸就纺"①。稍后的记载提到去子后，"徐以小弓，弹令纷起，然后纺绩为布"②。到十三世纪中期，诗人描写长江流域纺绩情形说："车转轻雷秋纺雪，弓湾半月夜弹去。"③已经有纺车、弹弓和织机了。江南地区的织工，"以铁铤辗去其核，取如绵者，以竹为小弓，长尺四五寸许，牵弦以弹绵，令其匀细，卷为小筒，就车纺之，自然抽绪如缫丝状"④。但是所织的布，不如闽广出产的丽密。琼州黎族人民所织的巾，上出细字，杂花卉，尤为工巧。⑤黄河流域主要陕西地区的纺织工具和技术比较简陋，只有辗去棉子的铁杖和木板，棉花的用途只是捻织粗棉线和装制冬衣。⑥一直到十三世纪末年，松江乌泥泾的人民，因为当地土地硗瘠，粮食不够，搞副业生产，从闽广输入棉花种子，还没有蹈车椎弓这些工具，用手剖去子，用线弦竹弧弹制，工具和技术都很简陋，产品质量不高，人民生活还是很艰苦。⑦

元成宗元贞间（1295—1296）乌泥泾人黄道婆从琼州附海舶回来，她从小就在琼州旅居，带回来琼州黎族人民的先进纺织工具和技术，教会家乡妇女以做造、扦、弹、纺、织之具，和错纱、配色、综线、絮花的技术，织成被褥带帨，其上折技、团凤、棋局、字样，粲然若写。一时乌泥泾所制之被成为畅销商品，名扬远近，当地人民生活提高，靠纺织生活的有一千多家。⑧诗人歌咏她："崖州布被五色缫，组雾纰云粲花草，片帆鲸海得风回，千柚乌泾夺天造。"⑨当地妇女参加纺绩生产的情形，诗人描写：

---

① 赵汝适：《诸番志》下；周去非：《岭外代答》卷六。

② 方勺：《泊宅编》中。

③ 陆心源：《宋诗纪事补》卷七五，艾可叔：《木棉诗》。

④ 《资治通鉴》卷一五九，胡三省注。

⑤ 方勺：《泊宅编》中。

⑥ 《农桑辑要》。

⑦ 陶宗仪：《辍耕录》卷二四，《黄道婆》。

⑧⑨ 王逢：《梧溪集》卷三，《黄道婆祠》。

"乌泾妇女攻纺绩，木棉布经三百尺，一身主宰身窝低，十口勤劳指头宜。"①
到了明朝初年，不但江南地区的农村妇女普遍参加纺绩劳动，连有些地主
家庭的妇女，也纺纱绩布，以给一岁衣资之用了。②松江从此成为明代出
产棉布的中心，"其布之丽密，他方莫并"③。"衣被天下。"④松江税粮宋绍
兴时只有十八万石，到明朝增加到九十七万石，其他杂费又相当于正赋，
负担特别重，主要是依靠纺织工业的收入，"上供赋税，下给俯仰"⑤。

黄道婆传入琼州制棉工具和技术之后的二十年，王祯所著《农书》，
列举制棉工具有搅车即蹈车，是去棉子用的。二弹弓，长四尺许，弓身以
竹为之，弦用绳子。三卷筵，用无节竹条扦棉花成筒。四纺车。五拨车，
棉纱加浆后稍干拨于车上。六轩车，用以分络棉线。七线架。到元末又有
了檀木制的椎子，用以击弦。⑥生产工具更加完备和提高了，为明代纺织
工业的发展准备了技术条件。

朱元璋起事的地区，正是元代的棉业中心之一。灭东吴后，又取得当
时全国纺织业中心的松江，原料和技术都有了基础，使他深信推广植棉是
增加农民收入和财政收入的有效措施。龙凤十一年下令每户农民必须种木
棉半亩，田多的加倍。洪武元年又把这一法令推广到全国。棉花的普遍种
植和纺织技术的不断提高，明代中叶以后，棉布成为全国流通的商品，成
为人民普遍服用的服装原料，不论贵贱，不论南北，都以棉布御寒，百人

---

① 王逢：《梧溪集》卷七，《半古歌》。

② 郑涛《旌义编》二："诸妇每岁公堂（公共所有）于九月俵散木棉，使成布匹，限以次
年八月交收，通卖钱物，以给一岁衣资之用。"郑涛是浙江浦江著名大族地主郑义门的
族长，《旌义编》有洪武十一年宋濂序。

③ 《群芳谱》。

④ 《梧浔杂佩》。

⑤ 徐光启：《农政全书》卷三五，《木棉》。

⑥ 参看俞正燮：《癸巳类稿》卷一四，《木棉考》。冯家升：《我国纺织家黄道婆对于棉织业
的伟大贡献》，载《历史教学》，1954（4）。

之中，止有一人用茧绵，其余都用棉布。过去时代人穿的缊袍，用旧絮装的冬衣，完全被用木棉装的胖袄所代替了。[①] 就全国而论，北方河南、河北气候宜于植棉，地广人稀，种植棉花的面积最大，是原料的供给中心。南方特别是长江三角洲一带，苏州、松江、杭州等地人民纺绩技术高，是纺绩工业的中心。这样又形成原料和成品的交流情况，原棉由北而南，棍布由南而北。[②] 从经济上把南方和北方更紧密地连系起来了。

明初松江之外，另一纺织工业中心是杭州，由于简单商品经济的发展，出现了置备生产工具和原料的大作坊资本家，和除双手以外一无所有出卖劳动力的手工业工人。资本家雇用工人，每天工作到夜二鼓，计日给工资。这种新的剥削制度的出现，正表示着社会内部新的阶级的形成，除封建地主对农民的剥削以外，又产生了大作坊资本家对手工业工人的剥削关系。明初曾经做过杭州府学教授徐一夔所作的《织工对》，典型地记述了这种新现象：

> 钱塘相安里有饶于财者，率居工以织，每夜至二鼓。老屋将压，杼机四五具南北向，列工十数人，手提足蹴，皆苍然无神色。日佣为钱二百，衣食于主人。以日之所入，养父母妻子，虽食无甘美而亦不甚饥寒。于凡织作，咸极精致，为时所尚。故主之聚易以售；而佣之直亦易以入。有同业者佣于他家，受直略相似。久之，乃曰：吾艺固过于人，而受直与众工等，当求倍直者而为之佣。已而他家果倍其直。佣之主者阅其织果异于人，他工见其艺精，亦颇推之。主者退自喜曰：得一工胜十工，倍其直不吝也。[③]

---

① 宋应星：《天工开物》卷上，《乃服》。
② 王象晋：《木棉谱序》；徐光启：《农政全书》卷三五，《木棉》。
③ 《始丰稿》卷一。徐一夔，天台人，《明史》卷二八五有传。

　　由此可见明初大作坊的一般情况，值得注意的是：在同一里巷，有若干同一性质的大作坊；大作坊主人同时也是棉布商人；从个体的生产到大作坊的集体生产，有了单纯协作，出品精致畅销；经营这种大作坊有利可图，资本家很赚钱，作坊也多了。资本家付给技术高的工人工资，虽为一般工人工资的两倍，但仍可得到五倍的剩余价值。

　　棉花棉布的生产量大大增加，政府的税收也增加了，以税收形式缴给国库的棉花棉布，成为供给军队的主要物资和必要时交换其他军需物资的货币代用品。洪武四年七月诏中书省："自今凡赏赐军士，无妻子者给战袄一袭；有妻子者给棉布二匹。"[1]每年例赏，如洪武二年六月以木棉战袄十一万赐北征军士[2]，四年七月，赐长淮卫军士棉布人二匹，在京军士十九万四百余人棉布人二匹。[3]十二年给陕西都指挥使司并护卫兵十九万六千七百余人棉布五十四万余匹，棉花十万三千三百余斤。[4]北平都指挥使司卫所士卒十万五千六百余人布二十七万八千余匹，棉花五万四千六百余斤。[5]十三年赐辽东诸卫士卒十万二千一百二十八人，棉布四十三万四百余匹，棉花十七万斤。十六年给四川等都司所属士卒五十二万四千余人，棉布九十六万一千四百余匹，棉花三十六万七千余斤。[6]十八年给辽东军士棉布二十五万匹，北平燕山等卫棉布四十四万三千匹，太原诸卫士卒棉布四十八万匹，等等。[7]平均每年只赏赐军衣一项已在百万匹上下，用作交换物资的如洪武四年七月以北平、

①③　《明太祖实录》卷六七。

②　《明太祖实录》卷四二。

④　《明太祖实录》卷一二五。

⑤　《明太祖实录》卷一二八。

⑥　《明太祖实录》卷一五〇、一五六。

⑦　《明太祖实录》卷一七二、一七四。

山西运粮困难，以白金三十万两、棉布十万匹，就附近郡县易米，以给将士。又以辽东军卫缺马，发山东棉布贳马给之。[1] 十三年十月，以四川白渡纳溪的盐换棉布，遣使入西羌买马。[2] 十七年七月诏户部以棉布往贵州换马，得马一千三百匹。三十年以棉布九万九千匹往"西番"换马一千五百六十匹。[3] 皇族每年供给，洪武九年规定亲王冬夏布各一千匹，郡王冬夏布各一百匹。[4] 在特殊需要的情况下，临时命令以秋粮改折棉布，如六年九月诏直隶府州和浙江、江西二行省，今年秋粮以棉布代输，以给边戍。[5]

　　和鼓励普遍植棉政策相反，朱元璋对矿冶国营采取消极的方针。往往听任人民自由开采。磁州临水镇产铁，元时尝于此置铁冶，炉丁万五千户，每年收铁百余万斤。洪武十五年有人建议重新开采，元璋以为利不在官则在民，民得其利则利源通而有利于官，官专其利则利源塞而必损于民。而且各冶铁数尚多，军需不缺，若再开采，必然扰民。把他打了一顿，流放海外。[6] 济南、青州、莱州三府每年役民二千六百六十户，采铅三十二万三千多斤，以凿山深而得铅少，也命罢采。[7] 十八年以劳民罢各布政司煎炼铁冶。二十五年重设各处铁冶，到二十八年内库贮铁三千七百四十三万斤，后备物资已经十分充足，又命罢各处铁冶。并允许人民自由采炼，岁输课程，每三十分取其二。三十一年以内库所贮铁有限，

① 《明太祖实录》卷六七。

② 《明太祖实录》卷一三四。

③ 《明太祖实录》卷一六三、二五二。

④ 《明太祖实录》卷一四。

⑤ 《明太祖实录》卷八五。

⑥ 《明太祖实录》卷一四五。

⑦ 《明太祖实录》卷一五〇。

而营造所费甚多，又命重开铁冶。① 综计洪武时代设置的铁冶所：江西进贤、新喻、分宜，湖广兴国、黄梅，山东莱芜，广东阳山，陕西巩昌，山西交城、吉州，太原、泽、潞各一所共十三所。此外还有河南均州新安、四川蒲江、湖南茶陵等冶，每年输铁一千八百四十余万斤。②

宫廷和军队所需的一切物品，都由匠户制造。匠户是元明两代的一种特殊制度，把有技艺的工匠征调编为匠户，子孙世袭。分为民匠、军匠二种。明初匠户的户籍，完全依据元代的旧籍，不许变动。③ 洪武二十六年定每三年或二年轮班到京役作的匠户名额为二十三万二千八十九名④，由工部管辖。固定作工的叫住坐匠户，由内府内官监管辖。军匠大部分分属于各地卫所，一部分属于内府兵仗局、军器局和工部的盔甲厂。⑤ 属各地卫所的军匠总数二万六千户。⑥ 每户正匠做工，得免杂差，仍免家内一丁以帮贴应役。余丁每名每年出办缴纳工食银三钱，以备各衙门因公务取役雇觅之用。正匠每月工作十天，月粮由官家支给。⑦

轮班匠户包括六十二行匠人。后来又细分为一百八十八种行业，从笺纸、表背、刷印、刊字、铁匠、销金、木、瓦、油、漆、象牙、纺棉花，到神箭、火药等等，每种人数由一人到八百七十五人不等。内廷有织染局、神帛房，和后湖（今南京玄武湖）织造局，四川、山西诸行省和浙江绍兴织染局，规模都较大。留在地方的匠户除执役于本地织染局的以外，如永

---

①　《明太祖实录》卷一七六、二四二、二五六。

②　《明史》卷八一，《食货志》，《铁冶所》；《大明会典》。

③　《大明会典》卷一九，《户口》。

④　《大明会典》卷一八九；《明史·严震直传》。

⑤　《大明会典》卷一八八。

⑥　《明史》卷一五七，《张本传》。

⑦　《大明会典》卷一八九。

平府就有银、铁、铸铁、锡、钉铰、穿甲等二十二行。[①]

匠户人数多，分工细，凡是宫廷和军队所需用的手工业制造品，都由匠户执役的官手工业工场的各局制造供给。这种封建制度的生产，使得宫廷和军队的需要，不需倚靠市场，便可得到满足；同时它所生产的成品，亦不在市场流通，这样，就直接对社会上的私人手工业作坊的扩大生产起了束缚和阻碍的作用。官手工业工场的生产是不须计较成本的，因为劳力和原料都可以向人民无代价征发或由全国各地贡品的方式供给，不受任何限制，官营手工业工场的产品即使有部分作为商品而流入市场，私人手工业作坊的产品也不能和它竞争；在另一面，自元代以来就把技术最好的工人签发为匠户，子孙世袭，连技术也被垄断了，私人手工业作坊所能雇用的只是一般工人，技术提高受了一定的限制。明初把匠户分作住坐、轮班两种，轮班的除分班定期轮流应役以外，其余的时间归自己支配，制成的产品可以在市场出售，对于技术的钻研及其改进发生一定的刺激作用，所以轮班制对于社会生产力的发展是比较上为害略小的。但是总而言之，这种无偿的强制的劳役，不能不引起匠户的反抗，逃亡之外，唯一可以采取的手段是怠工和故意把成品质量降低。以此，匠户制度虽然曾经在个别情况下对生产技术的改进起了作用，推进了社会生产力的发展，但就其全面而说，则是束缚和阻碍生产技术的不断提高；妨碍私人手工业工场的发展；隔绝商品的流通；对社会生产力的发展和原始资本积累都起着扼制、停滞的消极作用。

朱元璋对商业采轻税政策，凡商税三十分取一，过此者以违令论。税收机构在京为宣课司，府县为通课司。洪武元年诏中书省，命在京兵马指

---

① 吴晗：《元明两代之"匠户"》，载《云南大学学报》，第一期，1938年。

挥司并管市司，三日一次校勘街市斛斗秤尺，稽考牙侩姓名，规定物价。在外府州各城门兵马，一体兼管市司。[1] 十三年谕户部，自今军民婚嫁丧葬之物，舟车丝布之类都不征税。并大量裁减税课司局三百六十四处。南京人口密集，军民住宅都是公家修建，连廊栉比，没有空地。商人货物到京无处存放，有的停在船上，有的寄放城外，牙侩从中把持价格，商人极以为苦。元璋了解这种情况以后，就叫人在三山门等门外盖几十座房子，叫作塌坊，专放商货，上了税后听其自相贸易。[2] 为了繁荣市面，二十七年命工部建十五座楼房于江东诸门之外，令民设酒肆其间，以接四方宾客，名为鹤鸣、醉仙、讴歌、鼓腹、来宾、重译等等。修好后还拿出一笔钱，让文武百官大宴于醉仙楼，庆祝天下太平，与民同乐。[3]

棉花的普遍种植，棉布质量的提高，工资制手工业作坊的产生，新的蚕丝纺织工业区的开辟，轮班匠的技术和产品的投入市场等等，加上税收机构的减缩和轻税政策的刺激，商业市场大大活跃了，不但连系了南方和北方，也连系了城市和乡村以及全国的边远地区，繁荣了经济，改善了提高了人民生活，进一步地加强了国家的统一。

商品的生产和吐纳的中心，手工业作坊和批发行号的所在地，集中着数量相当巨大的后备工人和小商摊贩，城市人口剧烈地增加了。明初的工商业城市有南京、北平、苏州、松江、镇江、淮安、常州、扬州、仪真、杭州、嘉兴、湖州、福州、建宁、武昌、荆州、南昌、吉安、临江、清江、广州、开封、济南、济宁、德州、临清、桂林、太原、平阳、蒲州、成都、重庆、泸州等地。[4]

---

[1] 《明太祖实录》卷三四。

[2] 《明太祖实录》卷二一一；《明史》卷八一，《食货志》，《商税》。

[3] 《明太祖实录》卷二三四。

[4] 《明宣宗实录》卷五〇。

随着生产的恢复和发展，工商业的活跃，作为贸易媒介的全国统一货币的需要是愈来愈迫切了。

在朱元璋称王以前，元代的不兑现纸币中统交钞因为发行过多；军储供给，赏赐犒劳，每日印造，不可数计，舟车装运，轴轳相接，京师用钞十锭（一锭为钞五十贯，一贯钞的法定价格原为铜钱一千文）换不到一斗米。[①] 至正十六年中统交钞已为民间所拒用，交易都不用钞，所在郡县都以物货相交易。[②] 十七年铸至正之宝大钱五品称为权钞，以硬币代替纸币，结果纸币也罢，大钱代钞也罢，人民一概不要。人民嘲笑权钞的歌谣中说："人吃人，钞买钞，何曾见？"

朱元璋占应天后，首先铸大中通宝钱，以四百文为一贯，四十文为两，四文为一钱。平陈友谅后，命江西行省置货泉局。即帝位后，发行洪武通宝钱，分五等：当十、当五、当三、当二、当一。当十钱重一两，当一钱重一钱。应天置宝源局，各行省都设宝泉局专管铸钱，严禁私铸。洪武四年改铸大中洪武通宝大钱为小钱。虽然有了统一的货币，但是铜钱分量重，价值低，不便于数量较大的交易，也不便于远地转运，并且，商人用钞已经有了长期的历史，成为习惯了；用钱感觉不方便，很有意见。[③]

铜钱不便于贸易，决定发行纸币。七年设宝钞提举司，下设钞纸、印钞二局，宝钞、行用二库。八年命中书省造"大明宝钞"，以桑穰为纸料，纸质青色，高一尺，广六寸，外为龙文花栏，上横额题"大明通行宝钞"，其内上栏之两旁各篆文四字：右旁篆"大明宝钞"，左旁篆"天下通行"。其中图绘钱贯形状，以十串为贯，标明币值一贯，下栏是："中书省（十三

---

① 《元史》卷九七，《食货志》，《钞法》。

② 孔齐：《至正直记》卷一；《元史》卷九七，《食货志》，《钞法》。

③ 《明史》卷八一，《食货志》，《钞法》。

年后改为户部）奏准印造大明宝钞，与铜钱通行使用，伪造者斩，告捕者赏银二十五两。（十三年后改为赏银二百五十两）仍给犯人财产。洪武年 月 日。"背和面都加盖朱印。边沿标记字号一贯的画钱十串，五百文的画五串，以下是四百文、三百文、二百文、一百文，共六种。规定每钞一贯准钱千文，银一两。四贯准黄金一两。二十一年加造从十文到五十文的小钞。[①]

为了保证宝钞的流通，在发行时就以法律禁止民间不得以金银物货交易，违者治罪，告发者就以其物给赏。人民只准以金银向政府掉换宝钞。并规定商税钱钞兼收，比例为收钱十分之三，收钞十分之七，一百文以下的止收铜钱。[②]在外卫所军士每月食盐给钞，各盐场给工本钞。十八年命户部凡天下官禄米以钞代给，每米一石支付钞二贯五百文。[③]

宝钞的发行是适合当时人民需要的，对商业的繁荣起了作用。但是朱元璋抄袭元朝的钞法，只学了后期崩溃的办法，没有懂得元代前期钞法之所以通行，受到广大人民喜爱的道理。原来元初行钞，第一，有金银和丝为钞本准备金，各路无钞本的不发新钞；第二，印造有定额，计算全国商税收入的金银和烂钞兑换数量作为发行额数；第三，政府有收有放，丁赋和商税都收钞；第四，可以兑换金银，人民持钞可以向钞库换取金银。相反，元代钞法之所以崩溃，是因为把钞本动用光了；无限制滥发造成恶性膨胀，只发行不收回；不能兑换金银；烂钞不能换新钞。[④]洪武钞法以元代后期钞法作依据，因之，虽然初行的几年，由于行用方便和习惯，还能

---

① 《大明会典》卷三一，《钞法》；《明史》卷八一，《食货志》，《钞法》。

② 《大明会典》卷三一，《钞法》。

③ 《明太祖实录》卷一七六。

④ 参看1946年7月《中国社会科学集刊》七卷二期吴晗《元史食货志钞法补》、1943年6月《人文科学学报》二卷一期吴晗《记大明通行宝钞》二文。

保持和物价的一定比例，但是，由于回收受限制，发行量没有限制，发行过多，收回很少，不兑现纸币充斥于市场，币值便不能维持了。

宝钞发行的情况，以洪武十八年二月二十五日到十二月止为例，宝钞提举司钞匠五百八十名所造钞共九百九十四万六千五百九十九锭。[①] 明代以钞五贯为一锭，这一年的发行额约为五千万贯；合银五千万两。明初每年国库银的收入，不过几万两，一年的发行额竟相当于银的收入一千倍左右，加上以前历年所发，数量就更大了。更由于印制的简陋，容易作假，伪钞大量投入市场[②]，币值就越发低落了。二十三年两浙市民以钞一贯折钱二百五十文[③]，二十七年降到折钱一百六十文[④]。到三十年杭州诸郡商贾，不论货物贵贱，一以金银定价，索性不用宝钞了。[⑤] 元璋很着急，三番五次地申明：钞一贯应折钱一千文、旧钞可以换新钞、禁用铜钱；禁用金银交易等等办法，还是不济事，钞值还是日益低落，不被人民所欢迎。到成化时（1465—1487）洪武钱民间全不通行，宝钞只是官府在用，一贯仅值银三厘，或钱二文，跌到原定法价的千分之二。[⑥]

大约百年以后由于对外贸易的发展，银子流入国内的一天天增多了。这样，在官府和市场就同时使用两种货币，官府支出用价值极低的纸币，收入却要银子，市场出入都用银子。银子终于逐渐代替了宝钞成为全国通行的通货。

---

① 《大诰续诰》，钞库作弊第三二。

② 《大诰》伪钞第四八："宝钞通行天下，便民交易。其两浙江东西民有伪造者，句容县民杨馒头本人起意，县民合谋者数多，银匠密修锡板，文理分明，印纸马之户同谋刷印，捕获到官。自京至于句容，所枭之尸相望。"

③ 《明太祖实录》卷二〇五。

④ 《明太祖实录》卷二三四。

⑤ 《明太祖实录》卷二五一。

⑥ 陆容：《菽园杂记摘抄》卷五。

人民的义务

红军起义的目的，就民族解放战争而说，洪武元年解放大都，蒙古统治集团北走。民族压迫的政权被推翻，这一历史任务是光辉地完成了。但是，另一个目的，解除阶级压迫的任务，却不可能完成。一部分旧的地主参加了新政权，出身农民的红军将领也由于取得政权而转化成新的地主阶级了，其中朱元璋和他的家族便是新地主阶级的代表人物。

元末红军起义对旧地主阶级发生了淘汰的作用，一部分地主被战争所消灭了，一部分地主却由于战争而巩固和上升了他们的地位。

元末的农民，大部分参加了革命战争。他们破坏了旧秩序和压迫人民的统治机构。地主们正好相反，他们要保全自己的生命财产，就不能不维护旧秩序，就不能不拥护旧政权，阶级利益决定了农民和地主分别站在敌对的阵营。在战争爆发之后，地主们用全力组织武装力量，称为"民"军或"义"军，建立堡砦，抵抗农民军的进攻。现任和退休的官吏、乡绅、儒生和军人是地主军的将领，他们受过教育，有文化，有组织能力，在地方上有威望，有势力。虽然各地方的地主军人各自为战，没有统一指挥和作战计划，军事力量也有大小强弱的不同，但因为数量多，分布广，作战顽强，就成为反对红军的主要的敌人了。经过二十年的战争，长江南北的巨族右姓，有的死于战争，有的流亡到外地。[①]参加扩廓帖木儿、孛罗帖木儿两支地主军的湖、湘、关、陕、鲁、豫等地的地主，也随着这两支军队的消灭而消灭了。一部分地主为战争所消灭，另一部分地主如刘基、宋濂、叶琛、章溢等则积极参加了红军，共同建立新政权，成为大明帝国新统治集团的组成部分，和由农民起义转化的新地主们一起，继续对广大农民进

① 贝琼：《清江集》卷八，《送王子渊序》。

行压迫和剥削。

朱元璋和他的将领都是农民出身的，过去曾亲身经受过地主的压迫和剥削。但在革命战争过程中，本身的武装力量不够强大，为了壮大自己，孤立敌人，又非争取地主们参加不可，浙东这几家大族的合作，是他的所以取得胜利的基本条件之一。到了他自己和将领们都转化成为大地主以后，和旧地主们的阶级利益一致了，但又发生了新的矛盾，各地地主用隐瞒土地面积、荫庇漏籍人口等手段和皇家统治集团争夺土地和人力，直接危害到帝国的财政税收，地主阶级内部矛盾的深化，促成了帝国赋役制度的整顿和改革。

元璋于龙凤四年取金华后，选用宁越（金华）七县富民子弟充宿卫，名为御中军。① 照当时的军事形势看来，这是很重要的军事措施，因为把地主们的子弟征发为禁卫军人，随军征战，等于做质，就不必担心这些地区地主的军事反抗了。洪武十九年选取直隶应天诸府州县富民子弟赴京补吏，凡一千四百六十人 ②，也是一样作用。对地主本身，洪武三年做的调查，以田税多少比较，浙西的大地主数量最多，以苏州一府为例，每年纳粮一百石以上到四百石的四百九十户；五百石到一千石的五十六户；一千石到二千石的六户；二千石到三千八百石的二户，共五百五十四户，每年纳粮十五万一百八十四石。③ 三十年又做了一次调查，除云南、两广、四川以外，浙江等九布政司，直隶应天十八府州，地主们田在七顷以上的共一万四千三百四十一户。编了花名册，把名册藏于内府印绶监，按名册以次召来，量才选用。④

① 《明太祖实录》卷六。
② 《明太祖实录》卷一七九。
③ 《明太祖实录》卷四九。
④ 《明太祖实录》卷二五二、二五四。

对地主的政策，双管齐下，一是任为官吏或粮长，一是迁到京师。在科举法未定之前，选用地主做官，叫作税户人材，有做知县、知州、知府的，有做布政使以至朝廷的九卿的。[①] 又以地主为粮长，以为地方官都是外地人，不熟悉本地情况，吏胥土豪作弊，任意克削百姓。不如用有声望的地主来征收地方赋税，负责运到京师，可以减少弊病。[②] 洪武四年九月命户部计算土田租税，以纳粮一万石为一区，选占有大量田地纳粮最多的地主为粮长，负责督收和运交税粮。[③] 如浙江行省人口一百四十八万七千一百四十六户，每年纳粮九十三万三千二百六十八石，设粮长一百三十四人。[④] 粮长下设知数一人，斗级二十人，运粮夫千人。[⑤] 并规定对粮长的优待办法，凡粮长犯杂犯死罪和徒流刑的可以纳钞赎罪。[⑥] 三十年又命天下郡县每区设正副粮长三名，编定次序，轮流应役，周而复始。[⑦] 凡粮长按时运粮到京师的，元璋亲自召见，合意的往往留下做官。[⑧] 元璋把征粮和运粮的权力交给地主，以为"此以良民治良民，必无侵渔之患矣"[⑨]。"免有司科扰之弊，于民甚便。"[⑩] 事实上恰好相反，地主做了粮长以后，在原来对农民剥削的基础上，更加上了国家赋予的权力，如虎傅翼，农民的痛苦更深更重了。如粮长邾阿乃起立名色，科扰民户，收舡水脚米、斛面米、装粮饭米、车脚钱、脱夫米、造册钱、粮局知房钱、看米样中米，

---

① 吴宽：《匏翁家藏集》卷七五，《施孝先墓表》。

② 宋濂：《朝京稿》卷五，《上海夏君新圹铭》；吴宽：《匏翁家藏稿》卷五二，《恭题粮长敕谕》。

③ 《明太祖实录》卷六八。

④ 《明太祖实录》卷七〇。

⑤ 《明太祖实录》卷八五。

⑥ 《明太祖实录》卷一〇二。

⑦ 《明太祖实录》卷二五四。

⑧ 《明史》，《食货志》二，《赋役》；《匏翁家藏稿》卷四十三，《尚书严公流芳录序》。

⑨ 《明太祖实录》卷六八。

⑩ 《明太祖实录》卷一〇二。

等等，通计苛敛米三万二千石，钞一万一千一百贯。正米止该一万，邾阿乃个人剥削部分竟达米二万二千石，钞一万一千一百贯。农民交纳不起，强迫以房屋准折，揭屋瓦，变卖牲口以及衣服段匹布帛锅灶水车农具，等等。[①] 又如嘉定县粮长金仲芳等三名巧立名色征粮附加到十八种。[②] 农民吃够了苦头，无处控诉。[③] 朱元璋也发觉粮长之弊，用严刑制裁，尽管杀了一些人，粮长的作恶，农民的被额外剥削，依然如故。[④]

除任用地主做官收粮以外，同时还采用汉高祖徙天下豪富于关中的政策，洪武二十四年徙天下富户五千三百户于南京。[⑤] 三十年又徙富民一万四千三百余户于南京，称为富户。元璋告诉工部官员说："昔汉高祖徙天下豪富于关中。朕初不取，今思之，京师天下根本，乃知事有当然，不得不尔。"[⑥]

地主们对做官做粮长当然很高兴，感激和支持这个维护本阶级利益的政权。但同时也不肯放弃增加占领田土和人力的机会，用尽一切手段逃避对国家的赋税和徭役，两浙地主所用的方法，把自己田产诡托（假写在）亲邻佃仆名下，叫作"铁脚诡寄"。普遍成为风气，乡里欺骗州县，州县欺骗府，奸弊百出，叫作"通天诡寄"[⑦]。此外，还有洒派、包荒、移丘换段等等手段。元璋在处罚这些地主以后，气忿地指出：

民间洒派、包荒、诡寄、移丘换段，这等都是奸顽豪富之家，将

---

① 《大诰续诰》卷四七。

② 《大诰续诰》卷二一。

③ 黄省曾：《吴风录》。

④ 宋濂：《朝京稿》卷五，《上海夏君新圹铭》。

⑤ 《明太祖实录》卷二〇。

⑥ 《明太祖实录》；《明史》卷七七，《食货志》一。

⑦ 《明太祖实录》卷一八〇。

次没福受用财赋田产，以自己科差洒派细民；境内本无积年荒田，此等豪猾买嘱贪官污吏及造册书算人等，其贪官污吏受豪猾之财，当科粮之际，作包荒名色征纳小户，书算手受财，将田洒派、移丘换段，作诡寄名色，以此靠损小民。①

地主把负担转嫁给贫民，结果是富的更富，穷的更穷。②地主阶级侵占了皇家统治集团应得的租税和人力，农民加重了负担，国家一方面田赋和徭役的收入、供应减少，一方面农民更加穷困饥饿，动摇了侵蚀了统治集团的经济基础，阶级内部发生矛盾，斗争展开了。

经过元末二十年的战争，土地簿籍多数丧失，保存下来的一部分，也因为户口变换，实际的情况和簿籍不相符合。大部分土地没有簿籍可查，逃避了国家赋役；有簿籍的土地，登记的面积和负担又轻重不一，极不公平。朱元璋抓住这中心问题，向地主进行斗争。方法是普遍丈量土地和调查登记人口。

洪武元年正月派周铸等一百六十四人往浙西核实田亩，定其赋税。③五年六月派使臣到四川丈量田亩。④十四年命全国郡县编赋役黄册。二十年命国子生武淳等分行州县，编制鱼鳞图册。⑤前后一共用了二十年的时间，才办好这两件事。

丈量土地所用的方法，是派使臣往各处，随其税粮多少，定为几区，每区设粮长四人，会集里甲耆民，量度每块田亩的方圆，作成简图编次字号，

---

① 《大诰续诰》卷四五，《靠损小民》。

② 《明太祖实录》卷一八〇。

③ 《明太祖实录》卷二九。

④ 《明太祖实录》卷一七四。

⑤ 《明太祖实录》卷一三五、一八〇。

登记田主姓名和田地丈尺四至，编类各图成册，以所绘的田亩形状像鱼鳞，名为鱼鳞图册。

人口普查的结果，编定了赋役黄册。把户口编成里甲，以一百一十户为一里，推丁粮多的地主十户做里长，余百户为十甲。每甲十户，设一甲首。每年以里长一人，甲首一人，管一里一甲之事。先后次序根据丁粮多少，每甲轮值一年。十甲在十年内先后轮流为国家服义务劳役，一甲服役一年，有九年的休息。在城中的里叫坊，近城的叫厢，乡都的皆叫作里。每里编为一册，里中有鳏寡孤独不能应役的，带管于一百一十户之外，名曰畸零。每隔十年，地方官以丁粮增减重新编定服役的次序，因为册面用黄纸，所以叫作黄册。

鱼鳞图册是确定地权的所有权的根据，赋役黄册是征收赋役的根据，通过土地和人户的普查，制定了这两种簿籍，颁布了租税和徭役制度。不但大量漏落的土田人口被登记固定了，国家增加了物力和人力，稳定了巩固了统治的经济基础，同时，也有力地打击了一部分地主阶级，从他们手中夺回对一部分土地和人口的控制，从而大大增强了皇家统治集团的权力，更进一步走向高度的集中、专制。朱元璋的政权，比过去任何一个时代，都更加强大、集中、稳定、完备了。

对城乡人民，经过全国规模的土地丈量，定了租税，在册上详细记载土地的情况，原坂、坟衍、下隰、沃瘠、沙卤的区别，并规定凡置买田地，必须到官府登记及过割税粮，免掉贫民产去税存的弊端，同时也保证了政府的税收，十年一次的劳役，使人民有轮流休息的机会，这些措施，确实减轻了人民的负担，鼓舞了农民的生产情绪，对于社会生产力的推进，起了显著的作用。

对破坏农业生产的吏役，用法律加以制裁，例如"松江一府坊厢中不务生理，交结官府者一千三百五十名，苏州坊厢一千五百二十一名，皆是市井之徒，不知农民艰苦，帮闲在官，自名曰小牢子、野牢子、直司、主文、小官、帮虎，其名凡六。不问农民急务之时，生事下乡，搅扰农业。芒种之时，栽种在手，农务无隙，此等赍执批文，抵农所在，或就水车上锁人下车者有之，或就手内去其秧苗锁人出田者有之……纷然于城市乡村扰害人民"[①]。元璋下令加以清理，除正牢子合应正役以外，其他一概革除，如松江府就革除了小牢子、野牢子等九百余名。[②] 一个地方减少了四分之三为害农民的吏役，这对于农民正常进行生产是有很大好处。

朱元璋虽然对一部分地主进行了斗争，对广大农民做了让步，一部分地主力量削弱了，农民生产增加了。但是，这个政权毕竟是地主阶级的政权，首先为地主阶级服务，即使对农民采取了一些让步的措施，其目的也还是为了巩固和强化整个地主阶级的统治权。无论是查田定租，无论是编户定役，执行丈量的是地主，负责征收粮米的还是地主，当里长甲首的依然是地主，在地方和朝廷做官的更非地主不可，从下而上，从上而下的重重地主统治：地主首先要照顾的是自己家族和亲友的利益，决不会照顾到小自耕农和佃农。由于凭借职权的方便，剥削舞弊都可以通过国家政权来进行，披上合法的外衣，农民的痛苦越发无可申诉；而且，愈是大地主，愈有机会让子弟受到教育，通过科举和税户人才等等成为官僚绅士，官僚绅士享有合法的免役权，洪武十年朱元璋告诉中书省官员："食禄之家，与庶民贵贱有等，趋事执役以奉上者，庶民之事也。若贤人君子，既贵其身，而复役其家，则君子野人无所分别，非劝士待贤之道。自今百司见任官员之家有田土者，输租税外，悉免其徭役，著为令。"十二年又下令："自今内外官致仕还乡者，复其家终身无所与。"[③] 连乡绅也享有免役权了。在学的学生，除本身免役外，户内还优免二丁差役。[④] 这样，现任官、乡绅、生

---

① 《大诰续诰》，罢除滥役第七四。

② 《大诰续诰》，松江逸民为害第二。

③ 《明太祖实录》卷一一一、一二六。

④ 张居正：《太岳集》卷三九，《请申旧章饬学政以振兴人才疏》。

员都豁免差役，有办法逃避租税，完粮当差的义务，便完全落在自耕农和贫农身上了。自耕农和贫农不但要出自己的一份，其实官僚绅士地主的一份，亦何尝不由农民实际负担，官僚地主不交的那一份，他们也得一并承当下来。官僚绅士越多的地方，人民的负担就越重。

人民的负担用朱元璋的话叫作"分"，即应尽的义务。洪武十五年他叫户部出榜晓谕两浙江西之民说："为吾民者当知其分，田赋力役出以供上者，乃其分也。能安其分，则保父母妻子，家昌身裕，为忠孝仁义之民。"不然呢？则"不但国法不容，天道亦不容矣！"应该像"中原之民……惟知应役输租，无负官府"。只有如此，才能"上下相安，风俗淳美，共享太平之福"①。

朱元璋要求人民尽应役输税的义务，定下制度，要官吏奉公守法，严惩贪污，手令面谕，告诫谆谆，期望上下相安，共享太平之福。但是官吏并不肯照他的话办事，地主做官只是管百姓，并不想替百姓办事，结果许多制度命令都成为空文，官僚政治的恶果当时便有人明确地指出：

> 今之守令，以户口钱粮狱讼为急务。至于农桑学校，王政之本，乃视为虚文而置之，将何以教养斯民哉！以农桑言之，方春，州县下一白帖，里甲回申文状而已，守令未尝亲视种艺次第，旱涝戒备之道也。

官吏办的是公文。公文上办的事应有尽有，和实际情况全不相干。上官按临地方检查的也是公文，上下都以公文办事，"法出而奸生，令下而诈起"。这是洪武九年的情形。②十二年后，解缙奉诏上万言书，也说：

---

① 《明太祖实录》卷一五〇。
② 《明史》卷一三九，《叶伯巨传》。

臣观地有盛衰，物有盈虚，而商税之征，率皆定额，是使其或盈也，奸黠得以侵欺；其歉也，良善困于补纳。夏税一也，而茶椒有粮，果丝有税，既税于所产之地，又税于所过之津，何其夺民之利至于此之密也。且多贫下之家，不免抛荒之咎。今日之土地无前日之生植，而今日之征聚有前日之税粮，或卖产以供税，产去而税存；或赔办以当役，役重而民困，土田之高下不均，起科之轻重无别，膏腴而税反轻，瘠卤而税反重。①

道理也清楚得很，正因为是"贫下之家"，才被迫抛荒，地主负担特别轻，不但不会抛荒的。而且尽力兼并，膏腴之田是地主的，瘠卤之田是贫民的，地主阶级自己定的税额，当然是膏腴轻而瘠卤重。

严惩贪污，贪污还是不能根绝，用朱元璋自己的话来证明吧，他说：

浙西所在有司，凡征收，害民之奸，甚如虎狼。且如折收秋粮，府州县官发放，每米一石，官折抄二贯，巧立名色，取要水脚钱一百文，车脚钱三百文，口食钱一百文。库子又要办验钱一百文，蒲篓钱一百文，竹篓钱一百文，沿江神佛钱一百文。害民如此，罪可宥乎！②

折粮原来是便民的措施，浙西运粮一石到南京，要花四石运费，百姓困苦不堪。③改折为钞，可以减轻了浙西农民五分之四的负担。钞是用不着很大运费和蒲竹篓包装的，但地方官还是照运粮的办法苛敛，用种种名

---

①　《明史》卷一四七，《解缙传》。

②　《大诰》，折粮科敛第四十一。

③　宋濂：《芝园续集》卷四，《故岐宁卫经历熊府君墓铭》。

色加征至九百文，约合折价的百分之五十。急得朱元璋只是跺脚，说："我欲除贪赃官吏，奈何朝杀而暮犯！今后犯赃者，不分轻重皆诛之！"①

洪武一朝，"无几时不变之法，无一日无过之人"②。是历史上封建政权对贪污进行斗争最激烈的时期，杀戮贪官污吏最多的时期。虽然随杀随犯，不可能根本清除贪污，但是朱元璋下定决心，随犯随杀，甚至严厉到不分轻重都杀，对贪污的减少是起了作用的，对人民有好处，人民是感谢他，支持他的。

二、明代之农民③

一

按照职业的区分，明代的户口有民户、军户、医户、儒户、灶户、僧户、道户、匠户④、阴阳户⑤、优免户、女户、神帛堂户⑥、陵户、园户、海户、庙户⑦……之别。户有户籍户帖：

洪武三年（1370）十一月辛亥核民数给以户帖。户部制户籍户帖，各书其户之乡贯丁口名岁，合籍与帖，以字号编为勘合，识以部印，储藏于部，帖给之民。仍令有司岁计其户口之登耗，类为籍册以进，著为令。⑧

---

① 刘辰：《国初事迹》。
② 《明史》卷一四七，《解缙传》。
③ 本文写于1935年10月3日，原载天津《益世报·史学》第十二、十三期，1935年10月1日、15日。——编者注
④ 《弘治会典》卷一一。
⑤ 《弘治会典》卷二〇，引《大明令》。
⑥ 《明史》卷二八一，《庞嵩传》。
⑦ 《明史》卷七八。
⑧ 《明太祖实录》卷五八。

户籍藏于户部,户帖给民收执。"父子相承,徭税以定。"①令有司各户比对,不合者遣戍,隐匿者斩,男女田宅,备载于后。②若诈冒避免,避重就轻者杖八十,其官司妄准脱免,及变乱版籍者罪同。③洪武十四年(1381)改为赋役黄册,以一百十户为一里,推丁粮多者十户为长,余百户为十甲,甲凡十人,岁役里长一人,甲首一人,董一里一甲之事,先后以丁粮多寡为序,凡十年一周曰排年。在城曰坊,近城曰厢,乡都曰里。里编为册,册首总为一图,鳏寡孤独不任役者附十甲后为畸零,僧道给度牒,有田者编册如民科,无田者亦为畸零,每十年有司更定其册,以丁粮增减而升降之。册凡四,一上户部,其三则布政司、府、县各存一焉。上户部者册面黄纸,故谓之黄册。其后黄册只具文,有司征税编徭则自为一册,曰白册云。④

各色户口中占绝大多数的是民户,民户中占绝大多数的是农民。(也可以说民户即指农民,一小部分的小商也包括在内。曾任官吏的则另别为宦户。)其次是军户和匠户。民由有司,军由卫所,匠由工部管理。⑤农民人数最多,和土地的关系最密切,对国家的担负也最重。他们的生活也最值得我们注意。

农民中的富民和大地主的子弟有特权享受最好的教育,在科举制度下,他们可以利用所受的教育,一经中试便摇身变成儒户,一列仕途,便又变成宦户。退休后又变成乡绅,不再属于民户。或则买官捐监,也可以使一家的身份提高。贫农中也有由子弟的努力而成为儒户、宦户的,不过身份

---

① 《明宣宗实录》卷六九。

② 谈迁:《枣林杂俎》,《逸典》。

③ 《明律》四,《户》一。

④ 《明史》卷七七,《食货志》,《户口》。

⑤ 《弘治会典》卷二〇。

一改，便面目全非，对国家的负担和社会上的待遇便全然不同。他们不但不再属于民户，反而掉转头来自命为上层阶级，去剥削他从前所隶属的集团了。

二

农民的本分是纳赋和力役，明太祖告诉他的百姓说："为吾民者当知其分。田赋力役出以供上者乃其分也。能安其分则保其父母妻子，家昌身裕，为仁义忠孝之民，刑罚何由及哉。"① 赋役都以黄册为准，册有丁有田，丁有役，田有租，租曰夏税，曰秋粮，凡二等。丁曰成丁，曰未成丁，凡二等。民始生籍其名曰不成丁，年十六曰成丁，成丁而役，六十而免。役曰里甲，曰均徭，曰杂泛，凡三等。以户计曰甲役，以丁计曰徭役，上命非时曰杂役，皆有力役，有雇役，田租大略以米麦为主，而丝绢与钞次之。②

要农民安于本分，使永远不能离开其所耕种的土地，除有黄册登记土地户口外，并设路引的制度，百里内许农民自由通行，百里外即须验引："凡军民等往来但出百里者，即验文引。"③ 天下要冲去处设立巡检司，专一盘诘无引面生可疑之人。军民无文引必须擒拿送官，仍许诸人首告，得实者赏，纵容者同罪。④ 此制在洪武初年即已施行：

> 洪武六年（1373）七月癸亥，常州府吕城巡检司盘获民无路引者送法司论罪。问之，其人以祖母病笃，远出求医急，故无验。上闻

---

① 《明太祖实录》卷一五〇。
② 《明史》卷七八，《食货志》，《赋役》。
③④ 《弘治会典》卷一三〇。

之曰："此人情可矜，勿罪。"释之。[①]

于是农民永远被禁乡里，只好硬着头皮为国家尽本分。

田赋和力役只是农民负担一小部分。除了对国家以外，农民还要对地方官吏、豪绅、地主……尽种种义务，他们要受四重甚至五重的剥削。官吏则巧立名目，肆行科敛，即在开国时严刑重法，也还有此种情形，明太祖极为愤怒，他很生气地训斥一般地方官说：

> 置造上中下三等黄册，朝觐之时，明白开谕，毋得扰动乡村。止将黄册底册就于各府州县官备纸札，于底册内挑选上中下三等以凭差役，庶不靠损小民，所谕甚明。及其归也，仍前着落乡村，巧立名色，团局置造，科敛害民。[②]

科敛之害，甚于虎狼。如折收秋粮，府州县官发放，每米一石官折钞二贯，巧立名色，取要水脚钱一百文，车脚钱三百文，口食钱一百文。库子又要辨验钱一百文，蒲篓钱一百文，竹篓钱一百文，沿江神佛钱一百文。[③] 政府之惩治虽严，而官吏之贪污如故，剥削如故，方震孺整饬吏治疏言：

> 一邑设佐贰二三员，各有职掌。司捕者以捕为外府，收粮者以粮为外府，清军者以军为外府，其刑驱势逼，虽绿林之豪，何以加焉。稍上而有长吏，则有科罚，有羡余，曰吾以备朝京之需，吾以备考满之用，上言之而不讳，下闻之而不惊，虽能自洗刷者固多，而拘于常

---

① 《明太祖实录》卷八三。
② 《大诰》第四四。
③ 《大诰》第四一。

例者不尽无也。又上之而为郡守方面，岁时则有献，生辰则有贺，不谋而集，相摩而来，寻常之套数不足以献芹，方外之奇珍始足以下点，虽能自洗刷者固多，而拘于常例者不尽无也。萧然而来，捆载而去。夫此捆载者非其携之于家，雨之于天，又非输于神，运于鬼，总皆为百姓之脂膏，又穷百姓卖儿卖女而始得之耳。①

其剥削之方法，多用滥刑诛求，英宗时江西按察司佥事夏时言：

> 今之守令冒牧民之美名，乏循良之善政，往往贪泉一酌而邪念顿兴，非深文以逞，即钩距之求。或假公营私，或诛求百计。经年置人于犴狱，滥刑恒及于无辜。甚至不任法律而颠倒是非，高下其手者有之，刻薄相尚，而避己小嫌，入人大辟者有之。不贪则酷，不息则奸，或通吏胥以贾祸，或纵主案以肥家，殃民蠹政，莫敢谁何。②

地方官以下之粮长吏胥，则更变本加厉，横征暴敛，如《续诰》所记嘉定县粮长金仲芳等额外敛钱之十八种名色：

> 一定舡钱，一包纳运头米钱，一临运钱，一造册钱，一车脚钱，一使用钱，一络麻钱，一铁炭钱，一申明旌善亭钱，一修理仓廒钱，一点舡钱，一馆驿房舍钱，一供状户口钱，一认役钱，一黄粮钱，一修墩钱，一盐票钱，一出由子钱。③

---

① 《方孩未集》卷一。
② 《明英宗实录》卷四〇。
③ 《续诰》第二一。

又如粮长邾阿乃起立名色，科扰粮户，至超过正税数倍：

> 其扰民之计，立名曰舡水脚米，斛面米，装粮饭米，车脚钱，脱夫米，造册钱，粮局知房钱，看米样中米，灯油钱，运黄粮脱夫米，均需钱，棕软篾钱一十二色。通计敛米三万二千石，钞一万一千一百贯。正米止该一万，便做加五收受，尚余二万二千石，钞一万一千一百贯。民无可纳者，以房屋准者有之，变卖牲口准者有之，衣服段匹布帛之类准者亦有之，其锅灶水车农具尽皆准折。①

隶快书役为害尤甚："民之赋税每郡小者不过数万，大者不过数十万，而所以供此辈者不啻倍之。"②

地方豪绅不但享有优免赋役的特权（参看《大公报·史地周刊》：《明代仕宦阶级的生活》《晚明之仕宦阶级》二文），并且也创立种种苛税，剥削农民。有征收道路通行税的：

> 宣德八年（1433）十一月丙午，顺天府尹李庸言："比奉命修筑桥道，而豪势之家，占据要路，私搭小桥，邀阻行人，榷取其利，请行禁革。"上曰："豪势擅利至此，将何所不为。"命行在都察院揭榜禁约。③

有私征商税的：

> 正统元年（1436）十二月甲申，驸马都尉焦敬令其司副李昊于文

---

① 《续诰》第四七。
② 吴应箕：《楼山堂集》卷一二，江南汰胥役议。
③ 《明宣宗实录》卷一一七。

明门外五里建广鲸店，集市井无赖，假牙行名，诈税商贩者，钱积数十千。又于武清县马驹桥遮截磁器鱼枣数车，留店不遣。又令阉者马进于张家湾溧阳闸河诸通商贩处，诈收米八九十石，钞以千计。[①]

有擅据水利的：

> 正统八年十二月戊戌，吏部听选官胡秉贤言："臣原籍江西弋阳，县有官陂二所，民田三万余亩借其灌溉。近年被沿陂豪强之人，私创碓磨，走泄水利，稍有旱暵，民皆失望。"[②]

叶盛《水东日记》卷十四亦记：

> 杭州西湖傍近，编竹节水，可专菱芡之利，而惟时有势力者可得之。故杭人有俗谣云："十里湖光十里笆，编笆都是富豪家，待他十载功名尽，只见湖光不见笆。"

盐粮马草之利亦尽为势豪所占，《明英宗实录》卷一一五记：

> 九年四月壬辰，敕户部曰："朝廷令人易纳马草、开中盐粮，本期资国便民。比闻各场纳草之人，多系官豪势要，及该管内外官贪图重利，令子侄家人伴当假托军民，出名承纳。各处所中盐粮，亦系官豪势要之家占中居多，往往挟势将杂糙米上仓，该管官司畏避权势，

---

① 《明英宗实录》卷二五。
② 《明英宗实录》卷一一一。

辄与收受，以致给军多不堪用。及至支盐，又嘱管盐官挽越关支，倍取利息。致无势客商，守支年久不能得者有之，丧赀失业，嗟怨莫伸，其弊不可胜言。"

更有指使家人奴仆，私自抽分的。《明律条例》名例条：

成化十五年（1479）十月二十二日节该，钦奉宪宗皇帝圣旨：管庄佃仆人等占守水陆关隘抽分，揹取财物，挟制把持害人的，都发边卫永远充军，钦此！

地主则勾结官吏，靠损小民，《续诰》第四五：

民间洒派包荒诡寄，移丘换段，这等都是奸顽豪富之家，将次没福受用财赋田产，以自己科差洒派细民。境内本无积年荒田，此等豪猾买嘱贪官污吏及造册书算人等，其贪官污吏受豪猾之财，当科粮之际，作包荒名色，征纳小户。书算手受财，将田洒派，移丘换段，作诡寄名色，以此靠损小民。

或隐匿丁粮，避免徭役，一切负担均归小民：

宣德六年（1431）六月庚午，浙江右参议彭璟言："豪富人民每遇编充里役，多隐匿丁粮，规避徭役，质朴之民皆首实。有司贪贿，更不穷究。由是徭役不均，细民失业。"[1]

---

[1] 《明宣宗实录》卷七九。

或营充职事，使小民受累，《英宗实录》卷八九记：

> 七年（1442）二月丁酉应天府府尹李敏奏："本府上元、江宁二县富实丁多之家，往往营充钦天监太医院阴阳医生、各公主府坟户、太常光禄二寺厨役及女户者，一户多至一二十丁，俱避差役，负累小民。"

一面以其财力，兼并小农，例如：

> 景泰元年（1450）六月丙申，巡抚直隶工部尚书周忱言："江阴县民周珪本户原置田三百七十二顷，又兼并诱买小民田二百七顷五十余亩，诛求私租，谋杀人命。"[①]

因之，富者愈富，贫者愈贫。更加以苛捐杂税之搜括，农民至无生路可走，甚至商税派征，其负担者亦为农民：

> 榷税一节，病民滋甚。山右僻在西隅，行商寥寥。所有额派税银四万二千五百两，铺垫等银五千七百余两，百分派于各州府持。于是斗粟半菽有税，沽酒市脂有税，尺布寸丝有税，赢特塞卫有税，既非天降而地出，真是头会而箕敛。[②]

负担过重，伶俐富厚点的也跟着一般地主的榜样，诡谋图免，大部分的农民无法可处，只得辗转沟壑，流为盗贼。侯朝宗曾痛论其弊云：

---

① 《明英宗实录》卷一九三。
② 《石隐园藏稿》卷五，《嵩祝陛辞疏》。

　　明之百姓，税加之，兵加之，刑加之，役加之，水旱灾祲加之，官吏之食渔加之，豪强之吞并加之，是百姓一而所以加之者七也。于是百姓之富者争出金钱而入学校，百姓之黠者争营巢窟而充吏胥。是加者七而因而诡之者二也。即以赋役之一端言之，百姓方苦其积极而无告而学校则除矣，吏胥则除矣，举天下以是为固然而莫之问也。百姓之争入于学校而争出于吏胥者，亦莫不利其固然而为之矣。约而计之，十人而除一人，则以一人所除更加之九人，百人而除十人，则以十人所除更加之九十人，展转加焉而不可穷，争诡焉而不可禁。天下之学校吏胥渐多而百姓渐少，是始犹以学校吏胥加百姓，而其后逐以百姓加百姓也。彼百姓之无可奈何者，不死于沟壑即相率而为盗贼耳，安得而不乱哉。①

除此以外，农民还有两条路可走。第一条大路是当僧道，不过如被发觉，反要吃苦。例如《太祖实录》卷二二七所记：

　　二十六年五月乙丑，道士仲守纯等一百二十五人请给度牒。礼部审实皆逃民避徭役者。诏隶锦衣卫习工匠。

第二条路是抛弃土地，逃出作"流民"。

三

洪武三年（1370）时曾有一次关于苏州一府地主的统计：

①《壮悔堂文集》，《正百姓》。

　　先是上问户部天下民孰富，产孰优？户部臣对曰："以田税之多寡较之，惟浙西多富民巨室。以苏州一府计之，民岁输粮一百石以上至四百石者四百九十户。五百石至千石者五十六户。千石至二千石者六户。二千石至三千八百石者二户。计五百五十四户，岁输粮十五万一百八十四石。"①

苏州府在洪武二十六年（1393）时的户口统计是四十九万一千五百一十四户。②二十年中户口相差大致不会很远。如以此数估计，则五十万户中有地主五百户，地主占全户口千分之一。不过这统计不能适用于别处，苏松财赋占全国三分之一，以照此例和在全国所纳的田赋比较，和其他各地至少要相差三十倍，即平均要三万户中才有一户地主。

　　地主有政治势力的保障，即使有水旱兵灾，也和他们不相干。而且愈是碰到灾荒，愈是他们发财的机会。第一是荒数都分配给地主，农民却须照样纳税。王鏊曾说：

　　　　时值年丰，小民犹且不给，一遇水旱，则流离被道，饿殍塞川，甚可悯也。惟朝廷轸念民穷，亦尝蠲免荒数，冀以宽之。而有司不奉德音，或因之为利，故有卖荒送荒之说。以是荒数多归于豪右，而小民不获沾惠。③

而且贫农无田，所种多为佃田，即有恩恤，好处也只落在地主身上，如《明

---

① 《明太祖实录》卷四九。
② 《明史》卷四〇，《地理志》。
③ 《王文恪公集》卷三六，《吴中赋税书与巡抚李司空》。

英宗实录》卷五所记：

> 宣德十年五月乙未，行在刑科给事中年富言：江南小民佃富人之
> 田，岁输其租。今诏免灾伤税粮，所蠲特及富室，而小民输租如故。
> 乞命被灾之处，富人田租如例蠲免。从之。

第二乘农民最困乏时，作高利贷的剥削。法律所许可的利率是百分之
三十。[①] 遇到灾荒时，地主便抬高利率，农民只能忍痛向其借贷，不能如
期偿还，家产人口便为地主所没收，《明英宗实录》卷一六七记：

> 十三年六月甲申，浙江按察使轩𫐐言："各处豪民私债，倍取利息，
> 至有奴其男女，占其田产者，官府莫敢指叱，小民无由控诉。"

政府虽明知有这种兼并情形，也只能通令私债须等丰收时偿还，期前不得
追索。可是结果地主因此索性不肯借贷，政府又不能救济，贫农更是走投
无路。只好取消了这禁令，让地主得有自由兼并的机会：

> 景泰二年（1451）八月癸巳，刑部员外郎陈金言：军民私债，
> 例不得追索，俟丰稔归其本息。以此贫民有急，遍叩富室，不能救济。
> 宜听其理取。从之。[②]

贫农向地主典产，产去而税存：

---

① 《明律》九，《户》六。
② 《明英宗实录》卷二七〇。

正统元年六月戊戌，湖广辰州府沅陵县奏："本县人民多因赔纳税粮，充军为事贫乏，将本户田产，典借富人钱帛，岁久不能赎，产去税存，衣食艰难。"①

抵押房屋，过期力不能偿，即被没收：

正统六年五月甲寅，直隶淮安府知府杨理言："本府贫民以供给繁重，将屋宅典与富民，期三年赎以原本，过期即立契永卖。以是贫民往往趁食在外，莫能招抚。"②

或借以银而偿则以米，取数倍之息，顾炎武记：

日见凤翔之民，举债于权要，每银一两，偿米四石。此尚能支持岁月乎？③

于是小地主由加力剥削而成大地主，贫农则失产而为佃农，佃农不堪压迫，又逃而为流民，《明宣宗实录》卷九四宣德七年八月辛亥条：

苏州田赋素重，其力耕者皆贫民。每岁输纳，粮长里胥率厚取之，不免贷于富家，富家又数倍取利，而农益贫。

---

① 《明英宗实录》卷一八。
② 《明英宗实录》卷七九。
③ 《亭林文集》卷三，《病起与蓟门当事书》。

《明英宗实录》卷一九三景泰元年六月庚辰条：

> 处州地瘠人贫，其中小民，或因充军当匠而废其世业，或因官吏横征而克其资财，或因豪右兼并而侵渔其地，或因艰苦借贷而倍出其偿。恒产无存，饥寒不免。况富民豪横，无所不至，既夺其产，或不与收粮而征科如旧，或诡寄他户而避其粮差，激民为盗，职此之由。

在京都附近的农民，则田产更有无故被夺的危险。例如弘治时外戚王源占夺民产至二千二百余顷。《明史·王镇传》：

> 外戚王源赐田，初止二十七顷，乃令其家奴别立四至，占夺民产至二千二百余顷。及贫民赴告，御史刘乔徇情曲奏，致源无忌惮，家奴益横。

正统时诸王所夺人民庄宅田地至三千余顷。[1] 南京中官外戚所占田地六万三千三百五十亩，房屋一千二百二十八间。[2] 边将史昭、丁信广置庄田，各有二十余所，霸占鱼池，侵夺水利。[3] 景泰初顺天、河间等府县地土，多被宦豪朦胧奏讨及私自占据，或为草场，或立庄所，动计数十百顷。间接小民纳粮地亩，多被占夺，岁赔粮草。[4] 夏言奉敕勘报皇庄及功臣国戚田土疏曾极言其弊：

---

① 《明英宗实录》卷七二。
② 《明英宗实录》卷二九。
③ 《明英宗实录》卷一〇三。
④ 《明英宗实录》卷二〇一。

近年以来，皇亲侯伯凭藉宠昵，奏讨无厌，而朝廷眷顾优隆，赐予无节。其所赐地土多是受人投献，将民间产业夺而有之。如庆阳伯受奸民李政等投献，奏讨庆都、清苑、清河三县地五千四百余顷。如长宁伯受奸民魏忠等投献，奏讨景州、东光等县地一千九百余顷。如指挥佥事沈傅、吴让受奸民马仲名等投献，奏讨沧州静海县地六千五百余顷。以致被害之民，构讼经年，流离失所，甚伤国体，大失群心。①

从天顺以来，又纷纷设立皇庄，至嘉靖初年有皇庄数十所，占地至三万七千五百九十五顷四十六亩，扰害农民，不可记极，夏言云：

皇庄既立，则有管理之太监，有奏带之旗校，有跟随之名下，每处动至三四十人……擅作威福，肆行武断。其甚不靖者则起盖房屋，则架搭桥梁，则擅立关隘，则出给票帖，则私刻关防。凡民间撑架舟车，牧放牛马，采捕鱼虾螺蚌莞蒲之利，靡不括取。而邻近土地则展转移筑封堆，包打界至，见亩征银。本土豪猾之民，投为庄头，拨置生事，帮助为恶，多方掊克，获利不赀。输之宫闱者曾无什之一二，而私入囊橐者盖不啻什八九矣。是以小民脂膏，吮剥无余，繇是人民逃窜而户口消耗，里分减并而粮差愈难。卒致辇毂之下，生理寡遂，间阎之间，贫苦到骨。②

结果是："公私庄田，逾乡跨邑，小民恒产，岁朘月削。产业既失，税粮犹存，徭役苦于并充，粮草困于重出，饥寒愁苦，日益无聊，展转流亡，

---

① ② 《桂洲文集》卷一三。

靡所底止。以致强梁者起而为盗贼，柔善者转死于沟壑。其巧黠者或投充势家庄头家人名目，资其势以转为良善之害，或匿入海户、陵户、勇士、校尉等籍，脱免徭役，以重困敦本之人。凡所以蠹民命脉，竭民膏血者，百孔千疮，不能枚举。"① 这情形是由中央特派调查庄田的官吏所发表，当时的统治阶级也已深知此种举动之不合理，足以引起变乱。然而当这报告书发表以后，外戚陈万言又向皇帝乞得庄田，这庄田的来源还是"夺民田产"：

> 嘉靖三年，泰和伯陈万言乞武清、东安地各千顷为庄田，诏户部勘闲田给之。给事中张汉卿疏谏，帝竟以八百顷给之。巡抚刘麟、御史任洛复言不宜夺民地。弗听。②

景泰王于嘉靖四十年之国，多请庄田，其他土田湖陂侵入者数万顷。③潞王居京邸时，王店、王庄遍畿内。居藩多请赡田、食盐无不应，田多至四万顷。④ 福王之国时，诏赐庄田四万顷，中州腴土不足，取山东、湖广田益之。尺寸皆夺之民间，伴读、承奉诸官假履亩为名，乘传出入，河南北、齐、楚间，所至骚动。⑤

皇室、中官、外戚、勋臣、地方官吏、豪绅、地主、胥役……这一串统治者重重压迫，重重剥削，他们的财富，他们所享受的骄奢淫逸的生活，不但是由括尽农民身上的血汗所造成，并且也不知牺牲了多少农民的性命，

---

① 《桂洲文集》卷一三。

② 《明史》卷三〇〇，《陈万言传》。

③ 《明史》卷一二〇，《景王传》。

④ 《明史》卷一二〇，《潞王传》。

⑤ 《明史》卷一二〇，《福王传》《潞王传》。

才能换得他们一夕的狂欢。"尺寸皆夺之民间"，农民之血汗尽，性命过于不值钱，只好另打主意。

四

在平时，对政府的负担也使农民喘不过气来。因为在立法时并不曾顾虑到地主和贫农的差别悬殊，使他们一律出同样的力役，结果是地主行无所事，而贫农则破家荡产。此弊自元末以来即有之。王祎说：

> 今州县之地，区别其疆界谓之都，而富民有田往往遍布诸都。税之所入以千百计者，类皆一户一役而止。其斗升之税不能出其都者，亦例与富民同受役。而又富民之田不肯自名其税，假立户名，托称兄弟所分，与子女所受，及在城异乡人之业，飞寄诡窜，以避差徭。故富者三岁一役曾不以为多，贫者一日受役，而家已立破，民之所病，莫斯为甚。①

至正十年（1350）婺州路始行鱼鳞类姓鼠尾之籍，税之所在，役即随之，甚多田者兼受他都之役而不可辞，少者称其所助而无幸免。②洪武元年（1368）行均工夫之法，田一顷出丁夫一人，不及顷者以他田足之。黄册成后，行里甲法，以上中下三户三等五岁均役。一岁中诸色杂目应役者，编第均之，银力从所便。后法稍弛，编徭役里甲者以户为断，放大户而勾单小，富商大贾免役而土著困，官吏里胥轻重其手而小民益穷蹙。又改行鼠尾册法，论丁粮多少，编次先后，市民商贾家殷足而无田产者听自占以佐银差。可是官府公私所需，仍责坊里长营办，给不能一二，供者或

---

① ② 《王忠文公集》卷六，《婺州路均役记》。

什百。甚至无所给，惟计值年里甲只应夫马饮食，而里甲病。一被佥为上供解户，往往为中官所留难，贡品被挑剔好坏，故意不收，只能就地改买进奉，率至破家倾产。[①]斗库粮长之役亦使民不聊生，王鏊曾痛陈其弊，他说：

> 田之税既重，又加以重役，今之所谓均徭者大率以田为定，田多为上户，上户则重，田少则轻，无田又轻，亦不计其资力之如何也。故民惟务逐末而不务力田，避重役也。所谓重役者大约有三：曰解户，解军需颜料纳之内库者也。曰斗库，供应往来使客及有司之营办者也。曰粮长，督一区之税输之官者也。颜料之入内府亦不为多，而出纳之际，百方难阻，以百作十，以十作一，折阅之数，不免出倍称之息，称贷于京以归，则卖产以偿，此民之重困者一也。使客往来，厨传不绝，其久留地方者日有薪炭鰋菜膏油之供，加以馈送之资，游宴之费，罔不取给，此民之重困者二也。太祖患有司之刻民也，使推殷实有行义之家，以民管民，最为良法，昔之为是役者未见其患。顷者朝廷之征求既多，有司之侵牟滋甚，旧惟督粮而已，近又使之运于京，粮长不能自行，奸民代之行，多有侵牟，京仓艰阻，亦且百方，又不免称贷以归。不特此也，贪官又从而侵牟之，公务有急则取之，私家有需则取之，往来应借则取之。而又常例之输，公堂之刻，火耗之刻，官之百需多取于长，长能安不多取于民。及逋租积负，官吏督责如火，则拆屋伐木，鬻田鬻子女，竟不免死于榜掠之下，此民之重困者三也。三役之重，皆起于田，一家当之则一家破，百家当之则百家破，故贫

---

① 《明史》卷七八，《食货志》二。

者皆弃其田以转徙，富者尽卖其田以避其役。①

在原则上，都应"佥有力之家充之，名曰大户。究之所佥非富民，中人之产，辄为之倾"②。地主富民能和官吏勾结，受另一集团的保障，中农以下的平民，便只能忍受着破产倾家的苦痛，为国家服务。斗库之害，霍与瑕说得更为明白：

> 慈溪每年于均徭内额编绍兴府余姚县常丰四五仓斗级，每仓四名，每名役银五两，凡遭此役，无不破家，本县徭差内实为上等苦役。据原编常丰四仓斗级某等连名开称，俱为官攒等役剥削科取，每遇斗级上役，仓官先取分例银二十四两，家人取分例银三两，攒典书手各二两，及年烛开仓开印封印猪酒作福猪胙岁造文册歇家包办府县差人饭食，每月买办纸札，迎送新旧官盘费，收粮放粮官并过往官员下程礼物买办家火等项，皆出斗级，每年用百数余两。后湿烂贴补米石，年纳二三百石。③

外夷入贡，例于指定地方驻扎，一切支给，俱出里甲。《明英宗实录》卷五十八琉球馆臣是其一例：

> 正统四年八月庚寅，巡按福建监察御史成规言：琉球国往来使臣俱于福州停住，馆谷之需，所费不赀。此者通事林惠、郑长所带番梢人从二百余人，除日给廪米之外，其茶盐醢酱等物出于里甲，

---

① 《王文恪公文集》卷三六，《吴中赋税书与巡抚李司空》。
② 《明史》卷七八，《食货志》二。
③ 《霍勉斋集》卷一八，《为乞恩痛革仓弊以苏民困事申察院》。

相沿已有常例。乃故行刁蹬，勒折铜钱，及今未半年，已用铜钱
七十九万六千九百有余，按数取足，稍或稽缓，辄肆詈殴。

政府有特别需要，便行科差，最为贫农之害。凡朝廷科买一物，辄差数人
促办。所差之人又各有无赖十数人为之鹰犬，百倍科敛，民被箠楚，不胜
其毒，百分之一归官，余皆入于私室。[1]给价则十不及一，辗转克减，上
下靡费，至于物主所得无几，名称买办，无异白取。[2]有时中间又需经过
里长的一道剥削，土产或忍痛奉献，非土产则便要破家为朝廷征求：

> 永乐五年（1407）五月甲子，开平卫卒蒋文霆言：今有岁办各
> 色物料，里长所领官钱悉入己，名为和买，其实强取于民，若其土产，
> 尚可措办，非土地所有，须多方征求，以致倾财破产者有之。凡若此
> 者，非止一端。[3]

洪熙元年（1425）行在都察院右副都御史弋谦告诉皇帝说："一夫耕作，
上农不过百亩，中下之农，仅有其半。除夏秋二税，所存无几，苟再分外
侵耗，使民不贫而困者寡矣。"[4]可是警告虽然提出，科买却依旧举行，三
年后宣宗也警告他的臣下说：

> 比者所司每缘公务，急于科差，贫富困于买办，丁中之民，服役
> 连年，公家所用，十不二三，民间耗费，常十数倍。加以郡邑官鲜得人，

---

① 《明宣宗实录》卷五四。
② 《明宣宗实录》卷四下。
③ 《明成祖实录》卷六七。
④ 《明宣宗实录》卷四下。

吏肆为奸，征收不时，科敛无度，假公营私，弊不胜纪。以致吾民衣食不足，转徙逃亡。凡百应输，年年逋欠。国家仓庾，月计不足。①

他们也明知"竭泽而渔"，不是一个办法。可是还是要图享用，还是要科买，结果是"百姓逃亡，仓廪不足"。

在农民方面，土地分配不均和赋税的过重是当时最严重的问题。例如北直隶的富农与贫农的比较：

> 正统五年（1440）四月庚子，大理寺右少卿李畛奏：北直隶洪武永乐时人稀，富家隐藏逃户，辟地多而纳粮少，故积有余财而愈富，贫家地少而差役繁重，故典卖田宅，产去税存而愈贫。②

税粮的分配也极不公道，例如归有光所记：

> 江右田地不相悬，而税入多寡殊绝。如南昌新建二县仅百里，多山湖，税粮十六万。广信县六，赣州县十，皆六万。南安四县粮二万。三郡二十县之粮不及两县，盖国初以次削平僭伪，田赋往往因其旧贯。论者谓苏州田不及淮安半，而吴赋十倍淮阴，松、江二县粮与畿内八府百二十七县埒，其不均如此。③

又有官粮、民粮之别，政府希望减轻农民的负担，减轻或免除民粮，结果却适得其反，又予地主以兼并的机会：

---

① 《明宣宗实录》卷三九。
② 《明英宗实录》卷六六。
③ 《震川集》卷二五，《李公行状》。

旧例应天、镇江、太平、宁国、广德四府一州官粮减半征收，民粮全免以致富家多民粮，下户多官粮，富者愈富，贫者愈贫。①

官田粮重，民田粮轻，官田价轻，民田价重，地主利粮轻，贫民利价重，故民田多归地主，官田粮重，贫民不能负担，只能逃税，出作流民，王鏊说：

> 吴中有官田，有民田。官田之税一亩有五斗六斗至七斗者。其外又有加耗，主者不免多收，盖几于一石矣。民田五升以上，似不为重，而加耗愈多，又有多收之弊也。田之肥瘠不甚相远，而一丘之内，咫尺之间，或为官，或为民，轻重悬绝。细民转卖，官田价轻，民田价重，贫者利价之重，伪以官为民，富者利粮之轻，甘受其伪而不疑。久之，民田多归于豪右，官田多留于贫穷。贫者不能供，则散之四方，以逃其税。税无所出，则摊之里甲。故贫穷多流，里甲坐困，去住相牵，同入于困。②

于是有"逃民"，有"流民"。

五

逃民和流民的分别，《明史·食货志》说："其人户避徭役者曰逃户，年饥或避兵他徙者曰流民。"其实都是在本地不能生活，忍痛离开朝夕相亲的田地，漂流异地的贫农。

贫农除开上文所引述的一切人为的压迫和剥削外，又受自然的摧残，

---

① 王恕：《王端毅公文集》卷六，《石渠老人履历略》。
② 《王文恪公文集》卷三六，《吴中赋税书与巡抚李司空》。

一有水旱，便不能生活：

> 困穷之民，田多者不过十余亩，少者或六七亩，或二三亩，或无
> 田而佣佃于人。幸无水旱之厄，所获亦不能充数月之食，况复旱涝乘
> 之，欲无饥寒，胡可得乎？①

或有疾病，便致流离：

> 农民之中，有一夫一妇受田百亩或四五十亩者，当春夏时耕种之
> 务方殷，或不幸夫病而妇给汤药，农务既废，田亦随荒。及病且愈，
> 则时已过矣。上无以供国赋，下无以养其室家。穷困流离，职此之由。②

或不能备牛具种子，无法耕种自己的田土，只好降为佃农，或乞丐度日，
到处漂流。《明英宗实录》卷三四记：

> 正统二年（1437）九月癸巳，行在户部主事刘善言：比闻山东、
> 山西、河南、陕西并直隶诸郡县，民贫者无牛具种子耕种，佣丐衣食
> 以度日，父母妻子啼饥号寒者十室八九。有司既不能存恤，而又重征
> 远役，以故举家逃窜。

洪熙元年（1425）闰七月，广西布政使周干奉命到苏、常、嘉、湖等府巡视民瘼。
据他的报告，民之逃亡皆由官府弊政困民及粮长弓兵害民所致：

---

① 《明英宗实录》卷一八六。
② 《明太祖实录》卷二三六。

如吴江昆山民田亩旧税五升，小民佃种富室田亩，出私租一石，后因没入官，依私租减二斗，是十分而取其八也。拨赐公侯驸马等项田，每亩旧输租一石，后因事故还官，又如私租例尽取之。且十分而取其八，民犹不堪，况尽取之乎？尽取则无以给私家，而必至冻馁，欲不逃亡，不可得矣！又如杭之仁和、海宁，苏之昆山，自永乐十二年以来，海水沦陷官民田一千九百三十余顷，逮今十有余年，犹征其租，田没于海，租从何出？常之无锡等县，洪武中没入公侯田庄，其农具水车皆腐朽已尽，如而有司犹责税如故，此民之所以逃也。粮长之设，专以催征税粮。近者常、镇、苏、松、湖、杭等府无籍之徒，营充粮长，专掊克小民以肥私己。征收之时，于各里内置立仓囤，私造大样斗斛而倍量之，有立样米抬斛米之名以巧取之，约收民五倍。却以平斗正数付与小民，运付京仓输纳，缘途费用，所存无几，及其不完，著令赔纳，至有亡身破产者，连年逋欠，倘遇恩免，利归粮长，小民全不沾恩。积习成风，以为得计。巡检之设，从以弓兵，本用盘诘奸细，缉捕盗贼。常、镇、苏、松、嘉、湖、杭等府巡检司弓兵不由府县佥充，多是有力大户令义男家人营谋充当，专一在乡设计害民，占据田产，骗耍子女，及稍有不从，辄加以拒捕私盐之名，各执兵仗，围绕其家，擒获以多桨快船送司监收，挟制官吏，莫敢谁何，必厌其意乃已。不然，即声言起解赴京，中途绝其饮食，或戕害致死。小民畏之，甚于豺虎，此粮长弓兵所以害民而致逃亡之事也。[1]

苏、松、常、镇、嘉、湖、杭一带，是全国财赋中心，农民所受的压迫，从一位政府官吏口中的报告已是如此，其他各地的情形更可想见了。

---

[1] 《明宣宗实录》卷六。

各地的赋役都有定额，由被禁锢在土地上的农民负责输纳。逃亡的情形一发生，未逃亡或不能逃亡的一部分农民便为已逃亡的农民负责，尽双重义务。原来的自己所负的一份已觉过重，又加上替人的一份，逼得没有办法，也只好舍弃一切，跟着逃亡。这情形中最先倒霉的是里长，《明成祖实录》卷九十九记：

> 永乐七年（1409）十二月丙寅，山西安邑县言："县民逃徙者田土已荒，而税粮尚责里甲赔纳，侵损艰难，请暂停之，以俟招抚复业，然后征纳。"上谕行在户部尚书夏原吉曰："百姓必耕以给租税，既弃业逃徙，则租税无出。若令里甲赔纳，必致破产，破产不足，必又逃徙，租税愈不足矣。"

次之是贫农，例如沅陵县的农民，多因赔纳而破产：

> 正统元年六月戊戌，湖广辰州府沅陵县奏：本县人民因多赔纳税粮，充军为事贫乏，将本户田产典借富人钱帛，岁久不能赎，产去税存，衣食艰难。[①]

清苑、临晋两县的未逃农民，幸得邀特典而暂缓赔纳：

> 正统三年正月辛亥，行在户部奏：直隶清苑县，人民逃移五百九十余户，遗下秋粮六百六十余石，草一万三千四百余束。山西临晋县人民逃移四千五百七十余户，遗下秋粮三万四千一百四十余石，

---

① 《明英宗实录》卷一八。

草六万八千二百九十余束。此二县各称,见存人户该纳粮草,尚且逋欠,若又包纳逃民粮草,愈加困苦,乞暂停征。上以民无食故逃,其无征之税责于不逃之民,是又速其逃也,宜缓其征,逃民其设法招抚。①

可是也只怕把未逃的农民也逼逃,这已逃农民的粮草还是要追征,而未逃的农民追征,只是追征的手续叫地方官办得慢一点而已。

农民逃亡的情形,试再举诸城县的情形作例:

> 正统十二年(1447)四月戊申,巡按山东监察御史史濡等奏:山东青州府地瘠民贫,差役繁重,频年荒歉,诸城一县逃移者一万三百余户,民食不给,至扫草子削树皮为食。续又逃亡三千五百余家。地亩税粮,动以万计。②

单是一县逃亡的户数已达一万三千八百户。正统十四年据河南右布政使年富的报告,单是陈、颍二州的逃户就不下万余。③试再就逃民所到处作一比较,同年五月据巡抚河南山西大理寺少卿于谦的报告,各处百姓递年逃来河南者将及二十万,尚有行勘未尽之数。④《明史·孙原贞传》也说:

> 景泰五年冬,(原贞)疏言:臣昔官河南,稽诸逃民籍凡二十余万户,悉转徙南阳唐邓襄樊间,群聚谋生。

---

① 《明英宗实录》卷三八。
② 《明英宗实录》卷一五二。
③ 《明英宗实录》卷一八四。
④ 《明英宗实录》卷一五四。

成化初年荆襄盗起，流民附贼者至百万。项忠用兵平定，先后招抚流民复业者九十三万余人。[①] 成化十二年原杰出抚荆襄，复籍流民，得户十一万三千有奇，口四十三万八千有奇。[②]

农民离开他的土地以后，同时也离去了登记他的户籍的黄册。虽然失去了倚以为生历代相传的田地，可是也从此脱离了国家的约束，不再向国家尽无尽的义务。他可以拣一个荒僻的地带，重新去开垦，做一个自由的农民。例如河南湖广等处的客朋，《明英宗实录》卷十六记：

> 正统元年四月甲子，巡抚陕西行在户部右侍郎李新奏：河南南阳府邓州内乡等州县及附近湖广均州光化等县居民鲜少，郊野荒芜，各处客商有自洪武永乐间潜居于此，娶妻生子成家业者，丛聚乡村号为客朋，不当差役，无所钤辖。

郧阳一带多山，地界湖广、河南、陕西三省间，又多旷土，山谷阨塞，林菁蒙密，中有草木，可采掘食，正统二年岁饥，民徙入不可禁，聚既多，无所禀约束。[③] 从此不再有任何压迫，也不再有任何负担，自耕自食，真是农民的理想生活。然而，地主不肯让农民逃走，因为他们感觉到没有人替他们耕种和服役的恐慌。官吏和胥役不肯让农民逃走，因为农民逃了不回来，他们便失去剥削的对象。国家更不肯让农民躲着不受约束，因为他们最需要农民的力量，农民最驯良，最肯对国家尽责任，国家需要他们的血汗来服役，更需要他们用血汗换来的金钱，供皇家和贵族们的挥霍。

---

① 《明史》卷一七八，《项忠传》。
② 《明史》卷一五九，《原杰传》。
③ 《明史纪事本末》卷三八，《平郧阳盗》。

他们都是农民头上的寄生虫，他们非要农民回来不可。于是有招抚逃民之举。

六

凡逃户，明初督令还本籍复业，赐复一年。老弱不能归及不愿归者，令所在著籍，授田输赋。[①] 还是要责成所在地的官吏勒令逃民回到原籍去，给以一年的休息，第二年起还是照未逃亡前一样生活着。事实上不能强迫回到原籍去的，便令落籍在所逃亡的地方，照常尽百姓的义务，依旧被圈定在一土地的范畴。仍是不堪剥削，依旧逃亡。宣宗时特增府县佐贰官，专抚逃民。《明宣宗实录》卷七十七宣德六年（1431）三月丁卯条：

先是巡按贵州监察御史陈斌言："各处复业逃民，有司不能抚绥，仍有逃窜者。乞令户部都察院各遣官同布政司、按察司取勘名数及所逃之处，取回复业。府县仍增除佐贰官一员，专职抚绥"。上命行在户部兵部议。太子太师郭资等议："在外逃民多有复业而再逃者，今当重造籍册，民若逃亡，籍皆虚妄。今拟南北直隶遣御史二员，各布政司府州县皆添设佐贰官一员，专抚逃民。"上曰："凡郡县官俱以抚民为职，何用增设。官多徒为民蠹，其更令吏部拟议以闻。"至是吏部言："河南、山东、山西、湖广、浙江、江西有巡抚侍郎，其府州县七百三十五处已于额外增官一员，凡七百三十五员，宜改为抚民官。其余府州县宜各添设佐贰官一员。"上从之曰："此亦从权，若造册完，取回别用。"于是增除府州县佐贰官三百七十一员。

---

① 《明史》卷七七，《食货志》，《户口》。

因为是刚到十年一度重造黄册的期间，质以特别增设抚民官。希望人口土地和册籍一致。可是这种重床叠屋的官制，头痛医头的办法，仍不能阻止农民的再度逃亡。《明英宗实录》卷十八正统元年六月甲寅条：

> 山西左参政王来言：逃民在各处年久成家，虽累蒙恩诏抚回，奈其田产荒凉，不能葺理，仍复逃去，深负朝廷矜恤之意，请令随处附籍当差。

农民逃亡后在另一地域已开垦成一新家，硬又让他们回到久已荒芜的老家去，自然不能不作第二次的逃亡。同年闰六月戊寅条：

> 巡抚河南山西行在兵部右侍郎于谦言："山西河南旱荒，人民逃移，遗下粮草，见在人户包纳。是以荒芜处所，民愈少而粮不减，丰熟地方，民愈多而粮无增。乞令各处入籍，就纳原籍粮草，庶税无亏欠，国无靠损。"

以此重又下令命逃民占籍于所寓地方。同年十一月庚戌条：

> 先是行在户部奏："各处民流移就食者，因循年久，不思故土。以致本籍田地荒芜，租税逋负。将蠲之则岁入不足，将征之则无从追究。宜令各府县备籍逃去之家并逃来之人，移交互报，审验无异，令归故乡。其有不愿归者，令占籍所寓州县，授以地亩，俾供租税。则国无游食之民，野无荒芜之地矣"。上命下廷臣议。至是金以为便，从之。

这也只是一个理想的办法，因为经过几十年的流移，册籍早已混乱，无从互报。而且即使册籍具在，也不过是文字上的装饰，和实际情形毫不相干。

例如宿州知州王永隆所说造册报部的情形：

> 正统二年二月辛酉，直隶凤阳府宿州知州王永隆奏："近制各处仓库储蓄及户口田土并岁入岁用之数，俱令岁终造册送行在户部存照。州县惟恐后期，预于八月臆度造报。且八月至岁终，尚有四月，人口岂无消息，费用岂无盈缩，以此数目不清，徒为虚文。"[①]

正统五年四月又规定逃民抚恤办法：

> 一、各处抚民官务要将该管逃民设法招抚，安插停当，明见下落。其逃民限半年内赴所在官司首告，回还原籍复业，悉免其罪，仍优免其户下一应杂泛差役二年。有司官吏里老人等并要加意抚恤，不许以公私债负需索扰害，致其失所。其房屋田地，复业之日，悉令退还，不许占据，违者治罪。
>
> 一、逃民遗下田地，见在之民或有耕种者，先因州县官吏里老人等，不验所耕多寡，一概逼令全纳逃民粮草，以致民不敢耕，田地荒芜。今后逃户田地，听有力之家尽力耕种，免纳粮草。
>
> 一、逃民既皆因贫困不得已流移外境，其户下税粮，有司不恤民难，责令见在里老亲邻人等代纳，其见在之民被累艰苦以致逃走者众。今后逃民遗下该纳粮草，有司即据实申报上司，暂与停征，不许逼令见在人民包纳。若逃民已于各处附籍，明有下落者，即将本户粮草除豁。违者处以重罪。[②]

---

① 《明英宗实录》卷二七。
② 《明英宗实录》卷六六。

抚民官的派出，目的本在抚辑流亡。可是恰和实际情形相反，恤民之官累设而流亡愈多[1]，他们不但不能安抚，反加剥削，纵容吏胥里老人等生事扰害。[2] 正统十年从张骥言，取回济南等府抚民通判等官。[3] 一面又于陈州增设抚民知州，令负责招抚[4]，又置山东东昌府濮州同知、直隶凤阳府颍州府亳县县丞各一员，专管收籍逃户。[5] 专负抚民的，河南山西巡抚于谦则抚定山东、山西、陕西等处逃民七万余户，居相近者另立乡都里，星散者就地安插。[6] 可是不到一年，又复逃徙，同书卷一四六正统十一年十月乙巳条：

> 河南左布政使饶礼奏："外境逃民占河南者，近遇水旱，又复转徙，甚者聚党为非。"

另一面则虽设官招抚，逃民亦不肯复业。例如景泰三年（1452）五月敕巡抚河南左副都御史王暹所言："河南流民，虽常招抚，未见有复业者。"[7]

虽然有黄册，有逃户周知册，可是都只是官样文章，簿上的数目和实际上完全不符。由此发生两种现象，第一是户口和土地的减少，第二是分配不均的尖锐化。成化中（1465—1487）刘大夏上疏言：

> 今四方民穷则竭，逃亡过半。版籍所载，十去四五。今为之计，

① 《明英宗实录》卷八二。
② 《明英宗实录》卷六六。
③ 《明英宗实录》卷一三三。
④ 《明英宗实录》卷一三二。
⑤ 《明英宗实录》卷一三五。
⑥ 《明英宗实录》卷一三四。
⑦ 《明英宗实录》卷二一六。

必须痛减征敛之繁，慎重守令之选，使逃民复业，人户充实，庶几军士可充，营伍可实。①

从户口方面看，王世贞《弇山堂别集》卷十八户口登耗之异条：

国家户口登耗之异，有绝不可信者，如洪武十四年（1381）天下承元之乱，杀戮流窜，不减隋氏之末，而户尚有一千六百五十万四千三百六十二，口五千九百八十七万三千三百五。其后休养生息者二十余年，至三十五年（建文四年，1402），而户一千六十二万六千七百七十九，口五千六百三十万一千二十六。计户减二万二千五百八十三，口减三百五十七万二千二百七十九，何也？其明年为永乐元年，则户一千一百四十一万九千八百二十九，口六千六百五十九万八千三百三十七。夫是时靖难之师，连岁不息，长淮以北，鞠为草莽，而户骤增至七十八万九千五十余，口骤增至一千二十九万七千三百十一，又何也？明年户复为九百六十八万五千二十，口复为五千九十五万四百七十，比之三十五年，户却减九十四万一千七百五十九，口减五百三十五万五百五十六，又何也？……自是休养生息者六十年，而为天顺七年，户仅九百三十八万五千一十二，口仅五千六百三十七万二百五十，比于旧有耗而无登者何也？然不一年而户为九百一十万七千二百五，减二十七万七千八百七十二，口为六千四十七万九千三百三十，增四百一十二万九千八十，其户口登耗之相反，又何也？成化中户不甚悬绝，二十二年（1486）而口至六千五百四十四万二千六百八十，此盛之极也。二十三年而仅五千二十万七千一百三十四，一年之间而减

---

① 《刘忠宣公遗集》卷一，《处置军伍疏》。

> 一千五百二十三万五千五百四十六，又何也？……然则有司之造册，与户部
> 之稽查，皆儿戏耳。

实际上这数目突升突降的古怪，倒并不是儿戏，只是一种虚伪的造作。洪武十四年的户口数，也许是实际上经过调查，永乐元年的数字，只是臣下故意假造，去博得皇帝高兴的趋奉行为。以后流亡渐多，原额十去四五，册籍只是具文，州县官臆度造报，中央也就假装不知道。以此忽升忽降，竟和实际情形毫不相干。在田土数目方面也是同样的可怪，洪武二十六年（1393）时核天下水田，总八百五十万七千六百二十三顷，到弘治十五年（1502）天下土田止剩四百二十三万八千五十八顷，一百零九年间，天下额田已减强半。[①] 户口和土田日渐消减，当然有其他种种原因，不过，农民的逃亡却是一个最重要的因素。逃亡的情形因政治的腐败而更加速度发展，登记人口和土田的黄册制度由之破坏，使农民和土地不相联系。这影响，一方面，慢慢的，统治阶级的基础因之日益动摇；一方面治安不能维持，农民叛乱接踵而起。在反面，逃民此往彼来，被抛弃的土地为地主所兼并，农民却跑到另一地带去和人争地。土地分配因之愈加不均，地主和贫农的关系也愈趋恶化。在这情形下，从天顺到正德爆发了几次空前的农民叛乱。

　　作者附识：这原是我预备要写的《明代的农民》一文中的一段札记。因为篇幅的限制，材料未及全盘整理，行文系统未能如意。凌乱破碎之讥，自知不免。阅者谅之。

---

① 《明史》卷七七，《食货志》一。

三、明代之粮长及其他 [①]

第一，明代米价

刘辰《国初事迹》："市俗以铜钱一十二文易米一升，一百二十文易米一斗，一千二百文易米一石。"叶盛《水东日记》卷十一《洪武四年闰三月王轸父家书》："浙西米价极廉，白者十文一升，可见太平之时矣。"轸，德清人，其父家书全文见沈节甫《纪录汇编》。此洪武前期之米价也。《明太祖实录》卷一七六："洪武十八年十二月己丑，命户部凡天下有司官禄米，以钞代给之：每钞二贯五百文代米一石。"则以钞价低落，故钞数较钱数为多也。《明史·食货志》："洪武三十年定逋赋折色，银一两折米四石。"

《明英宗实录》卷五一："正统四年二月甲戌，山东按察司佥事薛瑄奏云，山东每银一两买米五石。"（至六年用兵麓川，转运劳费，军前米一石至费银四两。卷七十六："六年二月辛巳，麓川寇叛，道路险隘，挽运艰苦，米一石易银四两。"）卷六一："四年十一月乙巳，巡御宣府大同右佥都御史卢睿奏，山西上年拨送折粮银一十万两，每银一两准粮四石。今宣府米价腾踊，请每银一两准二石五斗。从之。"卷六三："五年正月辛酉，行在翰林院修撰邵弘誉言，比年辽东边境丰稔，银一两买米六石至十石。"卷八二："八年九月癸卯，南京守备丰城侯李贤、户部右侍郎张凤奏，南京米价腾踊。军民艰食，发锦衣等卫仓粮以济之，计粮八十万石，得银二十一万七千两，差官解京。"仍合银一两米四石。此土木之变以前之米价也。

---

① 本文原载《云南大学学服》第一期，1938年。——编者注

郎瑛《七修类稿》卷五："嘉靖乙巳（1545）天下十荒八九，吾浙百物腾踊，米石一两五钱。时疫大行，饿莩横道。"

天启时吴中饥，守吏责饷急，米价突涨，叶绍袁《启祯记闻录》卷一："天启五年，是岁吴中饥荒，而国储告匮，责饷东南甚急。新漕院奉旨催粮甚峻，提责金坛管粮县丞三十板，立毙杖下，次及各县粮衙，俱欲提责，太尊寇慎亲下仓征比，吴中大为驿骚，米价顿加至每一石一两二钱，盖自此始，从前所未有也。小民甚以为骇，从渐习而安之矣。"

崇祯末年兵灾、天灾交至并作，米价遂成倍地上涨，《明史·左懋第传》："十四年督催漕运，道中驰疏言：'臣自静海抵临清，见人民饥死者三，疫死者三，为盗者四。米石银二十四两，人死取以食，惟圣明垂念。'……又言：'臣去冬抵宿迁，见督漕臣史可法言，山东米石二十两，而河南乃至百五十两'。"黄宗羲《吾悔集》卷四《熊公雨殷行状》："崇祯辛巳（十四年）江南荒疫，人死且半，米价（石）四两有余。"叶绍袁《启祯记闻录》卷二："崇祯十年……米价向来腾踊，冬粟每石一两二钱，白粟一两一钱，此荒岁之价，而吴民习为常矣……十三年，旧岁苏松皆有秋，今春二麦亦登，夏间禾稼盈畴，非荒岁也。只以邻郡水旱，客米不至，米价加至每石一两六钱，未几一两八钱，民心惶惶。七月中冬粟加每石二两之外，真异事也。崇祯十四年正月糙粟每石二两二钱，冬粟二两五钱。是岁田禾，夏苦亢旱，至秋复蝗，大约所收不及十之三四，十月中糙米价至二两八钱，白粟三两之外，凡中人之家，皆艰于食，吴中向推饶丽，今则饿莩在途，豆谷糠秕，皆以为食，贫民皆面无人色。十五年米值至每升九十文有零，人相食。"绍袁苏州人。

第二，小地主之生活

艾南英《天傭子集》卷三《历年租借序》："天启改元辛酉（1621）乃借吾父所授产，通计一百十七亩，亩以一石计，自佃与佃人之所入，借而记之。至壬申（1632）乃增岁入十之一……食指五十余口，取给于百十七亩之入。每岁至十一月初，则告籴请贷，富人拒者半。而自戊辰至辛未（1628—1631）谷价腾踊，苦甚于昔。"南英字千子，江西东乡人。

第三，佃　户

黄溥《闲中今古录》："黄岩风俗，贵贱等分甚严。若农家种富室之田，名曰佃户，见田主不敢施揖，俟其过而后行。（方）谷珍父为佃户，过于恭主。谷珍兄弟四人，既长，谷珍谓父曰：田主亦人尔，何恭如此！父曰：我养赡汝等，由田主之田也，何可不恭！谷珍不悦。父卒，兄弟戮力，家遂渐裕，酿酒以伺田主之索租……（因杀之而反）。"《明史·方国珍传》记国珍世以贩盐浮海为业，以"怨家告其通寇"，因杀怨家入海反，所记与此不同。

杨维桢《东维子文集》卷二《代冯县尹送司农丞杭公还京序》："浙地官民田土，夙有成籍，然仰人租额，岁为地主有增无减，阡陌日荒，庄佃日贫，至于今盖穷极无所措手足矣。"《明太祖实录》卷六十八："洪武四年十月甲辰，中书省奏公侯佃户名籍之数，六国公二十八侯，凡三万八千一百九十四户。"卷七三："五年五月，诏佃见佃主，不论齿序，并如少事长之礼。若在亲属，不拘佃主，则以亲属之礼行之。"《英宗实录》卷五："宣德十年五月乙未，行在刑科给事中年富言：江南小民，佃富人之田，岁输其租。今诏免灾伤税粮，所蠲特及富室，而小民输租如故。乞特命被灾之处，富人田租如例蠲免。从之。"

第四，粮　长

《明太祖实录》卷六八："洪武四年九月丁丑，上以郡县吏每遇征收赋税，辄侵渔于民，乃命户部令有司料民土田，以万石为率，其中田土多者为粮长，督其乡之赋税。且谓廷臣曰：此以良民治良民，必无侵渔之患矣。"于每粮万石中，选其田土多者为粮长，洪武六年九月又于粮长下设知数、斗级、运粮夫以佐之，《实录》卷八五："辛丑，诏松江、苏州等府，于旧定粮长下，各设知数一人，斗级二十人，送粮夫千人，俾每岁运纳，不致烦民。"并特令粮长有犯，许纳钞赎罪。《实录》卷一〇二："洪武八年十二月癸巳，上谕御史台臣曰：比设粮长，令其掌收民租，以总输纳，免有司科扰之弊，于民甚便。自今粮长有杂犯死罪及徒流者，止杖之，免其输作，使仍掌税粮。御史台臣言，粮长有犯许纳钞赎罪。制可。"洪武三十年又改设正副粮长，《实录》卷二五四："七月乙亥，命户部下郡县更置粮长，每区设正副粮长三名，以区内丁粮多者为之。编定次序，轮流应役，周而复始。"《明史·食货志二·赋役》："粮长者，太祖时，令田多者为之，督其乡赋税。岁七月，州县委官偕诣京，领勘合以行。粮万石，长、副各一人，输以时至，得召见，语合辄蒙擢用。末年更定，每区正、副二名轮充。宣德间，复永充。科敛横溢，民受其害，或私卖官粮以牟利。其罢者，亏损公赋，事觉，至殒身丧家。"英宗时又改永充为轮役，《英宗实录》卷九五："正统七年八月辛丑，命苏、松、常、嘉、湖、杭六府粮长，岁一更之，从监察御史柳寻奏也。"《明史·食货志二》："景泰中革粮长，未几又复。自官军兑运，粮长不复输京师，在州里间颇滋害。"嘉靖二年"谕德顾鼎臣条上钱粮积弊四事：一曰催办岁征钱粮：成、弘以前，里甲催征，粮户上纳，粮长收解，州县监收。粮长不敢多收斛面，粮户不敢搀杂水谷糠秕，兑粮官军不敢阻难多索，公私两便。近者，有司不复比较经催里甲负粮人户，但立限敲扑粮长，令下乡催征。豪强者则大斛倍收，多方索取，所至鸡犬为空。孱弱者为势豪所凌，耽延欺赖，不免变产补纳。至或旧役侵欠，责偿新佥，一人逋负，株连亲属，无辜之民死于棰楚囹圄者几数百人。且往时，每区粮长不过正、副二名，近多至十人以上。其实收掌管粮之数少，而科敛打点使用年例之数多。州县一年之间，辄破中人百家之产，害莫大焉。宜令户部议定事例，转行所司，审编粮长，务遵旧规。如州县官多佥粮长，纵容下乡，及不委里甲催办，辄酷刑限比粮长者，罪之，致人命多死者，以故勘论"。"疏下，户部言：'所陈俱切时弊，令所司举行。'迁延数载如故。"以上有明一代粮长制之沿革也。

粮长制之设，宋景濂曾原其立法之意为之说，《朝京稿》卷五《上海夏君新圹铭》："国朝有天下，患吏之病细民，公卿建议以为吏他郡人，与民情不孚，又多蔽于黠胥宿豪，民受其病固无怪。莫若立巨室之见信于民者为长，使主细民土田之税，而转输于官。于是以巨室为粮长，大者督粮万石，小者数千石。制定而弊复生，以法绳之，卒莫能禁。"吴宽《匏翁家藏稿》卷五二《恭题粮长敕谕》则以为粮长之制特重于东南，至颁以重其事："昔在高皇帝初定天下，以苏、松等府粮饷所资，择产厚之民，俾理其事，号曰粮长，每岁将征敛例赴阙下，而听宣谕而还。自鼎迁于北，累朝恪遵其制，率下敕词于南京户部，人给一道。"太祖所谓田土多者，景濂所谓巨室，匏翁所谓产厚之民，以今名释之，即大地主也。平居鱼肉兼并之不足，一旦假以事权，责之收纳，如虎傅翼，其恶乃愈肆，驯至富者愈富，贫者愈贫，而民生乃不可问。其弊胎于立法之际，炽于犯罪许赎之时，而极于永充之日。至中叶以后，朝政不纲，任役者家业立碎，则巨室产厚者又以贿去其籍，贫难下户一被佥发，率举室逃散，视为畏途矣。此制为明太祖所亲定，顾不廿年而弊端百出，太祖虽悔之而不能改，则以其立国之基，固凭借于厚产之巨室也。其弊之见于官书者，如太祖所亲颁之《大诰续诰》第二十一：

嘉定县粮长金仲芳等三名，巧立名色（虐民）凡一十有八：
一定舡钱　一包纳运头米钱　一临运钱　一造册钱　一车脚钱　一使用钱　一络麻钱　一铁炭钱　一申明旌善亭钱　一修理仓廒钱　一点舡钱　一馆驿房舍钱　一供状户口钱　一认役钱　一黄粮

钱 一修墩钱 一盐票钱 一出由子钱

同书第四十七：

> 粮长邾阿乃起立名色，科扰粮户。其扰民之计，立名曰舡水脚米，斛面米，装粮饭米，车脚钱，脱夫米，造册钱，粮局知房钱，看米样中米，灯油钱，运黄粮脱夫米，均需钱，棕软篾钱一十二色，通计敛米三万二千石，钞一万一千一百贯，正米止该一万，便做加五收受，尚余二万二千石，钞一万一千一百贯。民无可纳者，以房屋准之者有之，揭屋瓦准者有之，变卖牲口准者有之，衣服段匹布帛之类准者亦有之，其锅灶、水车、农具尽皆准折。

宣宗时，南京监察御史李安上言粮长苛征之害，《宣宗实录》卷七四：

> 宣德五年闰十二月壬寅，南京监察御史李安言：各处粮长皆殷实之家以承充之，故习于豪横，威制小民，妄意征求，有折收金银段匹者，有每石征二三石者，有准折子女、畜产者；任情费用，或纵恣酒色，或辗转贩卖。营私有余，输官不足，稽其递年税粮完者无几。宜禁革以便民，命行在户部计议施行。

江西耆民则陈诉永充粮长之怙势害民，《宣宗实录》卷七四：

> 宣德五年闰十二月庚戌，江西庐陵、吉水二县耆民建言：永充粮长怙势害民，如征夏税，一图不及一石，而甲首十人各科棉布一匹，又折使用棉布五匹，至二十倍有余。若征收秋粮，每石加倍以上，又

征用绵布十五匹。复以官府支费为名，每甲首一人别科银二两。甚至在乡强占灌田陂塘，阻遏水利，民多怨苦。皆因永充之故。

监察御史张政又痛陈粮长之作奸犯科，《宣宗实录》卷七八：

> 宣德六年四月癸亥，监察御史张政言：洪武间设粮长专办税粮。近见浙江嘉、湖、直隶、苏、松等府粮长，兼预有司诸务，徭役则纵富役贫，科征则以一取十，词讼则颠倒是非，粮税则征敛无度，甚至役使善良，奴视里甲，作奸犯科，民受其害，乞为禁治。命行在户部禁约。

仁、宣两代在明代号为极盛，吏治修明，民生乐业，史家多艳称之，顾粮长之弊，乃与《续诰》所言无异，甚且过之。小民困不聊生。国库输纳不足，损民蠹国，而粮长乃愈肥，大地主乃愈大。英宗时常熟知县郭南言粮长奸敝，负欠税粮，《英宗实录》卷五：

> 宣德十年五月辛卯，直隶苏州府常熟县知县郭南奏：各州县佥替粮长，多不循公，致奸弊不一，负欠税粮。乞遇佥替时，令州县官选丁多殷实为众所服者充投，仍具姓名，申达上司。奏下行在户部，请如其言，从之。

次年江南县民复奏粮长违诏科征，巧立名色，以致小民通欠，《英宗实录》卷一四：

> 正统元年二月丁未，应天府江宁县民奏：本县抛荒官田，令民佃种，

已有诏例准民田起科，而粮长不遵，一依官田全征，民受其害。又巧立过乡名色，每年夏税秋粮索取麦稻，以致小民逋欠。奏下行在户部，覆奏令巡抚侍郎体实具闻，以凭究问。上恐累及平人，但令移交禁止之。

驯至剖理词讼，屈抑无辜，正统十一年特诏禁止，《英宗实录》卷一四一：

> 正统十一年五月甲戌，湖广布政使萧宽奏：近年民间户婚、田土、斗殴等讼，多以粮长剖理，甚至贪财坏法，是非莫辨，屈抑无辜。乞严加禁约，今后不许粮长理讼。从之。

黄省曾《吴风录》记粮长之兼并，及与地方官勾结之情形云：

> 自郭令信任巨万富粮长，纳其赃贿千万，以至粮长倍收人户，吞并乡民，莫之控诉，而粮长自用官银买田、造宅、置妾，百费则又开坐于小户，谬言其逋。至今粮长虎噬百姓，以奉县官。

政府以巨室为爪牙，巨室复假国家之威灵以遂其鱼肉兼并之计，而蚩蚩小民，乃无复有所告诉。农为民本，国本既穷，国斯不国，此太祖所遗之虐政，亦明室积贫积弱之主因也。

第五，田 价

钱泳《履园丛话·旧闻门》云："前明中叶田价甚昂，每亩直五十余两至百两，然亦视其田之肥瘠。崇祯末年，盗贼四起，年谷屡荒，咸以无田为幸，每亩止值银一二两，成田之稍下者，送人亦无有受诺者。至顺治初，良田不过二三两，康熙年间涨至四五两不等，雍正间仍复顺治初价值。

至乾隆初年田价渐涨。然余五六岁时，亦不过七八两，上者十余两，今阅五十年，竟亦涨至五十余两矣。"

钱谦益《有学集》卷二七《扬州石塔寺复雷塘田记》："近寺有雷塘田一千二百五十余亩，寺僧开垦作常住田。乃者开荒清丈，寺僧奉甲令估纳价银一千四百五十九两。"

第六，徙民垦田

自元末群雄兵起，至太祖统一区宇，前后历时凡二十年。农民转徙沟壑，田畴芜为蒿莱，旷土沃野，往往皆是。谋国者因议徙狭乡之民于宽乡，使田畴增辟，游民就农，足国富民，二利具举。于是有徙民垦田之举，移南实北，徙狭就宽，前后凡三十年。《明史·食货志》虽略记之，顾不详备，今采《明史·太祖本纪》《明太祖实录》徙民之文著于篇。

《明太祖实录》卷五三："洪武三年六月丁丑，济南府知府陈修及司农官上言：北方郡县近城之地多荒芜，宜召乡民无田者垦辟，户率十五亩，又给地二亩与之种蔬菜，有余力者不限顷亩，皆免三年租税。其马驿、巡检司、急递铺应役者，各于本处开垦，无牛者官给之。守御军屯远者，亦移近城。若王国所在，近城存留五里，以备练兵牧马，余处悉令开耕。从之。"《明史·太祖本纪》："洪武三年六月辛巳，徙苏州、松江、嘉兴、湖州、杭州民无业者田临濠，给资粮牛种，复三年。四年三月乙巳，徙山后民万七千户屯北平。六月徙山后民三万五千户于内地。又徙沙漠遗民三万二千户屯田北平。"《食货志》谓此举也，"置屯二百五十四，开地千三百四十三顷"。寻"复徙江南民十四万户于凤阳"。《本纪》："九年十一月戊子，徙山西及真定民无产者田凤阳。"《实录》卷一四八："十五年九月，晋府长史致仕桂彦良言：中原为天下腹心，号膏腴之地，因人力不至，久致荒芜。近虽令诸军屯种，垦辟未广。莫若于四方地瘠民贫、户口众多之处，令有司募民（移宽乡）开耕。愿应募者资以物力，宽其徭赋，使其乐于趋事。及凡犯罪者亦谪之屯田，使荒闲之田，无不农桑，三五年间，中州富庶，则财用丰足矣。"卷一九三："二十一年八月癸丑，户部郎中刘九皋言：古者狭乡之民，迁于宽乡，盖欲地不失利，民有恒业，今河北诸处，自兵后田多荒芜，居民鲜少。山东西之民，自入国朝，生齿日繁，宜令分丁徙居宽闲之地，开种田亩。如此，则国赋增而民生遂矣。上谕户部侍郎杨靖曰：山东地广，民不必迁，山西民众，宜如其言。于是迁山西泽、潞二州民之无田者，往彰德、真定、临清、归德、太康诸处闲旷之地，令自便置屯耕种，免其赋役三年，仍户给钞二十锭，以备农具。"卷一九六："二十二年四月乙亥朔，命杭、湖、温、台、苏、松诸郡民无田者，许命往淮河迤南滁、和等处就耕。官给钞户三十锭，使备农具，免其赋役三年。上谕户部尚书杨靖曰：朕思两浙民众地狭，故务本者少，而事末者多，苟遇岁歉，民即不给。其移无田者于有田处就耕，庶田不荒芜，民无游食……国家欲使百姓衣食足给，不过因其利而利之，然在处置得宜，毋使有司侵扰之也。"卷一九七："二十二年九月壬申，后军都督朱荣奏：山西贫民徙居大名、广平、东昌三府者，凡给田二万六千七十二顷。"卷二一六："二十五年二月庚辰，监察御史张式奏徙山东登、莱二府贫民无恒产者五千六百三十五户，就耕于东昌。"卷二三一："二十七年二月丁酉，迁苏州府崇明县无田民五百余户于昆山开种荒田。时昆山县民上言，其邑田多荒芜，而赋额不蠲，故有是命。"卷二三九："二十八年七月乙未，山东布政使杨镛奏，青、兖、登、莱、济南五府民五丁以上及小民无田可耕者，起赴东昌，编籍屯种，凡一千五十一户，四千六百六十六口。"综上所记，知太祖一朝之徙垦，初年山东地旷人稀，临濠（凤阳）帝乡，北平则北边重镇地，徙民垦辟，甫十数年而山东西之民生齿日繁。中原（河南北）则以人力不至，久致荒芜，洪武二十年以后始徙民垦辟河南北，二十二年始徙两浙民垦淮南。就宽狭论，则登、莱等五府就近徙东昌，山西泽、潞二府徙彰德、大名等四府，两浙垦淮南，崇明迁昆山，此其大较也。垦田总数及增收田租，仅东昌等三府彰德等四府著于史，《太祖实录》卷二四三："二十八年十一月戊寅，后军都督佥事朱荣言：东昌等三府屯田，迁民五万八千一百二十四户，租三百二十二万五千九百八十余石，棉花二百四十八万斤。右军都督佥事陈春言：彰德等四府屯田凡三百八十一，屯租二百三十三万三千三百一十九石，棉花五百二万五千五百余斤。"成祖即位后，又徙山西民实北平，《成祖实录》卷十二下："洪武三十五年九月乙未，命户部遣官核实山西太原、平阳二府泽、潞、辽、沁、汾五州丁多田少及无田之家，分其丁口以实北平各府州县，仍户给钞，使置牛具、种子，五年后征其税。"此洪武朝徙民之尾声也。盖自开国以来，经三十余年之休养生息，经数十次之迁徙垦辟，益以军屯、商屯，生齿日繁，沃土尽辟。成祖而后，盖已不复有事于徙民矣。

第七，户 帖

《明史·太祖本纪》："洪武三年十一月辛亥，诏户部置户籍、户帖，岁计登耗以闻，著为令。"按《明史》此条史源，出《明太祖实录》卷五八。《实录》云："洪武三年十一月辛亥，核民数给以户帖。户部制户籍、户帖，各书其户之乡贯、丁口、名、岁，合籍与帖，以字号编为勘合，识以部印，籍藏于部，帖给之民。仍令户部岁计其户口之登耗，类为籍册以进。著为令。"《明史·食货志·户口》："太祖籍天下户口，置户籍、户帖，具书名、岁、居地，籍上户部，帖给之民。有司岁计其登耗以闻。"《明宣宗实录》卷六九："宣德五年八月乙未，兼掌行在户部事兵部尚书张本言：天下人民，国初俱入版籍，给以户帖，父子相承，徭税以定。"则户帖盖洪武十四年编定全国赋役黄册以前之制度，户帖给之民，综户帖而为户籍，藏于户部，合籍与帖，又以字号编为勘合，以便稽校。丁产岁有增减，则又岁计登耗，类册以进也。

按户帖之制，先行于宁国，创行者为宁国知府陈灌，《明史》卷二八一《陈灌传》："创户帖以便稽民。帝取为式，颁行天下。"《宁国府志》记："知府庐陵陈灌作户帖以定版籍，民甚德之。后以其法诏行天下。"其规制则谈迁记之其详，《枣林杂俎·逸典》："洪武三年十一月辛亥，给民户帖。以户部半印勘合，令有司各户比对，不合者遣戍，隐匿者斩。男女田产备载于后。户部尚书邓德、左侍郎程进诚、侍郎某、员外郎某、主事某各押名，又本州县正、以官知印吏亦押名，部官押名俱刻本州县，押名细书。帖不满二尺。"

王鏊《王文恪公集》卷三五有邢丽文家藏洪武三年定户口勘合帖一文，亦记当时规制。

第八．户　口

明制户口以籍为定，《明律》卷四《户》一："凡军、民、驿、灶、医、卜、工、乐诸色人户，并以籍为定。若诈冒脱免、避重就轻者，杖八十；其官司妄准脱免及变乱版籍者，罪同。"《明史·食货志》记洪武二十六年、弘治四年、万历六年三次户口总数，计

时代	户数	口数
洪武二十六年（1393）	16052870	60545812
弘治四年（1491）	9113446	53281158
万历六年（1578）	10621436	60692856

《食货志》因谓："太祖当兵燹之后，户口顾极盛。其后承平日久，反不及焉。靖难兵起，淮以北鞠为茂草，其时民数反增于前。后乃递减，至天顺间为最衰。

成、弘继盛，正德以后又减。"周忱推论户口之所以减削，谓一投倚于豪门，二冒匠窜两京，三冒引贾四方，四举家舟居，莫可踪迹。此殆笃论。

顾犹有进者，我国往昔官场，调查呈报，第为文具，下行上报，徒美观瞻，史籍所具数字，根本不可置信。就不可信之数字而推论其增减之由，直空中楼阁耳，试举二例，以实吾说。《明英宗实录》卷二七："正统二年（1437）二月辛酉，直隶凤阳府宿州知州王永隆奏：近制各处仓库储蓄及户口、田土，并岁入岁用之数，俱令岁终造册，送行在户部存照。州县惟恐后期，预于八月臆度造册报。且八月至岁终尚有四月，人口岂无消息，费用岂无盈缩，以此数目不清，徒为虚文。请令有司今后岁终造册，期以次年二三月至部，则无臆度之患矣。从之。"由此知正统以前之岁终报部，率由臆度，徒为虚文也。部臣综州县之呈报，汇为户口总数，《实录》据之，编年排列，《明史》复据之以论明代户口升降。永隆所陈虽经报允，而绳以往者官场之颟顸，证以今日官场之等因奉此，则其效亦可睹矣，今试再以《明实录》所记之洪武二十四年户口总数，与《食货志》所记作一对比，《明太祖实录》卷二一四：

郡县更造赋役黄册成，计

人户 10684435

口 56774561

地名	户数	口数
直隶十四府四州	1876638	10061873
浙江布政司	2282704	8661640
山东布政司	720282	5672543
北平布政司	340523	1980895
河南布政司	330294	2106991

陕西布政司	294503	2489805
山西布政司	593065	4413437
广东布政司	607241	2581719
江西布政司	1566613	8105610
湖广布政司	739478	4091905
广西布政司	208047	1392248
福建布政司	816830	3293444
四川布政司	232864	1567654
云南布政司	75690	354797

各布政司之呈报非不详备也。浙江户多于直隶四十万，而口则少于直隶一百四十万，河南户多于陕西四万，而口则减于陕西三十八万。再与后二年之户口数对比：

洪武二十四年（1391）户 10684435　口 56774561
洪武二十六年（1393）户 16052870　口 60545812

则相隔甫二年而户增五百三十三万，口增三百七十七万，约一丁为二户，或一户而仅有半丁，此固事理之不可能，其为臆度报部之成果又无疑也。执此以论明代户口，则尽信书不如无书，执此以论明代户口升降之故，则直是痴人说梦矣。

第九，明初之大地主

明祖起于侧微，定浙东后，礼聘宋濂、刘基、叶琛、章溢四人入幕室，参谋议。四人皆儒生，亦浙东之大地主也。刘、章尤魁杰，聚兵保乡里，一呼万人立集，苗军之变，刘基一言而定处州，章氏父子则以所部兵转战立功。其他各地之巨室输粮助锱，望风投顺以求庇佑者，盖不可以数计。明祖借其力以缔王业，然实深忌之。吴元年平张士诚，以苏民为张氏固守故，徙其富民于濠州①，此盖师秦政故智，所谓强干弱枝者也。建国后又次第徙各地富民实京师。事先经缜密之调查，《明太祖实录》卷四十九：

> 洪武三年二月庚午，先是上问户部，天下民孰富？产孰优？户部臣对曰：以田税之多寡较之，惟浙西多富民巨室。以苏州一府计之，民岁输粮一百石以上至四百石者四百九十户，五百石至千石者五十六户，千石至二千石者六户，二千石至三千八百石者二户，计五百五十四户，岁输粮十五万一百八十四石。

至洪武三十年（1397）遂徙东南富民田赢七顷以上者实京师，《明太祖实录》卷二五二：

> 洪武三十年四月癸巳，户部上富民籍名。奏云南、两广、四川不取，籍得浙江等九布政司、直隶应天十八府州田赢七顷者，万四千二百四十一户，列其户名以进。命藏于印绶监，以次召至，量才用之。

同年八月，又徙山东、河南、淮东富民实京师，《实录》卷二五四：

> 戊申，吏部尚书杜泽言：富民既名登天府，宜依次取用。上命先

---

① 《明太祖实录》卷二十六。

取山东、河南、淮东者至京选用之。

选用富民事别详下文。洪武、永乐二代之迁徙富民，亦详见《明史·食货志》：

（太祖）惩元末豪强侮贫弱，立法多右贫抑富。尝命户部籍浙江等九布政司、应天十八府州富民万四千三百余户，以次召见，徙其家以实京师，谓之富户。成祖时，复选应天、浙江富民三千户，充北京宛、大二县厢长，附籍京师，仍应本籍徭役。供给日久，贫乏逃窜，辄选其本籍殷实户佥补。宣德间定制，逃者发边充军，官司邻里有隐匿者俱坐罪。弘治五年，始免解在逃富户，每户征银三两，与厢民助役，嘉靖中减为二两，以充边饷。太祖立法之意，本仿汉徙富民实关中之制，其后事久弊生，遂为厉阶。

被徙者率破家，至贫困不能自存，《明史》卷一六一《黄润玉传》：

黄润玉，字孟清，鄞人。永乐初，徙南方富民实北京，润玉请代父行，官少之。对曰："父去，日益老，儿去，日益长。"官异其言，许之。

《明英宗实录》卷九：

宣德十年九月庚午，免得胜关富户原籍户丁徭役。时耆民翟原奏：本关富户王永保等一千四百五十七户，俱系各布政司府州县取来填实京师，岁久贫乏，乞免原籍户丁徭役供给。奏下行在户部，议免二丁，从之。

其被徙实凤阳者，以潜回原籍有禁，率多托为游丐，回籍省视，习俗相沿，至今东南沿海一带，犹时见凤阳花鼓沿村卖唱。清赵翼《陔余丛考》卷四一《凤阳丐者》条：

> 江苏诸郡，每岁冬必有凤阳人来，老幼男妇成群逐队，散入村落间乞食，至明春二三月间始回，其唱歌则曰："家住庐州并凤阳，凤阳原是好地方，自从出了朱皇帝，十年倒有九年荒。"以为被荒而逐食也。然年不荒，亦来行乞如故。《蚓庵琐语》云："明太祖时徙苏、松、杭、嘉、湖富民十四万户以实凤阳，逃归者有禁。是以托丐潜回省墓探亲，遂习以成俗，至今不改。"理或然也。

江南巨室，以次被徙而日零落。其中魁桀豪长则特被宠召，任以中外要职。盖徙之使去乡土，所以弭其蟠结雄长之患，而官之则以科举之制未定，官司需人急，巨室子弟多通文，縻以爵禄，荣以衣冠，又坐收四方豪杰之用也。明祖之权略，大率类是。《明史·太祖本纪》：

> 洪武八年十月丁亥，诏举富民素行端洁达时务者。

所举者名人材亦曰税户人才，吴宽《匏翁家藏集》卷七五《施孝先墓表》：

> 国初科举法未定，诏选富民入官，有初命为方岳牧守者，号曰人材。

其著者如乌程严震直，《匏翁家藏集》卷四十三《尚书严公流芳录》序：

> （震直）公湖之乌程人，世力田，为旧族。洪武初设粮长，郡县

推择得公，每岁率先输粮，乡民素感公德，恐提期累公，无逋负者。时方征富民出仕，号税户人才。上察公朴直勤事，授布政司参议，而留治通政司事，累迁工部尚书。

浦江郑沂兄弟，《明史·郑濂传》：

> 濂受知于太祖，昆弟由是显。濂以赋长诣京师，帝欲官之，以老辞。弟湜，擢为左参议。二十六年，擢濂弟济与王勉为春坊左右庶子。后又征濂弟沂，自白衣擢礼部尚书。濂从子干官御史，棠官检讨。他得官者复数人。济、棠皆学于宋濂，有文行。

诛之使穷，官之使贵，而犹未能尽销巨室之势力，收魁杰之效用，则以党案株锄之，大肆屠戮，巨室死丧尽，其家产则籍没而收为国用。自洪武十三年后有胡惟庸之狱，李善长之狱，蓝玉之狱，郭桓之狱，空印之狱。前后十数年，其所诛夷无虑十数万，而东南之巨室无不破家荡产矣。方孝孺《逊志斋集》卷二十二《采苓子郑处士（濂）墓碣》：

> 妄人诬其家与权臣（胡惟庸）通财，时严通财党与之诛，犯者不问实不实，必死而覆其家。当是时，浙东西巨室故家，多以罪倾其宗，而处士家数千指特完，盖忠信之报云。

正学先生与郑济棠同出宋景濂之门，所记自得实，至云"犯者不问实不实，必死而覆其家"，当时之恐怖情形可以想见。抑由此可知明祖兴党狱之用意，不在实不实，而在必死巨室，必覆其家也。吴宽《匏翁家藏集》多为东南巨室作碑碣，其述明初事，有足与史印证者，如卷六十一《先考封儒林郎翰林院修撰府君（融）墓志》：

> 先祖生值元季，逮国初，能晦匿自全……所居城东，遭世多故，邻之死徒者殆尽，荒落不可居。

卷五十七《先世事略》：

> 先祖生元末……生平畏法，不入府县门，每戒家人闭门勿预外事。故历洪武之世，乡人多被谪徙或死于刑，邻里殆空，独能保全无事。

此匏翁记其父祖幸免之事迹也。此外如华亭朱氏以出居免，卷七十四《山西提刑按察司副使朱公墓表》：

> 国初其祖士清为邑乌溪（华亭）大姓赵惠卿赘婿，赵以富豪于一方。士清逆知其家必罹法禁，出居于外以避之。后竟保其家。

吴江莫氏以附尺籍免，卷五十八《莫处士（辕）传》：

> 时莫氏以赀产甲邑中，所与通姻，皆极一时富豪。处士窃忧之，每指同姓隶洱海卫者一人曰是吾族也，人莫测其意。后党祸起，芝翁（湜）与其子侍郎公（礼）相继死于法，余谪戍幽闭，一家无能免者，而处士卒以尝附尺籍免。

无锡华氏以散财免，卷七十三《怡隐处士墓表》：

　　家故多田，富甲邑中。至国初，尽散所积以免祸。

匏翁于《莫处士传》中更畅论三吴巨室所以致罪之由曰：

　　吴自唐以来，号称繁雄。延及五代，钱氏跨有浙东西之地，国俗奢靡，用度不足，则益赋于民，不胜其困。宋兴，钱氏纳土，赖其臣湛其藉于水，更定赋法，休养生息。至于有元，极矣。民既习见故俗，而元政更弛，赋更薄，得以其利自私，服食宫室，僭拟逾制，卒之徒足以资寇兵而已。皇明受命，政令一新，豪民巨室，划削殆尽，盖所以鉴往弊而矫之也。

《贝琼清江集》卷十九《横塘农诗》序二，记巨室尽倾其宗，而秦文刚侥幸独全，其述文刚言曰：

　　三吴巨姓，享农之利而不亲其劳。数年之中，既盈而覆，或死或徙，无一存者。吾以业农独全，岁于贡赋外，则击鲜酿酒，合族人乡党，酌而相劳，荣辱得丧，举不挠吾胸中矣。

前朝所遗之巨室，以徙，以诛夷而略尽，代之而起者则为帝室之皇庄，公侯勋戚宦寺之庄田，大官老吏之轻裘，举人进士乡宦所营之投献田土，一害去，四害增，统治者饱，小民哭。

四、元明两代之"匠户"①

一

"匠户"是元明两代户籍法中的一种特殊制度，这制度是用种种方式把有特殊技艺的工匠编为"匠户"，子孙世守其业，替国家服役。又以工作的对象和军民户籍的关系，分为"军匠"和"民匠"二种。在户籍中除"民户"和次多数的"军户"外，"匠户"的户数和人口超过其他任何特殊户籍，如僧道盐灶诸户及陵户、园户、海户之类。这制度从元初制定，一直到清初才明令取消（约1200—1645），施行了四百多年。

蒙古人文化落后，关于军器和日常生活必需品的制造，大部都需仰给于其他高文化的民族。成吉思汗兴起后，因军力之膨胀和疆土之日益扩大，工业品之需要日渐加强，从事制造的工人也因之而特被重视。在攻城作战时，照蒙古军法凡敌人曾经抵抗，城破后依例屠城。惟有艺业的工匠才能免死。西元1232年蒙古军攻汴梁将下时，大将速不台奏请屠城，耶律楚材以"奇巧之功，厚藏之家，皆萃于此。若尽杀之，将无所获"的理由，救免避兵居汴的一百四十七万人的生命。② 被兵处所的遗民也往往以冒为工匠而苟全，如《元史·张雄飞传》所记：

> 国兵屠许，惟工匠得免。有田姓者（雄飞父）琮故吏也，自称能为弓，且诈以雄飞及（琮妾）李氏为家人，由是获全，遂徙朔方。

---

① 本文写于1938年6月13日，于云南大学。原载《云南大学学报》第一期，1938年。——编者注
② 《元史》卷一百四十六，《耶律楚材传》。

刘因《静修文集·记武遂杨翁遗事》，据杨翁自述：

> 保州屠城，惟匠者免。予冒入匠中。如予者亦甚众。或欲请择能否，其一人默语之曰："能挟锯即匠也。拔人于生，挤人于死，惟所择。"事遂已。而凡冒入匠中者皆赖以生。

这一些假冒的工匠自然被编入军匠户籍，一部分从军，一部分则被迁徙到朔方工作。同时心地慈祥的将吏也往往借搜简工匠的名义，使难民免于屠戮。《元史·孙威传》记：

> 威每从战伐，恐民有横被屠戮者，辄以搜简工匠为言而全活之。

刘因《浑源孙公先茔碑铭》也说他：

> 前后所领平山安平诸工人，皆俘虏之余。

或则使俘虏学习工艺，著籍为匠户。揭傒斯《揭文安公文集》十三《陕西等处行中书省平章政事吕公墓志铭》记：

> 合剌廉直多巧思，为初建金玉局使。奏释所获宋间谍钦输作者及渡江所俘童男，皆教以工事，世守其业。

至于技艺熟练的优秀工人，则在平金和平宋时均曾大规模地尽室迁徙。《静修文集》十七《济水李君墓表》记：

金人南徙，国朝迁诸州工人实燕京。

《元史》和《元典章》亦记伯颜入临安，尽以文思院、都作院所属工匠北行。或则就地方设局，使俘囚工作。《元史·何实传》：

> 实分兵攻汴、陈、蔡、唐、邓、许、钧、睢、郑、亳、颍，俘工匠七百余人。孛鲁复命驻兵邢州，分织匠五百户置局课织。

《镇海传》亦记：

> 先是收天下童男童女及工匠置局弘州。既而得西域织金绮纹工三百余户，及汴京织毛褐工三百户，皆分隶弘州，命镇海世掌焉。

至元十三年(1276)又籍江南民为工匠，凡三十万户。[①]三年后又大举籍民匠，王恽《浙西道宣慰使行工部尚书孙公神道碑铭志》：

> 十六年冬授正议大夫浙西道宣慰使兼行工部事。籍人匠四十二万，立局院七十余所，每岁定造币缣弓矢甲胄等物。[②]

至元二十一年(1284)重选定江南所取民匠，留下十一万户。《元史·世祖纪》：

> 五月乙丑，阿鲁忽奴言：曩于江南民户中拨匠户三十万，其无艺

---

① 《元史》，《张惠传》。
② 《秋涧集》卷五十八。

业者多。今已选定诸色工匠，余十九万九百余户，宜纵令为民。从之。

到至元二十四年（1287）又下令括江南诸路匠户。①

民匠和军匠的分别，民匠只在规定的局所工作，军匠则往往须随军工作，有时且须正式参加作战，被编为匠军。《元史·兵志序》说：

> 或取匠为军曰匠军。

例如太宗七年（1235）七月签宣德、西京、平阳、太原、陕西五路人匠充军。命各处管匠头目，除织匠及和林建宫殿一切合干人等外，应有回回、河西、汉儿匠人等，通验丁数，每二十人出军一名。② 到天下大定后，军匠工作变成固定，始下令造作军人休教出征，如《元典章》所记：

> 至元三十一年（1294）正月福建行省准中书省咨：近准湖广行
> 省咨：造作局院军匠，元系亡宋都作院人匠，见行成造常课生活，及
> 供给交阯军器。有管军官依奉行院札付，将八局人匠尽行拖领前去交
> 阯出军，止落后下老弱残病久疾不堪造作人数。兼前项军匠系八局造
> 作籍定匠数，已有定到常课工程即与常调宣人不同。若将上项人匠差
> 拨充军，诚恐失误造作术使，请明白闻奏事。③

可是这只指有固定局所的"军匠"而言，不许将"军匠"充作"匠军"。至于随军的军匠，则恐仍不受这禁令的拘束。

---

① 《元史》，《世祖纪》。
② 《元史》，《兵志》，《兵制》条。
③ 《元典章》卷三十四，《出征》条。

诸民匠户一部分属于工部，分领于诸局所总管府。《元史·百官志一》记诸民匠户所属有：

> 诸色人匠总管府，秩正三品，掌百工之技艺……其下有梵像、出蜡局、铸泻等提举司及铜局、银局、镔铁局、石局、木局、油漆局等局。
>
> 诸司局人匠总管府，掌氍毹等事。
>
> 提举右八作司，掌都局院造作镔铁、铜、钢、输石，东南简铁州都支持皮毛、杂色羊毛、生熟斜皮、马牛等皮、骔尾、杂行沙里陀等物。
>
> 诸路杂造局总管府，其下有帘网局。
>
> 茶迭儿局总管府，管领诸色人匠造作等事。
>
> 大都人匠总管府，其下有绣局、纹锦总院、涿州罗局等。
>
> 随路诸色民匠都总管府，掌仁宗潜邸诸色人匠。

等总管府。又于大都通州等处置皮货所，晋宁路、冀宁路、南宫、中山、深州、宏州、云内州、大同、恩州、保定、大宁路、顺德路、彰德路、怀庆路、宣德府、东圣州等地置织染提举司。

一部分属于将作院，《百官志四》记：

> 将作院，秩正二品，掌成造金玉珠翠犀象宝贝冠佩器皿，织造刺绣段匹纱罗，异样百色造作。

其下有诸路金玉人匠总管府，所属有玉局、金银器盒局、玛瑙局、金丝子局、鞓带斜皮局、璁玉局、浮梁磁局、画局、妆钉局、大小雕木局、温犀玳瑁局、漆纱冠冕局等提举司及所。有异样局总管府，所属有异样纹绣、绫绵织染、纱罗等提举司，及大都等路民匠总管府，所属有备章总院、尚衣局、御衣局、高丽提举司、织佛像提举司等。

一部分属于中政院，《百官志四》记：

> 中政院，秩正二品，掌中宫财赋营造，内正司秩正三品，掌百工营缮之役。

其下有尚工署，管领六盘山等处齐哩克昆民匠都提举司，有翊正司，掌齐哩克昆民匠五千余户，管领上都等处诸色人匠提举司及管领诸路打捕鹰房民匠等户总管府，辽阳等处金银铁冶都提举司等司所。

一部分属于随路诸色人匠总管府。《百官志五》记：

> 中统五年（1264）命招集析居放良还俗僧道等户习诸色匠艺，立管领齐哩克昆总管府以司其造作。

其他列帝潜邸及中宫太子诸王均各有所属民匠，不能备举。

军匠则属于武备寺。其下有大同路、平阳路、太原路、保定、真定路、辽河等处蔚州、宣德、大宁路等军器人匠提举司，广平路、通州、蓟州、大都等甲局，归德府、汝宁府、陈州军器局、箭局、弦局、杂造局等等。

《元经世大典·工典总叙》分诸工匠的工作大要为二十二门：一宫苑，二官府，三仓库，四城郭，五桥梁，六河渠，七郊庙，八僧寺，九道宫，十庐帐，十一兵器，十二卤簿，十三玉工，十四金工，十五木工，十六抟埴之工，十七石工，十八丝枲之工，十九皮工，二十毯罽之工，二十一画塑工，二十二诸匠。诸匠户的户数试以金玉工作例：

> 中统二年（1261）敕徙和林白八里及诸路金玉玛瑙诸工三千余

户于大都，立金玉局。至元十一年（1274）升诸路金玉人匠总管府。

一总管府的匠户就有三千多户，其他可想而知。每门中又分若干部，如木工：

> 木工之名则一，而其艺有大小，如营建宫室则大木之职也，若舟车以济不通，几案以适用，此皆小木之为也。故镞匠有局，缮工有司，民匠杂造之有府，岁为定制，以备用焉。[1]

诸匠工除汉人、南人外，又遍取各国族之人以充之，如丝枲之工之有高丽诸工、西域诸工，漆匠之取于云南，兵器匠之取于西域旭烈木发里，妆塑绘画之取于尼波罗国。《经世大典·工典》诸匠条说：

> 国家初定中夏，制作有程。乃鸠天下之工，聚之京师，分类置局，以考其程度，而给之食，复其户，使得以专于其艺。故我朝诸工，制作精巧。咸胜往昔矣。[2]

工专其业，并且同一业的都聚于一地，或就出产的场所置局生产，用政府的威力和财力来统制一切工业部门，从上文所引可以想见当时的盛况。

匠户所得的待遇，是蠲免徭役，由政府维持其生活。以此往往有土豪地主自动投充匠户，以为避免徭役之计，元初王恽在他所上的《便民三十五事》中说：

> 各处富强之民，往往投充人匠，影占差役，以致靠损贫难户计。[3]

---

① 《元经世大典·工典总叙》。
② 苏天爵：《元文类》卷四十二。
③ 《秋涧集》卷九。

至元十七年(1280)曾敕民避役窜名匠户者复为民。[①] 可是到后来法度废弛，匠户被工官剥削，生活日趋困苦，如《元史·察罕传》所记：

> 察罕从孙立智理威，大德十年（1306）官湖广行省左丞。湖广岁织币上供，以省臣领工作。遣使买丝他郡，多为奸利。工官又为刻剥，故匠户日贫，造币益恶。

匠户是另有户籍的。在初期富强之民要作弊窜名匠籍，到这时却正好相反，舞弊的官吏有故意把民户列为匠籍，以为敲诈之计的。黄溍《茶陵州判官许君墓志铭记》有一例：

> 改赣州录事。纹锦局吏窜毁匠籍而牵连追呼滥及民伍。君白于郡，发架阁旧籍证之，其弊以绝。[②]

在工作时则有长（作头）管束，宋本《土狱》说：

> 京师小木局木工数百人，官什伍其人，置长分领之。[③]

词讼则不归有司，由政府特置官处理。《元史·百官志》记有：

> 管领随路人匠都提领所提领一员，大使一员。但受者檄掌工匠词

---

① 《元史·世祖纪》。
② 《黄文献公集》卷八。
③ 《元文类》卷四十一。

讼之事。至元十二年（1275）置。

匠户所有土地的纳税方法，也和民户不同。民户该纳丁税和地税，丁税少而地税多者纳地税，地税少而丁税多者，纳丁税。匠户因为已经"复户"，取消了丁税，所以也和僧道一样。验地纳税不再计丁了。[①]

二

明沿元旧制，分户籍为三等，曰民户，曰军户，曰匠户。[②]匠户又分二等，曰住坐，曰轮班。[③]住坐者隶内府内官监，轮班者隶工部。[④]至军匠则大部分分属于卫所，一部分属于内府兵仗局。

明代匠户的鉴定，完全依据元代旧籍，不许私自变动，《大明会典》说：

> 洪武二年（1369）令凡军民医匠阴阳诸色户，许各以原数抄籍为定，不许妄行变乱，违者治罪，仍从原籍。[⑤]

从此匠户的身份，便被固定，不但是本人，连后代的子孙的命运也被这一纸诏令所决定了。工人虽有文学亦不能预士流，官清要。除非是蒙特旨落去匠籍为民，例如永乐时之五墨匠陈宗渊：

> 文庙（明成祖）选中书舍人二十八人专习羲、献书，以黄文简公

---

① 《元史》，《食货志》，《税粮》。
② 《明史》，《食货志》，《户口》。
③ 《明史》，《赋役》。
④ 《大明会典》卷一百八十八，《工匠》一。
⑤ 《大明会典》卷十九，《户口》一。

（淮）领之。一日上谓文简公曰：诸生习书如何？公对曰：日惟致勤耳。惟今翰林有五墨匠陈宗渊者，亦日习书，而不敢侪诸人之列，但跪阶下临拓，颇逼真。上曰：卿尝持其所书来否？公因出诸袖中。上览之喜甚，目公曰：此何乡人？对曰：越陈刚中之后也。上闻刚中名，改容久之曰：自今当令此人与二十八人同习书。公曰：然尚在匠籍，又须如例与饮食给笔札。上从之。且令有司落其籍。宗渊遂得入士流。雅善山水，又能传神。习书未久，为中书舍人。历仕三朝，以刑部主事致仕云。[①]

此外则技艺绝伦的工人，特蒙皇帝赏识，亦有从工官超蹿到卿贰的。如永乐十五年（1417）营建北京宫殿之木工蒯祥，以营缮所丞累官至工部左侍郎。同时蔡某亦以造宫殿授衔至尚宝司丞。[②]杨青以瓦工为都工，营建宫阙，官亦至工部左侍郎。[③]蔡信以营缮所正至工部侍郎。[④]宣德时（1426—1435）石匠陆祥官至工部左侍郎，嘉靖间（1522—1566）木工徐杲官至工部尚书。[⑤]蒯刚、郭文英俱以木工官至工部右侍郎。[⑥]

属于轮班的各地方匠户，每三年应到京师工作三月，给有勘合。《大明会典》记：

> 凡轮班人匠，洪武十九年（1386）令籍诸工匠，验其丁力，定以三年为班，更番赴京轮作三月，如期交代，名曰轮班匠，仍量地远

---

① 刘昌：《悬笥琐探》。

② 《苏州府志》。

③ 《松江府志》。

④ 《武进县志》。

⑤ 沈德符：《野获编》卷十九。

⑥ 王世贞：《弇山堂别集》卷十。

近以为班次，置勘合给付之。至期赍至部听拨免其家他役。①

这制度据《明史》，系秦逵所定：

秦逵……洪武十八年进士……擢工部侍郎。时营缮事繁，部中缺尚书，凡兴作事，皆逵领之。初议籍四方工匠，验其丁力，定三年为班，更番赴京，三月交代，名曰轮班匠。未及行。至是逵议量地远近为班次，置籍为勘合付之，至期赍至部，免其家徭役，著为令。②

到洪武二十六年（1393）政府举办大工程，各地工匠被征发到京师的达二十余万户。又规定被征匠户户役一人，更番工作之制，《明史·严震直传》：

洪武二十六年六月进工部尚书。时朝廷事营建，集天下工匠于京师凡二十余万户。震直请户役一人，书其姓名所业于官。有役则按籍更番召之。役者称便。③

和《明太祖实录》所记参证，原来这二十余万户的匠户是这年轮到被征发的总数，政府只是照例征发，匠户也遵令到班，可是政府并未预先计画好这二十几万人的工作，以致匠户到京后，大部分无工可作，废时失业。政府才又规定这依工作需要规定应役工人数目的法令。《太祖实录》记：

---

① 《大明会典》卷一百八十九。
② 《明史》卷一百三十八，《薛祥传》。
③ 《明史》卷一百五十一。

洪武二十六年十月己亥，先是诸色工匠，岁率轮班至京受役，至有无工可役者，亦不敢失期不至。至是工部以为言。上乃令先分各色匠所业而验在京诸司役作之繁简，更定其班次，率三年或二年一轮，使赴工者各就其役，而无费日，罢工者得安家居。而无费业。①

上工以一季为满，凡给勘合二十三万二千八十九名。②这制度的颁布，似乎政府已给工人以休息的机会，可是仍未解决匠户的根本困难。因为匠户被征发到京的往返行费食粮均须自备，在人力和财力两方面说都极不经济。例如《明英宗实录》所说：

正统十二年（1447）闰四月丙戌，福建福州府闽县知县陈敏政言：轮班诸匠正班虽止三月，然路程窎远者，往还动经三四余月。则是每应一班，须六七月方得宁家。其三年一班者常得二年休息，二年一班者亦得一年休息。惟一年一班者奔走道路，盘费罄竭。③

因之逃亡相继。宣德元年（1426）正月工匠逃亡的达五千余人。④到景泰元年（1450）十二月逃匠的总数遂达三万四千余人。⑤政府处置逃匠的办法，一面用高压手段，设清理匠役官逮捕逃匠，勒令工作。《明英宗实录》记：

正统二年（1437）二月己巳，行在工部奏：天下工匠蒙放遣休

---

① 《明太祖实录》卷二百三十。
② 《大明会典》卷一百八十九；《明史·严震直传》。
③ 《明英宗实录》卷一百五十三。
④ 《明宣宗实录》卷十三。
⑤ 《明英宗实录》卷一百九十九。

息者三千七百余人，俱刻期使自来赴工。今过期不至者二千九百余人，请令所司械送赴京。从之。①

同书又记：

三年（1438）十二月甲戌，命各处有司逮逃匠四千二百五十五人。②

逮至逃匠皆带刑具罚工。③或罚充军匠。④其逃亡他处者，则令就地附籍当差。《大明会典》说：

正统元年（1436）令山西、河南、山东、湖广、陕西、南北直隶、保定等府州县，造逃户周知文册，备开逃民乡里姓名男妇口数军民匠灶等籍，及遗下田地税粮若干，原籍有无人丁应承粮差。原系军匠者，仍作军匠附籍，该轮班匠则发遣一丁当匠。⑤

又令逃匠自首免罪，不首者发边卫充军。⑥一面又制定征银法，使匠户得以银代役。《大明会典》又记：

成化二十一年（1485）奏准，轮班工匠有愿出银价者，每名每月南匠出银九钱免赴京，所司类赍勘合赴部批工。北匠出银六钱，到

---

① 《明英宗实录》卷二十七。
② 《明英宗实录》卷四十九。
③ 《明英宗实录》卷八十。
④ 《明英宗实录》卷二。
⑤⑥ 《大明会典》卷十九。

部随即批放。不愿者仍旧当班。①

弘治十八年（1505）改为每班征银一两八钱，遇闰征银二两四钱。无力者每季连人匠勘合解部投当，上工满日批放。匠价尽行解部。从嘉靖四十一年（1562）起，又改为通行征价，不许私行赴部投当，以旧规四年一班，每班征银一两八钱，分为四年，每名每年征银四钱五分。统计各省府班匠共十四万二千四百八十六名，每年征银六万四千一百十七两八钱。②从此以后，轮班匠便名存实亡，轮班匠户的义务并非工作而为征纳代工银了。李诩记江阴匠班银之弊说：

余邑有匠班银，匠户每名出银四钱二分（按应作四钱五分），此定于国初，而户籍一成不变。（按此制定于弘治，修正于嘉靖，非国初所定）夫银以匠名，为其有利而课之也。今其子孙不为匠者多矣，犹可责其办者，承祖户而力亦胜也。中间有绝户，有逃户，则里甲赔赇，出于无辜。有零丁，有乞丐，每遇追并，必至于尽命。何无一人以通变之法，以闻于司牧者乎？③

所记虽多谬误，但其记逃户及绝户与无力者之追并情形，则可供参考。

住坐工匠属于内府内官监。永乐间（1403—1424）迁江浙工匠于北京，《大明会典》记：

宣德五年（1430）令南京及浙江等处工匠起至北京者，附籍大兴、

①② 《大明会典》卷一八九。

③ 《戒庵漫笔》。

宛平二县，仍于工部食粮。①

这一批附籍的匠户经过几度的淘汰，到嘉靖十年（1531）还存留了军民匠一万二千二百五十五名，分配在内廷的司礼监、尚衣监、御马监、印绶监、司设监、内承运库、供用库、织染局、针工局、银作局、兵仗局，和工部所属的营缮所、文思院、织染所、皮作局、鞍辔局、宝源局、颜料局、军器局、楮本厂、大木厂、黑窑厂、琉璃厂以及兵部所属的盔甲厂和钦天监诸处工作。三十年后（1561）又增加到一万八千多名。隆庆元年（1567）又重定为一万五千八百八十四名。②

住坐匠户都由"匠官"管理工作，由工部的清匠主事管理补役及注销。逃亡者在内由锦衣卫等衙门挨拿，在外由清军巡按御史行属清查问罪起解。每户正匠做工得免杂差，仍免一丁帮贴应役。其余丁每名每年出办工食银三钱，以备各衙门因公务取役雇觅之用。正匠每月工作十日，月粮由政府供给，其数量因军民及工作性质以为差别。③

民匠中除轮班和住坐两种匠户以外，还有一种匠户是存留在本地工作的。如山西《盂县志·任役门》所说：

> 凡工役皆隶于工部，役于京师，有住坐者，有轮班者，又有存留本府而执役于织染局者。

《永平府志》也说：

> 工在籍谓之匠。考额府属役曰银，曰铁，曰铸铁，曰锡，曰钉铰，

①②③　《大明会典》卷一八九。

曰穿甲，曰木，曰桶，曰砖，曰石，曰黑窑，曰甋，曰熟皮，曰染，曰乌墨，曰搭采，曰絮，曰双线，曰篦，曰冠服，曰镟，曰秤。有在京住坐，有遵化铁厂内轮班之长工，今罢。凡逃移者多。亦有种地户代当者，有为商贾者。

一府内的存留匠户，职业的分工竟到二十二类，由此可知各地存留匠户的数目一定很大。至于中央在各直省所设工局，以织染为最多。明有两京，京内和京外都置织染局，内局以应上供，外局以备公用。内局除上文已提及之内廷织染局外，南京有神帛堂，供应机房和织染局。外局如洪武时代（1368—1398）之四川、山西诸行省及浙江绍兴织染局，南京后湖织染局；永乐时代（1403—1424）之歙县织染局；陕西驼褐织染局；正统（1436—1449）时之泉州织造局；天顺（1457—1464）以后之苏、松、杭、嘉、湖等府织造局；嘉靖隆庆间之南京、苏、杭、陕西等处织造局；万历时（1573—1620）又增设浙江、福建、常、镇、徽、宁、扬、广德诸府州织造局，陕西羊绒局，南直浙江纻丝纱罗绫绸绢帛局，山西潞绸局。其次是烧造如临清苏州之砖厂，饶州景德镇之御用瓷器厂。[①]大概也都由存留当地的匠户就地工作。

军匠可分作两部分，一部分属于中央工部的军器局和内廷的兵仗局，明朝制度是把兵器的制造权集中，外地更不置局。这两局以制造火器为主，兼造其他刀牌弓箭枪弩狼筅蒺藜甲胄战袄等军用品。一部分属于各地卫所，称为杂造局。[②]军匠的户数，在内府工作的有六千户，《明史·蒋瑶传》说：

正德时（1506—1521）言：内府军器局（按应作兵仗局）军匠六千，中官监督者二人。今增至六十余人，人占军匠三十，他局称是，

---

① 《明史》，《食货志》六。
② 《明史》卷九十二，《兵志》。

行伍安得不耗。①

在各卫所工作的有二万六千户。《明史·张本传》：

> 宣德初（1426—1435）工部侍郎蔡信乞征军匠家口隶锦衣卫。本言：军匠二万六千人，属二百四十五卫所，为匠者暂役其一丁。若尽取以来，家以三四丁计，则数近十万，军伍既缺，人情惊骇，不可。帝善本言。②

由上一例知内廷军匠多被中官占役，后一例知各卫军匠在宣德时曾被户征一丁到中央工作。

匠户的应役是以户为单位的，世世承袭，不许变动。同时也不许分户，《大明会典》说：

> 景泰二年（1451）奏准，兄弟各爨者，查照各人户内，如果别无军匠等项役占规避窒碍，自愿分户者听。如人丁数少，及有军匠等项役占窒碍，仍照旧不许分居。③

《宜兴县志》也说"军匠例不分户"。这制度的用意是为防止"军匠逃亡事故"而设的。逃亡是指匠户离开著籍地贯，事故是指正匠死病老疾，照例都须勾其次丁或余丁补役。如果许其分户，则勾补无人，匠额即缺。可是结果这制度却意外地发生两种流弊，第一是军户和役户都借合户为名，逃避差徭；章潢在《图书编》中记：

---

① 《明史》卷一百九十四。
② 《明史》卷一百五十七。
③ 《大明会典》卷二十。

嘉靖九年（1530）十月内户部题该学士桂萼奏：臣考近来有工匠不许开户之例，盖为军匠逃亡事故而设。尔来军户有原不同户而求告合户者，有串令近军同姓之人投告而合户者，匠籍亦然。于是军匠有人及数千丁，地及数千顷，辄假例不分户为辞，于是里长甲首人丁事户不及军，匠人户百分之一。

若干户合为一户，则只须一丁应役，余户因户籍消灭而得逃避差役。接着自然发生第二种弊端，《驹阴冗记》说：

今制军匠等户不分析，民间口之入籍者十漏六七。

户籍的户数和口数因之不能作精确的统计。从这一点上我们可以看出为什么弘治、万历时代的户口反少于洪武时代的理由的一方面。明代的户口统计如下表[①]，在每朝户数中都包括有军户三百多万，匠户二十余万：

年代	户数	口数
洪武二十六年（1393）	10652870	60545812
弘治四年（1491）	9113446	53281158
万历六年（1578）	10621436	60692856

在经元末二十年混战之后，人口死亡极多的明初户数有一千六十五万，可是经过一百年的休养生息，户数却减到九百十一万，再经过九十年的繁息，户数仍只一千六十二万，比开国时的统计还少。这原因除开

① 根据《万历会典》。参看梁方仲：《明代户口田地及田赋统计》第十七、二十及第二十一表。

我在《明代之农民》[①]和《明代之军兵》[②]、《明初卫所制度之崩溃》[③]数文中所指出军民逃亡情形以外，军户和匠户的合户也是最重要的因素之一。

从轮班匠通行以征银代工役以后，政府方面以银雇工无征发清理之繁，匠户方面从此也可就农耕，无废时失业之苦。两方面都感觉方便。在事实上则匠户已无工作之义务。和民户并无分别，同时匠户户籍之保留且和国家的徭役有碍，照理这历史上的名词早就可以取消了，可是正值明末内忧外患交逼，政府没有工夫来计及匠籍之存废。一直到清世祖入关以后，才下令废除匠籍，《顺治东华录》记：

> 顺治二年（1645）五月庚子，免山东章丘、济阳二县京班匠价，并令各县俱除匠籍为民。

四百五六十年来的"匠户"制度，于此告一结束，名实都废，成为历史上的名辞。

五、记大明通行宝钞 [④]

元末钞以无本滥发而废不能用，转而用钱，而钱之弊亦日甚，官使一百文民用八十文，或六十文，或四十文，吴越各不同，湖州嘉兴每贯仍

---

① 天津《益世报·史学》第十二、十三期。

② 国立中央研究院社会科学研究所：《中国社会经济史集刊》第五卷第二期。

③ 南京《中央日报·史学》第三期。

④ 本文写于 1943 年 4 月 19 日，于昆明瑞云巷三号。原载《人文科学学报》二卷一期，1943 年。——编者注

477

旧百文，平江五十四文，杭州二十文，法不归一，民不便用。又钱质薄劣，易于损坏。（孔齐《至正直记》卷一）钞钱俱不能用，遂一退而为古代之物物交易。

明太祖初起，即于应天置宝源局铸钱，制凡数变。时乏铜鼓铸，有司责民纳私铸钱，毁器皿输官，民颇苦之。而商贾沿元旧习，便用钞，亦苦于钱之不便转运。钱法既绌，于是又转而承元之钞法，以为元代用钞百四十年，其制可因也。顾仅承其制度之表面而忽其本根：元钞法之通以有金银或丝为钞本，各路无钞本者不降新钞；以印造有定额，量全国课程收入之金银及倒换昏钞数为额，俭而不溢，故钞尝重；以有放有收，丁赋课程皆收钞，钞之用同于金银；以随时可兑换，钞换金银，金银换钞，以昏钞可倒换新钞；以钞与金银并行，虚实相权。且各地行用库之颁发钞本也，以行用库原有金银为本，新钞备人民之购取，金银则备人民之换折，故出入均有备，钞之信用借以维持。其坏也以无钞本；以滥发；以发而不收，以不能兑换，以昏钞不能倒换新钞。明太祖及其谋议诸臣生于元代钞法沮坏之世，数典忘祖，以为钞法固如是耳，于是无本无额有出无入之不兑现钞乃复现于明代。行用库之钞本成为无本之钞，不数年而法坏。又为剜肉补疮之计，禁金银，禁铜钱，立户口食盐钞法、课程赃罚输钞法，赎罪法、商税法、钞关法等法令，欲以重钞，而钞终于无用。

洪武七年（1374）初置宝钞提举司，下设钞纸印钞二局，宝钞行用二库。（《明史》卷七二《职官志》）八年三月始诏中书省造大明宝钞，取桑穰为钞料，其制方高一尺，广六寸，质青色，外为龙文花栏，横题其额曰"大明通行宝钞"，其内上两旁复为篆文八字曰"大明宝钞，天下通行"。中图钱贯，十串为一贯，其下云"中书省奏准印造大明宝钞，与铜钱通行使用，伪造者斩，告捕者赏银二十五两，仍给犯人财产。"（《会典》中书省作户部，二十五两作二百五十两。见图。）若五百文则书钞文为五串，余如其制而递减之。其等凡六，曰一贯、曰五百文、四百文、三百文、二百文、一百文。每钞一贯准钱千文，银一两；四贯准黄金一两。十三年废中书省，乃以造钞属户部，而改宝钞文中书省为户部，与旧钞兼行。二十二年（1389）更造小钞，自十文至五十文。（《大明会典》卷三一《钞法》，《明史》卷八一《食

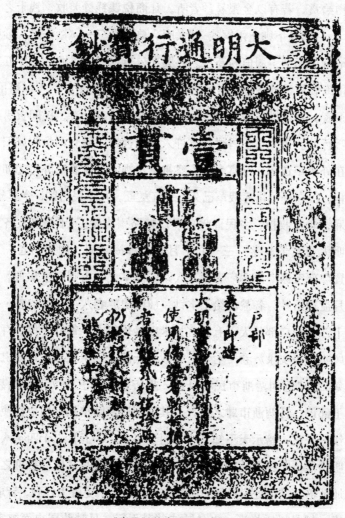

"壹贯"的大明通行宝钞

货志·钱钞》）建文四年（1402）十一月，户部尚书夏原吉言："宝钞提举司钞版岁久，篆文销乏，且皆洪武年号，明年改元永乐，宜并更之。"成祖曰："板岁久当易则易，不必改洪武为永乐，盖朕所遵用皆太祖成宪，虽永用洪武可也。"（《明成祖实录》卷一四）自是终明世皆用洪武年号云。

宝钞颁发时，即诏禁民间不得以金银物货交易，违者治罪，告发者就以其物给赏，若有以金银易钞者听。凡商税课钱钞兼收，钱十之三，钞十之七，一百文以下则止用铜钱（《大明会典》卷三一《钞法》）。钞昏烂者许就各地行用库纳工墨值易新钞。寻罢在外行用库。洪武十三年五月户部言："行用库收换昏钞之法，本以便民，然民多缘法为奸诈，每以堪用之钞，辄来易换者。自今钞虽破软而贯伯分明，非挑剜补者，民间贸易及官收课程并听行使。果系贯伯昏烂，方许入库易换，工墨直则量收如旧。在京一季，在外半年送部，部官会同监察御史覆视，有伪妄欺弊者罪如律，仍追钞偿官。但在外行用库裁革已久，今宜复置。凡军民倒钞，令军分卫所，民分坊厢，轮日收换，乡民商旅各以户帖路引为验。"于是复置各地行用库。（《明太祖实录》卷一三一）七月罢宝钞提举司（同上书卷一三二）。十五年置户部宝钞广源库广惠库，入则广源掌之，出则广惠掌之。在外卫所军士月盐均给钞。各盐场给工本钞。（《明史》卷八一《食货志·钱钞》）十八年十二月命户部凡天下有司官禄米以钞代给之，每钞二贯五百文代米一石。（《明太祖实录》卷一七六）时钞值低落，二十三年十月太祖谕户部尚书赵勉曰："近闻两浙市民有以钞一贯折钱二百五十文者，此甚非便。尔等与工部议，凡两浙市肆之民，令其纳铜送京师铸钱，相兼行使，凡钞一贯准钱一千文，榜示天下知之。"（同上书卷二○五）二十四年八月复命户部申明钞法。时民间凡钞昏烂者，商贾贸易率多高其值以折抑之，比于新钞增加至倍。又诸处税务河泊所每收商税课程，吏胥为奸利，皆取新钞，及至输库，辄易以昏烂者。由是钞法益滞不行，虽禁约屡申而弊害滋甚。

太祖因谓户部臣曰："钞法之行，本以便民交易，虽或昏烂，然均为一贯，何得至于抑折不行，使民损赀失望。今当申明其禁，但字贯可验真伪，即通行无阻。且以钞之弊者，揭示于税务河泊所，令视之为法，有故阻者罪之。"（同上书卷二一一）二十五年设宝钞行用库于东市，凡三库，库给钞三万锭为钞本，倒收旧钞送内府。二十六年令：凡印造大明宝钞与历代铜钱相兼行使，每钞一贯准铜钱一千文。其宝钞提举司每岁于三月内兴工印造，十月内住工。其所造钞锭，本司具印信长单及关领勘合，将实进钞锭照数填写送内府库收贮，以备赏赐支用。其合用桑穰数目，本部每岁预为会计，行移浙江、山东、河南、北平及直隶、淮安等府出产去处，依例官给价钞收买。（《大明会典》卷三一《钞法》）二十七年八月诏禁用铜钱。时两浙之民重钱轻钞，多行折使，至有以钱百六十文折钞一贯者，福建、两广、江西诸处大率皆然。由是物价踊贵，而钞法益坏不行。于是令悉收其钱归官，依数换钞，敢有私自行使及埋藏毁弃铜钱者罪之。（《明太祖实录》卷二三四）并罢宝钞行用库（《大明会典》卷三一《钞法》）。三十年三月，以杭州诸郡商贾，不论货物贵贱，一以金银定价，由是钞法阻滞，公私病之，因禁民间无以金银交易。（《明太祖实录》卷二五一）时法繁禁严，奸民因造伪钞以牟利，数起大狱，勾容杨馒头伪钞事觉，捕获到官，自京师至勾容九十里间，所枭之尸相望云。（《大诰·伪钞》第四八）

成祖即位后，复严金银交易之禁：犯者准奸恶论；有能首捕者，以所交易金银充赏；其两相交易而一人自首者免坐，赏与首捕同（《明成祖实录》卷一八永乐元年四月丙寅条）。二年（1404）正月诏，自今有犯交易银两者，免死徙家兴州屯戍。（同上书卷二七）八月，都察院左都御使陈瑛言："比岁钞法不通，皆缘朝廷出钞太多，收敛无法，以致物重钞轻。今莫若暂行户口食盐之法，以天下通计，人民不下一千万户，官军不下二百万家，若是大口月食盐二斤，纳钞二贯，小口一斤，纳钞一贯，约以一户五口计，可收五千余万锭，行之数月，钞必可重。"户部会群臣会议，皆以为便。但大口令月食盐一斤，纳钞一贯，小口月食盐半斤，纳钞五百文，可以行久。从之。（同上书卷三三）五年（1407）于京城设官库，令民以金银倒换官钞，在外则于州县倒换。令各处税粮课程赃罚俱准折收钞，米每石三十贯，小麦豆每石二十五贯，大麦每石一十五贯，青稞荞麦每石一十贯，丝每斤四十贯，棉每斤二十五贯，大绢每匹五十贯，小绢每匹三十贯，小苎布每匹二十贯，大苎布每匹二十五贯，大棉布每匹三十贯，小棉布每匹二十五贯，金每两四百贯，银每两八十贯，茶每斤一贯，盐每大引一百贯，芦柴每束三贯，其有该载不尽之物，但照彼中时价折收。（《大明会典》卷三一《钞法》）准之洪武初颁钞时之物价，盖不啻贬值百倍矣。七年设北京宝钞提举司，十七年四月又申严交易金银之禁。（同上）十九年三殿灾，求直言，邹缉上疏言时政，谓"民间至伐桑枣以供薪，剥桑皮以为楮，加之官吏横征，日甚一日，如前岁买办颜料，本非土产，动科千百，民相率敛钞购之他所，大青一斤价至万六千贯"。（《明史》卷一六四《邹缉传》）二十年又令盐官许军民人等纳旧钞支盐，发南京抽分场积薪龙江提举司竹木鬻之军民收其钞，应天岁办芦柴征钞十之八。（同上书卷八一《食货志·钱钞》）九月成祖谕户部都察院臣曰："昔太祖时钞法流通，故物贱钞贵，交易甚便。今市井交易，惟用新钞，稍昏软辄不用，致物价腾踊，其榜谕之。如仍踵前弊，坐以大辟，家仍罚钞徙边。如有倚法强市人物，亦治罪不宥。"（《明成祖实录》卷一二四）先是成祖在北京，或奏南京钞法为豪民沮坏，遣邝埜廉视，众谓将起大狱，埜执一二市豪归奏曰："市人闻令震惧，钞法通矣。"事遂已。（《明史》卷一六七《邝埜传》）然钞法实未尝通也。

仁宗监国，诏令笞杖定等输钞赎罪。（《明仁宗实录》永乐二十二年十月癸卯）及即位，以钞不行，询户部尚书夏原吉，原吉言："钞多则轻，少则重。民间钞不行，缘散多敛少，宜为法敛之。请市肆门摊诸税度量轻重加其课程。钞入官，官取昏软者悉毁之。自今官钞宜少出，民间得钞难，则自然重矣。"乃下令曰："所增门摊课程，钞法通即复旧，金银布帛交易者亦暂禁止。"(《明史》卷八一《食货志·钱钞》) 永乐二十二年（1424）十月革两京户部行用库。(同上书卷八《仁宗纪》) 洪熙元年（1425）议改钞法，夏时力言其扰市肆，无裨国用。疏留中。钞果大沮，民多犯禁。议竟寝。(同上书卷一六一《夏时传》) 宣宗即位，兴州左屯卫军士范济年八十余矣，诣阙言：元因唐飞钱、宋会子交子之旧，"造中统交钞，以丝为本，银五十两，易丝钞一百两。后又造中统钞，一贯同交钞一两，二贯同白金一两。久而物重钞轻，公私俱弊。更造至元钞颁行天下，中统钞通行如故，率至元钞一贯当中统钞五贯，子母相权，官民通用，务在新者无冗，旧者无废。又令民间以昏钞赴平准库倒换，商贾欲图轻便，以中统钞五贯赴库换至元钞一贯。又其法日造万锭，计官吏俸给，内府供用，诸王岁赐出支若干，天下日收税课若干，各银场窑冶日该课程若干，计民间所存贮者万无百焉，以此愈久，新旧行之无厌，由计虑之得其宜也。自辛卯（1351）兵起，天下瓜分，藩镇各据疆土，农事尽废，而楮币无所施矣。……我国家混一天下，物阜民安，……太祖皇帝命大臣权天下财物之轻重，造大明通行宝钞，一贯准银一两，民欢趋之，华夷诸国，莫不奉行，迄今五十余年，其法少弊，亦由物重钞轻所致。……伏祈陛下断自宸衷，谋之勋旧，询之大臣，重造宝钞，一准洪武初制，务使新旧兼行。取元日所造之数而损益之，审国家之用而经度之。每季印造几何，内府供用几何，给赐几何，天下课税日收几何，官吏俸给几何，以此出入之数，每加较量，用之不奢，取之适宜，俾钞罕而物广，钞重而物轻，则钞法流通，永永无弊。又其要在严伪造之条，凡伪造者必坐及亲邻里甲。又必开倒钞库，专收昏烂不堪行使之钞，辨其真伪，每贯取工墨五分，随解各干上司。又或一季或一月，在内都察院五府户部刑部委官，在外巡按监察御史三司官府县官，公同以不堪之钞烧毁，实为官民两便。"（《明宣宗实录》卷五，《明史》卷一六四《范济传》）时不能用，民卒轻钞。至宣德初（1426）米一石用钞五十贯，乃弛布帛米麦交易之禁。府县卫所仓粮积至十五年以上者盐粮悉收钞，秋粮亦折钞三分。（《明史》卷八一《食货志·钱钞》）又严钞法之禁，时行在户部奏："比者民间交易，惟用金银，钞滞不行，请严禁约。"因命行在都察院揭榜禁之，凡以金银交易及藏匿货物、高抬价值者，皆罚钞。（《明宣宗实录》卷一九）凡官员军民人等赦后赃罚亏欠，俱令纳钞，金每两八千贯，银二千贯，犯笞刑罪每二十赎钞一千贯。（同上书卷二二）三年六月诏停造新钞，已造完者悉收库不许放支，其在库旧钞委官选拣堪用者备赏赉，不堪者烧毁。立阻滞钞法罪，有不用钞一贯者，罚纳千贯，亲邻里老旗甲知情不首，依犯者一贯罚百贯。其关闭店铺潜自贸易及抬高物价之人，罚钞万贯。知情不首罚千贯。（同上书卷四三）十一月复申用银之禁，凡交易银一钱者，买者卖者皆罚钞一千贯，一两者罚钞一万贯，仍各追免罪钞一万贯（同上书卷四八）。四年正月行在户部以钞法不通，皆由客商积货不税，市肆鬻卖者沮挠所致，奏请依洪武中增税事例，凡顺天、应天、苏、松、镇江、淮安、常州、扬州、仪真、杭州、嘉兴、湖州、福州、建宁、武昌、荆州、南昌、吉安、临江、清江、广州、开封、济南、济宁、德州、临清、桂林、太原、平阳、蒲州、成都、重庆、泸州共三十三府州县，商贾所集之处，市镇店肆门摊税课增旧五倍，俟钞法通悉复旧。（同上书卷五〇）时巨富商民并权贵之家，率以昏烂之钞中盐，一人动计千引，及支盐发卖，专要金银，钞法由是愈滞。（同上书卷五五）六月立塌坊等项纳钞例：一、南北二京公侯驸马伯都督尚书侍郎都御史及内官内使与凡官员军民有蔬菜果园，不分官给私置，但种蔬果货卖者，量其地亩棵株，蔬地每亩月纳旧钞三百贯，果每十株岁纳钞一百贯。其塌坊车房店舍停塌客商货物者，每间月纳钞五百贯。一、驴骡车受雇装载物货，或出或入，每辆纳钞二百贯，委监察御史、锦衣卫、兵马司各一员于各城门外巡督监收。一、船只受雇装载，计其载料之多少，路之远近，自南京至淮安，淮安至徐州，徐州至济宁，济宁至临清，临清至通州，俱每一百料纳钞一百贯。其北京直抵南京，南京直抵北京者，每百料纳钞五百贯。委廉干御史及户部官于沿河人烟辏集处监收。（《明宣宗实录》卷五五）钞关之设自此始。六年二月以江西各府县征纳户口食盐钞，有司但依黄册所编丁口征收，有死亡无从征者，有老疾贫难及居深山穷谷无钞纳者，有将男女典雇易钞者，小民无所告诉。诏令有司开除亡故老疾及山谷之民，止令城中墟镇及商贾之家纳钞。（同上书卷七六）七年三月诏湖广、广西、浙江商税鱼课办纳银两者，自宣德七年为始，皆折收钞，每银一两纳钞一百贯。（同上书卷八八）

宣德十年（1435）正月，英宗即位大赦诏：各处诸色课程旧折收金银者，今后均照例收钞。（《明英宗实录》卷一）十二月广西梧州府知府李本奏："律载宝钞与铜钱相兼行使。今广西、广东交易用铜钱，即问违禁，民多不便。乞照律条，听其相兼行使。"从之。（同上书卷一二）正统元年（1436）三月，少保兼户部尚书黄福言："宝钞本与铜钱兼使，洪武间银一两当钞三五贯，今银一两当钞千余贯，钞法之坏，莫甚于此。宜量出官银，差官于南北二京各司府州人烟辏集处，照彼时值倒换旧钞，年终解京，俟旧钞既少，然后量出新钞换银解京。"（同上书卷一五）时钞一贯仅值银一厘，较国初已贬值千倍，福议以银换钞，紧缩旧钞之流通额，提高钞之信用，实救时惟一良法，顾朝廷重于出银，竟不能用也。会副都御史周铨、江西巡抚赵新请于不通舟楫地方，田赋折收金银，户部尚书黄福、胡濙共主之，于是定制米麦一石折银二钱五分。南畿浙江、江西、湖广、福建、广东、广西米麦共四百余万石，折银百余万两入内承运库，谓之金花银，其后概行于天下。（《明史》卷七八《食货志·赋役》）遂减诸纳钞者，而以米银钱当钞。弛用银之禁，朝野率皆用银，其小者乃用钱，惟折官俸用钞。钞壅不行。

（同上书卷八一《食货志·钱钞》）四年六月以民纳盐钞而盐课司十年五年无盐支给，诏减半收钞以苏民力。塌房及车辆亦减半征收。（《明英宗实录》卷五四）五年十一月刑部都察院大理寺议："洪武初年定律之时，钞贵物贱，所以枉法赃至一百二十贯者免绞充军。即今钞贱物贵，今后文职官吏人等受枉法赃比律该绞者，有禄人估钞八百贯之上，无禄人估钞一千二百贯之上，俱发北方边卫充军。其受赃不及前数者，照见行例发落。"从之。（《明英宗实录》卷七二）七年六月，诏灾伤处人民愿折钞者，每石折钞一百贯解京交纳。（同上书卷九三）八年七月敕免各城门军民人等驴驮柴米等物出入者钞贯（同上书卷一〇六）。十三年五月免在京莱户纳钞。仍戒今后有沮滞钞法者，令有司于所犯人每贯追一万贯入官，全家发戍边远。（同上书卷一六六）仍禁使铜钱。时钞既不行，而市廛仍以铜钱交易，每钞一贯折铜钱二文。因出榜禁约，令锦衣卫五城兵马司巡视，有以铜钱交易者，擒治其罪，十倍罚之。（同上）

景帝景泰三年（1452）六月，命在京文武官吏俸钞俱准时值给银，每五百贯给一两，以钞法不通，故欲少出以为贵之也（同上书卷二一七）。天顺中弛用钱之禁。宪宗令内外课程钱钞兼收，官俸军饷亦兼支钱钞。是时钞一贯不能值钱一文，而计钞征之民，则每贯征银二分五厘，民以大困。孝宗弘治元年（1488）京城税课司，顺天、山东、河南、户口食盐俱收钞，各钞关俱钱钞兼收。（《明史》卷八一《食货志·钱钞》）弘治六年各关钱钞折银，钱七文折银一分，钞一贯折银三厘。（《大明会典》卷三五《钞关》）自后率沿以为例，钞惟用于官府，以给俸饷，得者全无所用，民间亦视如废纸，盖名存实亡，徒以祖制仍存其名义而已。（陆容《菽园杂记》卷一〇，《明史》卷八一《食货志·钱钞》）计太祖时赐钞千贯则为银千两，金二百五十两，永乐中千贯犹作银十二两，金二两五钱。及弘治时赐钞千贯，仅银三两余矣。于是上议者，请"仿古三币之法，以银为上币，钞为中币，钱为下币，以中下二币为公私通用之具，而一准上币以权之焉。盖自国初以来有银禁，恐其或阏钞钱也。而钱之用不出于闽广。宣德以来，钱始行于西北。自天顺以来，钞之用益微，必欲如宝钞属镪之行，一贯准钱一千，银一两，复初制之旧，非用严刑不可也。然严刑亦非盛世所宜有。今日制用之法，莫若以银与钱钞相权而行，每银一分易钱十文，新钞每贯亦十文，四角完全未甚折者每贯五文，中折者三文，昏烂而有一贯字者一文，通诏天下，以为定制。而严立擅自加减之罪，虽物生有丰歉，货殖有贵贱，而银与钱钞交易之数一定而永不可易矣。"孝宗不听。正德中，以内库钞匮乏，无以给赐，复令天下钞关征解本色。（傅维鳞《明书》卷八一《食货志·钞法》）十年（1515）钱宁私遣使至浙鬻钞三万块，每块勒索银三两（钞一块千贯），已敛银二万四千两，有司征价，急于星火，输银之吏，络绎于途。时宁方贵幸用事，以废纸摊索民间现银，地方不敢抗。于是左布政使方良永上疏极论之曰："四方盗甫息，疮痍未瘳，浙东西雨雹。宁厮养贱流，假义子名，跻公侯之列，赐予无算，纳贿不赀，乃敢攫取民财，戕邦本，有司奉行，急于诏旨，胥吏缘为奸，椎肤剥髓，民不堪命。镇守太监王堂、刘璟畏宁威，受役使。臣何敢爱一死，不以闻。乞陛下下宁诏狱，明正典刑，并治其党以谢百姓。"宁惧，留疏不下，谋遣校尉捕假势鬻钞者以自饰于帝，而请以钞直还之民，阴召还前所遣使。宁初欲散钞遍天下，先行之浙江、山东，山东为巡抚赵璜所格，而良永白发其奸，宁自是不敢鬻钞矣。（《明史》卷二〇一《方良永传》，《明臣奏议》卷一四《方良永劾朱宁书》）世宗嘉靖初，御史魏有本上言："国初关税全征钞贯，嗣后改令钱钞兼收。迩年以来，钞法不通，钱法亦弊，而关税仍收钱钞，无益于国，有损于民。以收钞言之，每钞一张为一贯，每千张为一块，时价每块值银八钱，官价每块准银三两，是官以三两之银，反易八钱之钞，此则上损国用。以收钱言之，各处低钱盛行，好钱难得，官价银一钱，值好钱七十文，时价每银一钱，易好钱不过三十文，是小民费银二钱以上，充一钱之数，此则下损民财。每银约一万两内，五千收钞，该钞将二千块，计用大柜五百方。又五千两收钱，该钱四千串，用柜四百方。而水陆脚价进纳，犹难计议。"疏入，命钱钞留各地方，而内库用银，则钱钞皆不入矣。(《明史》卷八一《食货志·钞法》)嘉靖四年（1525）复令宣课分司收税，钞一贯折银三厘，钱七文折银一分。是时钞久不行，钱亦大壅，益专用银矣。(《明史》卷八一《食货志·钱钞》)天启时（1621—1627）给事中惠世扬复请造钞行用。(同上书卷八一《食货志·钱钞》)思宗崇祯八年四月，给事中何楷亦以为请（《崇祯长编》）。十六年六月召见桐城诸生蒋臣于中左门，臣言钞法申世扬说，其言曰："经费之条，银钱钞三分用之，纳钱银买钞者，以九钱七分为一金，民间不用以违法论。岁造三千万贯，一贯价一两，岁可得银三千万两，不出五年，天下之金钱尽归内帑矣。"给事中马嘉植疏争之，不听。擢臣为户部司务，侍郎王鳌永、尚书倪元璐力主之。条议有十便十妙之说：一、造之之费省；二、行之之途广；三、赍之也轻；四、藏之也简；五、无成色之好丑；六、无称兑之轻重；七、革银匠之奸偷；八、杜盗贼之窥伺；九、钱不用而用钞，其铜可铸军器；十、钞法大行，民间货买可不用银，银不用而专用钞，天下之银竟可尽实内帑。帝大喜，特设内宝钞局，即刻造钞，立发仪制司所藏乡会中式朱墨二卷，与直省优劣科岁试卷，为钞质之资本；押工部收领，限日搭厂，拨官选匠计工。如有阻其事者，法同十恶。辅臣蒋德璟言："百姓虽愚，谁肯以一金买一纸。"帝不听。昼夜督造，募商发卖，无一人应者。又因局官言，取桑穰二百万斤于畿辅、山东、河南、浙江，德璟力争，帝留其揭不下。工部查二祖时典故，造钞工料纸六皮四，皮者桦皮也，产于辽东。有纸无皮，无从起工。乃令工部召商，工部仍以库洗为辞。正拟议间，得"流寇"渡河息，事遂已。次年而北都墟，明社覆。(《明史》卷二五一《蒋德璟传》，计六奇《明季北略》卷一九《蒋臣奏行钞法、捣钱造钞》，花村

看行侍者《谈往·捣钱造钞》)

与钞法有关者，除户口食盐钞关商税以外，较重要者尚有俸给及赎法二事。

明代官员俸给，按正从品级分别规定，自正一品岁俸米一千四十四石至从九品六十石有差。俸给有本色折色，本色给米，折色则有银布胡椒苏木之类。洪武十三年（1380）定内外文武官岁给禄米俸钞之制。（《明史》卷八二《食货志·俸饷》）永乐元年（1403）令在京文武官一品二品四分支米，六分支钞；三品四品米钞中半兼支；五品六品六分米，四分钞；七品八品八分米二分钞。每米一石折钞十贯。宣德八年定每俸米一石折钞十五贯；折俸布一匹折钞二百贯，嘉靖七年改定为折银三钱。如正一品岁该俸一千四十四石，内本色俸三百三十一石二斗，折色俸七百一十二石八斗。本色俸内除支米一十二石外，折银俸二百六十六石，折绢俸五十三石二斗，共该银二百四两八钱二分。折色俸内折布俸三百五十六石四斗，该银一十两六钱九分二厘，折钞俸三百五十六石四斗，该本色钞七千一百二十八贯。总计正一品官岁得俸给全额为米一十二石，银二百十五两五钱一分二厘，钞七千一百二十八贯。正七品官岁该俸九十石，内本色俸五十四石，折色俸三十六石。本色俸内除支米一十二石外，折银俸三十五石，折绢俸七石，共该银二十六两九钱五分。折色俸内折布俸一十八石，该银五钱四分，折钞俸一十八石，该本色钞三百六十贯。总计正七品官岁得俸给全额为米一十二石，银二十七两四钱九分，钞三百六十贯。在外文武官俸，洪武二十六年（1393）定每米一石折钞二贯五百文，宣德八年（1433）增为十五贯，正统六年（1441）又增为二十五贯（《大明会典》卷三九《俸给》），成化七年（1471）从户部尚书杨鼎请，以甲字库所积之棉布，以时估计之，阔白布一匹可准钞二百贯，请以布折米，仍视折钞例，每十贯一石。先是折俸钞米一石钞二十五贯，渐减至十贯，是时钞法不行，钞一贯值二三钱，是米一石仅值钱二三十文，至是又折以布，布一匹时估不过二三百钱，而折米二十石，则是米一石仅值十四五钱也。自古百官俸禄之薄，未有如此者，后遂为常例。（《明宪宗实录》成化七年十月丁丑条，《日知录》卷一二《俸禄》条引《明史》卷八二《食货志·俸饷》）

赎罪之法以纳钞为本。永乐十一年令死罪情轻者斩罪赎钞八千贯，绞罪及榜例死罪六千贯，流徒杖笞纳钞有差。宣德二年（1427）定笞杖罪囚每十赎钞二十贯，徒流罪名每徒一等折杖二十，三流并折杖一百四十，其所罚钞悉如笞杖所定。景泰元午（1450）增为二百贯，每十以二百贯递加，至笞五十为千贯；杖六十千八百贯，每十以三百贯递加，至杖百为三千贯。天顺五年（1461）令罪囚纳钞，每笞十钞二百贯，余四笞递加百五十贯；至杖六十增为千四百五十贯，余杖各递加二百贯。弘治十四年（1501）定折收银钱之制，每杖百应钞二千二百五十贯，折银一两，每十以二百贯递减，至杖六十为银六钱；笞五十应减为钞八百贯，折银五钱，每十以百五十贯递减，至笞二十为银二钱，笞十为钞二百贯，折银一钱。正德二年（1507）定钱钞兼收之制，如杖一百应钞二千二百五十贯者，收钞千一百二十五贯，钱三百五十文。嘉靖七年（1528）更定凡收赎者每钞一贯折银一分二厘五毫，如笞一十赎钞六百文，则折银七厘五毫，以罪重轻递加折收赎。此有明一代赎罪钞法之大概也。然罪无一定，而钞法则日久日轻，赎罪钞数因亦随之递增，至弘治而钞竟不可用，遂开准钞折银之例，赎法步钞法之变而变，终则实纳银而犹存折钞之名，则以祖制不敢废也。（《明史》卷九三《刑法志·赎刑》）

元承金制，铸银五十两为一锭。元钞从银，故亦以五十贯或五十两为一锭，钞二锭值银一锭，钞二贯或二两值银一两（详《元代之钞法》六《释锭》）。明钞则以钱相权，钞一贯值钱千文，银一两，四贯为金一两。钱五贯或五千文为一锭。《明史·食货志》云，嘉靖三十二年（1553）铸洪武至正德九号钱,每号百万锭,嘉靖钱千万锭,一锭五千文。万历五年（1577）张居正疏言:"工部题议制钱二万锭,该钱一万万文。"（《张文忠公集》奏疏八《请停止输钱内库供赏疏》）天启时户部尚书侯恂言:"收钱每五千文为一锭。"（孙承泽《春明梦余录》卷三八）以明代后期之史实推之,则明初之钱锭亦必为五千文可决也。因之钞亦以五贯为一锭。王世贞曰:"钞一锭为五贯,贯直白金一两。"（《弇山堂别集》卷一四）顾炎武记漳州府田赋亦云"钞五贯为一锭",可证也。（《天下郡国利病书》卷九三）钞锭之上为块,每钞一张为一贯,每千张即千贯为一块,见嘉靖初御史魏有本《论钞法疏》,详前文。

六、晚明"流寇"之社会背景 [①]

—— "殷鉴不远,在夏后之世"

一

明末流寇的兴起,是一个社会组织崩溃时必有的现象,如瓜熟蒂落一般。即使李自成、张献忠这一群农民领袖不出来,有那贵族、太监,官吏和绅士所组成的压迫阶级,也是要被它脚底下踏着的阶级所打倒的。这阶级的对立,在当时已经有人看出。崇祯十七年（1644）正月兵科都给事中曾应遴奏道:"臣闻有国家者不患寡而患不均,不患贫而患不安。今天下不安甚矣,察其故原于不均耳。何以言之？今之绅富,率皆衣租食税,安坐而吸百姓之髓,平日操奇赢以役愚民而独拥其利,有事欲其与绅富出气力,同休戚,得乎？故富者极其富而每至于剥民,贫者极其贫而甚至于不

---

① 本文原载《大公报·史地周刊》,第五、六期,1934 年 10 月 19 日、26 日。——编者注

能聊生，以相极之数，成相恶之刑，不均之甚也。"① 富者愈富，贫者愈贫，仕绅阶级利用他们所有的富力，和因此而得到的政治势力，加速地把农民剥削和压迫，农民穷极无路，除自杀外只能起来反抗，用暴力来推翻这一集团的吸血精，以争得生存的权利。

流寇的发动和实力的扩展，自然是当时的统治者所最痛心疾首的。他们有的是过分充足的财富；舒服，纵佚，淫荡，美满的生活。他们要维持现状，要照旧加重剥削来增加他们生活上更自由的需要。然而现在眼见要被打倒，被屠杀了。他们不能不联合起来，为了他们这一阶级的安全。同时，为着个人利害的冲突，这一集团的中坚分子，彼此间还是充满了嫉妒、猜疑……勾心斗角地互相计算。

在反面，农民是欢迎流寇的，因为是同样在饥饿中挣扎性命的人。他们自动做内应，请流寇进来。河曲之破，连攻城的照例手续都用不着。据《绥寇纪略》卷一："辛未（1631）二月，上召辅臣九卿科道及各省盐司于文华殿。上问山西按察使杜乔林曰：河曲之城，何以贼到辄破？乔林曰：贼未尝攻，有饥民为内应，故失守。"和统治者的御用军队的骚扰程度相较，农民宁愿用牛酒来欢迎流寇："樊人苦左兵淫掠，杀槁桔燔烧之，良玉怒，夺巨商峨艑重装待发，身率诸军营于高阜。汉东之人，牛酒迎贼。"②

官兵不敢和流寇接触，却会杀手无寸铁的老百姓报功。到这田地，连剩下的一些过于老实的老百姓也不得不加入反抗者的集团了。据《烈皇小识》卷四："将无纪律，兵无行伍，淫污杀劫，惨不可言，尾贼而往，莫敢奋臂，所报之级，半是良民，民间遂有贼兵如梳，官兵如栉之谣，民安得不为盗！盗安得不日繁！"

---

① 《崇祯长编》卷二。
② 《绥寇纪略》卷九。

举一个具体的例子，《平寇志》卷二记兵科给事中常自裕奏："皇上赫然振怒，调兵七万，实不满五万，分之各处，未足遏贼。凤阳焚劫四日而马犷至，归德围解三日而邓玘来，颍亳安庐之贼返斾而北，尤世威等信尚杳然。至贺人龙等到处淫掠，所谓贼梳而军枇也。"

在到处残破、遍地糜烂的景况下，统治者为了军费的需要，仍然盲目地加重农民的负担，左捐右输，迫得百姓不能不投到对面去。《平寇志》卷八说："崇祯十七年二月甲戌，贼遣伪官于山东河南州县。先遣牌至，士民苦征输之急，痛恨旧官，借势逐之。执香迎导，远近若狂。"也有不愿和统治者合作，消极地不肯抵抗"流寇"的。"宣府陷，巡抚朱之冯悬赏守城，无一应者。三命之，咸叩头曰：愿中丞听军民纳款。之冯独行巡城见大炮，曰：汝曹试发之，杀贼千百人，贼虽齑粉我，无恨矣。众又不应。之冯自起燃火，兵民竟挽其手。之冯叹曰：人心离叛，一至于此。"在一些地方，百姓一听见流寇是不杀人，免徭赋的，高兴得满城轰动，结彩焚香去欢迎流寇进来。③

在军事地带的人民尚受盘剥，比较安静的区域更不用说了。崇祯十四年（1641）吴中大旱瘟疫，反加重赋，据《启祯记闻录》二："是岁田禾，夏苦亢旱，少不插莳，即莳亦皆后时，至秋间复为蝗虫所食。有幸免蝗祸者，又因秋杪旱寒，遂多秕死。大约所收不及十之三四。岁凶异常，抚按交章上请，不惟不蒙宽恤，征赋反有加焉。糙粮每亩二斗五升有零，折银每亩一钱七分有零。又急如星火，勒限残岁完粮，连差督饷科臣至吴中者两三员，赐剑专敕行事，人皆惶骇不安，大户役重粮多，中人支吾不给，贫民困馁死亡，井里萧条，乡城同象，非复向时全盛矣。"

苏州如此，他处可知。政府不因灾荒蠲免，地主亦复不能例外。同书

---

③ 《明史》卷二六三，《朱之冯传》。

又记常熟民变事：“崇祯十一年（1638）八月抚臣屡疏以旱蝗上闻，而得谕旨征粮，反有加焉。至收租之际，乡民结党混赖，田主稍加呵斥，每至起衅生乱，田主有乡居者，征租于佃户，各佃聚众焚其居，抢掠其资。”

二

流寇的组成分子是，“一乱民，一驿卒，一饥黎，一难氓”[①]。这是崇祯七年（1634）三月己丑南京右都御史唐世济疏中所说的。以陕西发难地而论，则“延绥以北为逃兵，为边盗，延绥以南为土寇，为饥民”[②]。边盗土寇可以归入乱民一类；加上逃兵，约略地可分五类。

关于乱民之起，《明史·杨鹤传》说：“关中频岁祲，有司不恤下，白水王二者鸠众墨其面，阑入澄城，杀知县张耀采，由是府谷王嘉允、汉南王大梁、阶州周大旺群贼蜂起，三边饥军应之，流氛之始也。”则亦是因饥举事。

关于驿卒的加入，《明史·流寇传》说：“以给事中刘懋议裁驿站，山陕游民仰驿糈者无所得食，俱从贼，贼转盛。”

《绥寇纪略》卷一引御史姜思睿疏也说：“各递贫民千百为群依辇舆以续命者，饥饿待死，散为盗。”

据《明史·五行志》三：“崇祯元年夏旱，畿辅赤地千里。陕西饥，延巩民相聚为盗。二年山西、陕西饥，五年淮、扬诸府饥，流殍载道，六年陕西、山西大饥，淮、扬洊饥，七年京师饥，太原大饥，人相食，九年南阳大饥，有母烹其女者，江西亦饥，十年浙江大饥，父子兄弟夫妻相食，十二年两畿、山东、山西、陕西、江西饥，河南大饥，人相食。十三年北

---

① 《平寇志》卷一。
② 《绥寇纪略》卷一。

畿山东、河南、陕西、山西、浙江、三吴皆饥，自淮而北至畿南，树皮食尽，发瘗胔以食。十四年南畿饥，山东涝饥，德州斗米千钱，父子相食，行人断绝，大盗滋矣。"在十四年中，灾荒迭起，河北更是厉害，内中山西、陕西、河南被灾情形最严重，次数也最多，由此可以知道流寇发难于秦晋，和流寇以秦晋人为中心的原因。

关于逃兵之加入，《明史・李自成传》记："京师戒严，山西巡抚耿如杞勤王兵哗而西，延绥总兵吴自勉、甘肃巡抚梅之焕勤王兵亦溃与群盗合。"

在这样情形之下，当时的统治者仍是蒙蒙昧昧，不但不想法补救，反而以为是"疥癣之疾"不足致虑。地方官也未尝不知道叛乱之起是由于饥荒，而不但不加抚恤，反而很轻松地说："此饥氓，徐自定耳。"他们对于低低在下的民众，本来不屑置意，只要民众能忍辱负重地像羔羊一般供他们的宰杀剥削，他们便可以高枕而卧了。他们想不到饥民的集合暴动，最初固然是毫无政治企图，只求免于饿死；但等到一有了势力以后，他们也会恍然于敌人之无能，会来夺取政权，打倒旧日曾鱼肉他们的阶级的。

三

在叛乱起后，统治者的措施是一面愚蠢地冀图用武力削平，一面加重搜括来应付非常的军费，在叛乱发生前农民被强迫加负的有嘉靖三十年(1551)的"加派"一百二十万，三十七年的"提编"四十万，万历四十六年(1618)的"辽饷"三百万，前后迭增到五百二十万，在叛乱起后，崇祯三年(1630)又增百六十五万，八年增"助饷"，十一年行"均输"及"加征"，十三年加"练饷"。统计在万历末年合九边饷止二百八十万，到崇祯时加派"辽饷"到九百万，"剿饷"到三百三十万，"练饷"七百三十万。[①]

---

① 《明史》卷七八，《食货志》二。

这些都是农民的血汗，有政治势力的地主绅士商人是不用负担的。

就陕西一地而论，民众的新加负担有"新饷"，有"均输"，有"间架"，其他琐细的勒索，更无从数起。[1] 关于民间的苦痛，崇祯六年（1633）正月御史祁彪佳疏陈十四项：曰里甲，曰虚粮，曰行户，曰搜赃，曰钦提，曰隔提，曰讦讼，曰窝访，曰私税，曰私铸，曰解运，曰马户，曰盐丁，曰难民。[2] 其最为农民所苦者是虚粮，据说当时纳税的则例"小民多未见闻，第据县符，便为实数。遂致贫户反溢数倍，豪家坐享余租，此飞洒之弊也。近来苦盗苦荒，迁徙载道，丁粮缺征，里甲代偿，富户化而为贫，土著化而为客，此逃亡之弊也。又有户产尽废，户粮犹存，买产之家，视若隔体，代纳之户，惨于剥肤，此赔垫之弊也"。为工人所苦者是行户："一小民以刀锥博什一，为八口计也。有司金为铺行，上自印官，下及佐贰，硃票一纸，百物咸输，累月经年，十不偿一。又有供应上司，名曰借办，每物有行，每行有簿。"为小商人所苦者是私税："大江以北，凡贸易之家，官为给帖，下至鸡豚，无得免者，至隘口渡头，有少年无赖借牙用为名，横加剥夺，蝇头未获，虎吻旋吞。"为一般百姓所苦者是私铸："私铸之为钱法害，固也。而南中为甚，每钱止重七分，每百不盈三寸。更有私铸奸人控官请禁，小民畏罪，去之惟恐不速，此辈一铸一卖，一禁一收，利五六倍，而小民何以堪哉！"[3]

不但农民的负担增加，他们积欠官府的陈年烂账也不曾被放松，崇祯八年（1635）二月侍读倪元璐上疏说："今民最苦无若催科。未敢冀停加派，惟请自崇祯七年以前，一应逋负，悉可改从折色，此二者于下诚益，于上无损，民之脱此，犹汤火也。至发弊而追数十年之事，纠章一上，蔓延不休，

---

① 《明史》卷三〇九，《李自成传》。

② 《明史》卷二七五，《祁彪佳传》。

③ 《祁忠惠公遗集》卷一，《陈民间十四大苦疏》。

扳贻而旁及数千里之人，部文一下，冤号四彻，谁以民间此苦告之陛下者。及今不图，日蔓一日，必至无地非兵，无民非贼，刀剑多于牛犊，阡陌决为战场，陛下亦安得执空版而问诸兵燹之区哉！"[①]

四

使人民愁苦的，除了捐税之项目的和数量的增加以外，还有皇帝私人的聚敛。万历以下诸帝把家族的财富比国家的富强更看得重要，努力积聚，为纵情享乐计。但是国家的财政有定额的支配，皇帝只能夺取一部分过来，为着内库的充积计不能不另外想法去收敛财货，除了可以公开的进奉献纳及临时的征发如大工大婚的费用外，皇帝也收受贿赂，捐款，更不时地想法加罪臣下，目的是为籍没他们的财产，例如万历初年张居正、冯保的得罪，张鲸的因献财免罪，天启时代的追赃。

皇帝聚敛财货的爪牙是太监，太监代表着皇帝出来剥削民众和官吏，在刘瑾用事的时候，"凡入觐出使官皆有厚献"。有许多官吏因为不能照规定的数额进贿，甚至自杀。[②]魏忠贤用事的时候，朝中宰执卿贰都甘愿做他的义子干儿，有五虎五彪十狗四十孙儿之目。[③]自万历二十四年（1596）以后，到处派税使矿监，"大珰大监，纵横驿骚，吸髓饮血，以供进奉。大率入公帑者不及什一而天下萧然，生灵涂炭矣"。这一些皇帝代表的作恶情形，如《明史·陈增梁永传》所记："大作奸弊，称奉密旨搜金宝。募人告密，诬大商巨室藏违禁物，所破灭什伯家。杀人莫敢问。"陈奉在荆州，恣行威虐，每托巡历，鞭笞官吏，剽劫行旅。其党至入民家，奸淫妇女，或掠入税监署中。马堂在临清，诸亡命从者数百人，白昼手银铛夺

① 《平寇志》卷二。

② 《明史》卷三〇四，《刘瑾传》。

③ 《明史》卷三〇五，《魏忠贤传》。

人产，抗者辄以违禁罪之。中人之家，破者大半。梁永在陕西尽发历代陵寝，搜摸金玉，旁行劫掠，所至邑令皆逃。税额外增耗数倍。二十年中所遣内官到处苛削百姓，引起民变，毒遍天下。这种情形，皇帝不是不知道，但是他却故意放纵，来收受他的代表所剥削的十分之一的残沥。《明史》说："神宗宠爱诸税监，自大学士赵志皋、沈一贯而下，廷臣谏者不下百余疏，悉寝不报，而诸税监有所纠劾，朝上夕下，辄加重谴，以故诸税监益骄。"

五

皇帝太监之下，便是皇族、官吏和绅士。明代是以八股文取士的，人们只要认得字，会凑上几段滥调，便很容易从平民而跃登特殊阶级，加入仕绅的集团，文理不通的只要花一点钱捐一个监生，也可仗着这头衔，不受普通人所受的约束，翻转头来去剥削他从前所隶属的阶级。他们不但没有普通农民所被派定的负担，并且可以利用他们的地位做种种违法的事，小自耕农受不了赋税的征索，除了逃亡以外，便只能投靠在仕绅阶级的门下做佃户，借他们做护符来避免赋役。往往一个穷无立锥的八股作家，一旦得了科名，便立地变成田主，农民除了中央政府、地方官吏的两重负担外，还须做就地豪绅的俎上鱼肉。这般科举中人一做了官，气焰更是厉害，连国法也范围不住他们。《明史·杨士奇传》："士奇子稷居乡，尝横暴杀人，言官交劾，朝廷不加法，以其章示士奇。又有人发稷横虐数十事，乃下之理。"《梁储传》："储子次摅为锦衣百户，居家与富民杨端争民田，端杀田主，次摅遂灭端家二百余人。武宗以储故，仅发边卫立功。"宰相的儿子杀人纵虐，都非政府所能干涉。杨端用大地主的地位杀小田主，梁次摅以大绅士的地位杀两百多人，大不了的罪名也只是充军。《姬文允传》："白莲贼徐鸿儒薄滕县，民什九从乱。知县姬文允徒步叫号，驱吏卒登陴不满三百，望贼辄走，存者才数十。问何故从贼？曰：祸由董二。董二者，故延绥巡抚董国光子也，居乡贪暴，民不聊生。"王应熊做了宰相，其弟王应熙在乡作恶的罪状至四百八十余条，赃银一百七十余万。① 温体仁、唐世济的族人甚至作盗，为盗奥主。② 土豪汤一泰倚从子汤宾尹之势，至强夺已字之女，逼之至死。③ 戴澳做顺天府丞，其家便怙势不肯输赋。④ 茅坤的家人也倚仗主势横行乡里。⑤ 陈于泰、陈于鼎兄弟的在乡作恶，致引起民变。⑥ 勋贵戚臣甚至惟意所欲，强夺民田，弘治间外戚王源令其家奴别立四至，占夺民产至二千二百余顷。⑦ 嘉靖中泰和伯陈万言奏乞庄田，帝以八百顷给之，巡抚刘麟、御史任洛复言不宜夺民地，勿听。⑧ 武定侯郭玹夺河间民田庐，又夺天津屯田千亩。⑨ 潞简王庄田多至四万顷。⑩

六

从另一方面看来，明代官俸之薄，是历史上所仅见的。据《明史·李贤传》当时指挥使月俸三十五石者实支仅一石，当时米一石折钞十贯，钞一贯仅值钱二三文，由此知指挥使一月所得不过二三十文。推而上之，正一品月俸八十七石，折钱也不过七八十文。正七品七石，每月俸饷更

---

① 《明史》卷二五三，《王应熊传》。
② 《明史》卷二五七，《冯元飚传》。
③ 《明史》卷三〇三，《徐贞女传》。
④ 《明史》卷二七八，《詹兆恒传》。
⑤ 《明史》卷二八七，《茅坤传》。
⑥ 《明史》卷二四五，《蒋英传》。
⑦ 《明史》卷三〇〇，《王镇传》。
⑧ 《明史》卷三〇〇，《陈万言传》。
⑨ 《明史》卷一三〇，《郭英传》。
⑩ 《明史》卷一二〇，《潞王翊镠传》。

仅可怜到只有二三文钱了。其后又定官俸折银例，虽然稍为好一点，可是专靠俸饷，也非饿死不可。况且上司要贿赂，皇帝要进献，太监大臣要进献，家庭要生活，层层逼迫，除了剥削民众以外更没有什么办法。要做好官，便非像潘蕃那样，做了若干年的方面大臣，罢官后连住宅也盖不起，寄住人家终老。海瑞扬历内外，死后全家产只有一两银子，连买棺木也不够。这些自然是可忽略的例外，大多数官吏很容易寻出生财的大道。

贪赃不用说了，许多官吏，或他们的戚党宗族同时也是操奇计赢的大商人。他们可以不顾国禁，到海外去贸易番货，他们可以偷关漏税，经商内地，他们可以得到种种方便，去打倒或吞并其他无背景无势力的小商家。他们独占了当时最大的企业盐和茶业。他们有的广置店房，例如郭勋在京师的店舍多至千余区。[1] 他们也放高利债，例如会昌伯孙忠的家人贷钱给滨州的人民"规利数倍"，有司为之兴狱索偿。[2] 他们在自己的势力范围内可以科私税。[3] 他们为着自己的经济利益可以左右政局。《明史·朱纨传》："初明祖定制，片板不许入海。承平久，奸民阑出入勾倭人及佛郎机诸国入互市。闽人李光头、歙人许栋踞宁波之双屿为之主，司其质契，势家护持之。"由海外贸易而引起倭寇的侵掠。朱纨巡海道下令禁止出海，福建人一旦失了衣食的贸源，仕绅阶级失去不费力而得的重利，联合起来排斥朱纨，福建人做京官的从中主持，结果是朱纨被劾落职自杀，倭寇的毒焰自此遂一发不可收拾。启祯间郑芝龙以海盗受招抚为朝廷官吏，独占海外贸易，海舶不得郑氏令旗不能往来，每一舶例入三千金，岁入

---

[1] 《明史》卷一三〇，《郭英传》。
[2] 《明史》卷三〇〇，《孙忠传》。
[3] 《明史》卷三〇〇，《张峦传》。

千万计。①

<h1 align="center">七</h1>

贵族、太监、官吏和绅士所构成的上层阶级一方面自相剥削，一方面又联合地方种种方式去剥削农民。在上的在穷奢极欲，夜以继日；皇帝大臣们在讲长生，求"秘法"，肆昏淫，兴土木。绅士、豪商和其他有闲分子更承风导流。妓女，优伶，小唱，赌博，酗酒，成为日常生活的要素。昆曲和小品文发达正是这时代性的表现。假如一部文学作品是可以作一个时代的象征的话，无疑地《金瓶梅》是象征这一时代的。另一方面，农民却在饥饿线下挣扎着，被力役、赋税、苛捐、盗匪、灾荒、官吏、乡绅逼迫着；他们忍耐了几辈子，受苦了几十年，终于等到了大时代的来临，火山口的爆发，从火光血海中，才仿佛看见自己的出路！他们丧失了，或被天灾所迫而舍去了耕地，便成为流浪的难民。他们即使能找到别的工作，也仍不免于冻饿。据《徐氏庖言》卷一："都下贫民佣一日得钱二十四五文，仅足给食。三冬之月，衣不蔽体。"他们有生存的权利，有要求吃饱的权利。我们试一考查当时的米价：

天启四年（1624）苏州米一石一两二钱。②

崇祯二年（1629）苏州粮一石折银一两有余。③

四年（1631）延绥斗米四钱。④

十年（1637）苏州冬粟每石一两二钱，白粟一两一钱。⑤

---

① 《南明野史》中。

②③ 《启祯记闻录》卷一。

④ 《明史·李继贞传》。

⑤ 《启祯记闻录》卷二。

十三年（1640）山东米石二十两，河南米石百五十两。① 苏松米每石一两六钱，秋杪糙米至每石二两。②

十四年（1641）山东临清米石二十四两。③ 苏州白米每石三两零。④

十五年（1642）苏州米每升至九十文有零。⑤

这虽是一个简略不完的统计，并且只是几个地方在荒歉时的情形，不过也可由此窥见当时农民苦痛情形的一斑，由此以例全国，大概是不会相距过远的。

在这种情形下的农民，陡然遇见了得救的机会，即使不很可靠的机会，也会毫不迟疑地抓住，牺牲一切，先去装饱肚皮和打倒过去曾压迫过他们的敌人。这机会便是腐溃了几十年的社会经济所产生的"流寇"暴动。

八

统治者剥削的结果是使占全人口极大多数的生产者——无告的农民陷于饥饿线下，在另一方面，流寇的口号却是"吃他娘，着他娘，吃着不尽有闯王，不当差，不纳粮"⑥，以除力役，废赋税，保障生活为号召，以所掠散饥民，百姓称这军队为李公子仁义兵。破洛阳时散福邸中库金及富人赏给百姓。⑦ 又下令保护田禾，马腾入田苗者斩之。对于一般地方官吏和绅富阶级，却毫不矜悯地加以残杀。《平寇志》卷六："城陷若获富室仕宦，则献之巨帅，索其积而杀之。"唯一例外是有德于民的退休官吏。《明史·王徵俊传》："崇祯十七年二月贼陷阳城，被执不屈，系之狱。士民争颂其德，

---

① ③ 《明史·左懋第传》。

② ④ ⑤ 《启祯记闻录》卷二。

⑥ 《平寇志》卷八。

⑦ 《绥寇纪略》卷九。

贼乃释之。"《明史·忠义传》所记无数的乡官和八股家的死难殉节，被史家文饰为忠义报国的，其实不过是自己知道作恶过多，反正活不了，不如先自杀，或作困兽之斗，企图落一个好名声而已。

流寇的初起，是各地陆续发动的，人自为战，目的只在不被饥饿所困死。后来势力渐大，始有意识作打倒统治者的企图。最后到了李自成在1643年渡汉江陷荆襄后，始恍然于统治者之庸劣无能，可取而代之。从此后便攻城守地，分置官守，作夺取政权的步骤。[①]果然不到两年北京政府即被推翻，长江以北大部被统治在新政权之下。这是在流寇初起事时所意料不及的。其实与其说这是流寇的功绩，还不如说是这古老的社会、经济制度的自然崩溃为比较妥当。戴笠作《流寇长编序》，就统治阶级的不合作这一点来说明流寇之成功，他说："国之致亡，祖功宗德，天时人事均有之，非尽流寇之罪，贼虽凶狡绝人，亦借成就者之力也。主上则好察而不明，好佞而恶直，好小人而疑君子，好速效而无远计，好自大而耻下人，好自用而不能用人。廷臣则善私而不善公，善结党而不善自立，善逢迎而不善执守，善蒙蔽而不善任事，善守资格而不善求才能，善因循而不善改辙，善大言虚气而不善小心实事。百年以来，习为固然。有忧念国事者则共诧之如怪物。武臣非无能兵者，而必压以庸劣文臣，间有不庸劣者而又信任不深，兵食不足，畏人以偏见邪说持其后，无敢展布。至于阉侍之情况，古今同然，不必言也。煤山之祸，众力所共，闯贼独受其名耳。"以明统治权之倾覆为众力所共。文震孟于崇祯八年（1635）上疏论致乱之源说："堂陛之地，欺猜愈深，朝野之间，刻削日甚，缙绅蹙靡骋之怀，士民嗟束湿之困，商旅咨叹，百工失业，本犹全盛之海宇，忽见无聊之景色，此又致乱之源也。"这是说统治者的内部崩溃。"边事既坏，修举无谋，兵不精而

---

①　《绥寇纪略》卷九；《平寇志》卷六。

自增，饷随兵而日益，饷益则赋重，赋重则刑繁，复乘之以天灾，加之以饥馑，而守牧惕功令之严，畏参罚之峻，不得不举鸠形鹄面无食无衣之赤子而笞之禁之……下民无知，直谓有司仇我虐我，今而后得反之也。"[①] 这是说统治者的驱民死地，自掘坟墓。李自成檄数统治者的罪状说："明朝昏主不仁，宠宦官，重科第，贪税敛，重刑罚，不能救民水火，日罄师旅，掳掠民财，奸人妻女，吸髓剥肤。"[②] 前部的四项罪状都是古已有之，是这古老社会的病态，不是崇祯及其廷臣所能负责的。在檄文中他特别提出他是代表农民利益，他本人是出于农民阶级的，他说："本营十世务农良善，急兴仁义之师，拯民涂炭，士民勿得惊惶，各安生理。各营有擅杀良民者全队皆斩。"[③] 标着显明的农民革命的旗帜向旧统治致死命的攻击，对方则犹茫然于目前的危机，对内则互相猜嫌排斥，表现充分的不合作精神，对民则加力压榨，驱其反抗，两方的情势达于尖锐化，以一小数的溃腐的统治集团来抵抗全体农民的袭击，自然一触即摧，明室的统治权于此告了终结，同时拥护这统治权的仕绅阶级的寿命也从此中断，假如没有建州部族的乘机窜入，也许这反对宦官、科举制度，诛锄绅富的新统治者会给未来的历史以新的意义和设施。然而他们终于被一更新兴的部族所粉碎，昙花一现的新统治权也跟着被消灭，给铲除未尽的八股家、地主、商人们的旧集团以更苏的机会，虽然这一旧灵魂已不复能恢复过去所有的势位，然而他们会从文字的记载来诋毁他们的已失败的敌人，从此片面的历史遂决定了所谓"流寇"事件的反面意义。在文字上所见的流寇只是一些极凶极恶、杀人、放火、屠城等等惨酷残忍的记载。

最后，我们再引两条可信的记载，说明这旧社会之必然的崩溃。崇祯

① 《烈皇小识》卷四。
②③ 《平寇志》卷六。

十六年（1643）秋冬之间，外寇内乱，已经到了岌岌不可终日的地步，在同一国家同一祸福的江南，却仍踵事增华，作升平之歌舞。《启祯记闻录》三："七月二十五日，枫桥有好事者敛银于粮食行中，以为赛会之资，风闻从来未有之盛……衿绅士庶男女老幼，顷城罢市，肩舆舟楫之价，皆倍于常。通国若狂。"次年三月十九日北京政府颠覆，在得到国变消息后的吴江，竟举行从来未有之盛会。同书记："四月初二日吴江赛会，目睹者云富丽异常，为郡中从来所未有。是时北都不祥之说已竞传，民间犹为此举，可见人无忧国之心！"这不是偶然的！

下编　明史简述

前　言

现在讲明史。首先声明一下，这门课我已有十五六年没讲了，荒废很久；同时又缺乏准备，因为我3号刚从国外回来，21号又要走，各方面的工作都堆在一起，时间排得很满，没有很好地准备。所以，这次只能凭过去的印象，把自己所曾经思考过的一些问题以及对这些问题的认识，提出来供同志们参考、讨论。这些意见都不成熟，仅供参考，并不是定论。

这次只能讲1368年到1644年这个历史时期内的一些重大事件和重要问题，不准备像普通高等学校那样一般的讲。如果每一件事情都具体地讲，恐怕一年也讲不完。因为时间的限制，只能讲最基本的、最重要的、关键性的问题。

准备分两部分讲：

第一部分，明朝历史的基本情况。

毛主席在《中国革命和中国共产党》这一名著中给我们树立了一个研究历史的典范：要研究一个国家、一个民族的历史，重要的是抓住它的特征，到底它和其他国家、其他民族有什么不同。这样，才能了解这个国家、这个民族，了解它的各个历史时期许多问题的所以发生。所以我们首先讲明朝整个历史时期跟过去的时代到底有哪些不同，过去历史上所没有的，而这个时期才发生的是哪些问题、哪些事情。

这一部分讲这么几个小问题：

（一）明太祖的建国。朱元璋建立了一个什么样的国家？如何建立的？也就是它的政权是什么性质，依靠什么，在什么基础上建立起来的？

（二）明成祖迁都北京。明朝原来的首都在南京。明太祖为什么建都南京？到了明成祖时又为什么迁都北京？迁都北京与当时的社会情况有什么关系？对以后的历史发生了什么影响？

（三）贯串明朝整个历史时期的两个大问题。一个是倭寇问题，就是日本海盗的侵略。这是外部问题，这个问题贯串了整个明朝历史；另一个是内部的民族关系问题，主要是明朝和北边蒙古族的关系。当时有所谓"北虏"、南倭的说法，称蒙古人为"北虏"。这是污蔑性的称呼。

（四）建州女真族的问题。一般史书上往往容易混淆这一点，认为建州是明朝以后才有的。事实上不是这样，明朝一开始就有建州，建州女真早就在东北一带活动。我们研究明朝历史时，不能把这一点忽略了。

第一部分基本上就讲这么几个问题。有时间的话，还准备讲讲东林党的问题。

第二部分，准备提出几个问题：

（一）郑和（三宝太监）下"西洋"的问题。这是历史上从来没有过的事，不但明朝以前没有，就是明朝以后也没有。前后三十多年内，郑和到南洋去了七次，最远达到非洲。他为什么去呢？去了之后的结果怎么样？在这些问题上，过去的历史学家有很多不同的意见、不同的看法。

（二）资本主义萌芽问题。这是最近几年来历史学界讨论得比较多的一个问题,有不同的看法、不同的意见。到底资本主义萌芽从什么时候开始?怎么样才算是萌芽?为什么它只是一个萌芽,而不能够成长?准备提出一些看法。

(三)农民战争问题。中国历史上发生过许多次的农民战争,大大小小有几百次,最大的也有十几次。但是明朝历史上有一个很奇怪的现象,就是明朝建国不久就发生农民战争。明太祖是从农民战争中起家的,他建立政权之后,马上就有农民起来反对他。这种斗争一直到明朝灭亡没有停止过。明代农民战争爆发次数之多,我看历史上任何一个朝代都不能比。这是一个农民战争的时代。为什么?要回答这个问题。

有时间的话,还准备谈一谈八股文的危害,它在历史上所起的反动作用。我们现在不会写八股文,也不懂得八股文。可是明清两代近六百年间都是写八股文的,它对中国学术文化的发展造成了严重的危害。

主要是讲上面这两个部分。如果时间允许的话,还可以讲几个历史人物。譬如保卫北京的于谦、海瑞、与海瑞同时的张居正。

上面所说的这些问题,过去都有过一些想法和看法。这些想法和看法不一定成熟,不一定正确。其中有些写了论文,有些没有来得及写。

现在讲第一部分。

第一章　明朝历史的基本情况

一、明太祖的建国

首先，我们应该弄清国家的含义。近几年来的学术讨论中，有人往往把我们这个时代关于国家的含义等同于历史上的国家的含义。这是错误的、不科学的。我们今天所说的国家，包括政府、土地、人民、主权各个方面。由于政权性质的不同，国家可以分为好几类，有人民民主国家、资本主义国家、民族主义国家，等等。历史上国家的含义就跟这不一样。简单地说：历史上的国家只能是某一个家族的政权，不能把它等同于今天我们所说的国家。曹操的儿子曹丕临死前写了一篇遗嘱，说：自古无不亡之国。这里所说的"国"是什么呢？就是指某个家族的政权，是指刘家的、赵家的、李家的或者朱家的政权。这些政权经常更替，一个灭亡了，另一个起来。所以曹丕说自古无不亡之国。但是一个政权灭亡了，当时的国家是不是也灭亡了呢？没有。譬如汉朝刘家的政权被推翻了，曹操的儿子做了皇帝，还是有三国，我们的历史并没有中断。曹家的政权被推翻了，司马氏做了皇帝，国家也没有灭亡。所以，历史上的所谓亡国，就是指某一个家族的政权被推翻，国家还是存在的，人民还是存在的。因此我们所说的明太祖建国，也是指他建立的朱家的政权。这个国跟我们今天的中华人民共和国有本质的不同，它只代表一个家族、一个集团的利益，而不代表整个民族的共同的利益。把这个含义弄清楚，我们才可以讲下面的问题，就是朱元璋的政权依靠的是什么。

1．土地关系问题

要讲土地关系问题，不能不概括地讲讲当时的基本情况。

在 14 世纪中叶，大致是从 1348 年到 1368 年的二十年中间，发生了大规模的农民起义、农民战争。规模之大，几乎遍及全国，从东北到西南，从西北到中南，到处都有农民战争发生。不单是有汉族农民参加，各地的少数民族也参加了，如东北的女真族（就是后来的建州族）、西南的回族都参加了斗争的行列。时间之久前后达二十年。战争激烈的情况，在整个历史上都是少有的。

在二十年的战争中，反对元朝的军事力量大致可以分为两个体系：一支是红军。因为参加起义的人都在头上包一块红布作为标志，在当时政府的文书上称为"红军"，也有个别的叫做"红巾军"。这是反对元朝的主要力量。现在有些历史学家不大愿用"红军"这个名称，大都称为"红巾军"。大概有这样一个顾虑：怕把历史上的红军同我们党建立的红军等同起来。在我的记忆里有这样一件事：大约二十年前，国民党政府的一个什么馆，要我写明史。书写好之后交给他们看，他们什么意见也提不出来，最后说：你这上面写的"红军"改不改？要改就出版，不改就不出版。我说：不出版拉倒！（这本书现在没有出版。）① 他们怕红军，不但怕今天的红军，也怕历史上元朝的红军，因此他们要我改掉。我不改，因为根据历史记载，这支起义军本来就是红军，不是白军。这不说明什么政治内容，而只是说他们头上包了一块红布而已。红军又分成两部分：一部分在东边活动，一部分在西边活动。具体说，东边是指今天的安徽、河南、河北一带，西边是指江汉流域（长江、汉水流域）。江汉地区的红军很多，包括"北琐红军"和"南琐红军"。反对元朝的另一支军事力量是非红军系统：在浙江有方国珍，在元末的反元斗争中，他起兵最早；在江苏有张士诚；在福建有陈友定。这几支军队都不属于红军系统。当时为什么能爆发这样大规模的农民起义呢？我想在讲元朝历史的时候已提到了。这里就不再重复。

下面讲讲红军提出了些什么问题。

红军当中的一些领导者，他们在反元斗争展开之后发布了一个宣言（当时叫檄文），里面有这么两句话："贫极江南，富称塞北。"（文件的全文已看不到了，只留下这么两句。）这说明什么呢？说明红军反对元朝的统治，要推翻元朝的统治。这是一个有各族人民参加的阶级斗争。当时元朝的政治中心，一个在大都（今北京），一个在上都。元朝政府经常派出很多官吏和军队到南方去搜刮物资，把这些物资运到北方去供少数人享受。元朝的皇帝在刚上台时，为了取得军事首领、部族酋长的支持，对他们大加赏赐，按照不同的地位给他们金、银、绸缎一类的物资。遇到政治上有困难时，为了获得支持以巩固自己的统治，也采取这种办法。每次赏赐的数目都很大，往往要用掉一年或者半年的收入，国家财政收支的一半甚至全部都给了他们。这些物资是从哪里来的呢？是从全国人民身上搜刮来的。几十年光景，造成了"贫极江南，富称塞北"的局面。这样的统治使老百姓活不

---

① 这本书就是编入本书上编的《明史》（未完稿）。——编者注

下去了，他们就起来斗争，改变这个局面，所以提出了这样鲜明的口号。

红军初期的主要领导人韩山童，是传布白莲教起家的（他家里世世代代都是传布白莲教的）。由于通过宣传白莲教，通过宗教迷信活动可以组织一部分力量，于是他就提出"明王出世""弥勒佛降生"的口号。明王是明教的神，也叫"明尊"或"明使"。明王出世的意思是光明必然到来，光明一到，黑暗就给消灭了，最后人类必然走上光明极乐的世界。弥勒佛是佛教里的著名人物。传说在释迦牟尼灭度（死）后，世界就变坏了，种种坏事全部出现，人的生活苦到不能再苦。幸得释迦牟尼在灭度前留下一句话，说再过若干年，会有弥勒佛出世。这佛爷一出世，世界立刻又变得好起来：自然界变好了；人心也变慈善了，抢着做好事，太太平平过日子；种的五谷，用不着拔草翻土，自己会长大，而且下一次种有七次的收成。这种宗教宣传，对当时受尽苦难的农民发生了深刻的影响，他们希望有人来解救他们。所以，在广大农民中间，白莲教就用"明王出世""弥勒佛降生"这样的口号作为号召来组织斗争力量。

这种宗教宣传对农民能够发生作用，可是对知识分子就不能够发生作用了，特别是一些念"四书""五经"的儒生不相信这一套。因此，对他们必须有另外一种口号。红军的领袖们就利用一些知识分子对元朝统治的不满，对宋朝怀念的心情，提出了"复宋"的口号。他们假托自己是赵家的子孙。韩山童是河北人，起兵之后被元朝政府杀害，他的儿子韩林儿跑掉了。以后刘福通就利用元朝政府治理黄河的机会组织反元斗争。当时黄河泛滥成灾，元朝政府用很大力量调了很多民夫、军队来做黄河改道的工作。民夫和军队都集中在一起，刘福通就乘机组织民夫发动反元斗争。军事行动开始之后，他们就假托韩林儿是宋徽宗的第九代子孙，刘福通是南宋大将刘光世的后代。他们以恢复宋朝的口号来团结一部分知识分子。所以红军有两套口号：一方面宣传"明王出世""弥勒佛降生"来团结和组织农民；另一方面以恢复宋朝政权相号召，团结社会上有威信的知识分子。而中心则是阶级斗争，推翻剥削阶级。

刘福通起兵之后，声势很大，得到了各个地方的响应。在江苏萧县有芝麻李起兵响应；安徽凤阳有郭子兴起兵响应，一下子就发展到几十万军队。他们从山里把韩林儿找出来，让他做了皇帝，建立了统治机构。同时分路出兵攻打元朝：一支由华北打到内蒙，以后东占辽阳，转入高丽；另一支打到西北；还有一支打到四川。

以上讲的是东部红军的情况。

西部红军的主要领导人叫彭莹玉，他是一个和尚，原来在江西袁州组织过一次武装起义，失败以后，就跑到淮水、汉水流域，秘密传教，组织力量。后来他找到徐寿辉，组织武装力量，进行反元斗争。徐寿辉被他的部下陈友谅杀掉以后，西部红军的主要领导人就是陈友谅。此外，徐寿辉的另一个部将明玉珍跑到四川，在那里也建立了政权。

从二十年的长期战争中，我们可以看出这样几种基本情况：

第一，不管是东边韩林儿这一支，或者是西边陈友谅这一支，他们遇到的最坚强的敌人不是元朝的军队。这时元朝军队已经失去了建国初期那种勇敢、彪悍的特征，无论是军官也罢，士兵也罢，都腐化了，不能打仗了，在与红军作战时，往往是一触即溃。既然元朝军队不能打仗，为什么战争还能延续二十年呢？原因就在于坚决抵抗红军的是一些地主阶级的武装力量。这些武装力量，元朝政府把它称为"义军"。这些力量很强大，最强的有察罕帖木儿、扩廓帖木儿父子所领导的这一支；此外，李思齐、张思道、张良臣等也都很有实力。至于小的地主武装就举不胜举了。这些地主武装为什么这样坚决地反对农民起义呢？因为红军坚决反对阶级压迫。应该说当时的农民革命领袖并没有消灭地主阶级的思想，若要把现代人的意识强加于古人，那是错误的。那个时代的人不可能有消灭地主阶级的思想，但是，他们恨地主阶级，因为他们世代受地主阶级的剥削、压迫，现在他们自己有了武装力量，就要对这些地主阶级进行报复。在这样情况下，各地的地主阶级都组织力量来抵抗红军。其中最强的是察罕帖木儿和李思齐这两支力量。所以，红军在几路出兵的千里转战中，所遇到的主要敌人不是元朝的正规军，而是这些地主阶级的武装。在红军遭到这些地主武装的顽强阻击而受到损失之后，元朝政府就承认这些地主武装，封给察罕帖木儿、李思齐、张思道、张良臣及其部队以官位和名号。

一方面是红军，他们要改变"贫极江南，富称塞北"的局面；另一方面，顽强抵抗红军的主要是地主阶级的武装力量，其中主要的数量最多的是汉人地主的武装力量。这就是从 1348 年到 1368 年二十年战争中的第一个基本情况。

第二，在二十年的斗争中，尽管起义的面很广，战争区域很大，军事力量发展得很快，但是始终没有形成统一的指挥。不管是刘福通这个系统，或者是徐寿辉这个系统，都是各自为政，互不配合。尽管在战争的过程中，东边的胜利可以支持西边，西边的胜利可以支持东边，可是战略上没有统一的部署，缺乏统一的领导。不只是东边这一支和西边这一支二者之间出现这种情况，就是在刘福通领导下的军事力量也是这样。军队从几路分兵出发，不能采取通盘的步骤，而是你打你的，我打我的。尽管他们也有根据地（刘福通建都今开封，陈友谅建都今武汉），但是在当时交通不便的情况下，前方和后方的联系很差，这支军队和那支军队之间的情况互不了解。尽管他们的军事力量都很强大，一打起仗来往往是几百里、几千里的远征，所到的地方都能把敌人打败，所消灭的敌人也很多，可是并不能把所占领的地方安定下来，没能建立起各个地方的政权。因此红军走了之后，原来的蒙古人和汉人地主的联合政权又恢复了。最后，这几支军队都由于得不到后方的接济，得不到友军的配合而逐个被消灭了。他们虽然失败了，但在历史记载上很少发现有投降元朝的，绝大多数都是战斗到最后。相反，不属于红军系统的那些反元力量，像浙江东部的方国珍（佃户出身），以苏州为中心的张士诚（贩私盐的江湖好汉出身），他们也是反抗元朝的，也都有自己的政权，建号称王，可是在顶不住元朝的军事压迫的时候，就投降元朝，接受元朝的指挥。过一个时期看到元朝军事力量不行了，又起来反对元朝。方国珍也罢，张士诚也罢，都这样经常反复。他们虽然反对元朝，但并没有像红军那样提出政治的、宗教的阶级斗争口号。在二十年战争中，最后取得胜利的不是这些人，而是在韩林儿的旗帜下成长起来的朱元璋。

朱元璋出身于红军。他家里很穷苦，没有土地。从他祖父起，就经常搬家，替地主干活。最后，他父亲在安徽凤阳（当时的濠州）的一个小村子里落了户。朱元璋小的时候给人家放牛羊，以后因为遇到荒年，瘟疫流行，他的父母、哥哥都死了，他自己没有办法生活，便在庙里当了和尚。庙里是依靠地租过活的（过去寺院里都有大量的土地），遇到荒年，寺院里也收不到租，当和尚也还是没有饭吃。朱元璋只好出去化缘、要饭。他在淮水流域要了三年饭。这三年要饭的生活对朱元璋一生的事业有很大的关系。因为我们上面讲到的彭莹玉就是在这一带地方进行活动，通过宗教宣传、组织反元斗争的。这样，朱元璋就不能不受到他的影响。同时，这三年的流浪生活也使朱元璋熟悉了这一带的地理、山川形势和风俗民情。三年后，朱元璋重新回到庙里。这时，濠州的郭子兴已经起兵，成为红军的将领之一。因为朱元璋和红军有来往，元朝政府就很注意他。他的处境很危险。但这时朱元璋还很彷徨，两条道路摆在面前：是革命呢？还是反革命呢？经过一番考虑，最后还是投奔了红军，在郭子兴的部下当了一名亲兵。朱元璋自己后来写文章回忆，说他当时参加这个斗争并不很坚决，而是顾虑很多的。参加了郭子兴的部队以后，他很勇敢，也能够出主意，能够团结一些人。

后来成了郭子兴的亲信，郭子兴就把自己的养女马氏许配给他，这样他就成了郭子兴的女婿，军队里称他为朱公子。朱元璋在反元斗争中用计谋袭击了一些地主武装，把这些地主武装拉了过来。同时他又回到自己的家乡去吸收了一批人，当时有二十四个人跟他参加了红军，以后都成了有名的将领，开国名将徐达就是其中之一。郭子兴死了之后，朱元璋代替了郭子兴，成为韩林儿旗帜下的一支军事力量的将领。这时，他的力量还并不强大。那么，他为什么能够赢得战争的胜利，取得全国的政权呢？有这么几个因素：

第一个因素是正当朱元璋开始组织军事力量时，刘福通部下的红军正在跟元朝的军队作战，元朝军队顾不上来打朱元璋。朱元璋占领区的北面都是红军，这样，就把他的军队和元朝的军队隔开了。所以，当红军和元朝军队作战时，朱元璋可以趁此机会壮大自己的武装力量，占领许多城市。

第二个因素是他取得了地主阶级知识分子的支持。他起兵之后不久，就有一些知识分子投奔他，像李善长、冯国用、刘基、宋濂、章溢、叶琛等。这些人都是浙江、安徽地区的地主阶级知识分子，在地方上有些威望，而且都有武装力量。这些知识分子替朱元璋出主意，劝他搞生产、搞屯田。在安徽时，朱升劝他"高筑墙、广积粮、缓称王"。这就是要他先把根据地搞好，在后方解决粮食问题，一开始不要把目标搞得太大。李善长、刘基劝他不要乱杀人，不要危害老百姓，要加强军队纪律，要巩固占领的城市，并经常把历史上成功的经验和失败的教训告诉他。朱元璋本人也很用功地学习历史，他在进行军事斗争或政治安排时，总是要征求这些人的意见，研究历史上的经验教训。

这里有一个问题，朱元璋出身于红军，他反对地主，而地主阶级为什么要支持他呢？这不是一个很大的矛盾吗？要了解这个问题，必须从当时的具体历史情况来看。朱元璋本人要打击地主，因为他受过地主阶级的压迫。可是在进行军事斗争的过程中，他感到光像过去那样打击地主、消灭地主，不仅很难取得地主阶级的支持，而且会遭到地主阶级的顽强抵抗。所以，在他还没有成为一个军事统帅的时候，他就改变了红军的传统，开始和地主阶级合作，取得他们的支持。这是问题的一方面。另一方面，地主阶级怎么愿意支持他呢？前面不是说过，红军在北上的战争中所遇到的最大阻力不是元朝军队，而是地主阶级的武装吗？原因很简单，就是安徽、浙江地区的地主阶级，他们看到元朝政府已经不能维持下去了，他们不能再依赖元朝政府的保护，而他们自己的武装力量又无论如何也抗拒不了朱元璋的进攻；更重要的是他们理解到朱元璋欢迎他们，采取跟他们合作的方针。他们与其坚决反抗朱元璋而被朱元璋消灭，还不如依靠朱元璋，得到朱元璋的保护，以维护自己的阶级利益。所以，当朱元璋派人去请刘基的时候，刘基开始拒绝，可是经过一番考虑之后，最后终于接受了。

朱元璋的军队加入了这样一批力量之后，它的性质逐渐改变了。所以在他以后去打张士诚时所发布的一个宣言中，不但不再承认他自己是红军，反而骂红军，攻击红军，把红军所讲的一些道理称为妖言。尽管这时他在形式上还是接受韩林儿的命令，用韩林儿的年号，他的官爵也是韩林儿封的，但实质上他已经叛变红军。到了 1368 年，他已把陈友谅、张士诚消灭，派大将徐达进攻北京，这时又发布了一个宣言。在这个宣言中像红军所提出的"贫极江南，富称塞北"的口号都没有了。主要提些什么问题呢？夷夏问题。就是说少数民族不能当中国的统治者，只能以夏治夷，不能以夷治夏。他要建立和恢复汉族的统治。在这样的情况下，战争的性质改变了，不再是红军原来的阶级斗争的性质，而是一个汉族与蒙古族的民族战争。

1368 年，朱元璋的军队很顺利地打下了北京。元顺帝跑到蒙古，历史上称为北元。元顺帝虽然放弃了北京而回到蒙古，可是他的军事力量并没有受到太大的损失，还仍然保持着比较强大的军事力量和完整的政治机构。他并不认为自己统治的王朝已经结束了，他经常派兵来打北京，要收复失地。所以在明朝初年明朝和北元还有几次很激烈的战争。到了洪武八年（1375），北元的统帅扩廓帖木儿死了，蒙古对明朝的威胁才减轻了一些，但仍然没有结束。这时北元和高丽还保持着密切的关系，高丽的国王还照样是北元的女婿（每一个高丽国王都要娶蒙古贵族女子做妻子），在政治上仍然依附于北元。这种关系一直维持到洪武二十五年（1392）。这一年，高丽内部发生斗争，大将李成桂为了取王朝而代之，他依靠明朝的支持，在国内发动政变，推翻了旧的王朝，建立了一个新的朝代。从此，高丽臣服于明朝。同时，李成桂在求得明太祖的同意之后，把国名高丽改为朝鲜。此后一直叫朝鲜，不再称高丽了。朝鲜国内的政治变革，反映了明朝和北元的斗争关系和势力的消长。

总结上面所说的历史情况，得到这样的结论：经过二十年长期的战争，一方面是红军（包括东、西两部分）和非红军（像方国珍、张士诚）；另一方面是元朝军队，更重要的是各个地方的汉人地主武装力量，在战争过程中这些汉人地主武装大部分被消灭了。也由于二十年的长期战争，各地人口大大减少，土地大量地荒废。因此1368年明太祖建国之后，他就不能不采取一些措施，改变这种情况。一个以农业为主要生产手段的国家，农业生产得不到保证，它就不能维持下去。因此，在明朝初年采取了一系列的办法：

第一，大量地移民。例如移江浙的农民十四万户到安徽凤阳，迁山西的一部分人口到河南、河北、安徽去。移民的数量是很大的，一移就是几万家甚至十几万家。迁移的民户到了新的地方之后，政府分配给他们土地。这些土地是从哪里来的呢？就是一些在战争中被消灭的大地主的土地和无主荒地。此外，政府还给耕牛、种子、农具，并宣布新开垦的荒地几年内不收租，鼓励他们的生产积极性。

第二，解放匠户。元朝有所谓匠户制度。成吉思汗定下了这样一种办法：每打下一个城市之后，一般的壮丁都杀掉，但是有技术的工人，无论是铜匠、铁匠或其他行业的工匠都保留下来。把每个大城市的技术工人都集合在一起为官府生产，这些人就称为匠户。这些匠户几乎没有人身自由，世世代代为官府服役。明太祖把他们部分地解放了，给他们一些自由，鼓励他们生产。匠户数目很大，有几十万人。

第三，凡是战争期间，农民的子弟被强迫去当奴隶的，一律解放，给予自由。这样，增加了农业生产的劳动力。

第四，广泛地鼓励农业生产。明太祖采取了很多措施：规定以各地农业收成的好坏作为考核地方官工作成绩的重要标准之一，地方官每年要向中央报告当地人口增加多少，农作物的产量增加多少；大力鼓励农民种植桑树和棉花，规定每一户的土地必须种多少棉花、多少桑树和果树。而且用法令规定：只要能够种棉花的地方就必须种棉花，能够种桑树、果树的地方就必须种桑树、果树。这样，农民的副业收入增加了。关于朱元璋鼓励种棉花的措施特别值得提一下。在朱元璋以前，更具体地说，在1368年以前，我们的祖先穿的是什么衣服呢？有钱的人夏天穿绸、穿缎，冬天穿皮的（北方）或者穿丝棉。老百姓穿的是什么呢？穿的是麻布。有一本看相的书，就叫《麻衣相法》。当时棉花很少，中国自南北朝的时候就有棉花进口，但数量少。到宋朝时棉布还是很珍贵。可是到了明太祖的时候，由于大力提倡种植棉花，以及当时由于种种原因，纺纱、织布的技术提高了，因而棉布大量增加。这样，我们祖先穿的衣服就改变了，过去平民以穿麻衣为主，现在一般人都能穿上棉布衣服。并且形成了几个产棉区和松江等出产棉布的中心。也是在这个时期，棉花种子从中国传入了朝鲜。结果在不太长的时间内，朝鲜人也穿上了棉布衣服。

在农业生产发展，农业经济恢复的基础上，朱元璋采取了支持商业的方针。在南京和其他一些地方,都专门为商人盖了房子,当时叫做"塌房",以便他们进行商业活动。

所以,经过从 1348 年到 1368 年的二十年的长期战争,由于战争延续的时间长,涉及的区域广,战争的情况又极为残酷,使得社会上人口死亡很多,荒芜了很多土地。但是,经过洪武时期二十多年的努力以后,社会生产逐渐恢复并发展了,经济繁荣了。

那么,最后,问题归结到什么地方呢?朱元璋的政权依靠谁呢?

上面说过,元朝的大地主在战争中基本上被消灭了,在这种情况下,土地关系发生了重大的变化:第一种情况,过去土地比较集中,一个大地主占有很多土地,拥有很多庄园。现在这些大地主被消灭了,他们的土地被分配给了无地、少地的农民,或者是新来的移民。这样,一家一户几亩地,土地分散了,这是基本的情况。土地分散的后果是什么呢?在政治上是阶级矛盾的缓和。原来那些人口密度很高的地区(江苏、浙江一带),现在一部分地主被消灭了,一部分人口迁徙出去,留下来的农民有了部分土地,有了一些生产资料,这样,阶级关系就比过去缓和了。第二种情况与这相反,就是那些没有被消灭的地主,像李善长、冯国用、刘基、宋濂这些人,他们原来的土地不但保留下来了,而且有了发展。他们大都成为明朝的开国功臣,做了大官。第三种情况是出现了新的地主阶级。像朱元璋回家招兵时,跟他出来的二十四个人后来都成了他的大将、开国功臣,朱元璋给他们封公、封侯。这些人在政治上有了地位,经济地位也跟着提高了。明朝初年分配土地的结果,他们都成了新的地主阶级。

情况这么复杂,那么,整个说来,农民的土地问题解决了没有呢?没有解决。封建剥削还是存在,农民还是要向地主交租,还是受地主阶级的压迫,在某些地方甚至还有所加强。明太祖是红军出身,是反对地主阶级的,现在他自己成了全国最大的地主。因此,就发生了前面所提到的那种情况:

明太祖建国之后，农民的反抗斗争就随之开始，一直到明朝灭亡。什么原因呢？因为阶级关系没有改变，土地问题没有解决。但是由于元末大地主阶级的土地分散的结果，使得在一定的历史时期内，某些地区的阶级斗争有所缓和。在这个基础上才有可能出现以后的郑和下"西洋"的事情。

上面所说的，牵涉到最近史学界讨论的一个问题，就是农民起义能不能建立农民政权的问题。这个问题有不少争论，涉及所谓皇权主义问题。中国的农民有没有皇权主义？有的人说有，有的人说没有。我们现在从朱元璋这个具体的人，以及从当时的具体历史事实来研究这个问题。我想，可以得出这样的结论：历史上任何农民战争最后必须要建立一种政权。政权有大有小，有的农民起义领袖自称为将军，因为他只知道将军是最大的；有的自称为"三老"；有的称王；有的称皇帝。他们能不能采取别的称号呢？能不能不利用这些当时实际存在的、为大家所熟悉的名称，而采取跟当时历史实际没有关系的名称呢？或者说农民有没有这种可能，就是他们在建立政权时，不采取他们所反对的政权形式，而另外创立一种跟原来的政权完全不同的政权形式呢？没有！他们只能称将军，称"三老"，称王，称帝，不可能称几百年、几千年之后的苏维埃共和国，不可能称总统或者主席。

因此，在谈到农民革命能不能建立政权的问题时，结论只能是：（1）它必然要建立政权。没有政权怎么办事？大大小小总要有一个机构；（2）它组织的政权跟当时现行的政权不可能完全相反，它只能运用它所熟悉的东西，而不能采取它所不知道的东西；（3）这个政权不可能是为农民服务的政权。因为它为了使自己能够长期存在下去，所能采取的办法只可能是封建国家压迫农民的办法，而不可能有其他办法。如果它要真正成为农民自己的政权，它就必须解决这样的问题：推翻地主阶级的统治，实行土地革命。但是这样的思想认识，在长期的封建社会里是不可能有的。任何国家的封建社会都没有发生过。它只能对个别地主进行报复，你这个地主欺侮过我，杀了我的人，我现在也把你杀掉，把你的房子烧掉，把你的东西抢来。这些都是可能做到的。但是要把整个地主作为一个阶级推翻，这在当时是不可能的。要知道，反封建这种口号的提出，还是近代的事情。而且就是在今天世界各国，除了我们已经完成了这个任务之外，还有很多地区没有解决这个问题。印度也算是一个共和国，但是它不反封建，印度的地主阶级照样存在。我们不能以19世纪、20世纪才出现的思想去要求封建社会的农民。而且从理论上来说，农民政权要建立起来，而且要巩固下去，它的收入从何而来？它的财政开支从何而来？那时没有现代化的大工业，国家财政开支只能取之于农民。除此之外，别无出路。所以，它只能采取封建国家对农民压迫的形式，而不可能有别的形式。因此，历史上所有的农民革命没有例外地在它取得政权之后，必然变质，他们从反对地主阶级开始，结果是自己又变成了地主阶级，新的地主阶级代替旧的地主阶级。这就是历史上农民革命不断起来的根本原因。

在土地比较分散的基础上，尤其是在这样一个空前的大国的情况下，朱元璋建立了一个高度中央集权的政权。关于政治机构问题，当时要完全改变明朝以前的政治机构，既不容许这样做，也没有必要这样做。元朝的中央政权机构有中书省（相当于我们现在的国务院），中书省的长官有左丞相、右丞相、平章、参知政事等官。中书省下面有管具体事情的各部。为了统治全国，元朝政府把中书省分出一部分到地方上，代表中央管理地方工作，叫行中书省，简称行省。行省的职权很大，民政、财政、军事一切都管。掌管监察的机关叫御史台，地方上有行御史台，简称行台。在这样的情况下，发生了权力分散的问题。所以后来元朝政府对地方的统治愈来愈弱。明朝初年（洪武元年到洪武十三年）继承了元朝的这个制度，中央还设有中书省，地方上设立行中书省。这就是上面所说的，农民革命不能创造出新的东西来，它只能模仿和继承已有的东西。

这种局面给朱元璋提出了一个问题，就是如何巩固和加强自己的统治问题。明初政权逐渐产生了很多矛盾，第一，明朝的政权是地主阶级的政权，但明初地主阶级分为旧地主和新兴地主两派。朱元璋起兵于淮河流域，而刘基等则是参加了红军的江浙地主。两个地主集团之间存在着矛盾。当时有一首诗说："城中高髻半淮人。"衣服穿得漂亮的、有钱的，多是两淮流域的人。两淮流域的新兴的地主阶级、官僚贵族，其中绝大多数不但拥有广大的庄园，而且还有大量的奴隶、家丁。有些将军还有假子。假子是朱元璋兴起的办法。他在起兵时把一些青年收作自己的儿子，像沐英、李文忠都是他的干儿子，也是他手下最有名的将领。他往往在派一个将军出去作战时，同时派一个假子去监视。在这种作风的影响下，他下面的许多将军也有很多假子，他们拥有武装力量，有土地，有很多奴隶。这样，就形成许许多多小的军事力量。他们往往不遵守政府的规定，违法乱纪。明太祖要把这些劳动力放在国家的控制下，他们却要放在自己的庄园里。这是第二个矛盾，两淮流域新兴的地主集团和国家，即和朱元璋的统治之间的矛盾。这两个矛盾从1379年到1381年逐步展开。两淮流域地主集团的代表人物胡惟庸在这个斗争中被杀了。除了上面所说的两个矛盾之外，还有第三，胡惟庸个人和朱元璋之间的矛盾，这是君权和相权之间的矛盾。皇帝应该管什么事，宰相应该管什么事，历史上没有明文规定过。在设置中书省的情况下，许多事情都由中书省掌握，中书省认为这件事情有必要请示皇帝就请示，认为没有必要请示的，就自己办了。胡惟庸这个人有野心，也很有才能，他在中书省多年，排斥了一些人，也提拔了一些人，造成他在中书省的强固地位。有许多事情他自己办了，明太祖根本不知道。以后明太祖发现了就很生气。这样，矛盾就发生了，而且日益尖锐。洪武十三年（1380），这三个方面的矛盾终于全面爆发。按照明朝的规定，军队指挥权掌握在皇帝手中。这样，明太祖在这个斗争中取得了胜利，他假借一个罪名把胡惟庸杀了，还牵连杀了不少人。

胡惟庸被杀以后，明太祖根本改变了元朝以来的中书省、行中书省制度，取消了中书省。而且立了个法令，规定以后子子孙孙都不设宰相这个官。谁来办事呢？把原来中书省下面的六个部（吏、户、礼、兵、刑、工）的地位提高，来管理全国的事情，直接对他负责。结果他自己代替了过去的宰相，相权和君权合二为一，大大加强了中央集权。在地方上则取消了行中书省，把原来行中书省的职权分开，即民政、司法、军事分别由三个机构管理：布政使司（主管官叫布政使）管民政、财政，按察使司（主管官叫按察使）管司法，都指挥使司（主管官叫都指挥使）管军事。这三司都直接对皇帝负责。这种把一切权力都揽在皇帝个人手中的高度集权的状况，是在明朝以前没有过的。所以，封建专制主义经过一千几百年的发展，到了朱元璋的时候，形成了一个历史上从来没有过的高度中央集权制的政治系统。这样的政治制度跟当时的土地形态基本上是相适应的。过去土地很集中，皇帝权力的支柱是大地主。现在土地分散了，朱元璋依靠谁呢？依靠粮长。他收粮时，不是采取各地方官收粮的办法，而是采取粮长制。即某一个地方，谁的土地最多、纳粮最多的，就让他当粮长。每年收粮万石的地区就派纳粮最多的地主四人当粮长，由粮长负责这个地区的租粮的收运。政治制度的这种改变，适应了土地比较分散的情况，也保证了朱元璋的经济收入。因此，他对粮长很重视，每年都把这些人召到南京去，亲自接见，和他们谈话。发现了其中某些有能力的人，就提拔他们。他的政权依靠什么呢？就依靠这些人。他的统治基础就在这里。所以，明朝初年相当长的一个时期内一些官职的任用是来自粮长。粮长之外，各地还有很多富户和耆民，朱元璋也经常把他们找来，发现有才能的，就任用他们为官。所以，他的政权是以中小地主作为支柱的。政治机构的这种发展变化，是和当时的土地形态、经济关系相适应的。

可是，在这样高度集权的情况下又发生了另一个新问题：皇帝到底是一个人，不是机器，什么事都要自己管，什么报告都得看，国家这么大，事情这么多，他怎么管得了呢？他只有每天看公文，变成文牍主义者。我曾给他做过统计，从 1384 年（洪武十七年）9 月 14 日到 21 日，八天内他收的文件有 1666 份，计 3391 件事情。他平均每天要看 200 份文件，处理 400 多件事情。这怎么可能长久搞下去呢？非变成官僚主义者不可。因此就发生了这样的矛盾：一方面他非看文件不可，怕别人欺骗他；另一方面，愈看愈烦，特别是那些空泛的万言书，更使他恼火。有一次，一个官员上了一份万言书，他看了好几千字，还没有看出什么问题，生了气，就把这个官员找来打了一顿屁股。打完之后又叫人继续念这个报告，念到最后五百字才提出一些问题，提出几条建议，而且还不错，这才知道打错了人。第二天，他向那个官员承认错误，他说：不过你的文章不该写这么长，最多写五百字就够了，为什么要写一万字呢？所以他就发起了一个反对文牍主义的运动，提出了一个写文章的格式，要求简单，讲什么事就写什么事，不要东扯西拉，从上古说到今天，没完没了。他希望通过这个办法使自己能够处理实际事务。结果还是不行。他一个人怎么能管那么多的事？以后他又另外想了个办法，找了一些有文才，能办事的五、六品官到内阁来做机要秘书，帮他做事。为了勉励这些人，就给他们一个称号，叫做大学士。上面加上宫殿名称，如武英殿、文渊阁、东阁、文华殿等等。这时，内阁还只是宫殿的名称，不是政治机构的名称。因为这些人是在内廷里办事，所以就叫殿阁大学士。后来，明成祖的时候，把这个办法制度化了，国家大事都集中在内阁办。内阁大学士在这里办事愈久，政治权力就愈大，官位就愈高，有的做到六部的尚书。这样，内阁大学士虽然没有过去丞相的名称，但事实上等于宰相。入阁也就是拜相。内阁大学士中的第一名称为首辅，就是第一个辅助皇帝的人。这时，内阁便正式成为政治机构了。

　　这个改变，在历史上是个很大的改变。皇帝的权力高度集中，提高了六部的地位，以后又设立内阁。明朝一直继承着这个制度。清朝也实行这个制度。所以，在政治制度上清朝是继承了明朝的。

　　随着经济的发展变化，土地占有形态也发生了变化。明朝前期土地比较分散，经过几十年之后，土地又慢慢集中了。到了明朝中叶，土地集中的情况已经很严重。到了万历时，土地集中到这样的程度，在张居正的信件里有一份材料，说一个姓郝的地主拥有土地七万顷。明朝建国时的土地不过是八百五十万顷，现在这一家的土地就等于建国时全国土地的百分之一。从明武宗（就是《游龙戏凤》中的那个正德皇帝）之后，皇帝大搞皇庄，左占一块地，右占一块地。北京附近的皇庄就有很多。不但是皇帝搞庄园，就是贵族也搞庄园。嘉靖的时候，封皇子到各地去做亲王，有一个亲王就有二万顷土地。万历封福王到河南洛阳，准备给他四万顷土地。这些土地是从哪里来的呢？都是从老百姓手里夺来的。把原来的自耕农变成了亲王的佃户。土地集中愈来愈严重，农民的生活愈来愈困难。凡是有皇庄的地方，不但皇庄内部的佃农要受管理皇庄的太监的统治，甚至周围的老百姓也要受皇庄管事人员的压迫和各种超经济剥削。你要过桥就要交过桥税，要摆渡就要交摆渡税。京戏《打渔杀家》中有一个肖恩抗鱼税。明末有一个大地主钱谦益，做大官，文章写得很好，却是一个没有骨头的人，后来投降了清朝。他占有几个湖，要湖边的老百姓向他交税。老百姓气极了，就把他的房子烧了，他的一个收藏了很多古书的"绛云楼"也被烧掉。所以《打渔杀家》这样的事在历史上是有根据的。

　　由于土地形态的变化，一方面使原来的政治机构不能适应，结果造成明朝政治上停滞的状态。明朝后期有这么两个皇帝：一个是嘉靖皇帝（明世宗），一个是万历皇帝（明神宗）。这两朝有共同点：明世宗做了很多年皇帝，但是他经常在宫廷里，不跟大臣们见面。万历皇帝也是如此。闹得有一个时期，六部很多长官辞了职，没人管事。他也不管，使朝廷很多问题不能解决。另一方面，由于土地高度集中，也促使农民起义以更大的规模开展起来，最后形成以李自成、张献忠为首的全国规模的大起义。

2．明太祖为什么建都南京？

明太祖之所以建都南京，主要是因为江苏、浙江、安徽这些地方比过去繁荣，是经济发达的地区，是粮食和棉花的产区。他建立了中央政权以后，有很多官员和军队，这些人吃什么呢？这就不能不依靠东南地区的粮食来养活。建都别的地方行不行？不行。以往的朝代建都洛阳、开封、西安，但这些地方交通不方便，粮食也供应不了。为了经济上的原因，他决定建都南京。可是这样发生了另外一个问题：军事上的问题怎么解决？元顺帝虽然跑掉了，但是他的军事实力并没有受到严重损失，他还保存着相当多的军队，并且时时刻刻在想办法反攻。因此，加强北边的防御，防止蒙古的反攻是非常必要的。不这样做，他的政权就不能巩固。但是建都在南京，对于在北方进行防御战争就比较困难了。当然，北边有一道万里长城，可是长城也要有人守才能发挥作用。因此，必须在北方驻重兵防守。可是把军队交给谁呢？交给将军行不行？不行，他不放心。如果他把十多万军队交给某个将军，一旦这个将军叛变，他就没有办法了。因此，他采取了分封政策，把自己的儿子封到沿边地区。第四个儿子燕王朱棣封在北京，其余的，宁王封在热河，晋王封在山西，秦王封在陕西，辽王封在辽东，代王封在大同，肃王封在甘肃。这些都叫做塞王。每一个王府都配有军队。亲王除了指挥自己的军队之外，在接到皇帝的命令以后，还可以指挥当地的军队。在有军事行动时，地方军队都要接受当地亲王的指挥。这样，就把每一个边防地区的军队都直接控制在中央的指挥之下了。

明太祖一方面建都南京，这样来解决粮食问题、服装问题；另一方面派自己的儿子到沿边地区去镇守，防止蒙古族南下；而且每年派亲信将领到北京来练兵，视察各个地方的军事情况，指挥军队，过一二年回去，然后又派人来，这样来巩固北方的边防。他自己认为这个办法是比较稳妥的。但是在他死后，情况发生了变化。他的大儿子早死了。孙子建文帝继位。当时他的第四个儿子燕王在北京，军事力量很强大，结果就发生了皇室内部的斗争。建文帝依靠的是一些知识分子，这些人认为亲王的军权太大，中央指挥不动，可能发生叛变，像汉朝时候的"七国之乱"一样。因此他们劝建文帝削藩，削减亲王的权力，把违法乱纪的亲王关起来或者杀掉。这样就引起了各个藩王的恐慌，最后燕王起兵打到南京。南京政权内部发生了变化，有的将军和亲王投降了燕王，建文帝自杀。（关于建文帝的问题，我们以后还可以讲讲。）建文帝被推翻以后，燕王在南京做了皇帝，就是明成祖。可是北方的军事指挥权交给谁呢？为了解决这个问题，明成祖决定把都城迁到北京。

我们讲了明太祖建国的问题。围绕这个问题，对当前正在争论的一些问题提出了一些看法。现在就农民起义、农民战争到底能不能建立自己的政权的问题进一步提供一点意见。

农民战争、农民起义到底能不能建立政权呢？答复是肯定的。既然农民战争是要推翻旧的政权，它必然要建立一个新的政权。这个政权有大有小，有地区性，名称可以是多种多样的。但是，这个政权是不是农民自己的政权呢？是不是跟封建地主阶级的政权相对立的政权呢？从所有历史上的农民战争来看，不能得出这样的结论。农民战争在建立政权以前，它是要摧毁、冲击或者削弱旧的地主阶级的政权的；但是，等到它自己建立了政权之后，它不可能不根据旧的地主阶级政权的样子来办事，它不可能离开当时为人们所熟悉的、行之多年的一套政治机构。要知道，摧毁旧的国家机器这样的理论，在《共产党宣言》里还没有提到，是在巴黎公社之后才总结出来的。无产阶级革命必须打碎旧的国家机器，建立新的国家机器，是只有在有了科学的共产主义理论，有了巴黎公社的经验之后才能得出的结论。既然是这样，中国历史上的农民战争怎么可能先知先觉，在还没有巴黎公社的经验的情况下，就能摧毁旧的国家政权，建立起农民自己的政权呢？这是不可能的。因此，在农民战争取得胜利之后，它所建立的政权必然变质。这也是一个历史规律，无论对谁都是一样的。汉高祖刘邦还不是变质了？！朱元璋还不是变质了？！明朝末年，李自成打到北京做了皇帝，他还不是变质了？！李自成在进入北京以前，能取得广大农民支持的原因之一，就是过去明朝政府收租很重，人民负担很重，他现在不收租了，叫做"迎闯王，不纳粮"，以不纳粮为号召。可是能不能持久呢？老百姓都不交粮了，他的军队吃什么？他的政权的经济基础、财政基础放到哪里？他难道能够喝空气过日子？不行，维持不下去。因此，他进北京后没有待多久就失败了。即使当时清军不入关，他的政权也不能延续多长时间，也不能巩固。因为他没有生产作基础，没有经济基础。农民种地不纳粮了，对农民来说很好；可是那时候没有大工业，一旦农民不纳粮，不但他的军队没有吃的，连政府的经费也没有来源了。这样，那个政权是不能维持下去的。它要维持下去，也非采取明朝的办法不可，就是向农民收租。

上面讲的是第一个问题。

第二个问题，中国历史上的农民战争有没有皇权主义。有不少人说俄国的农民有皇权主义，中国的农民没有，好像中国的农民是另外一种农民。中国的农民没有皇权主义，那么他们有什么主义呢？任何一次农民战争，它要建立一个政权不可能不根据现存的政权来办事，它不能离开现实。农民起义的领袖们只能够把当时为他们所熟悉、所理解的政权形式作为自己的政权形式。可是有些人硬要把中国的农民战争区别于其他国家的农民战争。当然，这个国家和那个国家的农民战争是有很多不同之点的。但是，从皇权主义这一点来说，不能不是相同的。理由是它们都不能够离开现实政治。当时的农民除了他们所熟悉的政权形式之外，不可能创造出当时还不可能有的政权形式来。不只是农民战争如此，连旧时代的一些神话、传说也是如此。大家都熟悉的《西游记》，孙悟空大闹天宫，天上的组织形式，玉皇大帝的那一套机构还不是反映了人间的机构。龙宫中龙王老爷的机构同样不能离开当时的现实，都是当时社会现实的反映。

第三个问题，对明太祖这个历史人物的评价问题。明太祖这个人到底是好人还是坏人？是应该肯定还是应该否定？当然应该肯定。因为他做了好事，他结束了长达二十年的战争混乱局面，统一了中国。统一这件事，在历史上是了不起的事情。而明太祖的统一中国，在历史上还有另外一种性质和意义。当时以北京和大同为中心，包括河北、山西及内蒙古一部分的这个地区，从唐末以来叫"燕云十六州"。从唐玄宗天宝末年，具体地说，从公元 755 年起，这个地区发生了"安史之乱"。以后虽然用很大的力量把这个战争结束了，但这个地区还是分裂了，少数民族化了。五代十国的时候，这个地区被一个卖国的奴才皇帝石敬瑭割让给了辽。从此，北京就成为辽的南京。在辽和北宋对立的时期，北宋从宋太祖起一直到宋神宗，曾经多少次想收复这个地方，几次出动军队，结果都失败了，没有能够统一。北宋末年，金灭掉辽，并继而推翻北宋政权，这样，便出现了金和南宋对峙的局面。后来元朝统一了。这时，不但是燕云十六州少数民族化，而且是整个国家都在蒙古族的统治之下。明太祖通过二十年的大规模的农民战争，把历史上长期没有解决的问题解决了，即把从公元 755 年起，一直到1368 年长期在少数民族统治或者影响之下的北方广大地区统一了。过去多少世代没有能够完成的任务，到明太祖完成了，这是一个很大的历史功绩。所以，从那个时候起，北京一直是中国的政治中心。在这样的基础上，我们中华人民共和国才有条件建都北京。

其次，朱元璋统一中国之后，采取了许多鼓励生产的措施。因而，三十多年以后，人口慢慢增加了，开垦的土地面积也慢慢扩大了。到他晚年的时候，全国已开垦的土地有800多万顷，合8亿多亩。今天我们的耕地是多少呢？大概是16亿亩，也就是说，明太祖时期的耕地相当于我们现在的一半。人口增加了，耕地扩大了，生产发展了，人民生活也比过去好了，这应该说是他做了好事，在历史上起了进步作用。

还有一点，他建立了一个高度的封建中央集权的国家。这样一种政治制度，明清两代基本上没有什么改变。

因此，我们可以得出这样一个结论：明太祖在历史上是一个有地位的、了不起的人物，是应该肯定的。

反过来说，这个人是不是一切都好呢？不是的，他有很多缺点，做了不少坏事。不要说别的，我们就举这样一条：他订了一些制度，写成一本书叫《皇明祖训》。定制度是可以的，可是有一点，他不许他的后代改变。这个做法就有了问题，时代变了，情况不同了，可是老办法不许改变，用老办法适应新形势。这样，就影响到以后几百年的发展，把后代的手脚都捆住了。蒋介石有一句话，叫做"以不变应万变"。明太祖就是这样，以不变应万变。这是一种唯心主义的办法，很不合理。以后在政治上、经济上往往不能不改变，可是又不敢改变。原因何在？就是被这个东西捆住了。他定了这样的制度：把他的儿子封为亲王，封在那个地方以后，国家给这个亲王多少亩土地，每年给多少石粮食。这个制度定下来以后，过了一百多年，中央政府就不能负担了。像河南省征收来的粮食，全部给明太祖封在河南的子孙都不够，成为当时最大的一个负担。到了明朝末年，朱元璋的子孙有十几万人，这些人一不能做官，二不能种地，三不能搞手工业，四不许做生意，只能坐在家里吃饭，而且要吃好饭。这样，国家就养不起了。当然，他在其他方面的缺点还很多，我们今天不能做全面的评论。

现在我们讲第一部分的第二个问题。

二、明成祖迁都北京

上一次讲了明太祖定都南京。到了第三代明成祖（十三陵长陵埋的那个皇帝）时，把朝廷搬到北京来了。这件事情在历史上有什么意义？他当时为什么非迁都不可？

前面讲到，明太祖的军队打到北京以后，元顺帝跑掉了，元朝失去了在长城以内地区的统治权。尽管如此，元顺帝的军事力量、政治机构都还存在。因此，他经常派遣军队往南打，要收复失地。他认为这个地方是他的，他们已经统治了八九十年。而当时明朝的都城是在南京。为了抵抗蒙古的进攻，明太祖只好把他的许多儿子封在长城一线做塞王。可是现在情况变了，明成祖自己跑到南京去了；此外，原来封在热河的亲王叫宁王，宁王部下有大量蒙古骑兵。明成祖南下争夺帝位之前，先到热河，见到宁王就绑票，把宁王部下的蒙古骑兵都带过来了。他利用这些蒙古骑兵作为自己的军事主力，向南进攻取得了胜利。从此之后，他就不放宁王回热河，而把他封到江西去。这样一来，在长城以北原来可以抵抗蒙古军进攻的力量便没有了。原来他自己在北京，现在自己到了南京，因而就削弱了明太祖时代防御蒙古军进攻的力量，防御线有了缺口，顶不住了。因此，他不能不自己跑到北京来指挥军队，部署防御战。因为他自己经常在北京，当然政府里的许多官员也都跟来北京，北京慢慢变成了政治中心。于是他开始修建北京，扩建北京城，大体上是根据元朝的都城来改建的。元朝时北京南边的城墙在哪里呢？在现在的东西长安街。明朝就更往南了，东西长安街以南这个地区是明朝发展起来的。德胜门外五里的土城是元朝的北城，明朝往南缩了五里。明成祖营建北京是有个通盘安排的，他吸取了过去多少朝代的经验。所以街道很整齐，几条干线、支线把整个市区划成许多四四方方的小块。有比较完整的下水道系统，有许多中心建筑。从明成祖到北京以后，前后三十多年，重新把北京建成了。和这个时期的世界其他各国比较，北京是当时世界各国首都中建筑比较合理的、有规划的、最先进的城市。没有哪一个国家的首都比得上它。有人问：北京还有外城，外城是什么时候建筑的？外城的修建比较晚，是在公元1550年蒙古军包围北京的紧急情况下，为了保卫首都才修建的。但是因为这个工程太大，只修好了南边这一部分，其他部分就没有修了。至于现在的故宫、天坛那些主要建筑，也都是在那个时代打下的基础。应该说明，现在的故宫并不是原来的故宫，认为明成祖修的宫殿一直原封未动地保留到现在是错误的。故宫曾经经过多次的扩建和改修。过去三大殿经常起火，烧掉了再修。起火原因很简单，就是太监放火。宫廷里有许多黑暗的事情，太监偷东西，偷到不可开交的时候，事情包不住了，就放火一烧了事。烧掉了再修，反正是老百姓出钱。明清两代宫廷里经常闹火灾就是这个道理。故宫的整个建筑面积有17万平方米左右，光修故宫就用了二十年的时间。我们人民大会堂的建筑面积是17.4多万平方米，比整个故宫的有效面积还大。明朝修了二十年，我们只修了不到一年的时间，这个比较是很有意思的。由于从明成祖一直到明英宗连续地营建北京，政治中心就由南京转到北京来了，北京成为国都了。

以北京作为一个政治、军事的中心，就近指挥长城一线的军事防御，抵抗蒙古族的军事进攻，保证国家的统一，从这一点来说，明成祖迁都北京是正确的。如果他不采取这个措施的话，历史情况将会怎样，就很难说了。

即使明成祖迁都北京，并集中了大量的军队在这里，但在明朝历史上还是发生了两次严重的军事危机。一次是在公元1449年，一次是在1550年，中间只相隔一百零一年。

第一次危机叫"土木之役"。土木是什么意思呢？在今天官厅水库旁边的怀来县，有一个地方叫土木堡。当时蒙古有一个部族叫瓦剌，它的领袖叫也先。也先带兵来打明朝，他的军事力量很强大，从几方面进攻，一方进攻辽东，一方攻打山西大同。那时明朝的皇帝英宗是个年轻人，完全没有军事知识。他相信太监王振。王振也是完全没有军事知识的。王振劝他自己带兵去抵抗，他就糊里糊涂带了五十万大军往当时正被瓦剌部队包围的大同跑。还没有到那里，大同的镇守太监郭敬就派人来向皇帝报告，说那里情况很严重，不能去。于是就班师回朝。王振是河北蔚县人。他想要英宗带着五十万大军到他家乡去玩玩，显显自己的威风。刚出发，他又一想，五十万大军所过之处，庄稼不就全踩完了！对自己的利益有损害，又不愿去了。这样来回一折腾，走到土木堡那个地方，敌人就追上来了。当时正确的办法应该是进入怀来城内坚守。下面的将军也要求进城。王振不干，命令部队就地扎营。但是这个地方附近没有水源，不宜于坚守。结果五十万大军一下子被敌人全部包围了，造成了必败的形势。在这个高地上待了两天，五十万人没吃没喝。到第三天他让部队改变营地。部队一改变营地，敌人就趁机冲锋。结果全军覆没，皇帝被俘虏了，王振也死于乱军之中，造成了很严重的军事危机。这是历史上最不光彩、最丢人的一次战争。

这时候北京怎么办呢？没有皇帝，五十万大军全部被消灭了，北京只剩下一些老弱残兵。情况很紧张。许多官员纷纷准备逃难，家在南方的主张迁都南京，认为北京反正守不住了。在这种情况下，比较有见解的兵部侍郎（相当于现在的国防部副部长）于谦反对迁都，他认为北京能够守住。如果迁都到南京去的话，北方没有一个政治中心，那么整个黄河以北的地区便都完了。他坚决主张抵抗，反对逃跑。他的主张得到了人民的支持，也得到了明英宗的兄弟郕王（不久即帝位，就是明景帝）的支持。于是就由于谦负责组织北京的保卫战。于谦组织了军事力量，安排了防御工作，跟人民一起保卫北京；并且在政治上提出了一套办法，他告诉所有的军事将领：我们现在已经有了皇帝，要坚守地方。这样，加强了全城军民保卫北京的决心。果然，也先把俘虏去的明英宗带到城外诱降，说：你们的皇帝回来了，赶快开门。他以为这样可以不战而取得北京城。但是守城的官兵们依照于谦的指示，坚决地回答说：我们有了新的皇帝了。各地方都是坚决抵抗，没有一个受骗的。结果明英宗在也先手里成了废物，不能起欺骗作用了。由于依靠了人民群众，北京的保卫战取得了胜利。这时，各地的援军也不断前来。也先见占不到便宜，便只好退兵。这样，北京保卫住了，整个黄河以北的地区保卫住了。

明英宗在也先手里起不了作用，有人就替也先出主意：明朝的皇帝留在这里没有用，还要养他。不如把他送回去，在明朝中央政权内制造弟兄俩之间的矛盾。这样，也先就把明英宗送了回来。明英宗回来后不能再做皇帝，被关起来了。八年之后，明景帝生了病，政府里有一派反对明景帝和于谦的人，还有一些不得志的军人、政客，他们把景帝害死，把英宗放出来重新做了皇帝。英宗出来之后，就把于谦杀害了。

明景帝和于谦对于保卫北京立下了很大的功劳，对人民是有功的。景帝是个好皇帝，他的坟墓不在十三陵。七八年以前，我和郑振铎同志一起在颐和园后面把他的坟墓找到了，并重新修理了一下，作为一个公园。因为他是值得我们纪念的。

从以上说的情况可以看出，如果不是建都在北京，那么1449年也先军队的进攻是很难抵抗的。

过了一百零一年，即1550年，蒙古的另外一个军事领袖俺答又率兵包围了北京。情况也非常严重。也是因为北京是一个首都，是一个政治和军事中心，经过艰苦的斗争，俺答也像也先一样，由于占不到便宜而退回去了。

北京在明朝历史上经受住了这样两次考验。由此可以说明明成祖迁都北京是必要的和正确的，无论从军事上和政治上来说，他都做对了。

但是，仅仅只把政治、军事中心建立在北京还是不够的。当时东边从辽东起，西边到嘉峪关止，敌人从任何地方都可以进来。当然，从山海关往西有一道万里长城。可是城墙是死的，没有人守还是不能起作用。所以，必须要在适当的军事要点布置强大的军事力量。因此，明朝政府在北方沿边一线设立了所谓"九边"。"九边"是逐步发展起来的。开始只建立了四个镇，即辽东、宣府、大同、延绥。跟着又增加了三个镇：宁夏、甘肃、蓟州。以后又加上太原、固原二镇。这九个军事要塞，在明朝合称"九边"，是专门对付蒙古族的。每一个军事中心都有很多军队，譬如明朝后期，光在蓟州这个地方就有十多万军队。

九边有大量的军队，北京也有大量的军队。这些军队吃什么呢？光依靠河北、山东、山西这几个地区的粮食是不够供应的，必须要从南边运粮食来。要运粮食，就要有一条运输线。当时没有公路、铁路，只能通过运河水运，把东南地区的粮食集中在南京，通过运河北上。一年要运三四百万石粮食来北京养活这些人。所以运河在当时是一条经济命脉。这种运输方法，当时叫做漕运。为了保护这条运输线的安全，明朝政府专门建立一个机构，派了十几万军队保护运河沿线。明朝是如此，清朝也是如此。

把军事、政治中心放在北京，北方的问题解决了。可是发生了另外一个问题：南方发生了事情怎么办？于是就把南京改为陪都。陪都也和首都一样，除了没有皇帝之外，其他各种组织机构，北京有一套，南京也有一套。北京有六部，南京也有六部。因为南京没有皇帝，便派一个皇帝亲信的人做守备。当时的大学叫国子监，国子监也有两个：一个叫"北监"，一个叫"南监"。北监在北京，就在孔庙的旁边。北监、南监都刻了很多书，叫北监本和南监本。当然，陪都和首都也有区别，首都的六部（吏、户、礼、兵、刑、工，六部的部长叫尚书，副部长叫侍郎）有实权，而陪都的六部没有实权。所有的事情都集中在首都办。南京的这些官清闲得很，没有什么事情可做。这些人大都是些政治上不得志的人，在北京站不住脚，有的年纪大了，做不了什么事，就要他到南京去做一个闲官，有饭吃，有地位，可是没有什么事情可做。我们研究这个时代的历史要了解这一点。那么，他在南方搞一套机构的目的是什么呢？第一，以南京为中心来保护运河交通线；第二，以南京为中心，加强对南方人民的统治。南方各个地区发生了人民的反抗斗争，就可以就近处理、镇压。

明成祖迁都北京，这不但是抵抗蒙古族南下的一个最重要的措施，同时也为北京附近地区生产的发展、文化水平的提高、都市的繁荣创造了有利的条件。有了这个基础，清朝入关后才能继续建都北京。我们在全国解放之后，才有条件继续建都北京。这是一个历史发展的过程。我们国家建都北京，是经过了慎重、周密的考虑的。当时在讨论这个问题时，也有人提出不同的意见，他们认为北京是一个学术中心，首都最好建在别的地方，不要建在北京。北京一建都，就成为政治中心了。这些人认为政治是很不干净的东西，所以反对建都北京。甚至在我们建都北京之后，还有不同的论调。一些人认为旧北京城不能适应我们今天的政治要求，因此应该在复兴门外建一个新北京。把旧北京甩开。他们举了很多条理由。但是我们有一条：北京在 1949 年有一百几十万人口，你要把国家的中央机关放在复兴门外，孤孤单单地和人民脱离了，这在政治上是错误的。过去十几年以来，不断有这样的争论。现在事实证明：第一，今天建都北京是正确的；第二，在北京的旧基础上来扩建新北京也是正确的。中央机关——无产阶级的最高政权机关脱离人民行不行呢？当然不行，那是原则性的错误。当然还有其他方面的争论，今天不能多讲了。这是从明成祖迁都北京，顺便讲到我们今天的北京。

三、"北虏"、南倭问题

这里谈谈另外一个问题，就是如何对待明朝和蒙古族的关系问题。明朝和蒙古族的关系始终是敌对的。从 1368 年之后，一直到明朝灭亡，几百年间始终是敌对的关系。我们今天来研究过去的历史，应该实事求是地处理这个问题。在历史上是敌对的关系，你就不能说那个时候我们已经贯彻了民族政策，汉族和兄弟民族都是友好相处的。这是一方面。另一方面，今天我们国家是各民族团结的大家庭，实行民族团结的政策，各民族互相尊重，友好相处。在这样的情况下，我们怎么来看待历史上的民族关系？譬如明朝和蒙古族的关系，北宋和契丹的关系，清朝满族和汉族的关系，等等。对这些问题，有不少人感到难以处理。其实很简单，从今天学习历史的角度来说，从几千年各个民族发展的历史来说，我们应该把我们国家历史上的民族关系当作内部矛盾来处理。无论是蒙古族或者契丹，无论是西夏或者女真，都是这样。经过几年的研究，我们得出这样的看法：就是凡是今天在我们中华人民共和国的疆域之内的各民族，不论是哪一个民族，历史上的关系，都是我们自己内部的问题，不能当作敌我矛盾来处理，不能把它们当作外国。要是当作外国，那问题就严重了。我们不能继承解放以前那些历史书、教科书和某些论文中的带有民族偏见的错误观点。总之，我们今天的看法可以分为两个方面：一方面必须实事求是，历史是怎么样就怎么样写。明朝和蒙古族是打了几百年的仗，这个历史事实不能改，在当时是敌对关系，这一点不能隐讳，也不能歪曲。另一方面，凡是我国疆域以内的各民族，不管它在历史上是什么关系，今天我们看都是内部问题，内部矛盾。两个兄弟吵架，不能作为侵略和被侵略来处理。今天，蒙古族是我们五十几个兄弟民族里面的一个，我们今天来讲这段历史的时候，就不能像当时那样对蒙古族采取诬蔑、谩骂、攻击的语言。要互相尊重。明朝是骂蒙古族的，蒙古族也骂明朝，这是历史事实。但这是他们在骂，不是我们在骂，我们应该实事求是地记录。如果我们也用自己的话来骂就不对了。你有什么道理骂蒙古族？你根据什么事情骂？所以要正确处理历史上的民族关系。

至于区别战争的性质问题，是正义战争还是非正义战争的问题，我们不能把少数民族打汉族的战争不加区别地都说成是正义的，也不能把汉族为了自卫而进行的战争都说成是非正义的。应该就事论事，就战争发生的原因、经过情况、是非来判断战争的性质。比如说，汉朝和匈奴的关系。匈奴来打汉朝，他抢人家的东西，屠杀人畜；汉朝为了自卫，就应该还击，这当然是正义的。唐朝和突厥的关系也是一样。突厥经常来打，唐朝为了自卫进行还击，也是正义的。明朝和蒙古族的关系。蒙古族要南下，明朝组织力量反抗，这同样也是正义的。但是，历史上汉族与少数民族之间的战争，也不是正义都在汉族的一边，这需要根据当时历史情况做出具体分析，不能一概而论。汉族经常欺侮一些小民族，打人家，这是非正义的。少数民族中的一些统治阶级为了自己的阶级利益，闹分裂，闹割据，打汉族，也同样是非正义的。所以要具体分析，不能笼统地对待。不是哪个民族大、哪个民族小的问题，也不是简单的谁打谁的问题，而是要根据战争的情况、双方人民的利益来判断战争的正义性与非正义性。

明朝和蒙古族的关系始终是敌对的关系，这个问题以后到清朝才解决。清朝打明朝经过了长期的战争，在这个战争中清朝采取联合蒙古族的政策，取得了蒙古族的支持。在入关之后，清朝对待蒙古族的政策是通过婚姻关系来保持满、蒙两个民族之间的和平，清朝皇帝总是把自己的女儿嫁给蒙古族的酋长。乾隆过生日时，来拜寿的一些蒙古族酋长都是他的女婿、孙女婿、曾孙女婿。所以，万里长城在清朝失去了意义。秦始皇修筑万里长城在历史上是起了作用的。早在战国时代，北方一些国家，像燕国、赵国为了抗拒外族的侵略，已经修筑了一些城墙。秦始皇统一六国之后，把这些国家所修的城墙联结起来加以扩展，就成为万里长城。我们现在看到的长城是经过许多朝代修建的，特别是青龙桥八达岭这一段不是秦始皇修的，而是明朝后期修的。我们在评论历史上某一件事情的好坏时，应该用辩证的方法。秦始皇修万里长城花了很大的力量，死了不少人，这是坏的一方面；可是另一方面，长城在漫长的历史过程中也的确起了作用。虽然它不能完全堵住北方各民族向南发动战争，但是，无论如何，它起了一部分作用，至少因为有了这样一个防御工事，使得长城以南众多的人口可以从事和平的生产。把长城的作用估计过高，认为有了这一条防线，北方的少数民族就进不来了，这是错误的。他们还是进来了，而且进来不止一次。但是，由于有了这个防御工事，使得北方一些少数民族的军事进攻受到阻碍，这种作用，直到明朝还是存在的。所以明朝还继续修缮长城。只有到了清朝，这样的作用才不再存在了。当然，清朝和蒙古族也有几次战争，不过跟明朝的情况比较起来就不同了。明朝和蒙古族始终是敌对的关系。清朝不是这样，清朝和蒙古族只是个别时候发生过战争。今天情况就更不同了，国家性质改变了，我们采取民族团结、民族区域自治的政策，内蒙古自治区是我们中华人民共和国组成部分之一，现在长城只是作为一个历史文物而保留着。世界上有七大奇迹，长城是其中之一，是世界上最伟大、最古老的工程之一。

明朝和蒙古的关系，是明朝历史上的一个特征，跟过去的情况不一样，跟以后的情况也不一样。此外，明朝和倭寇的关系，即所谓南倭问题，也是这个时代很突出的一个问题。明朝以前没有这样的情况，明朝以后也没有这样的情况。

研究明朝和倭寇的关系，光从中国的情况、中国的材料出发，还不可

543

能得到全面的理解。还必须研究日本的历史。不研究日本的历史就很难理解当时为什么会有那么一些人专门从事抢劫，进行海盗活动，而且时间是如此之长，破坏是如此之严重。但是看看当时日本国内的情况，问题就很容易理解了。所以我们先讲讲日本的情况。

明朝的历史是从 1368 年开始的。而日本从 1336 年起，内部分裂为南朝、北朝。京都是北朝的政治中心，吉野是南朝的政治中心。这个分裂的局面，长达六十年之久。一直到 1392 年南朝站不住了，才投降了北朝。分裂期间，日本有两个天皇：京都有一个天皇，吉野有一个天皇。正当日本南北朝分裂的时候（1336—1392），明朝建立起来了。明朝建立初年，正是日本南北朝分裂的后期。

当时日本的政治形势怎么样呢？日本有天皇，可是那个天皇是虚的、无权的，是一个傀儡。不只是那个时候的天皇是傀儡，凡是明治维新以前的天皇都是傀儡，地位很高，可是政治上没有实际权力。掌握实权的是谁呢？是将军。当时的将军称为征夷大将军。将军有幕府，当时的幕府叫室町幕府，也叫足利幕府。那时日本处在封建社会，有很多封建领主，这些封建领主有很多庄园，占有很多土地，有自己的军事力量，他们不完全服从幕府的命令，各自在自己的势力范围内实行封建割据。足利幕府建立之后，由于他的经济基础很薄弱，不能完全控制他们。所以，在足利幕府时代，由于地方经济的发展，封建领主势力强大，在幕府控制下的中央财政发生了困难。怎么办呢？它就要求和明朝通商，做买卖。足利幕府的第三代叫足利义满，他派人到明朝来，要求和明朝通商。明朝政府当然欢迎，但是对日本的情况不了解，对国际形势缺乏知识，不知道日本国内已经有了天皇，糊里糊涂地就封足利义满为日本国王。足利义满希望通过和明朝通商来加强自己的经济地位，减少财政困难。但是，由于当时日本是处在一种分裂割据的状态，那些大封建领主并不听他的话。而在那些大封建领主下面有一批武士，由于得不到土地，生活困难，于是他们就到海上去抢劫，成为倭寇。这就是倭寇的来源。所以当时的情况是，一方面幕府和明朝有交往；另一方面幕府下面那些封建领主一批批地来破坏这种交往，到处抢劫。幕府不能控制那些诸侯、封建领主，最后发生了内战。从1467年到1573年这个时期，是日本历史上的"战国时期"。这个时期延续了一百多年，日本国内到处打来打去，战争频繁，人民不能正常地进行生产，因而土地荒废，粮食不够。这样，就使更多的人参加到倭寇的队伍中来。这就是日本在"战国时代"，也就是明朝中期（1467—1573）之后，倭寇侵略更加严重的原因。

从中国的情况来说，中国遭受倭寇的侵犯从明朝一开始就发生了。在明朝建国以前，倭寇已经侵略高丽。那时候，高丽王朝的政治很腐败，没有能力抵抗。接着倭寇南下骚扰我国沿海各地，从辽东半岛到山东半岛，到江苏、浙江、福建、广东，到处侵犯。洪武二年（1369）明朝政府派海军去抵抗倭寇。1384年之后又派了一个大将在山东、江苏、浙江沿海地区修了五十九个军事据点防御倭寇。1387年又在福建沿海地区修建了十六个军事据点。所以，从洪武时代起，倭寇就已在危害中国。在永乐时代，1419年倭寇大举进攻山东沿海地区。明朝军队狠狠地打了它一下，把这一股倭寇全部消灭了。倭寇的侵扰引起了明朝政府内部在政治上的争论。当时明朝政府专门设立了三个对外贸易机构，叫做"市舶司"。这三个市舶司设在广州、宁波和泉州。这些地方是当时的对外通商口岸，外国人可以到这里来做买卖。当倭寇侵略发生之后，有的人认为，倭寇之起是由于对外通商的缘故，因为你要做买卖，所以日本海盗就来了。最好的办法就是把市舶司封闭掉，对一切国家一概不做买卖。这种论调在明朝政府中占了优势，结果在1523年把三个市舶司撤销了。

撤销市舶司之后发生了另外一个问题。浙江、福建、广东等东南沿海地区，人口密度高，人多耕地少，不少人没有生产资料。这些人做什么呢？在通商的时候他们借一点资本出去做买卖，买一些外国货到中国来卖；把中国的土产卖出去。因此，这些人是依靠通商来维持生活的。这是一种情况。另外还有一种情况，就是东南沿海的一些大地主，他们看到对外通商的收入比在农业生产上进行剥削要多好几倍，因此从事对外贸易。他们自己搞了很多海船载运中国土产出国；同时把外国商品带回来卖。沿海大地主依靠通商发财，这在当时叫做"通蕃"。"通蕃"的历史已经很久了，宋朝后期就有许多大地主组织船队出海通商的事。宋代关于这一类事情的记载很多。元朝也有。民间有这样一个传说，说明朝有一个大富翁叫沈万三，他家里有一个聚宝盆，这个盆里可以出很多宝贝。这是传说，事实并不是这样。事实是他搞对外贸易发了财。有人说他富到这样的程度，明太祖修建南京城时，有一半是他出的钱；此外，每年还要他出很多钱。因为在明朝和元朝作斗争的时候，他曾经站在元朝这一边。所以后来明太祖干脆把他的家产全部没收了，把他充了军。有的说是充军到云南，也有的说是充军到东北。这个故事说明，当时是有这么一部分人是依靠通商和对外贸易来发财的。所以，当时东南沿海地区的情况是，一方面许多贫民依靠对外通商来维持生活，其中有一些穷苦的人长期停留在国外，这一批人就成为华侨，现在南洋各个地方都有华侨，大体上以广东、福建人为多；另一方面，沿海一些大地主依靠通商来发财。因此，当 1523 年，由于倭寇不断骚扰沿海，明朝政府封闭了市舶司，断绝了对外通商关系时，就发生了新的问题：一方面很多穷苦人失去了生活来源；另一方面，沿海大地主失去了发财机会。他们要求恢复通商。在这种情况下，某些地主集团便采取反抗手段。你禁止通商，他就秘密通商。他们自己组织船队出去，其中有一些照样发了财，有一些就遭到倭寇的抢劫；而另外一些则采取和倭寇合作的办法，他们也变成了倭寇。他们组织船队出去，能够做买卖就做买卖，不能做买卖就抢。

因此，倭寇主要是日本海盗，但其中也有一部分是中国人。

除了倭寇之外，当时还有一种情况。即在 16 世纪初年（1513），葡萄牙人到东方来了。这些葡萄牙人一方面进行通商活动；另一方面也进行海盗活动。不但进行海盗活动，而且占据了我国福建沿海的一些岛屿。

1546 年，也就是日本的"战国时代"，倭寇对沿海的侵略更加严重了，浙江宁波一带受到严重的损害。明朝政府派了一个官员总管浙江、福建两省的军事，防御倭寇。这个官员叫朱纨，他坚决执行禁海方针，任何人都不许出去。坚决用军事力量打击倭寇，打击葡萄牙海盗。把抓到的九十多个海盗头目——有日本人，有葡萄牙人，也有中国人——都杀掉了。这样一来引起政治上的一场轩然大波。因为被杀的这些人里面，有一些是沿海的大地主派出去的，把这些人杀了，就损害了沿海大地主阶级的利益。这些大地主集团在北京中央政权机构里的代言人（主要是一些福建人）大叫起来了，他们向皇帝控告朱纨，说他在消灭海盗时，错杀了良民和好百姓。这样就展开了政治斗争。在政府里和地方上形成两派：一派要求对外通商；一派反对通商。大体上沿海一些大地主坚决主张通商，而内地一些大地主反对。为什么内地的大地主反对呢？因为他们不但得不到通商的好处，而且海盗扰乱的时候，还要出钱。他们吃了亏。通商派和反通商派的斗争很激烈，代表闽浙沿海大地主利益的许多官员都起来反对朱纨。朱纨也向皇帝上疏为自己辩护，并且很愤慨地说："去外国盗易，去中国盗难；去中国濒海之盗易，去中国衣冠之盗尤难。"这样，浙江、福建沿海的大地主集团更加恨他，对他的攻击更厉害了。结果明朝政府就把他负责的浙江、福建两省的军事指挥权撤销了，并且派了一个官员来查办这件事。最后朱纨在"纵天子不欲死我，闽浙人必杀我"的情况下自杀了。

朱纨失败了，倭寇问题没有解决。1552 年之后，情况更加严重。在浙江沿海一带，倭寇长驱直入。一直到 1563 年的十一年中间，不但江苏、浙江、福建的许多城市、农村受到倭寇的烧杀、抢劫，倭寇甚至还打到南京城下，打到苏州、扬州一带。

这个时候，明朝的军事力量已经腐化了。明朝在地方的军事制度是卫所制，一个卫有五千六百人，一个千户所有一千一百二十人，一个百户所有一百二十人。军队和老百姓分开，军户和民户分开。军人是世袭的，父亲死了以后，儿子接着当兵。明朝初年的军事力量是相当强大的，因为它有经济作基础。那时，明朝实行屯田政策，军队要参加生产。办法是国家拨一部分土地给军队，军队里抽一部分人，参加农业生产。自己生产粮食供应军队的需要，国家再补贴一部分。所以，尽管军队的数量很大，最多时达到二百多万人，可是国家的财政开支并不大。以后由于许多地主官僚把屯田吞没了，把军队的钱贪污了，所以屯田的面积愈来愈小，粮食收入愈来愈少。同时，有些军官把士兵拉来替他搞私人劳动，在家里服役。此外，由于军队和老百姓是分开的，军户和民户是分开的，军人的服装、武器要自备；把河北人派到云南去，山东人派到浙江去，世世代代当兵，结果部队中逃亡的比例愈来愈大。从明朝初年一直发生军队减员的现象，以后愈来愈严重，往往一个单位的逃亡比例达到十分之七八，一百人当中只剩下二三十人。怎么办呢？明朝政府就采取这样的办法：张三如果逃跑了，就把他的弟弟、侄子抓去顶替。如果他家里没有人可以顶替，就抓他的邻居去代替。但是这些被抓去顶替的人又逃跑了。所以军队数量愈来愈少，质量愈来愈低。军官也腐化了。

从明太祖到明成祖，在沿海建立了许多军事据点，组织了海军，建造了一些战船。到这时这些战船因为用的时间太久了，破破烂烂，不能再用了。按照规定，船过一定时期要修一次。可是由于修船的钱也被军官贪污了，没办法修，所以战船愈来愈少。

由于上面这几方面的原因，明朝的军事力量腐化了，军队不能打仗了。

在 1552 年之后，往往是数量不多的倭寇登陆之后，一抢就是几十个城市，抢了就跑。各地方尽管有很多军队，但是不能抵抗。人民遭受到深重的灾难。特别应该指出的是，倭寇所侵犯的这些地区都是粮食产区，是最富庶的地方。像江苏（包括长江三角洲）、浙江及福建沿海地区，都是最富庶的地区，经济最发达的地区。这些地方长期遭到抢劫一直到什么时候呢？一直到 1564 年才改变这种局面。这时，出现了戚继光、俞大猷等有名的军事将领。戚继光看到原来的军队不能作战了，就自己练兵。他了解浙江义乌县的农民很勇敢，便招募了义乌县的农民三千人，成立了一支新军，进行严格的军事训练。他根据东南地区的地形，组织了一个新的阵法，叫做"鸳鸯阵法"。这个阵法的主要特点是各个兵种互相配合，长武器和短武器结合使用。更重要的是他有严格的军事纪律，对兵士进行严格的军事训练。经过二三年之后，他的这支军队便成了最有战斗力的军队。当倭寇侵入浙江的时候，在台州地区，戚继光的军队九战九胜，把浙江地区的倭寇消灭光了。以后把福建地区的倭寇也消灭了。他和俞大猷及其他地区的军事将领经过十年左右的努力，彻底解决了倭寇问题。

可是，在倭寇问题解决之后，又发生了新的问题。这时日本国内的情况发生了变化，原来的幕府被推翻了，新的军阀起来了。这就是丰臣秀吉。丰臣秀吉用军事力量统一了国内。不过这是表面上的统一，实际上国内各地还是一些封建领主在统治着。这些封建领主拥有强大的军事力量，他不能完全控制。为了把尚未完全控制的封建领主（大名）的目标转向国外，并消耗他们的实力，以稳固自己的统治，于是丰臣秀吉就发动一次侵朝战争，派军队去打朝鲜。他写信给朝鲜国王，说他要去打明朝，要朝鲜让路，让他通过朝鲜进入我国东北，他的军事野心非常狂妄，准备征服整个中国，然后把他的天皇带到中国来，以宁波为中心，建立一个庞大的帝国。步骤是：第一步占领朝鲜；第二步占领中国；第三步以中国为中心，向南洋群岛扩张。面临着这样的形势，明朝政府怎么办？有两种主张：一种认为日本打朝鲜与中国无关；另一些人看到了唇亡齿寒的关系，认为朝鲜是我们友好的邻国，丰臣秀吉占领朝鲜以后就会向中国进攻，因此援助朝鲜也就是保卫自己。经过一番争论，后一种意见占了优势，明朝派了军队出去援助朝鲜。这时候，朝鲜已经很混乱，大部分地区被日本军队占领，国王逃跑。明朝政府动员全国的力量来帮助朝鲜，前后打了七年（1592—1598）。由于中国人民的援助，朝鲜军队的奋勇抗战，特别是朝鲜海军名将李舜臣使用一种叫"龟船"的战舰，发挥了很大的作用，最后把日本侵略军打败了。1598年，丰臣秀吉病死。日本侵略朝鲜的军队跑掉了，战争结束了。

所以，我们和朝鲜的历史关系很深远，在甲午战争前三百年，中国就出兵援助过朝鲜，共同反抗外来的侵略。在中华人民共和国建立之后，我们的经济还没有恢复，美帝国主义就越过"三八线"，向朝鲜民主主义人民共和国进攻。情况很严重。我们又进行了抗美援朝运动，派出了志愿军支援了朝鲜人民。

这一段历史使我们得到这样的认识：日本军国主义者不是这个时代才有，而是有其长远的历史原因。它总是要侵略别人的，从倭寇起，以后不断地向外侵略，1598年侵略朝鲜，甲午战争时期占领我国东北，1937年以后占领了我国大部分地方。我们进行了抗日战争才取得了胜利。要了解和熟悉日本的情况，必须要了解和熟悉我们自己的历史情况，这样才能对我们很接近的国家有正确的看法。当然，说日本的军国主义有长远的历史原因，绝对不等于说日本人民都是侵略者。如果得出这样的结论，那就是错误的。但是日本的统治者，不管是过去的封建主，或者是近代的军国主义者，都是侵略成性的。中国与日本是一衣带水的邻邦，两国之间有着悠久的历史文化联系。但是在近代的半个多世纪中，由于日本军国主义的侵略，给中日两国人民带来了灾难。现在中日两国人民，都要从惨痛的历史中吸取有益的经验教训，使惨痛的历史永不重演，建立和巩固两国人民的友好关系。

明朝的历史情况与过去不同。与倭寇的斗争，与蒙古贵族的斗争贯穿着这个时代。明朝以前没有这样的情况，明朝以后也没有这样的情况，这是明朝历史的特征。要抓住这个特征才能够了解明朝人民的负担为什么那么重。因为北边有蒙古问题，沿海有倭寇问题，就要有军队打仗。军队要吃饭，要花钱，这些负担都落在人民身上。所以明朝的农民受着无比深重的苦难。在这样的情况下，从明朝开国一直到灭亡，都不断发生农民战争。农民战争次数之多，规模之大，时间之久，分布地区之广，在历史上没有任何一个时期可以和明朝相比。

四、东林党之争

东林党之争是明朝末年历史上的一个特征。

首先应该明确这样一个问题，历史上所谓党与我们今天所说的党是两回事，不能把历史上所说的党和今天的政党混同起来。历史上所说的党并没有什么组织形式，参加哪个党是没有任何形式的，既不要交党费，也没有组织生活，更没有党章和党纲。然而在历史上又确实叫做党。历史上所谓党是指的什么呢？是指政治见解大体相同的一些人的集团，也就是统治阶级内部某些人无形的组合。明朝的东林党，它的情况大致是这样：在江苏无锡有个书院叫东林书院，这是一所学校。当时有两个政府官员，叫顾宪成和顾允成，两兄弟在北京做官的时候，由于他们的政治见解与当时的当权人物相抵触，便辞官不做，回家后在东林书院讲学。他们很有学问，在地方上声望很高，为人也正派。这样，和他们意气相投的人跟他们的来往便越来越多了。不但在地方上，就是在北京，有一些官员跟他们的来往也比较多。他们以讲学为名，发表一些议论朝政的意见。这样，从万历二十二年（1594）开始，一直到明朝被推翻，前后五十年间，在明朝政治上形成了一批所谓东林党人，和另外一批反对东林党的非东林党人。非东林党人后来形成齐（山东）、楚（湖北）、浙（浙江）三派，与东林党争论不休。这五十年中间，在几件大事情上都有争论。你主张这样，他反对；他主张那样，你反对。举例来说，党争中最早的一个问题，就是所谓"京察"问题。"京察"这两个字大家都认识，但是不好懂。这是古代历史上的一种制度，就是政府的官员经过一定的时期要考核，相当于现在的考勤考绩。主持考勤考绩的是吏部尚书、吏部侍郎（相当于现在的内务部部长、副部长），他们主管文官的登记、资格审查、成绩考核及任免、升降、转调、俸给、奖恤等事。当时考取进士以后，有一部分进士就安排做科道官。科就是六科给事中，道就是十三道御史。六科就是按照六部（吏、户、礼、兵、刑、工）来分的。道是按照行政区划来设置的。当时全国有十三个布政使司，设了十三道御史，譬如浙江道有浙江道御史。科道官都是监察官，当时叫做"言官"。他们本身没有什么工作，只是监察别人的工作，提出赞成的或者反对的意见。他们的任务就是说话，所以叫"言官"。每次"京察"，吏部提出某些人称职，某些人不称职。1594 年举行"京察"的时候，就发生了争论，这一部分人说这些人好，那一部分人说不好。凡是东林党人说好的，非东林党人一定说不好。争论中掺和了封建社会的乡里（同乡）关系。譬如齐、楚、浙就是乡里关系。不管这件事情正确不正确，只要是和我同乡的人，都是对的。还有一种同门的关系。所谓同门就是指同一个老师出身的。不管事情本身怎么样，只要跟我是同学，就都是对的。至于对亲戚、朋友则更不用说了。就在这样的封建关系组合之下，从 1594 年"京察"开始，一直争吵了五十年。

继"京察"问题之后，接着发生了"国本之争"。所谓"国本"就是国家的根本。我们今天说国家的根本就是人民，没有人民就没有国家。当时并没有这样的概念。那时候所谓"国本"是指皇帝的继承人问题。万历做了多年皇帝，按照过去的惯例，他应该立一个皇太子，以便他死后有一个法定的继承人。可是他不喜欢他的大儿子，他所喜欢的是他的小老婆（郑贵妃）生的儿子福王（以后封在河南洛阳），所以他就迟迟不立太子。有些大臣就叫起来了，他们认为国家的根本很重要，也就是说第二代的皇帝很重要，应该早立太子。凡是提议立太子的，万历就不高兴，他说：我还活着，你们忙什么！这样，有人主张早立太子，有人反对立太子，争吵起来了，这就叫"国本之争"。

跟着又发生了一个案子叫"梃击案"。有一天早晨，突然有一个人跑到宫里来见人就打，一直打到万历的大儿子那里去了。当然，这个人马上被逮住了。可是这里发生了一个问题，是谁叫他到宫里来打万历的大儿子的？当时有人怀疑是郑贵妃指使的。这是宫廷问题，却成了当时政治上的一个大问题，引起了争吵，东林党与非东林党大吵特吵。

万历做了四十八年皇帝，死了。他的大儿子继位不到一个月又死了。怎么死的呢？搞不清楚。据说他在病的时候，有一个医生给他红丸药吃，吃了以后就死了。这样就发生了一个问题，这个皇帝是不是被毒死的？是谁把他毒死的？因此又发生了所谓"红丸案"。各个集团之间又争吵起来了。

正在争吵的时候，发生了另外一个问题：就是这个只做了个把月的皇帝死了以后，他的儿子继位，还没成年。这个短命皇帝有个妃子李选侍，她住在正宫里不肯搬出来。她有政治野心：想趁这个小孩做皇帝的机会把持朝政。这样，又发生了争论，有一些人出来骂她：你这个妃子怎么能霸着正宫？逼着她搬出去了。这个案件叫"移宫案"。京戏里有一出戏叫《二进宫》，就是反映这件事的，不过把时代改变了，把孙子的事情改成了祖父的事情。

"梃击""红丸""移宫"是当时三大案件，成为当时争论最激烈的事件。在这样的情况下，政治上出现了什么现象呢？每一件事情出来，这批人这样主张，那批人那样主张，争论不休，整天给皇帝写报告。到底谁对谁不对？从现在来看，东林党与非东林党之争，一般地说，道理在东林党方面。东林党的道理多，非东林党的道理少。但是，东林党是不是完全对呢？在某些问题上也不完全对。这样争来争去，争不出个是非来，结果只有争论，缺乏行动，许多政治上该办的事没人去管了。后来造成这种现象：某些正派的官员提出他的主张，这个主张一提出来，马上就有一批人来攻击他，他就不能办事，只好请求辞职。皇帝不知道这个人对不对，不作处理，把事情压下来。这个官既不能办事，辞职也辞不成，怎么办？干脆自己回家。他回家以后政府也不管，结果这个官就空着没人做。到万历后期政治纪律松懈到这样的地步：哪个官受了攻击就把官丢了回家，以至六部的很多部长都没人做了。万历皇帝到晚年根本不接见臣下，差不多一二十年不跟大臣见面，把自己关在宫廷里，什么事情也不管。大臣们有什么事情要跟他商量也见不着。政治腐化，纪律松懈，很多重要的问题得不到解决，却专搞无原则的纠纷。大是大非没人管了，成天纠缠在一些枝节问题上面。

这种无休止的争吵影响到一些重大的政治事件的发展。譬如日本侵略朝鲜，中国到底应不应该援助朝鲜，在这个问题上发生了争论。后来还是派兵去支援了朝鲜，第一个时期打了胜仗，收复了平壤。后来又派兵去，由于麻痹大意，打了败仗。打了败仗以后，政府里又发生争论了，主和派觉得和日本打仗没有必要，支援朝鲜意义不大，不如放弃军事办法，转而采取政治办法来解决问题。他们主张把丰臣秀吉封为日本国王，并答应和他做买卖。历史上封王叫做朝，做买卖叫做贡，所谓朝贡，说得通俗一点，就是你带些物资来卖给我，我给你一些物资作交换。在这种情况下，明朝政府只好一面按照主战派的主张，继续派兵援助朝鲜；一面派人暗中往来日本进行和议。后来明军与朝鲜军大败日本侵略军。日本愿和了。明朝政府便按照主和派撤兵议和的主张，允许议和。并派人到日本去办外交，封丰臣秀吉为国王。但日本国内本来已经有天皇，因此丰臣秀吉不接受王位，而且提出了很强硬的条件。结果外交失败了。日军重新侵略朝鲜。明朝政府只好再次出兵，最后打败了日军。由于追究外交失败的责任，又引起了争论。

这种影响在"封疆案"的问题上表现得更加明显。万历死后，东林党在政府做官的人越来越多了。这时北京有一个"首善书院"（在北京宣武门内），在这里讲学的也是东林党人。这些人在政治上提出意见时，非东林党人就起来攻击，要封闭这个书院。东林党人当然反对封闭。这样吵了二三十年。这个争论最后演变成什么局面呢？当时万历皇帝的孙子熹宗（年号天启，是崇祯皇帝的哥哥）很年轻，不懂事，光贪玩。他宠信太监魏忠贤，军事、政治各个方面都是太监当家。一些地主阶级的知识分子由于在魏忠贤门下奔走而当了官。凡是属于魏忠贤这一派的，历史上称为"阉党"。阉党里面没有什么正派人。东林党是反对阉党的。因此，党争发展到这个时候，就变成了地主阶级的知识分子与宦官的斗争。这个斗争影响到东北的军事形势。在万历以前，东北的建州女真已经壮大起来了，不断进攻辽东，占领了许多城市。到天启时代，明朝防御建州女真的军事将领熊廷弼提出一系列的军事上和政治上的主张，他认为跟建州女真进行军事斗争时，明朝军队不能退回到山海关以内，而应该在山海关以东建立军事据点。当时前方的另一个军事将领叫王化贞，他不同意这个意见，他认为只能依靠山海关来据守。熊廷弼虽然是统帅，地位比王化贞高，但是没有军事实权。而王化贞得到了魏忠贤的支持。这样，熊廷弼的正确意见因为得不到支持而不能贯彻，结果打了败仗，王化贞跑回来了，熊廷弼也跑回来了，山海关以东的很多地方都丢了。北京震动，面临着很严重的军事危机。在这种情况下又发生了有关"封疆案"的争论。当时追究这次失败的责任，到底是熊廷弼的责任，还是王化贞的责任？从当时的具体军事形势来看，熊廷弼是正确的，但他没有军队来支持。王化贞有十几万军队，坚持错误的主张，因此王化贞应该负责。但是因为熊廷弼得罪了很多人，结果把这个责任推到他身上，把他杀了。很显然，这样的争论和处理大大地影响了前方的军事形势。

"封疆案"以后，跟着就是魏忠贤对东林党人的屠杀。因为一些在朝的东林党人认为魏忠贤这样胡搞不行，就向皇帝写信控告他的罪恶。当时有杨涟等人列举了他的二十四条罪状。这些东林党人的行为得到了其他官员的支持。这样，东林党和阉党就面对面地斗争起来。由于魏忠贤军权在握，又指挥了特务，而东林党人缺乏这两样武器，结果大批的东林党人被杀。当时被杀的有杨涟、左光斗、周顺昌、黄尊素、缪昌期等。其中周顺昌在苏州很有声望，当特务逮捕他的时候，苏州的老百姓起来保护他。最后这次人民的斗争还是失败了，人民吃了苦头，周顺昌被带到北京杀害了。

熹宗死了以后，明朝最后的一个皇帝——崇祯皇帝比他哥哥清楚一点，他把魏忠贤这伙人收拾了，把一些阉党分子都杀了（魏忠贤是自己上吊死的）。但是这场斗争是不是停止了呢？没有停止，东林党人跟魏忠贤的余孽在崇祯十七年（1644）的时候还在继续斗争。崇祯五年（1632），一些东林党人的后代跟与东林党有关系的地方上的知识分子组织了一个团体，叫做"复社"，以后又有"几社"，有大批青年知识分子参加。表面上他们是以文会友，写文章，写诗，是学术研究组织，实际上有政治内容。大家可能看过《桃花扇》这出戏，这出戏里的侯朝宗、陈贞慧、吴应箕、冒辟疆四公子都是复社里面的人。当时李自成已经占领了北京，崇祯上吊死了。这个消息传到了南方，没有皇帝怎么办？这时一些阉党人物就想拥小福王（由崧）来做皇帝。原来万历把最喜欢的那个儿子福王（常洵）封在河南洛阳，这是老福王。这个人很坏，在他封到洛阳时，万历给他四万顷土地，河南的土地不够，还把邻省的土地也给他。老百姓都恨透了。李自成进入洛阳以后，把老福王杀掉了。小福王由崧（这也不是个好东西）逃到南京。当时在南京掌握军事实权的是过去和魏忠贤有关系的阉党人物马士英，替他出主意的也是一个阉党分子，叫阮大铖，他们把小福王抓到手中，把他捧出来做皇帝。可是政府里面另外一批比较正派的人，像史可法、高弘图、姜日广等主张立潞王（常淓）做皇帝。这个人比较明白清楚。但马士英他们先走了一步，硬把福王捧出来做了皇帝。这样，在南京小朝廷里又发生了东林党与非东林党之争。因为马士英和阮大铖是当权的，史可法被排挤出去，去镇守扬州。在清军南下的时候，史可法坚决抵抗，在扬州牺牲了。马士英和阮大铖在南京搞得不像样，清军一步步逼近南京。这时候小福王在做什么呢？在跟阮大铖排戏。也就在这个时候，上面说的四公子就起来反对阮大铖，他们出布告，揭露阮大铖过去是魏忠贤的干儿子，名誉很不好，做了很多坏事，不能让他在政府里当权。号召大家起来反对他。南京国子监的学生也支持他们的主张，这样就形成一个学生运动。侯朝宗这些人虽然得到广大知识分子的支持，但是他们根本没有实力。而马士英、阮大铖有军事力量。结果有的人被逮捕了，有的人跑掉了。不久之后，清军占领南京，小福王的政权也就被消灭了。

党争从 1594 年开始，一直到 1645 年，始终没有停止过。无论是在政治问题上，还是在军事问题上，都争论不休。这种争论是什么性质的呢？这是地主阶级内部的矛盾。开始是东林党和齐、楚、浙三党之争，后来演变为东林党与阉党之争。由于东林党的主张在某些方面是有利于当时的生产的发展的，因此他们得到了人民的支持。但是反过来说，所有的东林党人都反对农民起义。这是他们的阶级本质决定的。譬如史可法这个历史人物，从他最后这段历史来说是应该肯定的。那时候，清军南下包围扬州，他的军事力量很薄弱，也得不到南京的支持，孤军据守扬州。但他宁肯牺牲不肯投降。这是有民族气节的人，也就是毛主席所说的有骨气。我们中国人是有骨气的，史可法就是这种有骨气的代表人物。但是他以前的历史就不好追究了。他以前干什么呢？镇压农民起义。在阶级斗争极为尖锐的时候，这些人的阶级立场是极为清楚的，反对农民起义，镇压农民起义。即使在他抗拒清军南下的时候，还要反对农民起义。有没有同情农民起义呢？没有。不可能要求统治者来同情被统治者的反抗。

对于这样一段党争的历史，要具体分析，具体研究。党争跟明朝的政治制度有关系。明太祖在洪武十三年（1380）取消了宰相，取消了中书省，搞了几个机要秘书到内廷来办事情。到明成祖时搞了个内阁，这是个政府机构。内阁的权力越来越大，代替了过去的宰相，虽然没有宰相之名，但是有宰相之实。至于给皇帝个人办事的有秘书，就是在宫廷里面设立一个机构，叫做"司礼监"。这是一个内廷机构，不是政府机构。司礼监有一个秉笔太监，皇帝要看什么政府报告，让秉笔太监先看；皇帝要下什么书面指示，也让秉笔太监起稿。皇帝年纪大一些、知识多一些的，还能辨别是非，是不是同意，他自己有主见。可是一些年轻的皇帝就搞不清楚，结果司礼监的秉笔太监就操纵政治，掌握了政权。因为用人和行政的权力都给了司礼监，结果形成了明朝后期的太监独裁。在明朝历史上有很多坏太监，像明英宗时代的王振，明武宗时代的刘瑾，天启时代的魏忠贤等。太监当家的结果，就造成了政府与内廷之争，也就是统治阶级内部地主阶级知识分子与太监争夺政权的斗争。明朝后期五十年的东林党之争就是在这样的背景之下进行的。

随着太监权力的扩大，不但中央被他们控制了，地方也被他们控制了。洪武十三年（1380）以后，地方上设有三司（都指挥使司、布政使司、按察使司）。三司是各自独立的，都受皇帝的直接指挥。到了永乐时代，当一个地区发生了军事行动，像农民起义或其他的群众斗争爆发的时候，这三个司往往意见不统一，各管各的。结果只好由中央政府派官员去管理这个地方的事。这个官叫巡抚。巡抚是政府官员，常常是由国防部副部长即兵部侍郎担任。巡抚出去巡视各个地方，事情完了就回来。可是由于到处发生农民战争和民族与民族之间的战争，这个官去了以后就回不来了，逐渐变成一个地方的常驻官了。因为巡抚是中央派去的，所以他的地位在三司之上。过去三司使是地方上最大的官，现在三司使上面又加了一个巡抚。但这能不能解决问题呢？还是不能解决问题。为什么呢？因为巡抚只能指挥这一个地区的军事行动，比如浙江的巡抚就只能管浙江这一个地方。可是遇到军事行动牵涉到几个省的时候，这个巡抚就不能管了。于是又派比巡抚更高的官，即派国防部长——兵部尚书出去做总督。总督管几个省或一个大省。有了总督之后，巡抚就变成第二等官了，三司的地位则更低了。可是到了明朝后期，总督也管不了事。为什么呢？因为战争扩大了，农民战争和辽东的战争往往牵涉到五六个省。五六个省就往往有五六个总督，谁也管不了谁。结果只好派大学士出去做督师。总督也归他管。这是一方面。另一方面，明朝为了镇压各地人民的反抗，就派军官到各地去镇守，叫做总兵官，也就是总指挥。统治者对总兵官不放心，怕他搞鬼，因此总是派一个太监去监督，叫做监军。哪个地方有总兵官，哪个地方就有监军。监军可以直接向皇帝写报告，因为他是皇帝直接派出去的。因此，不但总兵官要听他的话，就是像巡抚这一类的地方官也要听他的话。这样，就形成了中央和地方都是太监当家的局面，明朝的政治变成太监的政治了。此外，明朝的皇帝贪图享受，为了满足自己生活上的欲望，哪个地方收税多就派一个太监去，哪个地方有矿藏也派一个太监去，叫做"税使""矿使"。全国的主要矿区，东北起辽东，西南到云南，以及武汉、苏州等大城市都有税使、矿使搜刮民脂民膏。这些太监很不讲道理，他们的任务就是弄钱。

他们根本不懂得什么矿，更不懂得怎么开采，却要开矿。只要听说这个地方有金矿就要开，而且规定要在这里开三百两、五百两。如果开不出来怎么办？就要这个地方的老百姓来赔。老百姓要反抗，他就说你的房子下面有矿，把房子拆了开矿。收税也很厉害。苏州有很多机户，纺织工人数量很大。他们要加税，每一张织机要加多少钱。老百姓交不起就请愿。请愿也不行。结果就起来反抗，把太监打死，形成市民暴动。苏州市民暴动出了一个英雄人物，叫做葛贤。这个人后来被杀了。因为明朝政府要屠杀参加暴动的市民，他挺身出来顶住了。不仅在苏州，在武汉、辽宁、云南各个地方都发生了市民暴动。有的地方把太监赶跑了，有的地方把太监下面的人逮住杀了。市民暴动是明朝后期历史的一个特征。人民的生活日益困难，不但农民活不下去，城市工商业者也活不下去了，他们便起来反对暴政。

因此，当时一些比较有见解的政治家，就在政治上提出了一些主张。譬如大家知道的海瑞就是这样。他提出了什么主张呢？他做苏州巡抚，管理江苏全省和安徽一部分。这个地区的土地情况怎样呢？前面说到明朝初年土地比较分散，阶级斗争比较缓和。可是一百多年以后，情况改变了，土地全部集中在大地主、大官僚的手中，而且越来越集中。就在海瑞所管辖的地区松江府，出了一个宰相叫徐阶，他就是一个大地主，家里有二十万亩土地。土地都被大地主占有，农民没有土地，只能逃亡。土地过分集中的结果，使农民活不下去，阶级矛盾越来越尖锐。海瑞看出了毛病，他想缓和这种情况。当然，他不能也不知道采取革命的手段。他采取什么办法呢？他认为要解决人民的生活问题，要使人民不去搞武装斗争反对政府，就必须使这些穷人有土地可种。土地从哪里来呢？土地都在大地主手里，而大地主所以取得这些土地，主要的手段是非法的强占。因此他提出这样一个政治措施：要求他管辖地区内的大地主阶级，凡是强占的土地一律退还给老百姓，使老百姓多多少少有一些土地可以耕种，能够活下去。这样来缓和阶级矛盾。他坚决主张这种做法。这一来，大地主阶级就联合起来反对他，结果这个苏州巡抚只做了半年多就被大地主阶级赶跑了。海瑞的办法能不能解决当时的土地问题？当然不可能。把大地主阶级强占的一部分土地归还给老百姓能不能稍微缓和一下阶级矛盾呢？可以缓和一下。可是办不到，因为地主阶级不肯放弃他们已经到手的东西。海瑞是非失败不可的。类似海瑞这样的政治家当时还有没有呢？有的。他们也感到了阶级矛盾和阶级斗争的严重性，认为这个政权维持不下去。但是能不能提出一个解决的办法呢？谁也没有办法。不但统治阶级，就连农民起义的领袖也提不出解决的办法来。

　　阶级矛盾日益尖锐的结果，最后形成了明末的农民大起义。崇祯时代，各地方的农民都起来斗争，最后形成两支强大的军事力量，一支以李自成为首，一支以张献忠为首。他们有没有明确地提出解决阶级矛盾的办法呢？也没有。李自成后期曾经提出"迎闯王，不纳粮"的口号争取广大农民的支持，结果他的队伍一下子就发展到一百多万，农民、小手工业者、城市贫民都跟着他走。但是不纳粮也不能解决问题。现在有一个材料，就是山东有一个县，李自成曾经统治过那个地方，当时有人主张分田给百姓。分了没有呢？没有分。他提不出明确的办法，不但提不出消灭地主阶级的根本方针，甚至连孙中山那样的"平均地权"的办法也提不出。所以消灭封建剥削，消灭地主阶级这个根本问题，在古代历史上的任何时期都不能解决。不但地主阶级知识分子、官僚提不出解决办法，就是反对封建地主阶级的农民起义领袖也提不出解决的办法，这个问题只有在我们这个时代才能解决。我们研究过去的农民革命、农民起义时，不能把我们今天的思想意识强加于古人。我们这个时代能办到的事，不能希望古人也能办到。否则就是非历史主义的观点。目前史学界在有些问题上存在一些偏向，总希望把农民起义的领袖说得好一些，说得完满一些，不知不觉地把自己所理解的东西加在古人身上。这是不科学的、非马克思主义的观点。我们只能根据历史事实来理解、来解释、来研究和总结历史，而不可以采取别的办法。

附带讲一个小问题。前面提到巡按御史，到底巡按御史是个什么官？我们经常看京戏，很多京戏里都有这么一个官。所谓八府巡按，威风得很。他是干什么的呢？我们前面讲过御史，就是十三道御史，是按照行政区划设置的。每一道御史的职务就是监察他这个地区的官吏和政务。同时，中央有一个机构叫都察院。都察院的官吏叫左、右都御史，左、右都御史下面是左、右副都御史，左、右副都御史下面是左、右佥都御史，再下面就是御史和巡按御史。巡按御史是由都察院派出去检查地方工作的。凡是地方官有违法失职的，他们有权提出意见来。他们还可以监察司法工作，有的案子判得不正确，他们可以提出意见。老百姓申冤的，地方官那里不能解决问题，可以到巡按御史这里来告。这就是戏上八府巡按的来源。御史的官位大不大呢？不大，只是七品官。当时县官也是七品官。知识分子考上进士以后，有一批人就分配做御史。御史管的事情很少，可是在地方上有很高的职权。为什么呢？因为他代表中央，代表都察院，是皇帝的耳目之官。建立这样一种制度的目的是什么呢？目的是想通过巡按御史的监察工作，来缓和当时人民和政府之间的矛盾，解决一些问题。贪官污吏，提出来把他罢免；冤枉的案子帮助平反。于是老百姓对这样的官员寄予很大的希望，希望他们能帮助自己申冤。这种愿望，在当时的一些文学作品中得到了反映。虽然这些人在实际政治生活中并没有解决什么问题，但是一些文学家、艺术家在一定程度上反映了人民的要求，创作了许多这类题材的作品，特别是明清两代有很多剧本是反映这个思想的。这些作品大体上有这样一些共同的内容：一类是描写老百姓受了冤枉，被大地主、大官僚陷害，被关起来或者判处了死刑，最后一个巡按给他翻了案。或者是描写皇庄的庄头作威作福，不但庄田范围以内的佃农，就是庄田附近的老百姓也受他们的欺侮。姑娘被抢走了，家里面的东西被抢走了，后来遇上侠客打抱不平，或者清官出来把问题解决了。在明朝后期和清朝前期，有不少的小说、剧本是描写这些恶霸、庄头的残暴行为的。这是一类。另一类作品反映了当时知识分子的出路问题。当时的知识分子无非是通过考试中秀才、中举人、中进士。中了进士干什么呢？当巡按御史。因此有很多作品是这样的题材：一位公子遇难，在后花园里遇到一位小姐。小姐赠送他多少银子。以后上北京考上了进士，当上了八府巡按。最后夫妻团圆。这个时期的文学作品大体上有这几方面的题材，反映了这个时期的政治生活、阶级斗争的一些问题。

五、建州女真问题

现在讲第一部分的最后一个问题，建州女真问题。建州女真的历史和明朝一样长。在明朝初期和中期的时候，建州女真是服从明朝的。从明朝初年起一直到努尔哈赤的时候都是这样，努尔哈赤曾经被明朝封为"龙虎将军"。但是清军入关以后，清朝皇帝忌讳这段历史，他们不愿意让人们知道他们的祖先和明朝有关系。因此，清朝写的一些历史书把这几百年间建州女真和明朝的关系整个取消了，把这段历史的真实情况隐瞒起来，说他们的祖先从来就是独立的，跟明朝没有关系。凡是记载他们的祖先与明朝的关系的历史书，他们都想办法搜来毁掉。《四库全书总目提要》里有一部分禁毁书目，大体上有两类：一类是书里面有某些文章对清朝表示不满的；另一类就是牵涉到清朝的祖先的。这也是一种地方民族主义思想在作怪。因此这一段历史很长时间被埋没了。最近二三十年才有人进行研究。

现在讲讲建州女真这个部族的发展变化。建州在过去叫女真，金朝就是女真族建立的。建州女真就是金的后代。为什么叫建州呢？因为他们居住的地区长白山一带就叫建州。后来努尔哈赤统治了东北，建立了政权，国号仍称为"后金"。到了他儿子的时候才改国号为"清"。建州女真在明朝初年的时候，还没有进入农业社会，还不知道种地，生产很落后，文化当然也很落后。那时他们靠什么生活呢？靠打猎、采人参过活。把兽皮、人参一些特别的物产跟汉人、朝鲜人交换他们所需要的布匹、铁锅一类的东西。所以建州人的经济生活跟汉人、朝鲜人分不开。后来由于人口的增加，对粮食的生产感到很迫切了。但是他们自己不会种，怎么办呢？找汉人、朝鲜人替他们种。于是通过战争把汉人、朝鲜人俘虏过去做他们的奴隶。有大量的汉文和朝鲜文资料说明建州族的农业生产是农奴生产。建州贵族自己是不参加农业劳动的。农奴也不是他们本族人，而是俘虏来的汉人和朝鲜人。

他们通过以物换物的方法从汉人那里取得铁器。到了15世纪后期，他们俘虏了一些汉人铁匠，自己开始开矿、炼铁。有了铁器，生产水平提高了。到了努尔哈赤的时候，通过战争把原来的许多小部族统一起来，定居在辽阳以南一个叫赫图阿拉的地方。努尔哈赤一方面统一了东北的许多部族，另一方面他又用很大的力量来接受汉人的文化。在他左右有一批汉族的知识分子。他和过去的封建帝王一样，注意研究历史，接受历史上的经验教训，来制定他的政策方针和军事斗争方针。

上面简单地谈了一下建州女真的社会发展过程。现在我们来讲讲建州女真跟明朝的关系。在明朝初期，建州女真分为三种：分布在现在的松花江一带的叫海西女真，因为松花江原来的名字叫海西江。分布在长白山一带的叫建州女真，因为这些人主要居住在现在的依兰县。这个地方在历史上曾建立过一个国家，叫作"渤海国"。渤海国人把依兰县称为建州，因此住在这个地方的女真人称为建州女真。住在东方沿海一带的叫"野人女真"。"野人女真"的文化最落后。海西和建州又称为熟女真。"野人女真"

又称为生女真。"野人女真"经常活动在忽剌温江一带，因此野人女真又称为忽剌温女真，也叫"扈伦"。从历史发展来看，熟女真是金的后代，生女真可能是另外一个种族。这三种女真分布的地区大致是这样：东边靠海，西边和蒙古接近，南边是朝鲜，北边是奴儿干（现在的库页岛）。在明朝建国以后，西边就是明朝，南边是朝鲜，北边是蒙古。

在明朝几百年间，东北建州族的历史也就是跟蒙古、朝鲜、明朝三方面发生关系的历史。明朝初期，有一部分建州族住在朝鲜境内，他们和朝鲜的关系很深，有一些酋长还由朝鲜政府封他们的官。同时，这些酋长又和明朝发生关系，明朝也给他们封官号。明朝对这三种女真采取什么政策呢？采取分而治之的政策。所谓分而治之就是不让他们团结成为一个力量，老是保持若干个小的单位。所以从明太祖建国以后起，直到明成祖的几十年间，明朝经常派人到东北地区去，跟三种女真的各个地区的酋长联系，封他们的官，建立了一百多个卫所，用这些酋长充当卫所的指挥使。这样做对这些女真族的上层分子有没有好处呢？有好处，他们接受了明朝的官位以后，就得到了一种权力。明朝政府给他们一种许可证，当时叫做"勘合"。有了这种"勘合"就可以在每年一定的时候到明朝边界来做买卖。没有这个东西就不行。对那些大头头，明朝政府就封他们为都督。历史上最早的建州族领袖有这么几个人，一个叫猛哥帖木儿（这是蒙古名字，当时受蒙古的影响），另一个叫阿哈出。这两个人是首先跟明朝来往、受明朝政府封官的。猛哥帖木儿后来成为明朝所建立的建州左卫的酋长，阿哈出是建州卫的指挥使。根据朝鲜的历史记载，阿哈出和明成祖有过亲戚关系（这点在汉文的记载中没有）。永乐时代，明朝又派了大批官员到东北库页岛地区建立了一个机构，叫"奴儿干都司"。至此，明朝前前后后在东北地区建立了一百八十四个卫所。这些卫所建立以后，明朝政府有什么军事行动，譬如跟蒙古打仗，这些建州酋长就派兵参加明朝的军队。这样，他们慢慢由原住的地方往西移，越来越靠近辽东（就是现在的辽东半岛）。他们一方面跟明朝的关系很好，另一方面也经常发生矛盾。矛盾表现在两个方面：一方面是前面所说的，他们为取得农业和手工业生产的劳动力，就俘虏汉人，这样就引起了冲突；另一个就是通商，物资上的交换得不到满足的时候，也发展成为军事冲突。同样，建州和朝鲜的关系也是如此，有和平时期，也有战争时期。

经过几十年以后，原来的一百八十四个单位发生了变化，有的小单位并到大单位里去了，单位的数目减少了，但是军事力量却强大起来。在这种情况下，建州族某些酋长有时就依靠朝鲜来抗拒明朝，有时又依靠明朝来抗拒朝鲜。结果，明朝政府便跟朝鲜政府商量，在1438年，两方面的军队合起来打建州，杀了一些建州领袖。建州因为遭受到这次损失，在原来的地方待不下去了，于是就搬到浑河流域，在赫图阿拉的地方住下来。原来左右卫是分开的，到了这里以后，两个卫所合在一起了。这样，它的力量反而比过去更强大了。到了万历时代，右卫酋长王杲和他的儿子阿台跟明朝发生了冲突。当时明朝在东北的军事总指挥叫李成梁。他是朝鲜族人，是一个很有名的军事将领。他把王杲、阿台包围起来。右卫被包围了，而左卫酋长觉昌安和他的儿子塔克世是依靠明朝的，他们给李成梁当向导。结果明朝的军队大举向右卫进攻，把王杲、阿台杀死了。同时把觉昌安、塔克世也杀死了。塔克世的儿子是谁呢？就是努尔哈赤。所以努尔哈赤以后起兵反对明朝时提出了七大恨，其中有一条就是明朝把他的父亲和祖父杀害了。

努尔哈赤在他父亲和祖父死时还很年轻，当时部族里剩下的人很少了，明朝后期的历史记载说李成梁把他收养下来。所以他从小就接受了汉族文化。长大以后，他就把自己部族的力量组织起来。他采取依靠明朝的方针，把建州族俘虏的汉人奴隶送回给明朝。这样便取得了明朝政府的信任。1587年，他以自己的军事力量把附近地区的部族吞并了。1589年被明朝封为都督，力量得到了发展。这个时候，建州部族里面另外两支强大的军事力量发生冲突和残杀，努尔哈赤就利用这次冲突来发展自己的实力。日本侵略朝鲜的时候，他表示愿意帮助明朝打日本。结果明朝和朝鲜都拒绝了他。1595年，明朝政府封努尔哈赤为龙虎将军，他成了东北地区军事实力最强大的领袖。

正当努尔哈赤的力量越来越强大的时候，明朝政府内部发生了许多问题。1589年，播州土司起兵反抗明朝，打了十几年的仗。1592年在现在的宁夏地区，少数民族的反抗又引起了战争。同一年丰臣秀吉侵入朝鲜，接连打了七年仗。在这样的情况下，明朝自己的问题很多，就顾不上努尔哈赤了。努尔哈赤利用这个机会更加积极地发展自己的力量，统一各个部族。他统一的方法有两个：一个办法是用军事力量征服；另一个办法是通婚，通过婚姻关系把许多部族组织起来。到了1615年，东北辽东半岛以东的大部分地区已经被努尔哈赤所统一了。军事力量壮大以后，他建立了自己的军事制度。1600年，他规定三百人组成一个牛录（大箭的意思）。1615年又进一步把五个牛录组成为一个甲喇，五个甲喇组成为一个固山。他一共有四个固山。每一个固山有一面旗。分为红、黄、蓝、白四个旗，共有三万兵力。后来军事力量更加强了，俘虏的人更多了，于是又增加了四个旗，就是镶红旗、镶黄旗、镶蓝旗、镶白旗。一共为八个旗。后来征服了蒙古族，组成为蒙古八旗。再后来又把俘虏的汉人组成为汉军八旗。他的军事组织跟生产组织是统一的，每一个牛录（三百人）要出十人四头牛来种地，每家要生产一些工艺品。1599年开始开金矿、银矿，并建立了冶铁手工业。这一年他创造了文字，用蒙古文字和建州语创造了一种新的文字。这种文字后来就成为老满文。加上标点就变成新满文。1616年（万历四十四年），努尔哈赤自称为皇帝，国号"后金"，年号"天命"，他认为他的一切都是上天的指示。他这个家族自己搞了一个姓，叫"爱新觉罗"。爱新觉罗是什么意思呢？在建州话里，爱新是金，觉罗是族，就是金族。用这个来团结组织东北女真族的力量。从他的国号和姓就说明他是继承金的。两年以后，他出兵攻打明朝。以上讲的就是努尔哈赤以前东北建州的具体情况。这些情况说明什么呢？

（1）建州这个部族并不是像清朝的史书上所记载的那样，是从努尔哈赤才开始的。而是从明朝初年起，建州族就在东北地区活动。

（2）建州和明朝、蒙古、朝鲜三方面都有关系。可以明显地看出，猛哥帖木儿就是蒙古名字。汉、蒙古、朝鲜的文化对它都有影响。它接受了这几方面的东西提高了自己。

（3）明朝对东北女真族的政策是分而治之，但这个政策后来失败了。女真各部要求团结，从生活和文化的提高来说，从加强军事力量来说，都需要团结在一起。尽管中间遭到一些挫折，但是并不能阻止三种女真的团结。努尔哈赤一生的活动主要是为了实现这个愿望，他统一了东北许多部族。统一是好事还是坏事呢？应该说是好事情，不是坏事。努尔哈赤统一东北的各个部族，在民族发展的历史上是有贡献的。

（4）东北建州部族社会发展的过程是：初期过着游牧生活，不善于耕种。后来俘虏汉人、朝鲜人去耕种，有了农业生产；同时也懂得了使用铁器、生产铁器，初步提高了自己的生活水平和生产水平。努尔哈赤取得了沈阳、辽阳以后，封建化的过程加快了，在很大的程度上接受了汉人的文化和生产方式。但是必须了解，建州族在其发展过程中是有自己的特点的。上面所说的八旗，表面上是军事组织，实际上是社会组织和生产组织，这三者是统一的。八旗军队在出去打仗的时候，明确规定俘虏到的人口和物资应该拿出一部分交给公家，剩下的才归自己。在努尔哈赤时代，八旗的头子还都有很大的权力，许多事情都要经过他们共同商量，取得他们的同意后才能作出决定。这种情况一直到努尔哈赤的儿子清太宗的时候才改变，才提高了皇帝的地位。而把八旗首领的地位降低了。

最后讲讲"满洲"这个名字的来源问题。这个名字到底是从什么地方来的？现在还没有完全解决。根据明朝的历史记载，在清太宗以前从来没有出现过"满洲"这个名字。一直到清太宗时才称"满洲"，后来又称为"满族"。在外国的地图上把中国的东北叫满洲，后来我们自己也跟着外国人这样叫。现在可能的解释是：建州族信仰佛教，佛教里有一个佛叫做"文殊"，满族人把文殊念作"满住"。1348年明朝跟朝鲜合起来打建州，很多建州人被杀，其中有一个领袖就叫李满住（女真族里有不少人叫满住，用宗教上的名词作为自己的名字）。可能"满洲"就是从"满住"演变而来的。从"文殊"演变为"满住"，又从"满住"演变为"满洲"。这是一个试探性的解释，还不能说是科学的结论。其他方面的材料还没有。因此，究竟为什么叫"满洲"，现在还不能下最后的结论。

以上我们介绍了建州的一些情况。我们对待汉族和满族的关系，也应该像对待汉族和蒙古族的关系一样。在明朝，汉族和满族之间是打过仗，但是更多的时候是不打仗的。清太宗改国号为清，到清世祖顺治元年（1644）入关，正式建立了清朝。清朝统治中国二百多年，它是中国历史上最后的一个王朝。清朝末年一些革命党人进行反满斗争，出了不少的书，宣传清朝的黑暗统治，宣传反满。这在那个时期是必要的。可是经过几十年，到了现在我们如果还是这样来对待满族就不应该了。我们是多民族的国家，各个民族一律平等。一方面要承认清朝进行过多次非正义的战争，有过黑暗统治；另一方面也要承认清朝统治的二百多年并不都是黑暗时代，其中有一个时期的历史是很辉煌的。譬如像康熙、乾隆时代就是清朝的全盛时代，这个时代不但巩固了国家的统一，而且有所发展。我们中国今天的疆域是什么时候造成的？是康熙、乾隆时代奠定的。我们继承了他们的遗产。

所以毛主席说："今天的中国是历史的中国的一个发展……我们不应当割断历史。"我们对清朝的历史必须要有足够的估价，对康熙、乾隆巩固国家的统一、发展国家的统一也要有足够的估价。应该给它以应有的尊重。不但对历史应该给予应有的尊重，今天在民族关系上也应该注意这点。解放以后，中央曾经发出过这样的指示，就是"满清"两个字不要连用。清朝就是清朝，满族就是满族。要把清朝统治者和广大的满族人民区别开，并不是所有的满族人都是清朝的统治者。满族人民在清朝统治下同样是受剥削，受压迫的。至于清朝统治者，他们做过坏事，但是在有些事情上也做过好事，而且做了很大的好事。应该从历史事实出发，好就是好，不好就是不好。

第二章　几个问题

现在讲第二部分，这一部分包括两个问题：郑和下西洋的问题；资本主义萌芽问题。

一、郑和（三宝太监）下西洋

首先说明西洋是指什么地方。明朝时候把现在的南洋地区统称为东洋和西洋。西洋指的是现在的印度半岛、马来半岛、印度尼西亚、婆罗洲等地区；东洋指的菲律宾、日本等地区。在元朝以前已经有了东、西洋之分，为什么有这样的分法呢？因为当时在海上航行要靠针路（指南针），针路分东洋指针和西洋指针，因此在地理名词上就有"东洋"和"西洋"。郑和下西洋指的是什么地方呢？主要是指现在的南洋群岛。

中国人到南洋去的历史很早，并不是从郑和开始的。远在公元以前，秦朝的政治力量已经达到现在的越南地区。到了汉武帝的时候，现在的南洋群岛许多地区已经同汉朝有很多往来。这种往来分两类：一类是官方的，即政府派遣的商船队；一类是民间的商人。可是像郑和这样由国家派遣的船队，一次出去几万人、几十条大船（这些船是当时世界上最大的船，也就是当时世界上最大的海军），不但到了现在南洋群岛的主要国家，而且一直到了非洲。其规模之大，人数之多，范围之广，那是历史上前所未有的，就是明朝以后也没有。这样大规模的航海，在当时世界历史上也没有过。郑和下西洋比哥伦布发现新大陆早八十七年，比迪亚士发现好望角早八十三年，比达·伽马发现新航路早九十三年，比麦哲伦到达菲律宾早一百一十六年。比世界上所有著名的航海家的航海活动都早。可以说郑和是历史上最早的、最伟大的、最有成绩的航海家。

问题是为什么在15世纪的前期中国能派出这样大规模的航海舰队，而不是别的时候？这个问题历史记载上有一种说法，说郑和下西洋仅仅是为了寻找建文帝的下落。这种说法是不正确的。上次我们讲到，明成祖从北京打到南京，夺取了他的侄子建文帝的帝位。建文帝是明太祖的孙子，他做了皇帝以后，听信了齐泰、黄子澄等人的意见，要把他的一些叔叔——明太祖封的亲王的力量消灭掉，以加强中央集权。他解除了一些亲王的军事权力，有的被关起来，有的被废为庶人。于是燕王便起兵反抗，打了几年，最后打到南京。历史记载说燕王军队打到南京后，"宫中火起，帝不知所终"。"帝不知所终"这句话是经过了认真研究的，因为当时宫里起了火，把宫里的人都烧死了，烧死的尸首分不清到底是谁。于是就发生了一个建文帝到底死了没有的疑案。假如没有死，他跑出去了的话，那么，他就有可能重新组织军队来推翻明成祖的统治。从当时全国的形势来看是存在这个问题的。因为建文帝是继承他祖父明太祖的，全国各个地方都服从他的指挥。明成祖虽然在军事上取得了胜利，但是并没有把建文帝的整个军事力量摧毁，他的军事力量只是在今天从北京到南京的铁路沿线上，其他地方还是建文帝原来的势力范围。因此明成祖就得考虑建文帝到底还在不在？如果是逃出去了，又逃到了什么地方？他得想办法把建文帝逮住。于是他派了礼部尚书(相当于现在的内务部长)胡濙，名义上是到全国各地去找神仙(当时传说有一个神仙叫张三丰)，实际上是去寻找建文帝。前后找了二三十年。《明史·胡濙传》说胡濙每次找了回来都向明成祖报告。最后一次向皇帝报告时，成祖正在军中，胡濙讲的什么别人都听不到，只见他讲了以后明成祖很高兴。历史学家们认为，最后这一次报告，可能是说建文帝已经死了。另外，明成祖又怕建文帝不在国内，跑到国外去了。所以他在派郑和下西洋的时候，要郑和在国外也留心这件事。这是可能的，但这不是郑和下西洋的主要目的。郑和下西洋主要是由于经济上的原因。

　　这里插一个问题，讲讲明成祖和建文帝之间的斗争说明什么问题。明成祖以后的各代对建文帝的下落一事也非常重视。万历皇帝就曾经同他的老师谈起这个问题，问建文帝到底到哪里去了，为什么经过一百多年还搞不清楚。当时出现了很多有关建文帝的书，这些书讲建文帝是怎么逃出南京的，经过些什么地方，逃到了什么地方。有的书说他到了云南，当了和尚，跟他一起逃走的那些人也都当了和尚。诸如此类的传说越来越多。此外，记载建文帝事迹的书也越来越多。这说明什么问题呢？说明一个政治问题。建文帝在位期间，改变了他祖父明太祖的一些做法。他认为明太祖所定下来的一些制度，现在经过了几十年，应该改变。当时建文帝周围的一些人都是些儒生，缺乏实际斗争经验，他们自己出的一些办法也并不高明。尽管如此，建文帝的这种举动还是得到了不少人的支持。但是明成祖起兵反对他。在明成祖看来，明太祖所规定的一切制度都是尽善尽美的。他不容许建文帝改变祖先的东西。因此，明成祖和建文帝之间的斗争就是保持还是改变明太祖所定的旧制度的斗争。在这个斗争中建文帝失败了。明成祖做了皇帝以后，把建文帝改变了的一些东西又全部恢复过来。一直到明朝灭亡，二百多年都没有变动。

在这种情况下，有不少的知识分子对明成祖的政治感到不满，不满意他的统治。他们通过什么方式来表达这种不满呢？公开反对不行，于是通过对建文帝的怀念来表达。他们肯定建文帝，赞扬建文帝。实际上就是反对明成祖。因此，关于建文帝的传说就越来越多了。现在我们到四川、云南这些地方旅行，到处可以发现所谓建文帝的遗址。这里有一个庙说是建文帝住过的；那里有一个寺院，里头有几棵树，说是建文帝栽的。有没有这样的事情呢？没有。明末清初有个文人叫钱谦益（这个人政治上很糟糕）写了文章专门研究这个问题。当时许多书上都说：当南京被燕兵包围时，城门打不开，建文帝便剃了头发，跟着几个随从的人从下水道的水门跑出去了。钱谦益说这靠不住，南京下水道的水门根本不能通出城去。他当时做南京礼部尚书，宫殿里的情况是很熟悉的。此外，还有很多不合事实的传说，他都逐条驳斥了。最后他做了这样的解释：假如建文帝真的跑出去了，当时明成祖所统治的地区只是从北京到南京的交通线附近，只要建文帝一号召，全国各地都会响应他，他还可以继续进行斗争。但结果没有这样。这就可以得出一个结论：建文帝是死在宫里了。但当时不能肯定，万一他跑了怎么办？所以就派人去找。我认为这样解释比较说得通。

现在我们继续讲郑和下西洋的问题。如果说郑和下西洋的主要目的是为了找建文帝，那是不合事实的；但也不能说完全没有这方面的动机。因为当时的怀疑不能解决，通过他出去访问，让他注意这个问题是可能的。那么，郑和下西洋的主要目的到底是什么呢？这就是上次所说的，是国内经济发展的必然结果。经过 1348 年到 1368 年二十年的战争，经济上受到了很大的破坏。但是经过洪武时期采取的恢复生产、发展生产的措施以后，人口增加了，耕地面积扩大了，粮食、棉花、油料的产量都提高了，人民的生活有了改善，政府的财政税收比以前多了。随之而来，对国外物资的需要也增加了。这种对国外物资需要的增加主要在两个方面：一方面是人民日常生活所需要的物资，主要是香料、染料。香料主要是用在饮食方面作调料，就是把菜做得更好一些，或者使某种菜能收藏得更久。像胡椒就是人民所需要的东西。胡椒从哪里来呢？是从印度来的，一直到现在还是如此。还有其他许多香料也大多是从南洋各岛来的。在南洋有个香料岛，专门出产香料。另一种是染料，为什么对染料的需要这样迫切呢？明朝以前，我们的祖先常用的染料都是草木染料，譬如蓝色是草蓝；或者是矿物染料。这样的染料一方面价钱贵，另一方面又容易褪色。进口染料就可以解决这些问题。朝鲜族喜欢穿白衣服，我们国内有些人也喜欢穿白衣服，为什么？原因很简单，因为买不起染料。封建社会里，皇帝穿黄衣服，最高级的官穿红衣服，再下一级的官穿紫衣服，穿蓝衣服，最下等的穿绿衣服。为什么用衣服的颜色来区别呢？也很简单，染料贵。老百姓买不起染料，只好穿白衣服。所以古人说"白衣""白丁"，指的是平民。这些封建礼节都是由物质基础决定的。因此就有向国外去寻找染料的要求。这一类，是人民的日常生活所需要的。另外一类是毫无意义的消费品，主要是珠宝。这是专门供贵族社会特别是宫廷里享受的。有一种宝石叫"猫儿眼"，还有一种叫"祖母绿"，过去谁也不知道是什么样子，只知道是宝石。最近我们在万历皇帝的定陵里发现了这两种东西。这些东西都是从外国买来的。除了珠宝以外，还有一些珍禽异兽。当时的人把一种兽叫做麒麟，实际上就是动物园里的长颈鹿。与对外物资需要增加的同时，由于国内经济的发展，一些可供出口的物资，如绸缎、瓷器（主要是江西瓷，其他地区也有一些）、铁器（主要生产工具）的产量也增加了。

除了经济上的条件以外，还有一个很重要的条件，就是当时中国对外的航海通商已有悠久的历史。从秦朝开始，经过唐朝、南宋到元朝，在这个漫长的时期内，政府的商船队、私人的商船队不断出去。有些私人商船队发了财。到了明朝，由于长期的积累，已经具备了丰富的航海知识和有经验的航海人员。有了这些条件，就出现了从明成祖永乐三年（1405）到他的孙子明宣宗宣德五年（1430）近三十年之间以郑和为首的七次下西洋的事迹。

郑和出去坐的船叫做"宝船"，政府专门设立了制造宝船的机构。这种船有多大呢？大船长四十丈，宽十八丈；中船长三十七丈，宽十五丈。当时在全世界再没有比这更大的船了。一条船可以载多少人呢？根据第一次派出的人数来计算，平均每条船可以坐四百五十人。每次出去多少人呢？有人数最多的军队，此外还有水手、翻译、会计、修船工人、医生等，平均每次出去二万七八千人。这样的规模是了不起的，后来的哥伦布、麦哲伦航海每次不过三四只船，百把人，是不能和这相比的。谁来带领这么多人的航海队呢？明朝政府选择了郑和。因为郑和很勇敢，很有能力。同时，当时南洋的许多国家都是信仰回教的，而郑和也是个回教徒（但他同时也信仰佛教），他的祖父和父亲都曾经朝拜过麦加。回教徒一生最大的愿望就是到麦加去磕一个头，凡是去过麦加的人就称为哈只。选派这样的回教徒到信仰回教的地方去就可以减少隔阂，好办事。在郑和带去的翻译里面也有一些人是回教徒，这些人后来写了一些书，把当时访问的一些国家的情况记载下来了。这些书有的流传到现在。有人问：郑和是云南人，他怎么成了明成祖部下的大官呢？这很简单，洪武十四年（1381）的时候，明太祖派兵打云南，把元朝在云南的残余势力打败了，取得了云南。在战争中俘虏了一些人，郑和就是在这次战争中被俘虏的。他当时还是一个小孩，后来让他做太监，分给了明成祖。他跟明成祖出去打仗时，表现很勇敢，取得了明成祖的信任。因此明成祖让他担负了到南洋各国去访问的任务。

他们第一次出去坐了六十二艘大船，带了很多军队。这里发生了这样的问题：他们既然是到外国去通商，去访问，为什么要带这么多军队？这是因为当时从中国去南洋群岛的航线上有海盗，这些海盗不但抢劫中国商船，而且别的国家到我们这里来做买卖的商船也抢。郑和用强大的军事力量把海盗消灭了，这样就保证了航路的畅通。另外，为了防止外国来侵犯他们，也需要带足够的军事力量。郑和到锡兰的时候，锡兰国王看到中国商船队的物资很多，他就抢劫这些物资。结果郑和把他打败了，并把他俘虏到北京。后来明朝政府又把他放回去，告诉他，只要你今后不再当强盗就行了。可见为了航行的安全，郑和带军队去是必要的。郑和率领的军事力量虽然很强大，用现在的话来说，他带去了好几个师的军队，而当时南洋没有一个地区有这样强大的军事力量。但是郑和的军队只是用于防卫的。他所进行的是和平通商。尽管当时有这样的力量，这样的可能，但是没有占领别人的一寸土地。后来，比郑和晚一百年的西方人到东方来就不同了。他们一手拿商品，一手拿宝剑，把所到的地方都变成他们的殖民地。如葡萄牙人到了南洋以后就占领了南洋的一些岛屿。当然，在我们的历史上个别的时候也有占领别人的土地的事情。但总的来说，我们国家不是好侵略的国家，我们国家没有占领别国的领土，这和西方资本主义国家有本质的不同。根据当时保留下来的记载，可以看出郑和和南洋各国所进行的贸易是平等的，而不是强加于人的。交易双方公平议价，有些书上记载得很具体，说双方把手伸到袖子里摸手指头议价。现在我们国内有些地方还用这种办法。郑和所到的地区都有中国的侨民，有开矿的，有做工的，有做买卖的，各方面的人都有。有的地方甚至是以华侨为中心，华侨在经济上占主导地位。因此郑和每到一个地方都受到欢迎。

郑和每到一个国家，除了把自己带去的大量商品卖给他们外，也从这些国家带一些商品到中国来。从第一次出去以后，他就选择了南洋群岛的一个岛屿作为根据地，贮积很多货物，以此地为中心，分派商船到各地贸易，等各分遣船队都回到此地后，再一同回国。在前后不到三十年的时期中，印度洋沿岸地区他都走到了，最远到达了红海口的亚丁和非洲的木骨都束。

木骨都束就是今索马里的首都，现在叫做摩加迪沙。前年摩加迪沙的市长访问北京的时候，我们对他讲：我们的国家五六百年前就有人访问过你们。他听了很高兴。

通过郑和七次下西洋，中国和南洋的航路畅通了，对外贸易大大地发展了，出国的华侨也就更多了。通过这几十年的对外接触，中国跟南洋这些地区的关系越来越深，来往也越来越多。由于华侨的活动，以及中国的先进的生产工具传入这些国家，这样，南洋地区的生产也越来越进步。所以，郑和下西洋的历史事实说明，我们这个国家有这样一个很好的传统：就是不去侵略人家。正因为这样，直到现在，尽管时间过去了五六百年，但是郑和到过的国家，很多地方都有纪念他的历史遗址。因为郑和叫三宝太监，所以很多地方都用三宝来命名。像郑和下西洋这样的事以往历史上是没有的，明朝以后也没有，这是明朝历史上一件很突出的事情。

现在要问：郑和第七次下西洋以后，为什么不去第八次呢？这里有客观的原因，也有主观的原因。客观原因是八十多年以后，欧洲人到东方来进行殖民活动，阻碍了中国和南洋诸国的往来。主观的原因有这几方面：第一，政治上的原因。明成祖死了以后，他的儿子做皇帝。这个短命皇帝很快又死了，再传给下一代，这就是宣宗。宣宗做皇帝时还是个八九岁的小孩，不懂事。于是宫廷里便由他的祖母当权；政府则由三杨（杨士奇、杨荣、杨溥）掌握。三杨在朝廷里当了二三十年的机要秘书。三个老头加上一个老太太掌握国家大权。这些人和明成祖不一样。明成祖有远大的眼光。他们却认为他多事，你派这么多人出去干什么？家里又不是没吃的、没喝的。不过明成祖在世时他们不敢反对，明成祖一死，他们当了家，就不准派人出去了。第二，组织这样的商队需要一个能代替郑和的人，因为郑和这时已经六十多岁，不能再出去了。第三，经济上的原因。从外国进口的物资都是消费物资，不能进行再生产。无论是香料还是染料，都是消费品，珠宝就更不用说了，更是毫无意义的东西。以我们的有用的丝绸、铁器、瓷器来换取珠宝，这样做划不来。虽然能解决沿海一些人的生活问题，但是好处不大，国家开支太多。所以，为了节约国家的财政开支，后来就不派遣商队出国了。正当明朝停止派船出国的时候，欧洲人占领了南洋的香料岛，葡萄牙人占领了我们的澳门。他们是用欺骗手段占领澳门的。开头他们向明朝的地方官说：他们的商船经常到这个地方来，遇到风浪把货物打湿了，要租个地方晒晒货物。最初还给租钱，后来就不给了，慢慢地侵占了这个地方，一直到现在[①]还占领着。

从欧洲人到东方来占领殖民地以后，中国的形势就改变了。经过清朝几百年，特别是鸦片战争以后，许多帝国主义国家从几个方面包围中国：印度被英国占领了；缅甸被英国占领了；越南被法国占领了；菲律宾先被西班牙占领，后又被美国占领了；东方的日本走上了资本主义道路，向外进行侵略扩张活动。所以近百年的中国，四面被资本主义国家和帝国主义国家所包围，再加上清朝政府的日益腐败，就使中国逐步变成了半殖民地半封建的国家，进入了半封建半殖民地的社会。

二、资本主义萌芽问题

关于资本主义萌芽问题，现在学术界还在争论，有许多不同的意见。有的人认为资本主义萌芽很早，有的人认为很晚。所提供的史料的时间性都很不肯定，从八世纪到十六七世纪都有。特别是关于《红楼梦》的社会背景的讨论展开以后更是如此。是在什么情况下产生了《红楼梦》这部作品呢？它的社会基础是什么？《红楼梦》中的贾宝玉反对科举、尊重妇女

---

① 指吴晗 1962 年讲授《明史讲座》的当时。——编者注

的思想是从哪里来的？他骂念书人，骂那些举人、秀才都是禄蠹，说女孩子是水做的，男人是泥做的，这样的思想认识是在什么情况下发生的？对这一系列的问题提出了各种不同的看法，各有各的论据。而且关于"萌芽"这个词的意义也有不同的理解。比如种树，种子种下去以后，慢慢地露出了头，这叫萌芽；又如泡豆芽菜，把豆子放在水里，长出一点东西，这也叫萌芽。既然只是萌芽，它就不是已经成熟了的东西，还只是那么一点点。假如是整棵的菜，那就不是萌芽；至于开了花、结了果的东西就更不是萌芽了。所以要把这些情况区别开。可是现在某些讨论中存在有这样的问题：将萌芽看成是已经开花结果的东西。这实际上就不是资本主义萌芽，而是资本主义的成熟阶段了，还有人认为中国资本主义早已经成熟了，中国社会早已经进入了资本主义社会。这样一来就发生了一系列的大问题：中国既然早已进入资本主义社会，那么，怎么解释1840年以后中国进入了半殖民地半封建的社会？一百年来我们反对封建主义、反对帝国主义的问题怎么解释？

关于这个问题，我自己有些看法，也不一定成熟，提出来大家讨论。我想，要说明某个时期有某个事物萌芽，必须要有一个界限。这个界限是什么呢？就是要具体地指出一些事实，这些事实是以往的时期所不可能发生和没有发生过的，只有到了这个时候才能发生的。没有这个界限就会把历史一般化了。试问：这个时期发生过，一百年以前发生过，五百年以前也发生过，这怎么能说明问题？而且这些新发生的东西不应该是个别的。仅仅只在某个时期、某个地区出现的个别的东西能不能说明问题呢？不能说明问题。因为我们的国家这样大，经济发展不平衡，有先进的，有落后的，沿海和内地不同，平原和山区也不同。不要说别的地方，就说北京吧，全市面积有一万七千平方公里，市内和郊区就不同，因此，个别时期所发生的个别的事情也会有所不同。所以作为一个事物的萌芽，必须是这个东西过去没有发生过；现在发生了，而且不是个别的。只有这样看才比较科学。

现在我们根据这个精神来看资本主义萌芽问题。我想把问题局限在 14 世纪到 16 世纪所发生的主要事件上面，特别是 16 世纪中叶这个明朝人自己已感觉到发生巨大变化的时期，着重提出那些在这时期以前所没有发生，或虽已发生而很不显著，这个时期以后成为比较普遍、比较显著的一些问题。

第一，关于手工工场

在明朝初年的时候，有一个人叫徐一夔，他写了一本书叫《始丰稿》。这本书里面有一篇文章叫《织工对》。这篇文章讲到元末明初，在浙江杭州地方有许多手工业纺织工场。这些纺织工场的经营方式是怎样的呢？有若干间房子和若干部织机，工人都是雇工，他们不占有生产工具。生产工具是谁的呢？是工场老板的。老板出房子，出机器，出原料。工人出劳动力。工人在劳动以后可以取得若干计日工资，工资随着工人的技术熟练程度不同而有高有低，其中有一些技术水平比较高的，可以得到比一般工人加倍的工资，假如这家工场不能满足他的要求，别的工场可以拿更高的工资把他请去，劳动强度很高，把工人弄得面黄肌瘦。这是元末明初(14 世纪)的情况，当时这样的工场在杭州不止一个。但是能不能说在 14 世纪时就已经普遍地有了资本主义萌芽呢？因为只有这一个地区的资料，我看不能。但是从这里可以看出，在 14 世纪中期，个别地区已经有了这样相当大的手工工场，老板通过这样的生产手段来剥削雇佣工人的历史事实。这说明当时已经有一部分农村劳动力转化为城市雇佣劳动者。这种情况在 14 世纪以前是没有的。

第二，新的商业城市兴起

在讨论中有不少文章笼统地提到明朝有南京、北京、苏州等三十三个新的商业城市，来说明这个时期商业的发展。有三十三个商业城市是不错的，但是时间有问题。因为并不是整个明朝都是这样的情况。事实上，这些城市之成为商业城市是在明成祖以后。当明成祖建都北京以后，为了解决粮食的运输问题，把运河挖深、加宽了。这样，通过水运不仅保证了粮食的运输，其他商品的运输也畅通了，因而促进了南北物资的交流。这样，到了宣宗时期（15世纪中期），沿运河一带的许多城市开始繁荣起来。这时候，由于农业、手工业的发展，国内市场扩大了。这是一方面。另一方面，当时为了保证货物的流通，沿长江、运河及布政使司所在地建立了三十三个钞关。明朝用的货币叫宝钞(纸币)。关于纸币的情况这里不能详细说了，只说明一条，明朝的纸币很不合理，它不兑现，开头拿一张钞票还能换到一些物资，后来就不行了。政府只发钞票，越发越多，超过了实际物资的几百倍。在这种情况下，钞票就贬值了。明朝政府为了提高钞票的信用，采取收回钞票的政策。怎样收回呢？其中一个办法就是增加税额。因此就在各个商业城市设立了一个机构，叫做"钞关"。一共设立了三十三个钞关。钞关干什么呢？就是向往来的货物收税。纳税时就用钞票交纳。钞关设在商业城市，有三十三个钞关就有三十三个商业城市，这是不错的。但有些人就根据这个数字说整个明朝只有三十三个商业城市，这就不确切了。因为设立钞关是明宣宗时候的事情，宣宗以前没有。而就商业城市来说，在明成祖的时候就不止三十三个，后来又有所增加。因此，不标明确切的时间，以一个时期的情况来概括整个明朝，是不符合当时存在的客观事实的。随着商业城市的增加，商人、手工业工人也增加了，这就形成了一个市民阶层（这个阶层主要是指手工业者、中小商人）。这些人为了保卫他们自己的利益，建立了很多行会，有事情共同商量，采取一致的行动。在这种情况下就发生了明朝末年的市民暴动。这里应该指出：所谓"市民"这个概念不能乱用。有些人把当时的进士、举人、秀才等官僚都算作市民，这就模糊了阶级界限。这些人都是当时的统治者，不是被统治者。把市民阶层扩大化，混淆统治者与被统治者之间的界限，这是不对的。

第三，倭寇、葡萄牙海盗和沿海通商问题

明朝中叶，以朱纨为中心的一派人反对对外通商，对海盗采取镇压的政策，因而引起沿海地主阶级的反对，形成一个政治上的斗争。在这个斗争中，朱纨最后失败了。这种性质的斗争在以往的历史上是从来没有过的。汉朝、唐朝、宋朝、元朝都有过对外通商，有时还很繁盛，大量的中国人到海外去经商；不但如此，国内有不少地方还住有许多外国商人。在唐朝的时候，广州就有数量众多的蕃商。其中主要是阿拉伯人，他们住的地方叫蕃坊。其他如扬州、长安等地方也住了不少的外国商人，对外通商也很频繁。但是像明朝那样，代表通商利益的官僚地主在政治上形成一种力量，和内地一些反对通商的地主进行斗争，这种斗争并影响到政府的政策，这种情况却是以往的历史上所没有的。为什么明朝会出现这种新的情况呢？因为明朝国内国外的市场日益扩大，商业资本日益发展，商人地主在政府里有了自己的代言人。商人地主在政治上有了地位，这在历史上是个新问题。关于这个问题，近年来也有人持不同的意见。北京大学有个学生写了一篇文章，说朱纨镇压海盗是爱国的行为。朱纨是个爱国者，这观点是没有问题的，朱纨确实是爱国者，可是不能拿这个来否认当时在政治上存在着不同的意见。当时已经出现了代表沿海通商地主利益的政治活动家，这和朱纨是否爱国是两回事。我们并没有说朱纨不爱国。这点不必争论。问题在于这个时期出现了两种不同的意见，一种意见主张通商，一种意见反对通商，这是历史事实，是过去所没有的。

第四，内地的某些官僚地主也参加商业活动和经营手工工场

这方面的例子很多，大家所熟悉的《游龙戏凤》中的正德皇帝（明武

宗），他就开了许多皇店。这是 16 世纪初期的事情。嘉靖时有个贵族叫郭勋（《三国演义》最早的刻本是他搞的），在北京开了许多店铺。另外有个外戚叫周瑛，在河西务开店肆做买卖。现在这个地方已经很萧条了。可是在明朝的时候，由于南方的粮食、物资运到北方来都要经过这里，因此是个很繁华的地方。这样的例子举不胜举。在地方上，明朝四品以上的官到处经商。四品有多大呢？知府就是四品。知县是七品。原来明朝有一条规定，禁止四品以上的官员做买卖。但是行不通。事实上官做得越大，买卖也做得越多越大。特别是像苏州这样的地方，很多退休官员开各种各样的铺子，有的发了大财，成了百万富翁。官员经商过去也有，但是在明初还多半是武官，到了明朝中叶这种情况就改变了，不但武官经商，文官也经商；不但小官经商，大官也经商；不但经商，而且还经营手工工场。华亭人徐阶做宰相时，"家中多蓄织妇，岁计所织，与市为贾"。这种现象也是过去没有过的。过去的官僚认为做买卖有失身份，社会上看不起。士、农、工、商，商放在最后。孟子就骂商人是"垄断"，认为他们不劳动，出卖别人生产的东西从中取利，是不道德的事情，有身份的人不干这种事。汉朝以来，各个历史时期都曾不同程度地实行过重农抑商的政策。当时社会上一般是看不起商人的，当然也有个别地区有个别例外的情况。但是到 16 世纪以后，这种看法就改变了，不只武官，就连皇帝、贵族、官僚都抢着做买卖，商人的社会地位也提高了。

第五，当时的人对这个时期社会情况变化的总结

16 世纪中期社会经济情况发生的变化，明朝人看得很清楚，有不少人就各方面变化的情况做出了总结。

首先，从社会风俗方面来说。明朝人认为嘉靖以前和嘉靖以后是两个显著不同的时代。有不少著书的人指出了正德、嘉靖以后社会风俗的变化。

在嘉靖以前，妇女的服装很朴素；嘉靖以后变了，很华丽，讲究漂亮了。宴会请客，原来一般是四碗菜一碗汤，后来变成六碗、八碗，以至十二碗、十六碗菜。山东《郓城县志》记载在嘉靖以前老百姓很朴素、很老实，嘉靖以后变了，讲排场了，普通老百姓穿衣服向官僚看齐，向知识分子看齐。穷人饭都吃不上，找人家借点钱也要讲排场。总之，从吃饭、娱乐到家庭用具都不像过去了。这个时候，看到一些老实、朴素的人，大家认为不好，耻笑他。《博平县志》讲嘉靖以后过去好的风气没有了，过去乡村里没有酒店，也没有游民，嘉靖中期以后变了，到处都有酒店，二流子很多。当时有一种风气，一个人有名，有字，还要起别号。嘉靖皇帝就有很多别号。不但知识分子起别号，就连乞丐也有别号。

其次，在文化娱乐方面。嘉靖以前唱的歌曲主要是北曲，嘉靖以后南曲流行了，而且唱的歌词主要是讲男女恋爱的。嘉靖以前不大讲究园亭建筑；嘉靖以后，到处修假山，建花园，光南京就有园亭一百多所，苏州有好几十所，北方就更多了，清华园这些地方都是过去的园亭。明朝前期有一条规定，官员禁止嫖娼妓，嘉靖以后，这个纪律不生效了，文人捧妓女成为风气，为她们写诗，写文章，甚至选妓女为状元、榜眼、探花。戏剧方面，过去只有男戏，嘉靖以后就有女戏了。很多做过大官的人写剧本，像《牡丹亭》的作者汤显祖就是一个官。元曲的作者没有一个是高级官员，都是一些下层社会的人，有的在衙门里当一个小办事员，有的做医生；可是明朝戏曲的作者，大部分都是举人、进士，有些还是高级官员。明朝后期盛行赌博，官吏、士人以不会赌博、打纸牌为耻。

再次，从政治方面来看。《明史·循吏传序》提到嘉靖以前一百多年，一方面休养生息，发展生产；另一方面政治上比较清明，好官比较多。譬如大家知道的《十五贯》里面有个况钟，连做十几年的苏州知府，是个好官。另外一个周忱也是个好官，他做苏州巡抚二十一年，在《十五贯》里被刻画坏了，这是不对的。此外，像于谦连做河南、山西巡抚十九年。嘉靖以前，有好些巡抚连任几年甚至十几年的，这是明朝后期所没有的情况。明朝后期好官就少了。做官讲资格，一讲资格就坏事了，只要活得长就可以做大官；相反，真正能给老百姓做点事情的人就到处碰壁。像海瑞就是这样，到处遭到大地主阶级的反对，办不了好事情。明朝后期有个知识分子陈邦彦对吏治的这种变化做了总结，他说：在嘉靖以前，做官的人还讲个名节，做官回到家里，人家问他赚多少钱，他要生气；嘉靖以后发生了根本性的变化，做官等于做买卖，计较做这个官赚钱多还是赚钱少，在这个地方做官赚钱多，另外换一个赚钱少的地方就不愿意去。到富庶的地方去做官，亲友设宴庆贺；如果到穷地方去，大家就叹息。做官和发财联起来了，念书是为了做官，做官是为了发财。当时升官是凭什么呢？一个是凭资格，一个是凭贿赂。当时叫"送礼"。地方官三年期满要进京，朝廷要考核他的成绩。这时就是他"送礼"的时候了。送了礼就可以升官。所谓送上黄米、白米若干担，即指黄金、白银若干两。后来改为送书若干册，书的后面附上金子、银子，叫做"书帕"。所以明朝后期的地方官上任以后先刻书。但是他们又没有什么学问，于是粗制滥造，乱抄一气。

以上这些情况说明，由于整个社会经济的变化，即农业、手工业生产的发展，商业的繁荣，影响到了社会各方面。一些大地主把一部分从土地剥削所得的财产投资于手工业和商业，这样，过去被社会上所歧视的商人的地位就提高了。国家的高级官员有不少人变成了商人。经商成为社会风气。商人赚了钱就奢侈浪费，造成社会上的虚假繁荣现象。封建秩序、封建礼法开始受到冲击，从而在文学艺术方面也出现了反映这种社会生活的作品。

第六，货币经济的发展

在明朝以前，白银已经部分使用，但是还不普遍，还没有作为正式的货币。元朝使用钞票。明朝初年用铜钱，由于老百姓已经有了用钞票的习惯，反而不习惯用铜钱，只好仍然用钞票。但是由于明朝对钞票管理不善，无限制的发行，又不兑现，因而引起通货膨胀，钞价贬值，由一贯钞值银一两贬至只值一两个钱，钞票的经济意义逐渐没有了。钞票不能用，铜钱的重量又太大，短途进行交易还可以，像从南到北的远距离交易，带大量的铜钱就不行，几万、几十万铜钱很重，不方便。在这种情况下白银就日渐流通于市场。白银有它的优点：它的质量不会变，既能分割，化整为零；又能把一些分散的银子铸成一锭，化零为整。白银价值比较高，一两白银可以抵一千钱。因此社会上对白银的需要越来越迫切。

上次讲过，明朝建都北京，粮食主要要从南方运来。四五百万石粮食的运费要由农民负担，运费超过粮食价格的几倍，农民负担很重。所以到明英宗时，逐渐改变了这种办法。有些地方税收开始改折"金花银"，像这个地区应该送四石粮食，现在不要你交粮食了，改交一两银子。政府用一两银子同样可以买到四石粮食。由于国内市场的扩大和税收折银的结果，银子的需要量就大大增加了，原有的银子不够市场上的需要。因此在万历时期就出现了采银的高潮。政府征发许多人，到处开银矿，苛征暴敛，引起国内人民的反对。

通过对外贸易的入超，大量的白银输入了。西班牙人从墨西哥运白银到吕宋，由吕宋转运中国，以换取中国的丝织品和瓷器。到后期，墨西哥的银元也大量流入中国。这样，国内白银数量逐渐增加。所以到万历初年，赋役制度大改变，把原来的田赋制度改为"一条鞭法"，使赋役合一。从此大部分地区的赋税和徭役改折银两。

由于手工业和商业的发展，商品流通的客观需要，远距离的大量的交易需要共同的货币作媒介，因而白银普遍地应用起来了。这种情况也是以往历史上所没有发生过的。

第七，文学作品上的反映

唐朝、宋朝也有传奇小说，里面的主角是些什么人？主要是官僚、士大夫、文人等等，写市井人物的作品很少。到明代中叶以后出现了以市井人物为主人公的作品。例如《白蛇传》的故事。在《西湖三塔记》中的三怪是：乌鸡、水獭、白蛇，男主角是将门之后——奚宣赞（岳飞部下的将官奚统制之子）。而《洛阳三怪记》的三怪是：赤斑蛇、白猫精、白鸡精，男主角却是开金银铺的老板潘松了。流传到现在的《白蛇传》只剩下二怪：白蛇和青蛇，男主角则是开生药铺的许仙。故事的主角从将门之后的奚宣赞转变为生药铺的许仙，这一变化是值得我们注意的。

又如《金瓶梅》，是万历二十二年（1594）以后的作品，写嘉靖、万历年间的事。主角西门庆也是开生药铺的。与西门庆来往的篾片、清客都是官僚地主的后人，原来的地位比西门庆高，后来没落了，成为西门庆的门客。以这样一些人物为中心的小说，在过去是没有的。

此外，在"三言""二拍"中，如《卖油郎独占花魁》《倒运汉巧遇洞庭红》等，主角是卖油小贩和偶然发财的穷汉，这也都是当时的社会现实在文艺作品中的具体反映。

第八，明朝后期有了一些替商人说话的政治家

譬如徐光启，他是上海人，是最早接受西洋科学，介绍和传播西洋科学，如物理学、化学、天文学的一个人。他家里原来是地主，后来兼营商业。他本人中了进士，做过宰相。在他的思想中，反映了保护商人特权的要求，他提出了维护商人利益的具体建议。当时国家财政困难，西北有许多荒地，他就主张政府允许各地的地主阶级招募农民来开垦荒地。开垦荒

地多的，除了粮食给他外，还可以允许这个地主家里的子弟有多少人考秀才、多少人上学，给他以政治保证。从他这种主张来看，他是当时从地主转为商人的这一集团在政治上的代表人物。

总的来说，上面所讲的这些问题是明朝以前没有发生过的，或者虽然发生过，但并不显著。当时的人也认识到了嘉靖前和嘉靖后所发生的这种巨大变化。当然，他们还不能理解这叫做资本主义萌芽。从我们今天来看，这个变化是旧的东西改变了，新的东西露出了头。这些例子都可以作为资本主义萌芽来看。但是这些萌芽并没有成长，以后又遭到了压力，因此到鸦片战争以前中国还不能进入资本主义社会。资本主义还处在萌芽状态。

这方面的材料直到现在还是不够完备的，还没有进行认真的研究。上面谈的只是个人的看法，不一定对，更不一定成熟，只供同志们参考。